KB196868

노년기 돌봄학 이해

자기돌봄에서 요양병원까지 ——— 이민홍 저

On Caring in Later Life Self-Care to Nursing Home

학지사

이 저서는 2021년 대한민국 교육부와 한국연구재단의 저술출판지원사업의 지원을 받아 수행된 연구임(NRF-2021S1A6A4046061)

This work was supported by the Ministry of Education of the Republic of Korea and the National Research Foundation of Korea(NRF-2021S1A6A4046061)

머리말

　이 책은 비공식적 및 공식적 노년기 돌봄의 통합적 이해, 타인 의존적 돌봄에서 자기돌봄으로의 돌봄 범위 확장, 분절적 단일학제 접근에서 다학제간 돌봄 시각 적용, 사회적 책임으로서 평등하고 민주적으로 분담하는 돌봄 사회화를 담고자 한다. 현대 사회는 산업화 이후 빈곤, 질병, 무지, 불결, 나태의 전통적 사회위험에서 탈산업화 이후 신사회위험으로 노년기 돌봄 과제를 직면하고 있다. 특히 한국의 급격한 고령화로 노년기 돌봄 과제 대응은 정치, 경제, 사회, 복지, 간호, 보건, 요양, 의료 등 다학제적 차원에서 진행되어야 한다. 이 책은 노인돌봄과 관련된 다학제 전문가의 돌봄 실천·정책 지식을 확장하고자 의도되었다.

　주요 내용은 돌봄이해(제1부), 자기돌봄과 자기방임(제2부), 비공식적 돌봄(제3부), 공식적 돌봄(제4부), 인간중심돌봄과 돌봄정의(제5부)이다. 제1부 돌봄이해에서는 돌봄개념과 제도화, 돌봄권리(사회권), 가족에 의한 비공식적 돌봄, 사회적 돌봄, 시설 돌봄 등에 관한 내용을 노인돌봄 관련 다학제 (예비)전문가들이 쉽게 이해할 수 있도록 저술하였다. 또한 정든 지역사회 내에서 살아가기(Aging in Place), 보호연속성, 건강한 자기돌봄, 강점관점, 예방적 돌봄, 역량강화 등 주요 돌봄이론을 다루었다.

　제2부 자기돌봄과 자기방임에서는 노인의 자기돌봄, 자기돌봄을 하지 못한 자기방임, 자기방임의 부정적 결과, 돌봄자의 자기돌봄과 소진, 자기돌봄 기술 등을 제시하였다. 이를 통해 노인의 건강(신체, 인지, 정신, 사회)과 일상생활수행능력을 증진할 수 있는 노인의 자기돌봄을 학습할 수 있게 한다. 자기돌봄을 지원해 주는 비공식적 및 공식적 네트워크의 활용방법에 대해서도 다루었다. 반면, 자기돌봄을 하지 못했을 때 발생하게 되는 자기방임의 위험, 징후, 증상, 그리고 대처방법 등을 포함하였다.

　제3부 비공식적 돌봄은 가족에 의해 제공되는 비공식적 돌봄과정과 스트레스(위기)를 총체적으로 이해하며, 비공식적 돌봄 상황 전과 후에 보호연속성 보장의 관점에서 가족돌봄지원제도를 기술했다. 돌봄서비스는 각 개인(노인)의 의사결정을 통해서 활용되지만, 의사결

정능력이 부족할 때 주변의 가족이나 친구 등 후견인의 의사결정지원을 통해서도 이용할 수 있다.

제4부 공식적 돌봄은 예방적 돌봄(통합건강증진사업, 건강생활지원사업), 지역사회돌봄(노인맞춤돌봄서비스, 지역사회통합돌봄, 장기요양 재가급여), 시설돌봄 및 생애말기돌봄(노인주거복지시설, 장기요양보험 시설급여, 요양병원, 호스피스) 등을 포함한다. 우리나라 공식적 돌봄제도를 돌봄연속성 관점에서 예방적 돌봄, 지역사회 돌봄, 시설돌봄 및 생애말기돌봄으로 구분하여 설명하였다. 이와 함께 주요 국가로 일본, 스웨덴, 미국 등의 공식적 돌봄제도를 다루었다.

제5부 인간중심돌봄과 돌봄정의에서는 좋은 돌봄으로 인간중심돌봄과 앞으로 우리 사회에서 돌봄정의가 실현될 수 있는 방안에 대해 제시하였다. 좋은 돌봄으로 인간중심돌봄이 무엇인지 개념화하였고, 노인돌봄에 관련된 전문가가 인간중심돌봄을 제공하기 위해 필요한 지식, 실천·정책 사례를 기술하였다. 또한 인간중심돌봄의 사회적 및 물리적 환경을 구축하기 위한 방향성을 제시하였다. 돌봄정의(Caring Justice)에서는 가정 내 보이지 않는 돌봄에서 사회적 책임, 즉 평등과 민주적인 분담의 돌봄 사회화로 노인돌봄이 변화하는 패러다임을 설명하였다. 앞으로 우리 사회가 갖추어야 할 정의로운 돌봄의 가치 및 방향성과 이를 이루기 위한 돌봄의 사회화 및 제도화가 무엇인지 작성하였다.

이 책을 통해서 저자가 기대하는 희망은 다음과 같다. 첫째, 통합적 전문 역량 강화로 돌봄 다학제 (예비)전문가가 비공식적 돌봄과 제도화된 돌봄을 포함한 총체적 돌봄체계와 보호연속성 접근을 이해할 수 있다. 특히 노인의 관점에서 좋은 돌봄서비스가 무엇이며, 노인의 자기결정권과 개별성이 반영되는 좋은 돌봄을 제공하는 방법(실천기술 및 제도)에 대해 학습하게 된다. 둘째, 예방적 돌봄 지원으로 자녀 수 및 다세대 가구 감소로 인해서 배우자나 부모의 돌봄은 이제 가족의 힘으로 해결할 수 없는 영역이 되고 있다. 이러한 측면에서 가족 내 돌봄욕구가 발생하는 징후에 대한 이해, 돌봄욕구 특성별 적합한 서비스 등에 관한 정보를 제공한다. 노인이나 그 가족이 돌봄과 관련해서 Aging in Place와 보호연속성 관점에서 좋은 선택을 할 수 있도록 지원할 수 있다. 셋째, 비공식적 돌봄자의 스트레스 및 대처방법에 대한 지식 제공으로 배우자나 부모에게 돌봄을 제공하는 가족(비공식적 돌봄자)이 경험하는 돌봄스트레스과정(부담, 스트레스, 역할포기, 학대 등)을 전반적으로 이해할 수 있다. 특히 노인학대 및 방임과 같이 부정적 결과로 이어지지 않도록 제도적 서비스를 활용할 수 있는 상황지식을 제공한다. 넷째, 한국의 공식적 돌봄체계 현황, 문제점, 개선방안에 대한 이해와 해외 공식적 돌봄체계(일본, 스웨덴, 미국 등) 사례를 통해서 전문가를 위한 공식적 돌봄제도의 실천 및 지식을 전달한다. 다섯째, 향후 돌봄 정책의 방향을 제시하여 돌봄이 사회적 책임으로서 평등과 민주적인 분담이 될 수 있는 돌봄 사회화의 방향성을 제공한다. 사회적 돌봄이 급격하게 확대되고 있지만, 여전히 주변화되고 부정의한 상태이다. 결과적으로 돌봄이 주변화에서 주류화되어 정의로운 돌봄 사회화로 나아가는 데 필요한 가치 및 지식을 생성하게 된다.

통합적 관점에서 비공식 및 공식적 돌봄에 대한 이해력을 높이기 위한 이 책을 기획하게 된 것은 『Profiles in caregiving: The unexpected career』(Aneshensel et al., 1995), 『The invisible heart』(Folbre, 2001), 『Long-term care: Managing across the continuum』(Pratt, 2016), 『Caring democracy: Markets, equality, and justice』(Tronto, 2013), 『Communication in nursing』(Riley, 2015), 『돌봄의 사회학』(우에노 지즈코, 2024), 『인권과 노인복지실천』(권중돈, 2012), 『노인의 자기방임: 위험과 권리 사이』(우국희, 2014a), 「돌봄정의(Caring Justice) 개념구성과 한국 장기요양정책의 평가」(석재은, 2018), 『돌봄민주국가』(김희강, 2022) 등의 연구를 읽고 난 후이다. 학자로서 돌봄정의가 실현되기 위해서 사회적 및 제도적 변화를 끌어내는 지식을 생산하고 싶었다.

부족한 책을 마무리하면서 마음의 빚을 적는다. "키 큰 나무숲을 지나니 내 키가 커지고 깊은 강물을 건너니 내 혼이 깊어졌다"라 했던 박노해 시인 글귀처럼 내가 성장할 수 있도록 나에게 나무와 물이 되어 주신 모든 분께 감사의 마음을 전한다. 그들의 삶을 살아 보지 않았고 그들에 대해 이해하지 못하면서 노인복지전문가라고 했던 모든 말과 글에 대해 노인들에게 정중하게 사과하고 싶다. 노인복지실천현장의 사회복지사들에게도 종이로 공부한 복지 지식을 전달한 것에 대한 죄송함과 일선에서 노인의 권리 보장을 위해 노력하는 실천에 존경함을 표한다. 후기 대학으로 선택했던 사회복지학과로 공부를 시작하여 학사, 석사, 박사 과정을 통해 함께했던 동료, 선후배님, 교수님께 감사한 마음이다. 특히 권중돈 교수님은 지금까지 늘 학자와 선생으로 사표(師表)가 되어 주셨다.

끝으로 아내(정유진), 아들(이강헌)·딸(이지후), 부모님, 장인장모님, 형님들, 형수님들, 조카들 모두 사랑하고 감사함을 전한다. 이 책을 3년 동안 집필할 수 있도록 지원해 준 한국연구재단과 독자를 만날 수 있도록 출판해 주신 학지사에 깊은 감사의 마음을 전한다.

2025
이민홍

차례

제**1**부

돌봄이해

돌봄이 있었기에 인류가 생명체로 현재까지 존재할 수 있었고 미래도 돌봄이 있어야 가능하다. 인간에게 의존은 정상이며 인간의 생존에 필수적인 돌봄은 매우 가치 있는 일이다. 돌봄이 제도로 등장하기 이전에는 돌봄이 가족이나 친족에 의해 행해지는 사적 영역에 자리를 잡고 있었다. 돌봄은 사적 영역에서 사회적으로 보이지 않고 가치 있게 인식하지 못했다. 하지만 더는 가족이 돌봄을 담당할 수 없어 돌봄이 제도화되면서 사람들에게 보이는 영역이 되었다. 돌봄은 여전히 가족과 같이 비공식 영역에서 제공하고 있지만, 공식적 돌봄도 사회변화와 함께 확대되고 있다.

먼저, 돌봄을 전체적으로 이해하기 위해서 돌봄개념, 돌봄 맥락, 돌봄 목적, 돌봄 범위와 영역, 돌봄 개념 발전을 살펴보고자 한다. 돌봄 사회화 및 제도화에서는 가족이 담당했던 돌봄이 왜 사회화되고, 제도화되었는지 그 경로와 의미를 따져 본다. 돌봄권리에서는 인권이 발달하는 과정에서 돌봄이 사회적 권리가 되었음을 다룬다. 특히 돌봄은 수혜자 관점에서 사회권이 되며, 제공자 관점에서는 노동권이 권리가 된다. 돌봄 수혜자 사회권과 돌봄 제공자 노동권이 공존할 방안을 모색해 본다.

다음으로 학술 연구나 돌봄정책에서 활용되는 돌봄의 관점이나 방향성을 기술한 이론과 돌봄유형을 설명하고자 한다. 돌봄이론은 Aging in Place(AIP), 돌봄연속성, 건강한 노화와 돌봄, 강점관점 돌봄, 예방적 돌봄 등이다. AIP는 노인이 가능하면 오랫동안 살아왔던 친숙한 집이나 지역사회에서 지낼 수 있도록 하는 돌봄과 돌봄 방향성이다. 돌봄연속성은 노인의 건강상태와 질병상태 변화에 대응하는 가장 적합한 돌봄서비스를 이용할 수 있게 한다. 건강한 노화는 노년기에도 높은 삶의 질을 유지할 수 있도록 개인의 기능을 강화하는 것이다. 강점관점 돌봄은 노화에도 노인이 할 수 있는 것에 주목한다. 예방적 돌봄은 노인의 건강을 증진시키고 허약함을 지연시키는 것이다. 끝으로 돌봄유형은 돌봄을 제공하는 주체에 따라서 자기돌봄, 비공식적 돌봄, 공식적 돌봄으로 구분한다.

돌봄개념

돌봄은 신체적 돌봄(신체적 건강 기능 회복 및 일상생활 지원), 심리적 돌봄(정신건강 및 인지 기능 회복과 유지 지원), 사회적 돌봄(사회적 관계망 회복 및 유지)을 포함한다. 돌봄을 제공하는 과정에서 노동, 자원, 관계가 투입되며, 개인적 돌봄에서 사회적 돌봄으로 확장되고 있다. 돌봄은 다학제간에서 사용되며, 문화 및 사회 제도적 상황에 따라 다르므로 돌봄 맥락도 고려해야 한다. 돌봄 목적은 좋은 돌봄과 좋지 못한 돌봄이 무엇인지 구분하는 기준이 된다. 돌봄 범위 및 영역은 공식적 및 비공식적 돌봄으로 분리하여 이해되다가 그 구분이 점점 희미해져 가고 있다. 또한 돌봄개념의 발전이 진행된 경로에 대해서 살펴보고자 한다.

1. 돌봄개념

돌봄이 무엇인지 이해하기 위해 먼저 사전적 정의를 살펴보고자 한다. 돌봄은 '관심을 가지고 보살피다'를 의미하는 우리말 '돌보다'의 명사형으로, 현재 돌보고 있는 상태나 돌보는 것을 말한다(국립국어원, 2024). 국어사전에서 돌봄은 '건강 여부를 막론하고 건강한 생활을 유지하거나 증진하고, 건강의 회복을 돕는 행위'로 의학용어로 정의하고 있다. 유사한 단어로 보호(保護: 위험이나 곤란 따위가 미치지 아니하도록 잘 보살펴 돌봄), 간호(看護: 다쳤거나 앓고 있는 환자나 노약자를 보살피고 돌봄), 요양(療養: 휴양하면서 조리하여 병을 치료함), 부양(扶養: 스스로 생활 능력이 없는 사람의 생활을 돌봄) 등이 있다.

영어사전에서 돌봄은 'Care', 'Caring', 'Caregiving'으로 사용되며, 걱정, 근심, 불안, 우려, 심려, 돌봄, 간호, 보호, 시중, 주의, 유의, 보관, 관심, 좋아함, 주목, 손질, 유지 관리 등으로 번역할 수 있다(merriam-webster, 2024). 'Care'는 '부담'과 '좋아함'의 상반된 뜻을 동시에 포함한다. 'Care'는 명사와 동사형이며, 'Caring'과 'Caregiving'은 'Care'의 진행형을 뜻한다. 근심이나 걱정과 같이 다소 부정적인 의미로 오랜 기간 사용되어 왔다. 최근 들어 Cambridge Dictionary(2024)에서는 Care를 사람에게 필요한 것을 제공한다는 의미(the process of protecting someone or something and providing what that person or thing needs)로 새롭게 정의하고 있다. 노인, 아동, 장애인과 관련한 영문 문헌을 통해서 등장한 'Care'를 주로 돌봄으로 번역해서 사용하는 것이 일반적이다.

돌봄의 학술적 의미는 가족적 맥락 안에서 먼저 출발했다(Phillips, 2007). 가족이 주로 돌봄에 관여했다는 지점에서 돌봄은 애정(affection), 사랑(Love), 의무(duty), 웰빙(well-being), 책임감(responsibility), 호혜성(reciprocity) 등의 단어를 종합한 것이다. 돌봄은 개인적 영역으로 가족이나 친인척과 사회적 관계나 상호작용을 통해 제공되었다. 하지만 점차 공식적이거나 전문적 관계의 일부분으로 확장되고 있다. 돌봄이 사적 영역에만 한정된 것이 아니라 공적 영역에서 개인의 삶에 영향을 미치게 된 것이다. 이러한 측면에서 돌봄은 관계에 토대를 두고 있으며, 공식적 및 비공식적 돌봄도 동일하다. 돌봄이 우리 삶의 일부로 너무나 당연시되어 개념적 정의가 쉬워 보일 수 있지만, 매우 모호하고 다면적인 특성을 가진다.

돌봄은 교육, 의료, 보건, 주거 서비스와 같이 대규모 공급체(생산자)의 상품이나 생산물로 변화되고 있다. 돌봄은 인적 및 물적 자원을 투입해서 만들어지는 서비스로 더욱 조직화 및 체계화되어 가고 있다. 돌봄의 제공주체가 다양화되면서 그 개념도 복잡해졌으며, 개인수준과 사회적 수준에서 접근해야 하는 상황을 만들었다. 가족이 제공하는 돌봄은 사랑이나 관계 토대 위에 있지만, 조직화된 돌봄 기관에서의 돌봄은 경제적 이익, 규정, 정책, 전문실천 분야(예: 복지, 간호, 의료, 작업 등)에 따라 이해해야 한다. 돌봄의 영역이 확장되면서 돌봄 개념을 보편적이거나 단일하게 합의하기가 점점 어려워지게 되었다. 특히 돌봄을 다루는 학문이 정치학, 사회학, 사회복지학, 심리학, 노년학, 보건학, 철학, 의학, 경제학 등 다양하므로 돌봄개념을 단순하게 정리하는 것은 불가능하다(Phillips, 2007). 여기에 더해서 국가, 민족 그리고 문화에 따라서 돌봄에 대한 이해도 변이가 커서 개념화의 어려움이 가중된다.

이와 같은 특성을 가진 돌봄에 대한 개념은 학술적 연구를 통해 개념화에 대한 논의가 먼저 시작된 서구학자들의 사례를 중심으로 검토하고자 한다. Cameron과 Moss(2001)에 의하면, 돌봄의 사전적 의미처럼 슬픔, 분노, 부담, 걱정과 연결되어서 부정적 의미를 내재하여 보살핀다고 정의하였다. 이러한 부정적 의미는 돌봄으로 인한 일의 중단, 여성을 집에서 벗어나지 못하게 함, 낮은 돌봄 처우, 억압적 업무환경 등의 특성에 기인한다. 하지만 돌봄자에 대한 보상이나 인정이 높아지면서부터는 돌봄이 긍정적 의미를 갖기 시작했다. 특히 권리관점접근(Rights-based approach)에서는 사회권으로 돌봄을 이해하면서 긍정적 의미를 부여하게 되었다.

Nolan, Grant와 Keady(1996)는 돌봄이 도구적 지원(instrumental support)을 제공하지만, 일련의 과정으로 이해해야 한다고 하였다. 돌봄은 예방적 돌봄(anticipatory care)에서 집중적 돌봄(supervisory care)으로 이동하는 과정을 거치기 때문이다. Lawton과 Nahemow(1973)도 노인이 나이가 들면서 환경에 대한 압력이 높아지기 때문에 이에 대해 적응할 수 있는 능력에 따라서 돌봄에 대한 필요도가 달라지는 과정으로 설명했다. 하지만 이와 달리 Litwin과 Auslander(1990)는 건강이 나쁘거나 일상생활을 수행하기 어려워 지원하기 때문에 과정보다는 결과로 이해해야 한다고 주장하였다.

Tronto(1993)는 돌봄에 대한 개념적 이해의 틀을 확장했다. 첫째, 돌봄은 자신이 아니라 외부에서 시작되는 것(a reaching out to something other than self)을 의미한다. 둘째, 돌봄은 행동의 형태로 존재한다는 것이다. Tronto 교수는 두 사람 간 또는 개인 수준으로 설명하는 기존 틀의 돌봄 범위를 확장시켰다. 돌봄이 사회구조나 사회발전의 부분으로서 환경과 같은 외부체계에 대한 돌봄도 있다고 주장했다. 이와 함께 Tronto(1993)는 돌봄이 태도, 성향, 방향성 등의 특징을 가진다고 하였다. 의무, 책임, 사랑, 애착 등의 감정이 돌봄을 제공하거나 받을 때 하부구조가 된다고 본 것이다.

Coontz(2000)는 가족 관계 및 생활방식이 다양해지고 복잡해지는 과정에서 사랑이나 의무감으로 돌봄을 구성하는 관계가 모순성을 갖기 시작했다고 주장했다. Engster(2007)는 사람이 사회에서 생존하고, 성장하고, 기능할 수 있도록 역량을 강화하고 유지하며, 생물학적 욕구를 충족하고, 고통과 고충을 줄이거나 피하게 해 주는 직접적 및 간접적으로 행해지는 모든 활동이라고 하였다. Phillips(2007)는 돌봄을 애정과 서비스에 기초한 사회적 관계로 설명했다. Kremer(2007)는 돌봄을 사회적, 심리적, 신체적으로 의존적인 노인에게 제공하는 것이라고 했다. Daly와 Lewis(2000)는 의존적인 노인의 신체적 및 정서적 욕구를 충족하기 위해서 필요한 활동이나 관계를 돌봄으로 설명했다. Tronto(2013)는 우리가 잘살 수 있도록 하기 위해 해야 하는 모든 활동으로 돌봄을 광범위하게 정의하였다. 특히 돌봄은 정치적 개념(political concept)으로 다루어야 한다고 주장했다. 돌봄이 정치이론으로 접근되어야만 정치변화가 가능하다고 본 것이다.

이러한 서구학자들을 중심으로 제기된 돌봄 연구를 토대로 Daly(2021)가 돌봄을 정의하는 과정에서 돌봄 구성요소를 제시했다. 돌봄은 인지적 욕구(perceived need)를 충족하기 위

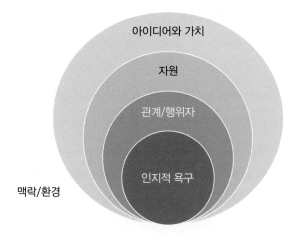

[그림 1–1] 돌봄개념 구성

출처: Daly (2021), p. 14.

해서 공식적 및 비공식적 관계에 있는 사람의 관계적 활동이다. 돌봄은 욕구, 관계와 행위자, 자원, 아이디어와 가치 등의 교차 영역에 위치한다. '관계(relations)'는 돌봄을 제공하거나 받는 데 관련된 이해당사자를 연결하는 일련의 상호작용적 실천으로서의 돌봄을 의미한다. 관계로 돌봄을 이해하면, 개별화된 돌봄개념과 이분적 사고에서 벗어나서 과정에 주목할 수 있다. 또한 행위자(actors)를 추가하면 다양한 행위자가 관여하는 돌봄의 관계를 폭넓게 인식할 수 있다. '자원(resources)'은 광범위한 물질적 및 비물질적 자원으로 노동, 돈, 시간, 도덕 적용, 감정 투입 등을 의미한다. 자원의 관점에서는 돌봄비용이 지불되는지 아니면 무료인지와 돌봄을 제공하는 조직의 성격에 대해서도 살펴보게 된다. 다음 영역인 '아이디어와 가치'는 돌봄의 관념적이고 도덕적인 형태의 이해와 관련된다. 돌봄에 대한 지배적인 철학과 이상과 함께 돌봄의 관련한 '주장(claims)'의 가치가 무엇인지 인식할 수 있다.

국내에서 돌봄에 대한 체계적 개념분석을 시도한 학자는 이병숙(1996)과 석재은(2011)이 대표적이다. 두 학자는 돌봄에 대한 개념화를 위해서 서구학자들이 정의한 개념을 토대로 종합해서 기술했다. 먼저, 이병숙(1996)은 사람을 돕는 직접적 및 간접적 활동, 과정, 결정(Leinninger, 1988), 지속성이 있는 하나의 발달 과정으로 돌봄자와 돌봄 수혜자 간의 인간관계를 통해 긍정적 건강행위를 가져오는 과학적 및 실제적 방법(Watson, 1979), 타인을 보살필 책임이 있는 사람이 제공하는 서비스, 보호(Orem, 1985), 도덕적, 감정적, 인지적 요인을 포함하는 복잡한 현상(Kyle, 1995) 등을 포함한 다수의 국외 문헌을 토대로 돌봄을 설명했다. 돌봄은 "직접적이고 구체적인 활동이며, 동시에 실제적으로 돌봄을 실현 중인 과정의 의미를 가진다"(p. 340)라고 정의했다. 특히 돌봄의 속성을 "① 다른 사람을 돕는 일련의 활동, ② 관심과 걱정, ③ 대인관계, ④ 과학적이고 체계적인 과정"(p. 340)으로 유형화하였다(이병숙, 1996).

석재은(2011)은 Tronto(1993)와 Engster(2007)가 제시한 돌봄정의에서 나타난 공통점으로 돌봄을 설명했다. Tronto(1993)는 돌봄을 네 가지 단계인 ① 관심을 가지다(caring about: 도덕적 측면에서 마음을 쓸 필요가 있음을 인식), ② 책임을 지다(taking care of: 개인이 특정 집단의 돌봄욕구를 파악하고, 최선을 다한 반응을 할 것에 대한 책임감을 가지는 것), ③ 돌봄을 제공하다(care-giving: 능숙하게 돌봄을 제공하는 것), ④ 돌봄을 받다(care-receiving: 돌봄에 대한 반응을 하는 것)로 구분하였다. Engster(2007)는 돌봄의 세 가지 중요한 덕목을 통해서 돌봄을 정의하고 있다. 첫째, 타인에 대한 관심을 가지고 무엇을 필요로 하고 있는지 파악하는 것이다. 둘째, 무엇이 필요한지에 대해 정확하게 이해하고 있는지 지속적인 상호작용을 통해서 욕구에 대해 모니터하는 것이다. 셋째, 존중을 가지면서 돌봄을 제공하는 것이다. 석재은(2011)은 이 두 학자의 돌봄정의에서 나타난 세 가지 공통점(① 돌봄은 사적인 것이 아니라 문화적, 사회적, 정치적 맥락에서 이해해야 함, ② 돌봄 활동과 그에 대한 성찰이 통합된 실천으로 이루어져야 함, ③ 돌봄 수급자와 돌봄 제공자의 지속적인 상호작용을 통해서 돌봄의 구체적 내용을 구성해 가야 하는 과정이어야 함)에 주목했다.

최근 들어서 최혜지 등(2020)은 돌봄을 질병, 장애, 고령 등으로 인해서 신체적, 정신적, 사회적 기능이 저하된 노인이 일상생활을 할 수 있도록 제공하는 사회적 돌봄과 보건의료를 총칭하는 용어로 정의했다. 주로 가족, 친척, 이웃이나 공식적 돌봄 제공자(예: 요양보호사)가 노인이 일상생활에 필요한 신체 및 가사 수발을 해 주는 것이다. 특히 돌봄은 휴먼서비스로 돌봄이 필요한 사람에 대한 개인적인 관심이나 안녕을 걱정하면서 신체적인 활동과 실제적 노동이 결합되어 있다. 돌봄의 관계는 가족과 같이 친밀하지만, 감정적으로 견뎌야 하며 때로는 전문적 및 직업적 역량이 요구된다. 돌봄의 관계는 매우 복잡하며, 관계 속에서 권력과 의존이 섞여 있다.

이와 같은 돌봄에 대한 국내외 학자들의 논의를 검토하여 다음과 같이 정의하고자 한다. 돌봄은 신체적, 심리적, 사회적 건강이 저하되어 도움이 필요한 노인에게 제공되는 지점에서 신체적 돌봄(신체적 건강 기능 회복 및 일상생활 지원), 심리적 돌봄(정신건강 및 인지기능 회복과 유지 지원), 사회적 돌봄(사회적 관계망 회복 및 유지)이 있다. 돌봄은 돌봄을 제공하는 과정에서 포함되는 노동, 자원, 관계를 의미하는 것으로 노인에 대한 개인적 돌봄과 장기요양보호와 같은 사회적 돌봄으로 구성된다. 즉, 돌봄에 대한 욕구, 돌봄 제공 과정에서 관계 및 행위자, 물질적 및 비물질적 자원, 돌봄에 대한 도덕적 및 이상적 가치 등이 돌봄의 개념에 포함된다(Daly, 2021). 특히 석재은(2011)이 지적한 것과 같이 사적 영역에서 사회환경적 맥락(도덕, 문화, 정치, 제도, 정책)까지 범위의 확장, 활동과 성향이 통합된 실천, 돌봄 제공자와 수급자의 지속적인 상호작용 등이 돌봄 정의의 공통점이다. 종합한다면 돌봄은 우리 사회가 인정하는 노인의 신체적, 심리적, 사회적 욕구를 규범적, 사회적, 제도적 구조에서 충족하는 데 관여하는 모든 행위와 관계로 볼 수 있다.

2. 돌봄 맥락

다른 사람을 돌보는 것은 인류의 존재만큼이나 오래되었다. 인간은 돌봄이 없다면 존재할 수 없다. 돌봄 또는 돌봄을 제공한다는 것은 삶에 대해 다른 사람에게 의존하는 사람들의 필요와 도움을 제공할 수 있는 사람들과의 관계가 형성됨을 의미한다. 이는 도움이 필요한 사람들을 돌볼 책임을 받아들이고 돌봄을 제공하는 것까지 포함한다(Talley & Travis, 2014). 모든 사람은 이러한 돌봄관계에서 존재하고 있다고 할 수 있다.

돌봄의 역사에 비교해서 돌봄의 학술적 연구는 40~50년 정도로 매우 짧다. 돌봄을 이해하기 위해서는 돌봄이 학술적으로 다루어진 몇 가지 유형화된 맥락을 살펴볼 필요가 있다. 이는 돌봄이 다학제간에서 사용되며, 문화 및 사회 제도적 상황에 따라 다르기 때문이다. 돌봄은 여성의 일, 가족이나 사적인 삶에서 의료·보건 시스템이나 서비스로 확장되고 있다. 이러한 궤적에서 돌봄은 맥락상 네 가지 어젠다로 유형화해서 이해할 수 있다. 노동과 가치 지향 돌봄(Care as labour and relational orientation), 복지국가 정책의 구성요소로 돌봄(Care, social policy and the welfare state), 서비스 제공의 조직 및 효율성 차원에서 돌봄(System functioning; Appropriate care related interventions), 세계화(글로벌) 과정에서 포함된 돌봄(Care and global/process) 등이다(Daly, 2021: 109-112 재인용).

1) 노동과 관계 지향으로 돌봄

친족 관계에 있는 가족 삶과 연결망을 유지하는 데 필요한 노동과 관계에 초점을 맞춘 돌봄을 의미한다. 여성이 집안일을 하고 가족구성원의 요구를 들어주는 일을 하도록 사회화된 현상이다. 아이 돌보기, 옷 입히기, 먹이기, 양육 등 가사 노동에 대한 미시적 수준의 학술연구들이 주를 이룬다. 이러한 연구의 주요 목적은 돌봄 현실을 드러내고, 돌봄 활동과 돌봄을 제공하는 사람이 사회적으로 인정받도록 하는 것이다(Graham, 1983). 거시적 수준 돌봄도 미시적 측면과 유사하게 낮은 처우나 인정을 받지 못하게 발전했다. 돌봄에 대한 비용을 받지 않고 자본주의 제도 아래 가정의 일부 업무로 인식하는 수준이다. 돌봄이 국내 경제나 자본주의에 기여함에도 불구하고 성별, 계급, 다른 형태의 불평등과 같이 대우받는 위치임을 비판한다.

특히 가정 내 돌봄이 무엇인지를 탐색하다가 돌봄의 감정적 투입과 복잡성(사랑과 양면성)으로 확장되는 학술적 연구로 이동되었다. 돌봄은 단순히 가정 내에 한정되기보다는 가정 밖에서도 다른 사람이나 세상과 연결될 수 있게 하는 중요한 수단으로 도덕적 목적이 내재되어 있다. 관계와 성향을 강조하는 돌봄은 윤리적 지향과 실천으로 발전되었다. 가족성원의 요구에 대한 민감함, 이에 기꺼이 반응하려는 태도, 직접적인 행동(돌봄 제공)과 돌봄과정(돌봄을 받은 사람에 대한 대응)에 대한 반응 등이 필요하다(Tronto, 1993).

2) 돌봄, 사회정책, 복지국가 관계

사회정책과 복지국가에서 공공 지원체계로 돌봄 역할을 수행하는 유형이다. 돌봄을 제공하는 가족이나 공식적 돌봄자와 돌봄을 받는 사람의 권리 차원에서 주로 다루어진다. 돌봄을 위한 사회적 지원체계로 돌봄휴가, 유연 근무제, 세금감면, 서비스 이용 바우처, 돌봄 관련 연금혜택, 돌봄서비스 등이 해당한다(Ranci & Pavolini, 2013). 재가돌봄과 시설돌봄, 공식적 돌봄과 비공식적 돌봄과 같이 돌봄유형을 구분하고 복지국가가 어떠한 돌봄유형으로 이동하는지에 초점을 둔다.

복지국가의 발달 과정과 지향점을 돌봄의 시각에서 접근한다. 이는 돌봄을 복지국가의 변화에 필수적인 요소로 간주하고 돌봄제도의 비교를 통해서 복지국가를 설명한다. 돌봄의 시장성보다 공공성이 강한지(탈가족화), 남녀가 함께하기보다 여성 혼자 돌봄 역할을 담당하게 하는지(탈여성화), 가족·시장·지역사회·국가 등이 협력적으로 돌봄욕구에 대응하는지 등이 핵심사항이다. 하지만 시간이 지남에 따라서 복지국가의 돌봄제도가 정치, 경제, 권력의 큰 틀에서 논의되기보다 제도나 단일 정책의 세부 사항에 초점을 맞춘다는 의미에서 협소하게 다뤄지고 있다.

3) 체계 기능: 적합한 돌봄 개입

돌봄욕구와 긴급성에 대한 기능, 조직, 재정, 자원 측면에서의 서비스 대응성 유형이다. 돌봄욕구 증가(초고령화, 치매노인 증가)로 가용 자원을 확보해야 하는 돌봄 공급 체계의 서비스 제공(delivery)과 욕구 충족(meeting need)이 가장 중요한 핵심사항이다. 복지 혼합(정부, 가족, 시장, 시민사회 등)으로 구축된 돌봄서비스 인프라가 효과성과 효율성을 통해서 돌봄욕구를 충족하는지 점검하게 된다. 예를 들어, 노인의 지역사회보호(community care)와 장기요양보호의 탈시설화가 돌봄욕구에 효과적이며 효율적으로 접근한 대표적 사례이다. 자원의 효율적 활용과 성과(조직 및 이용자)를 진단하는 것이 주요 목적이 된다. 최근 들어서는 노인돌봄의 새로운 공공 서비스 공급 관리 방식으로 개인 예산제(personal budget), 일상회복지원(reablement), 로봇 및 혁신 기술 이용 등이 학술적으로 검토되고 있다.

거시적 관점에서 중앙정부와 지방정부 간에 돌봄제공의 역할이나 관계를 효율적으로 관리하는 돌봄 거버넌스에 대한 것도 서비스 제공의 조직 및 효율성 차원에서 돌봄과 관련된다(Martinelli et al., 2017). 예를 들어, 돌봄의 분권화와 관료체계의 수직적 및 수평적 책임 및 재원 조달에 대한 학술적 논의가 해당된다. 돌봄시장과 돌봄의 시장화 또한 중요하게 다룬다. 돌봄은 인간에게 반드시 필요하며 긴급한 문제로 다양한 조직 및 거버넌스 차원에서 대응이 요구된다.

4) 돌봄과 글로벌화

글로벌 체계의 지정학 측면에서 돌봄을 이해하는 것으로 사회적 공간(sociospatial)과 관련된다. 세계 여러 지역에서 돌봄이 제공되는 특성들을 연결하여 돌봄을 설명한다. 대표적으로 북반부 국가들의 점점 더 불안정해지는 돌봄체계(care regime in the Global North)가 어떻게 전 세계적으로 새로운 불평등과 돌봄관계로 이어지고 있는지를 확인한다(Yeates, 2012).

돌봄의 글로벌화 과정에는 두 가지 큰 흐름이 있다. 첫째, 일부 국가는 돌봄인력 부족으로 인해서 이민이나 외국인 돌봄인력을 활용하면서 글로벌 돌봄시장이 증가하고 있다. 둘째, 가정은 물론 공공 돌봄기관에서도 성별, 계급, 인종적 불평등이 재현되는 문제점으로 여성이 가정 내에서 인정받지 못한 것과 같이 공식적 돌봄의 낮은 급여와 업무환경을 의미한다. 글로벌화 과정에서 돌봄은 초국가적으로 사회적 불평등이 발생한다는 것이다(Lutz, 2018). 돌봄 노동자와 기업이 전 세계적으로 이동하는 양상을 통해서 돌봄의 글로벌화에 주목한다. 돌봄 노동자의 처우나 인식이 지리적으로 멀리 떨어져 있어도 매우 밀접하게 연결되고 상호의존적 특성을 보인다.

3. 돌봄 목적

돌봄 목적은 돌봄이 필요한 이유로 돌봄을 설명한다. 의료서비스(medical care)를 받는다면, 질병이나 사고로 인해서 돌봄의 필요성이 발생한 것이다. 만약 일상생활을 독립적으로 수행할 수 없다면, 일상생활을 지원하는 사회서비스로 돌봄이 필요하다. 돌봄은 돌봄받는 사람이 누구이고, 사회적으로 어떠한 가치를 부여하는지에 따라 달리 표현된다. 돌봄은 상호의존적인 상황에서 제공되기 때문에 돌봄으로 인해서 돌봄의 제공자와 수혜자 모두에게 도움이 될 수 있다(Phillips, 2007). 특히 Williams(2001)는 돌봄 목적보다 돌봄을 받을 때 선택할 수 있는 권리가 더 중요한 것이라고 주장했다.

의료 및 사회서비스 제공은 돌봄으로 사람을 변화시키는 것이 아니라 유지(maintenance)와 관련된다. 개인의 상황에서 일상생활을 유지하는 데 필요한 도움이 무엇인지 파악하고, 그 욕구에 부합하는 실질적 도움을 제공해야 한다. 정책적 용어로 사회적 돌봄은 개인 독립성의 최대화와 기본적 생활기술의 습득을 통해 최종적으로는 자신의 잠재력을 실현하도록 지원한다. 돌봄의 목적은 노인이 만성질환이나 질병으로 인해 일상생활을 하지 못하더라도 가능한 독립성과 존엄성을 유지할 수 있게 하는 것이다(Welsh Assembly Government, 2007). 여기서 독립성은 자율성으로 이해해야 한다. 즉, 돌봄을 통해서 개인이 원하는 방식으로 살 수 있는 자율성을 갖게 한다(우국희, 2014a).

돌봄 목적을 설명하는 데 대조성을 보인 두 가지 관점으로 보완적 유지 돌봄 접근과 치료적 돌봄 접근이 있다. 유지 접근에 비교해서 치료적 돌봄은 매우 집중적 개입을 투입하는 특성을 가진다. 하지만 노쇠가 진행되는 노인의 경우에 이러한 집중 치료가 정당화되거나 효과적이지 못한 경우가 많다. 이럴 때는 보완적 돌봄을 통해서 일상생활을 유지할 수 있도록 한다.

돌봄의 최종 목적은 서비스를 제공하는 것(servicing)과 관련된다(Land, 1991). 즉, 돌봄 목적은 노인의 욕구(needs)와 원하는 것(desire)이 무엇인지를 파악하여, 그 욕구를 충족하고 만족할 수 있도록 노력하는 것이다. 또한 돌봄의 제공주체가 다양해지면서 돌봄의 목적은 노인 개별적 차이를 인식하고, 다양한 욕구를 충족할 수 있는 방향으로 이동하고 있다.

특히 Brechin(1998)은 돌봄의 개념보다는 돌봄의 목적을 토대로 좋은(good) 돌봄 또는 좋지 못한(poor) 돌봄을 구성하는 것이 무엇인지 면밀하게 검토하는 것이 가장 중요하다고 주장했다. 삶의 관점에서 개인의 자치권(autonomy)을 증진하도록 하는 것이 돌봄 목적이 되어야 한다고 보았다. 좋은 돌봄을 측정하는 방법으로 ① 노인의 선택권이 발휘될 수 있는 선택지나 기회가 얼마나 제공되는지, ② 관계가 일방적이지 않고 양방향의 대인관계를 형성하는지, ③ 대인관계 경험과 돌봄 관계가 자존감(self-esteem)에 긍정적 영향을 미치는지 등이 있다(Phillips, 2007: 19-22 재인용).

4. 돌봄 범위 및 영역

돌봄 범위나 영역에 관련해서는 논란의 여지가 많다. 이는 Daly와 Lewis(2000)가 지적했던 것처럼 돌봄의 범위나 영역을 구분하거나 양분하는 데 있어서 틈새(interstices)가 크기 때문이다. 첫 번째 논쟁적 이슈는 공식적(formal) 또는 비공식적(informal), 유급(paid) 또는 무급(unpaid), 규제받는(regulated) 또는 감독받는(monitored) 돌봄의 분류이다. 공식적 돌봄은 일반적으로 유급, 공식적으로 조직화, 규제받고 감독받는 특성을 가진다. 반면에 비공식적 돌봄은 무급이고 가족에 의해서 돌봄을 받는다. 이로 인해 돌봄이 가정에서 이루어지며, 규제나 감독을 받지 않는다(Phillips, 2007).

하지만 공식적 돌봄과 비공식적 돌봄 사이에는 유사한 특성도 존재한다. 주로 여성이 돌봄자 역할을 하는 것, 돌봄은 감정적 노동(emotional labor)의 성격이 강한 것, 친밀하고 사적으로 돌봄이 제공되는 것, 일반적으로 선호되지 않으며 하류 직업으로 인식되는 것(dirty work and low status), 숙련되지 못한 직무능력을 가지는 것 등이다. 이러한 돌봄 특성으로 인해 돌봄의 이용 가능성(availability)과 질(quality)에 대한 우려를 만든다. 또한 공식적 및 비공식적 돌봄 업무는 보이지 않게 숨겨져 있으며, 언급되지도 않는 특성으로 인해 대중적으로 중요한 이슈로 부각되지 못한다. 돌봄 노동이 열악한 업무가 된 것은 돌봄을 집안일이라는 가정적인(가사) 성격(domesticity)으로 보고, 여자의 일(women's work)로만 사회적으로 인식했기 때문이다.

비공식적인 돌봄의 용어에 대해서도 돌봄 제공자와 돌봄 수혜자 입장에서 적합하지 않다. 이는 자신의 일상업무나 삶의 방식을 조정해서 돌봄을 제공하기 때문에 비공식적인 것이 전혀 없다. 예를 들어, 가족돌봄자가 공식적 돌봄자의 돌봄공백을 최소화하려고 돌봄시간을 잡거나 일상업무시간을 조정하는 것은 비공식적인 것이 아니다. 하루의 일정을 사전에 잡지 않고서는 가족이 돌봄을 제공하는 것은 불가능하다.

다음으로는 '더 좋은' 돌봄이 무엇인지에 대한 논쟁이다. 돌봄서비스 이용자가 서비스 비용을 지불하는 경우에 계약이 성립하며, 계약을 통해서 법에 따른 규제와 기준을 통해서 '더 좋은' 돌봄을 받아야 한다. 하지만 규제를 통해서 '더 좋은' 돌봄을 제공받는 것을 보장하거나 의무적이게 할 수 없다. 특히 유급과 무급의 돌봄은 개별화된(인간중심) 케어 또는 표준화된 케어에 관련해서도 논란이 있다. 가족돌봄자에게 돌봄의 비용으로 현금급여를 주면, 자신이 해야 할 일(예: 집안 청소, 육아)을 받은 현금으로 지급하고 부모님을 돌볼 수 있다. 고용된 전문가에 의해 돌봄을 제공받는 것과 비교해서 현금급여를 받은 가족성원이 돌볼 경우에 어느 것이 더 좋은 돌봄을 제공한다고 판단하기 어렵다.

최근 들어서 전문적 돌봄과 비전문적 돌봄의 범위를 구분하는 것에 대해서도 논의가 필요하다. 이 논의는 사회적 돌봄과 사회복지 간의 구분과 관련된다. 사회복지는 현재 가능한 공식적 돌봄서비스들 중에서 노인의 건강과 상황에 적합한 서비스를 이용할 수 있도록 사정(진단)과 개입을 한다. 이에 반해서 사회적 돌봄은 공적 및 사적 서비스, 전문 및 비전문 서비스, 유급 및 무급 서비스를 초월한 총체적인 돌봄을 의미한다. 점차적으로 사회복지는 사회적 돌봄 틀 안에서 설명된다(Phillips, 2007).

돌봄과 관련된 가장 큰 논쟁은 의료적 돌봄(medical care)의 종말과 사회적 돌봄(social care)의 시작이다. 과거에 돌봄은 의료적 돌봄에만 집중되었지만, 이제는 개인의 일상활동을 위한 개인적 돌봄을 제공하는 사회적 돌봄으로 확장되었다. 다시 말해 의료뿐만 아니라 일상생활, 나아가 개인의 사회적 활동까지도 지원해 주는 사회적 돌봄이 주로 사용되고 있다. 또한 돌봄이 필요한 취약한 또는 위험 노인이 누구인지 진단하여 돌봄을 제공하는 것에 초점을 두었다. 이제는 예방적 돌봄이 주요 어젠다로 대두하여 돌봄의 개념에 대한 범위를 확장시키고 있다.

돌봄의 범위와 관련해서 돌봄(care)과 지원(support)을 둘러싸고도 논쟁적이다. 즉, 언제 '지원이 돌봄으로 변화하는가'이다. 개인을 위한 지원 네트워크가 반드시 돌봄 네트워크가 되지는 않는다. 전통적으로 돌봄은 두 사람(dyadic) 간의 관계에 집중되었다. 하지만 현재의 돌봄 네트워크는 두 사람을 넘어서 더 넓은 범위의 관계에 초점을 둔다.

권리와 선택도 돌봄의 범위와 영역을 결정하는 데 중요한 역할을 한다. 누가, 언제 돌봄을 받을 것인지와 어떤 돌봄서비스가 필요한지를 누가 결정할 권한을 가지는지가 전문가들 사이에 중요한 논쟁거리이다. 돌봄받을 권리(right to care)와 선택권도 좋은 돌봄서비스가 아니라 질 낮은 서비스를 제공받는다면 아무 의미가 없다. 결과적으로 좋은(good) 또는 충분히 좋은(good enough) 돌봄이 무엇인지 개념화하는 데 있어서 이견이 생기게 된다.

다음으로, 돌봄이 지지(지원) 역할을 하는지 아니면 통제 역할을 하는지에 관한 논란이다. 돌봄은 통제적 요소가 있으며 돌봄 관계에서 누가 권한을 가지는지로 연결된다. 돌봄관계에서는 사회나 돌봄을 제공하는 사람에게 노인의 의존성이 내재한다. Tronto(1993)는 돌봄이 권력이 있는지와 권력이 없는지의 위치를 보여 준다고 주장하였다.

이상의 논의에서 나타나듯이 돌봄의 범위와 영역은 점점 더 희미해져 간다. 돌봄 범위와 영역의 구분이 희미해져 가면서 우리 사회는 공공과 사적 영역, 전문가와 비전문가, 유급과 무급 등 간의 교차점과 차이에 대한 새로운 시각을 갖게 된다(Phillips, 2007: 22-27 재인용).

5. 돌봄개념 발전

돌봄의 개념화는 1960년 초 서구를 중심으로 여성주의 운동으로부터 시작했다. 공적 돌봄서비스와 가정 내에서 제공하는 돌봄을 주로 여성이 담당하는 젠더화된 특성을 가진다. 이로 인해 여성학자들은 오랜 기간 돌봄을 주제로 이론적 및 경험적 연구를 계속해서 수행했다. Janet Finch와 Dulcie Groves(1983)가 편저한 『A Labor of Love』를 통해서 여성학자들의 돌봄에 대한 학술적 연구를 확인할 수 있다. 돌봄에 대한 설명도 젠더화된 패러다임을 활용해서 집중적으로 수행되었다(Phillips, 2007).

하지만 여성주의적 시각에서 돌봄의 설명은 몇 가지 한계점이 있다. 여성주의 접근은 돌봄의 학술적 연구를 초기부터 40년 동안 주도했지만, 지역사회 돌봄 정책에 대한 비판에 집중하여 발전이 미진했다. 여성과 남성의 이분법적 시각에서 접근하다 보니 성적 성향, 인종, 장애 등의 요인은 배제되었다. 백인이면서, 장애가 없고, 이성애인 돌봄자의 경험만 한정하면서 돌봄의 다양한 양상을 탐구하지 못했다. 결과적으로 돌봄자는 가정적인 집에서 돌봄을 제공함으로써 시장 밖에 독립적으로 존재한다는 고정관념을 가지게 했다. 사실 돌봄은 상호의존적이며, 상호호혜적 성격도 있지만, 여성의 다중 역할과 역할 간 충돌하는 특성에 대해서는 무시되었다(Hooks, 1981).

여성주의 돌봄 시각이 가장 비판받는 이유는 돌봄 수혜자를 의존적이고, 수동적이고, 자력으로 행할 수 없는 돌봄자의 가족(친척)으로만 프레임화했기 때문이다. 돌봄 용어가 노인을 부정적인 무기력한 존재로 인식하게 하면서 의존적인 관계로 놓이게 했다. 마치 노인을 돌봄 제공자에게 부담만 된다고 규정해 온 것이다. 그러나 실제로 돌봄자는 유급의 일에 참여하거나 자신의 삶을 살아갈 수 있는 자유가 있다. 즉, 상호의존적이기보다 독립적인 관계로 접근해야 한다.

다음으로 보편주의 패러다임을 적용해서 기존 여성주의 관점과 다르게 성별보다는 시민권 시각에서 돌봄의 개념을 설명하는 것이다. 보편주의적 관점은 사회적 권리와 같은 맥락에서 돌봄을 본다. Sevenhuijsen(2003)이 주장한 것처럼 돌봄을 통해서 사람은 기본적으로 다른 사람과 연결되는 교류(관계) 권리가 있다. 상호의존과 생애과정 측면에서 돌봄은 보편적인 인간의 권리로 인식한다. 이는 세계인권선언(Declaration of Human Rights)에 기초해서 돌봄정책이나 서비스가 설계되어야 함을 의미한다.

물론 권리에 기초해서 돌봄을 이해하는 시각은 돌봄자가 가정 내 사적인 영역에 있게 되어 부여된 권한(authorative rights)을 보장받는 것이 불가능하다는 딜레마가 존재한다. 또한 돌봄 제공자와 돌봄 수혜자의 권리 중에서 누구의 권리가 선행하는지에도 모순이 있다. 돌봄관계에서 욕구를 충족하거나 권리를 보장하기 위한 과정에서 돌봄 제공자와 수혜자 사이에 이해충돌이 발생할 수 있다. 이러한 장애요인을 극복하기 위해 현재보다 확대된 기본권(예: 고용권, 기본소득)을 토대로 돌봄 제공자와 수혜자의 권리를 동일하게 보장하는 방법도 존재한다.

Drewett(1999)는 권리기반과 욕구기반 접근 간의 혼란으로 인해 동반되는 권리의 지위와 권리를 보장하기 위한 자원을 확보하는 데 한계가 있다고 하였다. 법적 권리를 사회적 돌봄으로 제도화하여 노인에게 돌봄을 제공하는 과정에서 현실적으로 사각지대, 욕구 미충족은 발생할 수밖에 없다. 권리와 욕구가 무엇인지 정의하는 것은 이를 실천으로 옮기는 과정에서 일치된 합의가 불가능하기 때문이다.

돌봄의 개념을 확대해서 설명했던 가장 영향력 높은 연구자로 Tronto(1993)는 돌봄이 얼마나 잘 제공되었는지 판단해야 하므로 돌봄은 정치적이며 또한 도덕적이라고 주장했다. 돌봄은 실천이기도 하며 가치이기도 하다. Tronto(1993)는 돌봄윤리(ethics of care)에서 관심(개인이나 집단의 충족되지 않은 돌봄 필요를 감지), 책임(돌봄 필요에 부응해야 하는 책임감), 수행(돌봄을 실제로 제공하는 것), 대응(돌봄받는 사람의 반응을 살피고 판단) 등의 돌봄이 갖는 네 가지 윤리적 구성요소를 제시했다. 최근 들어 Tronto(2013)는 '함께 돌봄(Caring with)'을 추가하였다. 이는 돌봄을 민주적으로 제공할 수 있도록 연대성을 강조한 것이다.

Williams(2001)는 돌봄정책이 확대되는 시점에 대응해서 돌봄의 정치적 윤리(Political ethics of care)를 주장했다. 이는 일과 삶의 균형(work-life balance)과 같이 돌봄자에게 도움을 주는 것이다. 의존적 시각에서 시민의 권리로 패러다임이 변화하는 과정에서 도덕적 및 정치적 삶에서도 돌봄을 권리로 이해하는 것이 우세해지고 있다. 노인은 자신의 삶에서 누군가의 의존자로 인식되는 것이 아니라 고용, 여가 등을 추구할 수 있는 한 명의 시민으로서 완전한 권리를 가지고 있다.

결론적으로 Moss(2003)가 강조한 것처럼, 돌봄은 돌봄과 관련해서 다차원적이고 포괄적 성격이 존재한다. 욕구를 알고, 인정하고, 이해해서 실행하기 위한 돌봄 방법을 선택해야 한다. 돌봄 활동을 시작하는 것에 대한 책임성, 감정이입과 판단이 필요하다. 돌봄을 제공하는 것은 구체적인 실천(concrete work)을 포함하고, 돌봄을 받는다는 것은 돌봄이 제공되는 사람들의 반응을 포함한다.

돌봄은 업무(tasks)이면서 노동(labour)이기 때문에 육체적 및 감정적 특성을 가진다. 시간, 물적 자원, 지식, 기술, 사회적 관계 및 감정 등이 포함된 실천이 돌봄이다. 돌봄은 또한 책임, 반응, 통합 등과 같은 특정한 가치가 부착된 윤리로 논의되어야 한다. 돌봄은 상호호혜성과 상호의존성을 포함한다. 모든 사람이 돌봄을 받고, 제공하는 역할을 하는 생애과정의 일부분이다. 질 좋은 돌봄을 제공하는 것은 사회적 관계에서 자신을 헌신하는 감정적 노동을 포함한다.

끝으로 돌봄에 대한 개념은 전문가 집단(사회복지사, 간호사), 여성주의자, 장애인, 인종차별 반대주의자(돌봄 민족중심주의 우려), 사회정책 분석가(돌봄의 비용과 지역사회 돌봄체계 구축 관여) 등에 따라서 다양한 시각으로 설명되고 있다(Phillips, 2007: 27-32 재인용).

돌봄 사회화 및 제도화

돌봄이 사회적 연대에 의해서 대응해야 하는 신사회적 위험이 되어 가는 과정에서 제도화된 돌봄서비스가 등장하였다. 돌봄 사회화는 가족구조의 변화로 인해서 가족이 돌봄 기능을 하지 못해서 돌봄노동과 비용을 사회가 부담하는 것이다. 돌봄 사회화로 만들어진 제도는 돌봄서비스, 돌봄수당, 돌봄휴가가 대표적 사례이다. 돌봄서비스를 제공하는 주체로는 국가, 시장, 가족, 비영리(제3섹터)로 혼합된 성격을 가진다.

1. 돌봄 사회화 및 제도화 개념

노인에 대한 돌봄은 전통적으로 가족이 담당하는 영역이기 때문에 사회적으로 비가시적(눈으로 볼 수 없음) 영역이었다. 가족구조 및 사회경제적 변화로 인해서 가정이 더는 돌봄을 할 수 없게 되면서 돌봄은 사회적 연대로 대응해야 하는 신사회적 위험이 되었다. 돌봄이 제도화되면서 가정 내 일로 비가시적 영역의 비공식적 돌봄에서 일부가 가시적 영역의 공식적 돌봄으로 전환되고 있다. [그림 2-1]에서 보듯이 돌봄의 제도화 이전에는 비가시적 영역의 비공식적 돌봄에서 돌봄의 제도화로 부분적 사회화 및 부분적 공식화로 가시적 영역의 공식적 돌봄과 비공식적 돌봄이 동시에 존재하게 되었다(석재은, 2018). 돌봄이 제도화가 되었더라도 여전히 가족은 돌봄을 제공하는 중요한 하나의 축이다.

돌봄 사회화의 시작은 가족구조 변화로 가족이 돌봄 기능을 하지 못하면서이다(양난주, 2019). 가족구조 변화는 가구원 수 감소(2~3인 가구 보편화), 출산율 감소, 이혼율 증가, 한부모가구 증가, 부양비 증가 등이다(장민선, 2017). 가족구조 변화는 가족 내에서 돌봄 제공 기

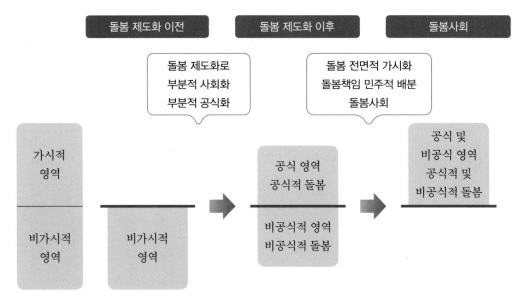

[그림 2-1] 돌봄 가시화 측면에서 돌봄 제도화 및 사회화

출처: 석재은(2018), p. 72 그림 수정.

능이 양적으로 축소됨을 의미한다. 이와 함께 질적으로 가족 관계가 전통사회보다 느슨하며, 가족 유대감을 약화하는 가족 가치의 변화로 돌봄을 제공하는 당위성도 낮아졌다. 가족구조 변화 및 가족결속력 약화는 가족의 돌봄 기능 축소와 상실로 연결되어 사적 영역의 돌봄에서 공적 영역의 돌봄으로 제도화를 통한 대응이 필요하게 되었다(류연규, 2012).

다음으로 후기산업사회의 사회경제적 변화로 여성의 경제활동 참여 증가, 사회의식 변화, 노동시장의 이중구조화, 높아진 기대수명으로 노인 인구 증가 등이 나타나면서 사회적 돌봄에 대한 중요성이 증가했다. 여성의 경제활동 증가로 맞벌이 부부가 과거 주변화에서 보편화되어 가족돌봄은 현실에 맞지 않게 되었다. 과거 여성이 가정 내에서 노인을 돌봐야한다는 성불평등적 사고에 대한 사회의식이 변화하였다. 노동시장의 이중구조화는 노동자를 고임금 · 정규직 노동자 집단과 저임금 · 비정규직 노동자 집단으로 나누면서 가족의 돌봄비용에 대한 지불능력에도 격차가 높아지고 있다. 노인인구의 급격한 증가는 노인을 돌봐야 하는 기간도 길어지게 하였다(최혜지, 이미진, 전용호, 이민홍, 이은주, 2020). 결국 돌봄은 신사회적 위험으로 간주되어 돌봄의 사회화를 통한 공적 제도로 대응해야 하는 복지국가의 정책적 의제가 되었다(Arkesey & Kemp, 2006).

돌봄 사회화는 '과거 가족 등이 부담해 온 돌봄노동과 돌봄비용의 책임이 국가의 개입에 의해 가족, 국가, 시장, 지역 공동체로 부담되는 것'(김지미, 2018: 69)으로 정의할 수 있다. 돌봄 사회화는 결과적으로 돌봄비용에 대한 사회화와 돌봄서비스(노동)에 대한 사회화로 구분된다. 돌봄비용에 대한 사회화는 현금급여, 돌봄서비스에 대한 사회화는 현물급여를 뜻한다. 또한 돌봄비용과 돌봄서비스의 제공 주체가 누구냐에 따라서 시장화, 재가족화, 비영리화, 국가 등으로 구분된다(오영란, 2013).

2. 돌봄 급여내용 사회화: 현금과 현물(서비스)

돌봄의 사회화 결과는 돌봄의 급여내용이 현금 방식(cash benefit)으로 지급될 때와 현물(서비스) 방식으로 지급될 때 달라진다(류연규, 2012). 돌봄 급여내용의 사회화가 현금으로 지급될 때는 돌봄 노동의 가치를 일정한 경제적 가치로 환산하여 보상하는 것이다. 돌봄수당이나 유급의 돌봄휴가 급여가 현금급여에 의한 돌봄비용의 사회화 사례이다. 돌봄비용의 사회화로 가족에서 지불한 돌봄비용(노인 부양 및 돌봄비용과 돌봄 제공자 생계 비용)을 공적인 재원에 의해 지급하는 것이다.

노인을 돌보는 가족에게 돌봄에 대한 금전적 보상을 해 줌으로써 생계나 돌봄비용에 대한 걱정 없이 가족이 배우자나 부모님에게 돌봄을 제공할 수 있게 된다. 돌봄비용은 사회화되었지만, 여전히 돌봄을 제공하는 주체는 가족으로 신체적, 정신적, 사회적 부담은 변함없이 갖게 된다. 현금급여는 가족(책임)주의와 밀접하게 연관되는 것으로 돌봄의 책임이 일차적으로 가족에 있다고 본다(김지미, 2018).

돌봄급여가 현물(서비스, in-kind benefit)로 제공되는 것은 돌봄의 경제적 부담과 돌봄노동의 신체적 · 정신적 · 사회적 부담까지 사회화할 수 있다(류연규, 2012). 과거 가족(주로 여성)에게 맡겨진 노인에 대한 돌봄(노동)을 국가, 시장, 지역공동체 등 사회적 돌봄으로 이동하는 것을 말한다. 현물급여의 확충으로 공적 돌봄서비스가 확대되어서 가족이 공적인 돌봄서비스를 이용함으로써 물리적 및 정신적 부담으로부터 어느 정도 자유로워질 수 있다(김지미, 2018). 하지만 돌봄서비스 급여의 제공주체가 국가가 아니라 시장에 의존할 때에는 서비스 질이 낮아서 시장에서 서비스를 구매하기보다는 가족이 그대로 돌봄을 하게 될 수도 있다(장민선, 2017).

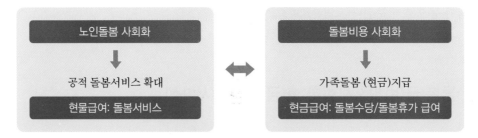

[그림 2-2] 노인돌봄급여 사회화

출처: 김지미(2018), p. 71 그림 수정.

3. 돌봄서비스 공급주체 사회화

사회화된 돌봄서비스의 공급주체는 ① 국가주체(중앙정부 및 지방정부의 공적 고용을 통해 돌봄서비스 제공), ② 시장주체(영리기업 및 민간 개인사업자를 통해 돌봄서비스 제공), ③ 가족주체(가족이 돌봄을 제공하고 돌봄수당 수급), ④ 제3섹터 주체(국가, 시장, 가족이 아닌 제3의 새로운 주체로 비영리 영역에서 돌봄서비스 제공)로 구분할 수 있다(오영란, 2013: 222).

첫째, 국가(공공고용)에서 돌봄서비스를 제공하는 인력을 고용하는 사회화된 돌봄서비스의 공급방식이다. 중앙정부, 지방정부, 행정영역에서 돌봄서비스를 제공하는 인력을 직접 고용하는 것이다. 이러한 공적 고용을 통해서 돌봄서비스를 제공하는 대표적인 국가가 스웨덴이다. 한국에서 돌봄서비스의 공공성 강화를 위해 사회서비스원을 설립하여 돌봄서비스를 제공하려는 시도도 이러한 국가주체의 돌봄서비스 제공을 확대하자는 차원에서 등장했다.

둘째, 시장주체의 돌봄서비스 제공방식은 일반 상품이나 서비스와 동일하게 시장을 통해 돌봄서비스를 공급하는 것이다. 이러한 지점에서 시장화 또는 준시장화라고 부른다. 돌봄노동을 상품화하여 민간 개인사업자나 영리기업에서 돌봄노동자를 정상적 임금노동자로 고용하여 운영된다.

셋째, 재가족화로 일상생활을 독립적으로 하기 어려운 노인에게 가족이 돌봄을 제공하는 방식이다. 가족이 노인에게 돌봄을 제공하는 대신에 국가가 가족 내 돌봄에 대해서 현금급

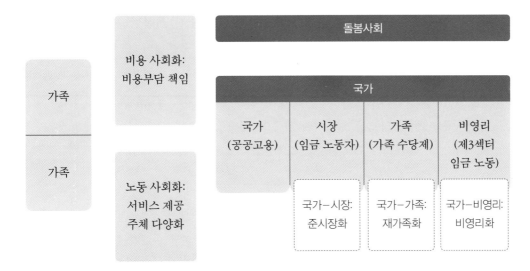

[그림 2-3] 돌봄노동 사회화 성격 구분

출처: 오영란(2013), p. 223 수정.

여로 보상하는 것이다. 가족의 돌봄노동에 대한 경제적 평가를 통해서 보상을 받지만, 가족이 여전히 신체적·정신적·사회적 부담을 떠안게 된다. 이로 인해 가족수당이 돌봄의 사회화라고 유형화하는 것에 대해서는 논란이 있다.

넷째, 국가, 시장, 가족이 아닌 새로운 제3섹터로 비영리 영역이 돌봄서비스의 공급주체 역할을 하는 방식이다. 돌봄서비스에 대해서 시장의 영리 목적으로 인해 발생하는 폐단을 최소화하기 위해 비영리 조직이 공급주체가 된다. 예를 들어, 비영리 조직으로는 사회복지법인, 학교법인, 사단법인, 재단법인, 의료법인, NPO 법인, 협동조합, 사회적 기업 등이 있다.

특히 오영란(2013)은 일본에서 돌봄노동의 사회화로 제도화된 개호보험제도의 노인돌봄을 중심으로 시장화와 재가족화에서 드러난 문제점을 지적했다. 먼저, 시장화-준시장화는 공정가격을 통해 가격 규제를 하면서 낮은 보수단가로 인한 가격통제와 영리 운영 목적 사이의 모순, 가격 규제 과정에서 본인부담금 상승의 문제가 발생했다. 재가족화는 가족 책임을 강화하는 과정에서 외부 돌봄 전문가에 의한 공식적 돌봄서비스 이용 억제, 일상생활지원서비스 축소, 돌봄 필요도에 따라 서비스 상한액 이상의 돌봄 노동에 대해서 가족에게 떠맡기는 것 등의 한계가 노출되었다.

대부분의 국가는 단일한 공급주체로 돌봄서비스를 제공하기보다는 공급주체들의 혼합을 통해서 작동하고 있다. 특히 장지연(2011: 39-40)은 돌봄노동 사회화를 ① 국가가 직접 서비스 제공(시설, 재가), ② 국가가 재정을 투입하여 민간에서 생산한 서비스를 제공(시설, 재가),

③ 돌봄받는 자에게 돌봄서비스를 구매할 수 있는 비용 지원, ④ 돌봄받는 자에게 용도를 정하지 않은 현금지원, ⑤ 돌봄 제공자에게 현금급여 등으로 구분했다. 또한 장민선(2017)은 시장주의모델(영국 사례: 시장화를 통해서 민간이 서비스를 제공하고 정부는 재정지원과 관리감독), 공공서비스모델(스웨덴 사례: 국가 등 공공부분이 돌봄서비스 제공을 담당하면서 일부 민간부분 참여 허용), 보충주의모델(독일 사례: 가족으로부터 돌봄을 받을 수 없는 대상에게 정부가 서

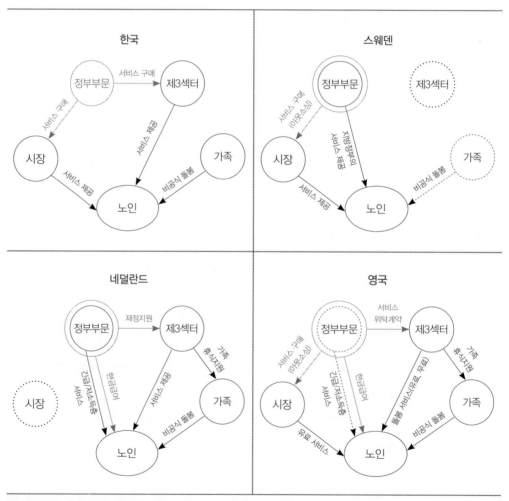

* 검은색 실선 = 돌봄서비스 제공자(동그라미), 돌봄서비스 수혜자(화살표 방향)
** 회색 실선 = 재정지원 주체(동그라미), 지원 흐름(화살표)
*** 대시선(화살표 및 동그라미) = 보조 역할
**** 점선(동그라미) = 최소 역할

[그림 2-4] 국가별 돌봄 사회화와 공급주체
출처: Lyon & Glucksmann (2008), pp. 106–112와 장지연(2011), pp. 12-13 수정.

비스 구매할 수 있도록 재정지원), 가족주의모델(일본 사례: 돌봄은 가족의 영역이라는 전제하에 사회돌봄서비스 제공자와 이용자 간 계약 방식) 등으로 구분했다.

[그림 2-4]는 장지연(2011)이 한국, 스웨덴, 네덜란드, 영국 등의 국가들에 대한 공급주체를 시각화한 것이다. 먼저, 한국은 국가(공공고용), 시장화, 재가족화, 제3섹터(비영리 영역)의 돌봄서비스 공급주체가 혼합된 형태이다. 장기요양보험제도가 2007년 도입되면서 서비스 비용은 사회적 연대에 의한 사회보험방식으로 운영되고 있다. 서비스 제공은 영리 조직과 비영리 조직이 경쟁적으로 참여할 수 있도록 설계되어 있다. 건강보험공단이나 일부 지방정부가 돌봄서비스 제공기관을 직접 운영하기도 한다. 또한 돌봄의 재가족화를 지원하는 현금급여, 돌봄휴가, 소득공제 등이 제도화되어 있다.

스웨덴은 노인돌봄서비스의 공급에 있어서 국가가 주도적 역할을 담당하고 있다. 국가가 돌봄서비스에 대한 비용과 직접적인 돌봄서비스를 제공하고 있다. 돌봄서비스의 일부는 아웃소싱을 통해서 시장에서 제공할 수 있게 되어 있다. 국가가 주된 돌봄서비스 공급주체이며, 시장은 보충적으로 돌봄서비스를 제공한다.

네덜란드는 제3섹터로 비영리조직을 공급주체로 계약해서 국가가 지원하는 형태가 강하다. 가족이 돌봄을 제공하는 경우에는 국가로부터 현금급여를 받는다. 시장화된 돌봄서비스를 이용할 수 있지만 보편적이지는 않다. 물론 국가가 직접 돌봄서비스를 제공해야 하는 노인에게는 정부가 공적 고용을 통해서 돌봄을 제공하게 된다.

영국은 국가가 재정을 투입하여 민간에서 생산한 서비스를 제공하는 방식이다. 정부가 제3섹터로 비영리조직에게는 시설 이용이나 서비스 제공을 대리하게 한다. 시장의 영리조직에서 아웃소싱 방식으로 돌봄서비스를 구매하게 한다. 노인에게 지급하는 현금급여가 있으며, 정부가 직접고용을 통해서 노인에게 돌봄서비스를 제공하는 형태의 비중은 매우 적다(장지연, 2011: 15-16).

돌봄권리와 돌봄이론

이 장에서는 돌봄권리와 돌봄이론에 대해서 다룬다. 인권은 자유권, 사회권, 연대권으로 구성된다. 돌봄권리는 사회권으로 모든 인간은 존엄성을 보장받기 위해 돌봄을 받을 권리가 있음을 의미한다. 돌봄을 받기 위해서는 돌봄 제공자가 존재해야 하며, 돌봄 제공자도 한 인간으로 권리를 가진다. 돌봄을 제공하는 사람으로 보유하는 권리가 노동권이다. 돌봄을 받는 사람과 돌봄을 제공하는 사람의 권리가 양립할 수 있도록 국가는 제도를 갖춰야 한다. 다음으로 돌봄이론은 돌봄을 바라보는 시각이나 돌봄이 추구해야 하는 방향성 차원에서 다룬다. 돌봄이론으로 Aging in Place(정든 지역사회 내에서 살아가기), 돌봄연속성(continuity of care), 건강한 노화(healthy aging)와 돌봄, 강점관점 돌봄, 예방적 돌봄 등을 설명하였다.

1. 인권, 세계인권선언(국제법), 헌법, 돌봄권리

돌봄권리는 인권으로부터 출발한다. 인권은 허공에 떠 있는 가치나 윤리가 아니다. 인권은 국제법과 헌법의 법적 근거를 토대로 하고 있다. 인간권리(인간은 권리를 가지고 있다)의 줄임말이 인권이다. 인간으로 존엄하고 인간답게 살아야 하는 것을 보장해야 하는 보편적인 권리이다(조효제, 2007). 인권에 대한 공통적 이해는 1948년 12월 10일 유엔 총회에서 채택한 세계인권선언문(Universal Declaration of Human Rights: UDHR)에 기초하고 있다. 인류 역사상 가장 많은 희생(특히 나치의 인종말살정책)이 발생한 세계대전의 반성적 성찰로 인간의 권리와 자유를 위해 탄생한 것이다(Mapp, 2014). 국제연합은 세계인권선언을 통해 모든 국가가 최소한 지켜야 할 행동규범으로 인류가 자유, 정의, 평화, 안전, 번영, 행복으로 나가는 첫걸음을 디딘 것이다(Reichert, 2011).

세계인권선언은 30조로 구성되어 있으며, 자유권(제3조~제21조), 사회권(제22조~제27조), 연대권(제28조)으로 구분된다. 자유권은 억압으로부터 저항하는 자유권으로 시민적 및 정치적 권리이다. 사회권은 자원의 생성과 분배에서 참여와 경제적·사회적·문화적 권리이다. 연대권은 경제적 번영의 공유와 발전적·환경적 권리를 의미한다(양옥경, 2017). 특히 돌봄권리는 돌봄을 받은 수혜자와 제공자의 입장으로 구분한다. 세계인권선언문의 번역은 국가인권위원회(2020)가 제시한 국가인권규범의 세계인권선언 한글판을 활용했다. 돌봄받는 수혜자의 경우 사회권으로 "제25조 모든 사람은 먹을거리, 입을 옷, 주택, 의료, 사회서비스 등을 포함해 가족의 건강과 행복에 적합한 생활수준을 누릴 권리가 있다." 반면, 돌봄 제공자는 사회권으로 "제23조 모든 사람은 일할 권리, 자유롭게 직업을 선택할 권리, 공정하고 유리한 조건으로 일할 권리, 실업상태에서 보호받을 권리가 있다. 모든 사람은 차별 없이 동일한 노동에 대해 동일한 보수를 받을 권리가 있다."와 "제24조 모든 사람은 노동시간의 합리적인 제한과 정기적 유급휴가를 포함하여, 휴식할 권리와 여가를 즐길 권리가 있다."에 토대를 두고 있으며, 노동권이라고 불린다. 세계인권선언은 국제법을 통해서 국가별로 의회를 통해서 승인하여 적용하고 있다.

「헌법」(憲法, 영어: Constitution)은 "국가의 기본 법칙으로서, 국민의 기본적 인권을 보장하고 국가의 정치 조직 구성과 정치 작용 원칙을 세우며 시민과 국가의 관계를 규정하거나 형성하는 최고의 규범이다"(위키백과, 2021). 즉, 「헌법」에서 국가를 운영하는 구조에 대한 설계와 함께 시민의 인권을 보장해야 하는 것을 국가의 역할로 담고 있다. 대한민국「헌법」은 "제10조 모든 국민은 인간으로서의 존엄과 가치를 가지며, 행복을 추구할 권리를 가진다. 국가는 개인이 가지는 불가침의 기본적 인권을 확인하고 이를 보장할 의무를 진다."를 통해서 우리나라 국민의 인권을 국가가 보장해야 함을 규정하고 있다(법제처, 2021).

돌봄 수혜자와 관련하여 「헌법」 "제34조 ① 모든 국민은 인간다운 생활을 할 권리를 가진다. ② 국가는 사회보장·사회복지의 증진에 노력할 의무를 진다. ③ 국가는 여자의 복지와 권익의 향상을 위하여 노력하여야 한다. ④ 국가는 노인과 청소년의 복지향상을 위한 정책을 실시할 의무를 진다. ⑤ 신체장애자 및 질병·노령 기타의 사유로 생활능력이 없는 국민은 법률이 정하는 바에 의하여 국가의 보호를 받는다. ⑥ 국가는 재해를 예방하고 그 위험으로부터 국민을 보호하기 위하여 노력하여야 한다."로 국가로부터 돌봄을 받을 권리를 규정하고 있다. 돌봄의 제공자와 관련해서는 "제32조 3항(③ 근로조건의 기준은 인간의 존엄성을 보장하도록 법률로 정한다.), 4항(④ 여자의 근로는 특별한 보호를 받으며, 고용·임금 및 근로조건에

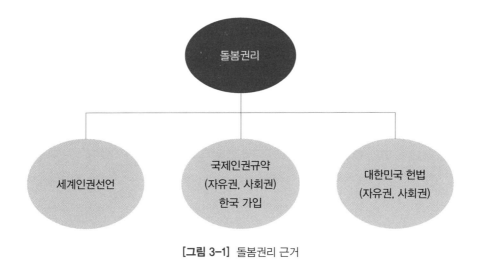

[그림 3-1] 돌봄권리 근거

있어서 부당한 차별을 받지 아니한다.), 제33조 제1항(① 근로자는 근로조건의 향상을 위하여 자주적인 단결권·단체교섭권 및 단체행동권을 가진다.)"으로 돌봄 제공자의 노동권을 규정한다.

이와 같이 돌봄권리는 돌봄 수혜자와 돌봄 제공자의 두 가지 측면으로 구분해서 접근해야 한다. 돌봄권리는 인권으로 국제법과 「헌법」을 통해서 인간이면 보장받아야 할 권리에 해당한다. 인간은 인간으로서 존엄하고 인간답게 살기 위해 필요한 돌봄을 받을 권리가 있다. 돌봄의 제공자는 노동자로서 일할 권리, 자유롭게 선택할 권리, 동일한 노동에 동일한 보수, 노동시간의 합리적 제한과 휴가 등의 노동권을 가진다. 인권은 국제연합의 세계인권선언으로 명시적으로만 존재하는 것이 아니라 국가가 반드시 보장해야 할 권리로 「헌법」을 통해 규정하고 있다. 대한민국은 경제적·사회적·문화적에 관한 규약을 1990년에 승인했다(양옥경, 2017). 국민이 돌봄을 보장받아야 하는 돌봄권리와 노동자로의 돌봄 제공자의 노동권을 「헌법」을 통해 명시하고 있다.

2. 돌봄 수혜자 사회권과 돌봄 제공자 노동권[1)]

1) 돌봄 수혜자 사회권

앞서 세계인권선언(UNHR)과 대한민국 「헌법」에 명시되어 있는 것처럼 인간은 존엄하고 인간다운 삶을 살기 위해 필요한 돌봄을 받을 권리가 있으며, 국가는 이를 보장해 주어야 한다. 노인돌봄은 과거에는 자선(시혜)이자 노인에 대한 부유층의 도덕적 선행으로 시작해서 노인의 기본적 욕구 충족을 위한 사회적 책임으로 받아들이다가 이제는 노인의 기본적 권리이자 국가의 책무로 바라본다(최혜지 외, 2020). 돌봄은 사회권이며 돌봄욕구에 대한 국가의 책무 정도로 접근하는 것이다. 특히 돌봄이 사회권이 되면서 모든 국민이 돌봄 대상자이자 국가의 일원으로 돌봄 제공에 대한 책임을 공유하는 지위를 갖게 된다(김철 외, 2015).

석재은(2018)은 돌봄을 중심으로 한 사회권 논의가 두 가지 측면으로 구성된다고 주장하였다. 첫째는 일상생활을 독립적으로 수행하는 데 어려움이 있는 노인의 돌봄욕구에 대한 사회적 인정범위이다. 둘째는 돌봄욕구에 대한 사회적 지원배분 수준이다. 돌봄욕구에 대한 사회적 지원배분이 어느 정도 크기인지는 돌봄대상의 포괄성, 돌봄급여의 적절성, 돌봄비용의 사회화 수준의 함수를 의미한다(석재은, 2018). 즉, 돌봄사회권은 돌봄욕구의 사회화로 돌봄욕구에 대한 사회적 인정과 정당한 사회적 자원배분을 의미한다. 돌봄대상의 포괄성, 돌봄급여 제공의 적절성, 돌봄비용의 사회화로 측정할 수 있다.

예를 들어, 한국의 노인장기요양정책을 돌봄 수혜자의 사회권 측면에서 평가해 볼 수 있다(석재은, 2018: 84). 수혜범위는 돌봄욕구의 사회적 인정범위를 의미한다. 급여기준과 비용부담은 돌봄욕구에 대한 사회적 지원배분이 적절한지를 말해 준다. 노인장기요양보험 돌봄 수혜자의 사회권 보장은 수혜범위(인구 고령화를 감안한 OECD 평균의 83.3%), 급여기준(시설기준 온종일 신체적 돌봄 필요시간의 73.3% 보장), 비용부담(재가기준 85%, 시설기준 70% 사회보장) 등을 근거로 비교적 양호한 편에 해당한다. 한국의 노인 장기요양정책이 완전하게 사회권을 보장하고 있다고 하기는 어렵지만 상당한 수준의 성과를 거두고 있다고 볼 수 있다.

하지만 돌봄 수혜자의 사회권이 보장되고 있는지에 대해서는 노인의 돌봄욕구의 인정범위에 대한 사회적 합의가 필요하다. 노인이 한 개인으로서 사회권을 기본권리로 보유하고 있다는 사실에 주목해야 한다. 노인의 사회권은 건강권(건강급여권, 위생 및 영양권, 돌봄 및 요양 보호권, 정신건강권), 사회참여권(교육, 문화, 여가), 경제노동권, 주거권 등의 측면에서 돌봄욕구의 인정범위를 정해야 한다(권중돈 외, 2014). 또한 시설 거주노인의 경우는 시설에서 생활한다는 상황을 고려해서 건강권(건강증진 및 치료, 위생 관리, 영양 관리), 주거권(안전한 생활, 주거생활), 인간존엄권(존엄한 존재로 대우받을 권리, 안전한 생활), 경제권(노동권, 물품 및 금전 관리, 장례와 제사 서비스), 문화생활 권리 및 정치 · 종교 자유권(여가문화생활, 정치참여, 종

---

1) 돌봄 수혜자의 사회권과 돌봄 제공자의 노동권에 대한 이해를 위해 '석재은(2018). 돌봄정의(Caring Justice) 개념 구성과 한국 장기요양정책의 평가. 한국사회정책, 25(2), 57-91.' 참고 필요.

교활동), 교류 및 소통권(가족 및 사회관계 유지, 동료노인의 인권, 시설종사자의 인권), 자기결정
및 선택권(입소와 퇴소, 서비스 선택 및 변경, 정보통신생활과 사생활 보호 및 비밀보장, 생활고충
및 불평 처리, 이성교제·성생활 및 기호품) 등을 사회권으로 인식할 필요가 있다(권중돈, 2012).

2) 돌봄 제공자 노동권

돌봄권리는 양면의 동전과 같이 앞면에 돌봄 수혜자의 사회권이 있다면, 동전 뒷면에는
돌봄 제공자의 노동권이 있다. 돌봄 제공자의 노동권은 두 가지 측면으로 구성되어 있다. 첫
째로 돌봄 제공자의 노동권은 공식 또는 비공식적으로 제공하는 돌봄노동이 사회적으로 가
시화되어 인정받는 정도이다. 전통적으로 노인돌봄은 가정 내에서 제공되는 사적 영역으로
서 사회적으로 보이지 않는 비가시적 성격이 강했다. 돌봄 제도화로 공식적 돌봄은 사회화
되어 가시화되고 있다. 하지만 여전히 가정 내의 비공식적 돌봄에 대해서는 숨겨지고 사회
적으로 인정받지 못하고 있다(석재은, 2018).

돌봄 제공자의 노동권은 공식적 및 비공식적 돌봄노동에 대한 사회적 인정으로 가시화
및 공식화 수준을 통해 설명할 수 있다. 한국은 비가시화된 비공식돌봄 제공 비중이 전체 공
식적 및 비공식적 돌봄 총량의 60%로 공식적 돌봄의 1.5배에 해당한다. 하지만 비공식적 돌
봄은 사회적으로 보이지 않는 비가시적 영역에 위치하고 있다(석재은, 2018). 특히 비공식적
돌봄에 대한 사회적 인정을 제도화한 돌봄수당이 없다. 대신 가족이 공식적 돌봄을 제공하
는 요양보호사로 등록한 경우에 한해 가정 내 돌봄에 대해서 경제적 보상을 한다. 「남녀고용
평등과 일·가정 양립 지원에 관한 법률」을 근거로 하여 2020년 1월부터 가족돌봄휴직제도
(가족돌봄휴직 요건이 되는 가족의 범위에 조부모, 손자녀 추가함: 본인 외에도 조부모 직계비속 또
는 손자녀 직계존속이 있는 경우에는 가족돌봄휴직을 허용하지 않음) 확대와 가족돌봄휴가 제도
(근로자 가족의 질병, 사고, 노령 또는 자녀 양육으로 인하여 긴급하게 그 가족을 돌보는 데 필요한
경우 연간 10일 범위에서 휴가를 사용할 수 있도록 하는 가족돌봄휴가 제공)를 신설하였다(법제처,
2019).

다음으로 돌봄노동에 대한 사회적 자원배분의 규모가 돌봄 제공자가 보유한 노동권의 두
번째 구성요소이다. 일반적으로 공식적 돌봄에 대한 낮은 수가, 낮은 처우, 좋지 못한 업무
환경, 공식적 돌봄노동 가치의 평가절하와 돌봄 주변화로 인해서 돌봄 제공자의 노동권이
침해받고 있다(석재은, 2018). 낮은 처우는 돌봄에 대한 사회적 인정이 낮은 것과 여성 근로
자의 비율이 높은 것과 관련이 있다. 이와 함께 한국이 요양서비스를 시장화하면서 노인장

기요양기관 난립과 과도한 경쟁으로 인해 돌봄인력이 열악한 노동환경에서 종사하고 있다. 특히 한국은 「노인장기요양보험법」에 의해서 요양보호사 정의와 의무를 규정하고 있지만 노동권에 대한 법률은 없다. 반면, 일본은 개호노동자(한국의 요양보호사)의 고용관리 개선 등에 관한 법률을 특별법으로 규정하고 있다. 앞으로 한국의 사회화된 돌봄 제도화가 성공적으로 기능하기 위해서는 돌봄 제공자의 노동권을 보장하기 위한 법률의 개정, 임금 향상, 요양서비스 노동의 업무 표준화와 전문화 등이 필요하다(윤자영 외, 2011).

또한 윤지영(2010)은 노인을 돌보는 돌봄인력의 노동권을 확보하기 위해서 ① 근로기준법 등 준수 의무 부과, ② 임금 지급명세서 교부 의무, ③ 성희롱, 성폭력에 대한 조치 의무, ④ 성희롱, 성폭력 불응에 대한 불이익 조치 금지, ⑤ 기부금, 후원금의 임금 공제 금지, ⑥ 본인 일부 부담금의 전가 금지, ⑦ 법정 수당 지급 의무, ⑧ 최저임금 보장, ⑨ 산재보험 등 가입 의무 부과, ⑩ 장시간 노동 방지, ⑪ 휴식 시간 및 장소 확보 같은 법률 제정이나 지침 마련이 필요하다고 하였다.

3. 돌봄이론

학술 논문이나 저서에서 돌봄이론은 일반적으로 돌봄개념, 윤리, 도덕, 정의(justice)를 설명하기 위해 사용한다(Engster, 2005). 이 책에서 돌봄이론은 돌봄을 설명하기 위한 개념이나 윤리 차원이기보다 노년기 돌봄 제공의 관점(perspective)이나 방향성(orientation) 중심으로 기술하고자 한다. 이는 돌봄을 설명하기 위한 개념, 윤리, 도덕, 정의는 돌봄개념화에서 이미 다루었기 때문이다. 돌봄이론으로 Aging in Place(정든 지역사회 내에서 살아가기), 돌봄연속성(continuum of care), 건강한 노화(healthy aging)와 돌봄, 강점관점 돌봄, 예방적 돌봄 등을 구체적으로 다루고자 한다.

1) Aging in Place: AIP(정든 지역사회 내에서 살아가기)

미국질병청(The U.S. Centers for Disease Control and Prevention, 2021)에 따르면, "Aging in Place(AIP)는 연령, 소득, 건강 수준과 관계없이 개인이 자신의 집이나 지역사회 내에서 안전하게, 독립적으로, 편안하게 생활할 수 있는 능력(The ability to live in one's own home and community safely, independently, and comfortably, regardless of age, income, or ability level)"이

다. 노인이 병원, 요양병원, 요양원과 같은 시설보다는 자신이 오랫동안 살아왔던 집이나 지역사회에서 계속해서 살아가는 것을 뜻한다.

AIP 개념은 1982년 오스트리아 비엔나에서 개최된 국제연합(United Nation)의 제1차 세계고령화회의(The World Assembly on Aging)에서 채택된 비엔나 국제고령화행동계획(Vienna International Plan of Action on Ageing: VIPAA)을 통해서 처음 다루어졌다. 이 행동계획에서 노인의 주택과 환경에 관한 권고 9(노인돌봄의 기본적인 원칙은 그들이 가능한 한 오랫동안 지역사회에서 독립적인 생활을 이끌도록 해야 한다)와 권고 19(노인에게 집은 단지 거주지 이상으로 검토되어야 한다. 물리적인 것에 더해 심리적, 사회적 중요성을 갖는다. 따라서 정책은 가능한 한 오랫동안 그들의 집에서 계속 살도록 도와야 한다)에서 AIP 개념을 설명하고 있다(보건복지부, 2000; 이윤경 외, 2017). 여기서 AIP는 단순하게 집이라는 물리적 공간만으로 한정되지 않는다.

국제연합은 2002년 마드리드 제2차 세계고령화회의(The Second World Assembly on Ageing)에서 고령화 국제행동계획(Madrid International Plan of Action on Aging)을 발표했다. AIP를 위해서 도시, 농어촌, 병원, 직장 등의 다양한 환경이 더욱 고령친화적으로 조성할 것을 담고 있다(정경희 외, 2012). 특히 세계보건기구(World Health Agency: WHO)가 주도하는 고령친화도시(age-friendly city)는 노인이 신체적 및 인지적 건강이 저하되어도 자신이 살아왔던 지역사회에 불편함을 최소화하여 생활할 수 있는 사회적 및 물리적 환경을 만드는 것이다(Lee & Kim, 2017). WHO는 고령친화도시의 구성요소로 야외공간과 건물, 교통, 주택, 사회참여, 존경과 사회통합, 시민참여와 고용, 커뮤니케이션과 정보, 지역사회지원과 의료서비스 등의 점검 항목을 통해서 고령친화도시 네트워크를 운영하고 있다(이민홍, 이재정, 2012). 초고령화로 인하여 노인돌봄 비용이 증가함에 따라서 병원이나 시설보호보다는 가능한 오랫동안 지역사회에서 살아갈 수 있도록 지원하는 것이 부양 비용을 절감하는 지속가능한 돌봄체계 구축을 위해서 필요한 상황이다.

AIP에 관한 국내 선행연구를 살펴보면, 노인이 병원이나 요양원이 아니라 자신이 살던 집과 지역사회에서 독립적으로 계속 살아가는 것으로 개념화하였다(예: 김수영, 오찬옥, 문경주, 2017; 백옥미, 2016). 반면, 자신의 집이나 거주하던 지역사회뿐 아니라 서비스형 주거시설에서 생활하더라도 자신이 가졌던 개별성이나 사회적 관계를 유지하는 돌봄 환경까지를 포괄한다고 본다(예: 이윤경 외, 2017; 이승훈, 2017). 홍송이(2017)는 오랜 시간 거주로 생활방식이 형성되어 물리적 환경을 통제할 수 있는 물리적 내부성(physical insideness), 주변 지인들과의 지속적인 사회적 관계를 의미하는 사회적 내부성(social insideness), 생애 추억이 축적되어 노인의 자기정체성을 반영하는 자서전적 내부성(autobiographical insideness)으로 AIP

를 설명했다. 국외 연구도 대부분 AIP 개념을 노인이 시설이 아닌 집이나 지역사회에서 독립성, 자율성, 사회적 관계를 유지하는 것으로 한정한다(예: Callahan, 1993; Davey et al., 2004; Keeling, 1999; Lawler, 2001). 하지만 일부 노인이 시설(assisted living facility, nursing home)에서 생활하더라도 자기결정권, 독립성, 사회적 관계, 집과 같은 환경 등을 제공받는다면 AIP 범주에 해당하는 것으로 본다(예: Forsyth & Molinsky, 2021; Wiles et al., 2012).

이를 통해 AIP 개념은 노인이 가능한 오랫동안 익숙한 집이나 지역사회에서 독립성, 개별성, 자율성, 존엄성, 사회적 관계를 유지하면서 사는 것을 의미한다. 서비스형 주거시설, 노인주택, 노인요양시설이더라도 노인의 프라이버시가 유지되고, 노인이 자율적으로 선택할 수 있으며, 사회적 관계를 지속할 수 있는 사회적 및 물리적 환경을 조성한다면 AIP 범주에 포함된다고 할 수 있다. 특히 이윤경 등(2017)이 지적한 것처럼 AIP 개념은 시간적, 공간적, 인간 관계적 측면을 포괄한다. 시간적 범위는 가능한 오래 도움을 통해서 사망 시점을 연장하는 것, 공간적 의미는 좁게는 노인이 거주하는 집에서 넓게는 지역사회(community)의 물리적 공간을, 관계적 측면은 친숙한 사람들과의 지속적인 관계 유지를 의미한다. 여기에 더해서 Wiles와 동료들(2011)의 연구에서는 AIP 개념에 노인의 자기 삶에 대한 통제권 보장도 포함되어야 한다고 주장하였다.

[그림 3-2]는 Rogers 등(2020)이 AIP에 관한 선행 연구(Age Line, Anthropology Plus, Art and Architecture Source, CINAHL, PubMed, PsycINFO, and SocINDEX)의 체계적 문헌분석을 통해 도출한 것으로, AIP의 개념이 시간적, 공간적, 인간적 구성요소를 가지고 있음을 도식화한 것이다. 공간의 구성요소로 접근성(accessibility), 거주지(aging of residential), 환경(setting), 서비스형 주거(assisted living), 지역사회(community), 친숙한 환경(familiar settings), 집(home), 집 개조(home modifications), 거주 환경(living environment), 이주(migration), 이사(moving), 거주(staying) 등이 있었다. 인간적 구성요소는 적응(adaptation), 비용(cost), 감정적 애착(emotional attachment), 건강 상태(health conditions), 독립성 유지(maintaining independence), 선호(preference), 사회참여(social participation) 등이 있었다. 마지막으로 시간적 구성요소는 거주기간(length of residence), 수명(life span), 과정(process) 등이 있었다.

이러한 AIP 돌봄이론을 적용해서 돌봄정책의 방향성을 도출할 수 있다. 첫째, 재가급여서비스를 다양화하고 제공량을 확대해야 한다. 둘째, 비가시적·비공식적 돌봄을 가시화하여 사회적 및 경제적 보상을 강화해야 한다. 셋째, 지역사회의 사회적 및 물리적 환경을 고령친화적으로 조성해야 한다. 넷째, 노인의 주거환경이 무장애(barrier free)나 유니버설 디자인(universal design)으로 주택 개조 및 보수에 대한 지원이 필요하다. 다섯째, AIP 돌봄이론이

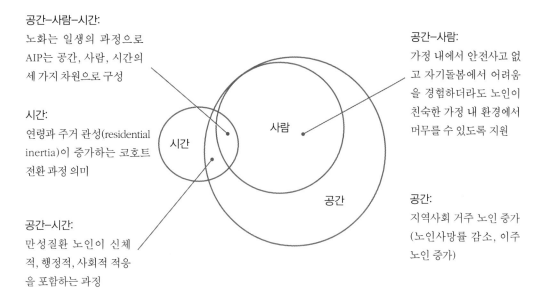

공간-사람-시간:
노화는 일생의 과정으로
AIP는 공간, 사람, 시간의
세 가지 차원으로 구성

시간:
연령과 주거 관성(residential
inertia)이 증가하는 코호트
전환 과정 의미

공간-시간:
만성질환 노인이 신체
적, 행정적, 사회적 적응
을 포함하는 과정

공간-사람:
가정 내에서 안전사고 없
고 자기돌봄에서 어려움
을 경험하더라도 노인이
친숙한 가정 내 환경에서
머무를 수 있도록 지원

공간:
지역사회 거주 노인 증가
(노인사망률 감소, 이주
노인 증가)

[그림 3-2] Aging in Place 개념: 시간적, 공간적, 인간적 측면
출처: Rogers et al. (2020), p. 8 그림 수정.

적용된 노인주택, 서비스형 주거시설, 노인요양시설 모형을 개발하거나 현재 제공되는 시설서비스를 AIP 돌봄이론이 반영하여 운영될 수 있도록 규제 마련과 지원을 해야 한다.

2) 돌봄연속성

돌봄연속성(continuum of care)은 노인의 건강상태와 질병정도에 따라서 상이한 욕구를 보인다는 측면에서 노인의 욕구에 가장 적합한 서비스를 받을 수 있도록 노인 특성에 부합한 다양한 돌봄서비스를 제공하는 것을 의미한다(김수영, 이재정, 2010). 경미한 일상생활 활동 제약이 있는 노인은 가정이나 지역사회에서 돌봄서비스를 먼저 제공받고, 점차 의존성이 높아지면 주단기보호서비스를 이용한다. 가족의 지원과 노인보건복지서비스를 통해서도 노인이 가정에서 생활하기 어렵다고 판단되면, 집중적인 서비스를 받을 수 있도록 노인요양시설에 입소하게 된다. 그리고 가장 마지막 단계로 요양병원을 이용하는 것이 장기요양보호 연속성에 적합한 절차이다(이민홍 외, 2014). 즉, 노인의 의존성이 높아질수록 더 집중적인 보호 서비스를 제공해야 장기요양보호 연속체계가 작동할 수 있게 된다.

돌봄연속성이 작동할 수 있도록 노인이나 그 가족을 위한 상담, 교육, 정보제공, 그리고 연계 등을 제공해야 한다. 노인을 위한 돌봄, 보건, 의료, 복지 서비스가 증가하면서 노인의 기능과 욕구 상태의 변화에 따라 적절한 맞춤형 서비스를 제공할 수 있는 시스템을 구축하는 것이 매우 중요하다(정경희, 강은나, 이윤경, 황남희, 양찬미, 2016). 기대수명이 높아짐에 따라 각종 만성질환과 노쇠로 인해서 노인의 연령과 건강상태에 따른 욕구가 변화하므로 욕구에 효과적으로 대응할 수 있는 다른 서비스를 제공하는 것이 돌봄의 연속성이다(전용호, 2018). 특히 가능한 오랫동안 자신의 집이나 친숙한 지역사회에서 살아가는 AIP의 실현은 돌봄의 연속성이 작동해야만 가능하다.

구체적으로, 노인이 건강할 때, 단일 만성질환이 있을 때, 복수의 만성질환이 있을 때, 낙상했을 때, 장애가 발생했을 때, 더 이상 혼자 생활할 수 없게 되었을 때, 임종 케어(end-of-life care) 시점일 때와 같이 노인의 다양한 건강수준과 욕구에 적합한 보건, 복지, 의료서비스를 제공하는 돌봄연속성을 의미한다(McNabney et al., 2009). 즉, 돌봄연속성은 맞춤형 서비스를 제공할 수 있는 시스템을 구축하는 서비스 내용, 전달체계, 제공인력, 자격기준 등과 연결된다(정경희 외, 2016). 노인 개인의 상황에 따라서 사회서비스, 커뮤니티 케어, 시설보호 등을 제공할 수 있는 돌봄 시스템이다. 노인은 동일한 서비스를 지속해서 이용하기보다는 자신의 상태가 변함에 따라서 추가적 서비스를 이용하거나 새로운 서비스로 이동해야 한다(Kwan et al., 2006).

특히 노인의 다양한 욕구를 충족하기 위해서는 다학제간 전문가(예: 사회복지사, 간호사, 의사, 작업치료사, 물리치료사, 요양보호사 등) 참여와 복수의 서비스 제공기관 간 협력이 필요하다. 예를 들어, 통합 의료 및 사회서비스(integrated health/social care)가 노인을 위한 돌봄 연결망(chain of care) 기능을 수행한다(Duner et al., 2011). 노인에 대한 돌봄연속성은 삶의 질, 생활만족도, 심리적 건강에 긍정적인 영향을 미치는 것으로 돌봄연속성 개입 연구나 돌봄연속성과 삶의 질 관계 연구를 통해서 확인되고 있다(Berglund et al., 2015).

돌봄연속성은 노인의 욕구에 따라 의료서비스, 보건서비스, 복지서비스로 유형화할 수 있다(전용호, 2018). 노인의 욕구는 중증노인(장기요양 1~2등급), 경증노인(장기요양 3~5등급), 허약노인(장기요양 등급외 A, B 노인, 맞춤돌봄서비스 대상자), 건강노인 등으로 구분한다. 건강노인은 만성질환관리서비스, 건강관리서비스, 허약노인은 맞춤돌봄서비스, 경증노인은 재가복지서비스, 중증노인은 시설서비스를 이용할 수 있도록 지원하는 것이 돌봄연속성 차원에 적합하다.

노화 진행에 따라서 가정 및 지역사회, 급성기치료, 아급성기(병의 진행 과정에서 급성기를 지난 시기) 의료서비스, 장기요양서비스 이용 등으로 돌봄연속성을 의료적 관점에서 적용해 볼 수 있다. 쇠약, 영양불량, 관절염 등의 노화 진행에서는 가정 및 지역사회에서 질병예방

표 3-1	노년기 건강 · 기능 상태별 보호 연속성(거주 및 서비스) 흐름			
건강 기능 상태	건강한 노인 만성질환 보유	허약 노인 (IADL 기능 제한) 매우 허약 노인 (ADL 기능 제한)	매우 심각한 허약 노인	말기 노인
보호 연속성	가정 및 지역사회 • 건강관리서비스 (보건소) • 노인여가시설 • 일차노인보건의료	가정 및 지역사회 • 노인맞춤돌봄서비스 • 노인장기요양보험 • 재가급여 • 급성기 병원 입원	요양시설 • 노인주거복지시설 • 요양원 • 요양병원 • 치매안심병원	병원 • 병원 • 호스피스

과 관리, 건강증진, 기능유지 향상, 사회참여 서비스를 제공한다. 감염 및 심부전으로 인한 급성기 치료 발생 시 급성기 병원이나 노인전문병원에서 노인건강진단, 노인질병관리, 뇌졸중 치료를 받는다. 인지기능장애와 ADL 장애가 나타나는 급성기 후 진료는 기능재활과 유지, 노인병증후군 예방과 관리, 팀접근, 호스피스 운영을 노인병원(요양, 치매, 재활)에서 이용한다. 장기요양이 필요하면 장기요양보호(방문진료, 방문간호, 재가요양, 시설요양)를 위해서 방문의료서비스, 재가요양서비스, 시설요양서비스 등이 필요하다(노용균, 2017).

하지만 노인의 돌봄욕구 변화로 새로운 서비스를 이용하는 과정에서 적응하도록 지원하는 것도 포함된다. 예를 들어, 노인이 집에서 혼자 생활할 수 없게 되어서 시설보호가 필요한 상황에 처할 수 있다. 노인에게 시설 입소는 독립적으로 자기 자신을 돌볼 수 있는 능력 상실 이상의 의미가 있다. 즉, 이전부터 생활해 온 가정에서 일생 동안 축적해 온 추억과 경험을 유지할 수 없으며, 친구 및 이웃 등과 물리적 접근성으로 누렸던 사회적 관계로부터의 단절 및 변화를 뜻한다(이민홍, 강은나, 2013). 따라서 노인의 시설 생활에 대한 입소 전 정보 제공과 입소 후 초기 적응 지원이 필요하다.

3) 건강한 노화와 돌봄

노인의 건강한 노화(healthy aging)는 학술적으로 활발하게 연구되는 주제이다. 하지만 건강한 노화의 개념이나 구성요소에 대해서는 합의보다는 다양한 양상을 보인다. Fernandez-Ballesteros와 동료들(2013)은 건강한 노화는 활동적, 생산적, 성공적 노화와 유사한 개념이며, 노화의 긍정적 측면을 다차원적으로 접근한다고 하였다. 노인 개인과 전체 차원에서도 건강한 노화는 중요하고 의미 있는 방향성이나 목표로 본다. 그러나 건강한 노화를 무엇으로 개념화하느냐에 따라서 구성요소가 달라지므로 측정하는 내용도 차이가 발생한다(McLaughlin et al., 2012). 예를 들어, 건강한 노화의 구성요소로 특정 연령까지 생존, 만성질환 없음, 일상생활 활동의 자율성, 웰빙, 높은 삶의 질, 높은 사회적 참여, 경미한 인지 또는 기능 장애만 있고 장애가 거의 없거나 전혀 없음 등이 있다.

학술적 합의가 부족한 상황에서 건강한 노화의 개념이나 구성요소는 세계보건기구(WHO)의 설명에 근거해서 가장 많이 사용하고 있다(Michel & Sadana, 2017). 건강한 노화는 사람들이 일생 동안 가치 있게 존재하며, 가치 있는 일을 할 수 있는 환경과 기회를 만드는 것과 관련된다. 건강수준에 관계없이 누구나 건강한 노화를 경험할 수 있다. 질병이나 허약함이 없는 상태가 건강한 노화를 위한 필수조건은 아니다. 노인이 하나 또는 다수의 질병이 있다고 해도 건강한 노화를 할 수 있다(WHO, 2020a).

세계보건기구(WHO, 2020a)는 건강한 노화를 "노년기에 웰빙하는 데 필요한 기능적 능력을 개발하거나 유지하는 과정(the process of developing and maintaining the functional ability that enables wellbeing in older age)"으로 정의한다. 기능적 능력(functional ability)은 모든 사람이 가치 있는 존재가 되고 가치 있는 일을 할 수 있도록 하는 능력(having the capabilities that enable all people to be and do what they have reason to value)을 의미한다. 이러한 능력으로는 ① 개인의 기본적 욕구를 충족하는 것, ② 배우고, 성장하고, 의사결정하는 것, ③ 이동성

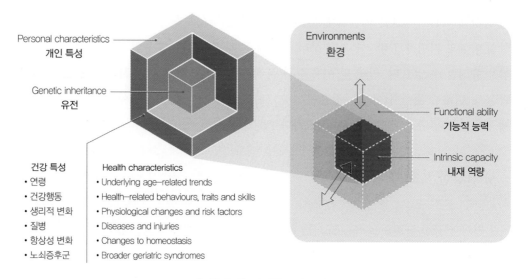

[**그림 3-3**] 건강한 노화 개념

출처: World Health Organization (2015), p. 28.

을 가지고, ④ 관계를 만들고 유지하는 것, ⑤ 사회에 기여하는 것이 포함된다(WHO, 2020a). [그림 3-3]은 WHO(2015)가 제시한 건강한 노화의 개념을 시각적으로 제시한 것이다.

개인의 기능적 능력은 내재 역량, 환경적 특성, 그리고 개인과 환경의 상호작용으로 구성된다. 내재 역량은 신체적 및 정신적 기능으로, 예를 들어 걷고, 생각하고, 보고, 듣고, 기억하기 등이 있다. 개인의 내재 역량은 질병, 사고, 노화와 같은 요인과 관련된다. 환경은 가정, 지역사회 및 더 넓은 사회, 물리적 건축 환경, 사람들 간의 관계, 태도와 가치, 의료 및 사회 정책, 사회적 지원시스템 및 서비스와 같은 요소를 포함한다. 환경은 건강한 노화에 가장 중요한 핵심 요건인 개인의 내재 역량과 기능적 능력을 유지하거나 지원하는 역할을 한다(WHO, 2020a).

건강한 노화에서 중요한 두 가지 고려 사항은 다양성(diversity)과 불공정(inequity)이다. 다양성은 전형적인 노인으로 정해진 형태가 없다는 것을 의미한다. 일부 80대 노인의 신체적 및 정신적 역량이 30대와 비교해서 우월한 경우도 있다. 일부는 같은 나이(80대)임에도 불구하고 집중적 돌봄이나 옷 입기, 먹기와 같은 일상생활 도움이 필요하기도 하다. 노인복지정책은 건강한 사람이든지 돌봄이 필요한 사람이든지 관계없이 모든 노인의 기능적 능력이 향상되도록 설계해야 한다. 불공정은 사람의 삶의 궤적을 통해서 특권과 불이익이 축적된 결과로 노인의 능력과 환경에 차이가 발생한다. 노인의 능력과 환경은 가족, 성별, 인종, 교육수준, 경제력 등의 요인에 영향을 받는다(WHO, 2020a).

노인의 건강한 노화를 촉진하고 삶을 개선하기 위해서는 우리가 취하는 행동뿐만 아니라 노화에 대한 생각을 이해하는 방식에도 근본적인 변화가 필요하다. 건강한 노화를 위한 활동으로는 고령친화환경 조성(age-friendly environments), 통합적 돌봄(integrated care), 장기요양돌봄(long-term care)이 필요하다. 노인 의견 청취 및 사회참여(voice and engagement), 지도력과 역량 강화, 이해관계자 네트워크, 연구·데이터·혁신 강화 등이 앞으로 수십 년 동안 수행되어야 한다(WHO, 2020b). 특히 세계보건기구(WHO)는 2020년 8월 3일 개최한 73회 세계 보건 회의를 통해서 국제연합 회원국들이 건강한 노화에 대해 이해하고, 건강한 노화의 가치를 실현할 수 있는 근거기반 정책을 수립하도록 권고하였다(WHO, 2020b).

결과적으로 건강한 노화의 돌봄은 건강한 노화를 지원하는 공식적 및 비공식적 돌봄 활동을 의미한다. 돌봄을 통해서 노인의 기본적 욕구 충족, 지속적인 배움과 성장, 자신과 관련된 사항에 대한 의사결정 과정 참여, 이동성 보장, 관계를 만들고 유지, 사회참여 등이 실현되어야 한다.

4) 강점관점 돌봄

강점관점은 클라이언트가 문제점에 스스로 대처할 수 있는 능력을 향상할 수 있도록 개입하는 접근방법이다. 강점관점은 1980년대 서구에서 사회복지실천이 문제를 중심으로 접근하여 부족이나 결핍을 외부개입으로 해결하는 전통적 실천에 대한 비판에서 시작했다 (박선영, 2011). 노혜련과 김경희(2011)는 강점관점 관련 선행연구를 통해서 "인간은 스스로가 삶의 도전에 효과적으로 대처할 수 있는 내적 자원을 소유하고 있다는 신념(belief)을 근간(p. 407)"으로 개념화했다. 강점관점은 사람 내에 존재하는 힘(power)에 주목하며, 역량강화, 소속감, 탄력성, 희망, 자신감, 자존감, 전체성, 대화, 협력, 가능성 등의 의미를 포괄한다 (노혜련, 김경희, 2011).

모든 사회체계(개인, 집단, 가족, 지역사회 등)는 내재적 및 외재적 강점이 있다는 관점에서 노인돌봄에 접근한다. 공식적 및 비공식적 돌봄에 의존하기보다는 노인이 가지고 있는 개인 및 지역사회 안의 존재하는 역량을 활용하여 더 나은 삶을 추구함을 의미한다(Saleebey, 2012). 강점관점 돌봄의 특성은 다음과 같은 특성을 보인다. 첫째, 질병이나 노화가 개인에게 부정적인 영향을 줄 수도 있지만 동시에 도전과 기회의 자원이 되기도 한다. 둘째, 인간에게 성장과 변화의 범위는 한정되어 있지 않으며, 누구도 그 한계치를 알지 못하므로 지속적인 발달이 가능하다. 셋째, 최상의 돌봄이나 서비스는 클라이언트와 협력할 때 가능하다. 넷째, 모든 사회체계는 환경 속에 존재하며, 그 환경에는 풍부한 자원이 있다(이경아, 허경희, 2012).

강점관점 접근 방식은 부족이나 결점에 초점을 두는 것이 아니라 잠재력, 기술, 관계 및 지역사회 자원을 먼저 탐색한다. 강점관점에서는 사람들에게 정보를 제공하고 권한을 부여하며 돌봄체계와 쉽게 접근할 수 있도록 지원한다. 예를 들어, 노쇠 및 만성질환이 있는 노인이 집에서 생활할 수 있는 일상생활능력이 저하되어 식사 준비, 위생, 청소, 외출 등에서 어려움을 경험하게 된다고 하자. 바로 요양시설에 입소하면 자신이 사는 지역 사람들과 관계가 단절되고, 지역사회 공공서비스를 활용하지 못하게 된다. 이럴 때 지역사회에서 이용할 수 있는 방문돌봄, 주간보호서비스, 단기보호 등을 통해서 노인이 집에서 거주하도록 지원한다. 또는 저소득층 학생이 노인의 집에서 저렴한 비용으로 생활하게 하면서 노인의 일상생활을 지원하는 Home Share 프로그램을 활용할 수 있다(Fox, 2013).

강점관점의 지역사회 돌봄을 위한 정책적 방향성은 다음과 같다(이강수, 황명진, 2021). 첫째, 공동체 기능을 회복하기 위해서 지역사회 네트워크를 강점으로 활용해야 한다. 둘째, 지

표 3-2 | 지역사회 돌봄의 강점관점

지역사회 돌봄	강점관점	지역사회 돌봄의 강점관점
지역사회 네트워크	공동체 회복	지역사회 네트워크 통한 공동체 기능 회복
다 직종 연계 및 협력	임파워먼트	다 직종 연계·협력을 위한 전문가 임파워먼트
전 세대 및 전 대상 확대	사회통합	전 세대·전 대상 확대 및 정상화 통한 사회통합
재택생활 한계점 대처	환경적 개입	재택생활 한계점 극대화를 위한 환경적 개입
지역포괄지원센터 부재	조직 회복탄력성	지역사회복지관 지역조직화 기능 강화
전달체계 이원화	해결중심	강점관점의 해결중심적 돌봄 사각지대 최소화

출처: 이강수, 황명진(2021), p. 51 내용 수정.

역사회와 지역주민의 삶을 이해하고, 다학제 간 연계·협력을 위한 전문가 임파워먼트가 필수적이다. 셋째, 전 세대·전 대상 확대 및 정상화(normalization)를 통해 사회통합을 이루어야 한다. 넷째, 재택생활의 한계점을 최소화하기 위한 환경적 개입(주택수리 및 주거개선, 서비스형 주거)이 이루어져야 한다. 다섯째, 지역사회복지관(종합, 장애인, 노인복지관 등)의 지역조직화 기능을 강화하여 지역사회 돌봄의 플랫폼 역할을 수행한다. 여섯째, 기초자치단체의 돌봄 기능과 중앙정부(국민건강보험공단)의 장기요양보험 이원화로 인해 전달체계에서 발생하는 돌봄 사각지대를 최소화한다.

한편, 노인요양시설에 거주하는 노인에 대해서도 다음과 같은 강점관점에서의 돌봄 제공이 가능하다. 첫째, 노인의 개별 공간 마련(개인 냉장고, 개별조명 등), 기호도 간식 제공(복수의 간식을 제공하고 어르신이 선택하도록 함), 목욕방법 자율화(횟수, 방법, 시간 등을 거주노인이 결정) 등을 통해 입소노인의 자기다움을 돌봄에 반영한다. 둘째, 직원-거주자 관계 맺기로 돌봄전담제 운영(거주노인별 요양보호사 지정), 노인 스킨십, 사례관리, 직원과 어르신 가족 맺기, Hug Day 등을 활용한다. 셋째, 집과 같은 요양원 환경 개선을 위해서 일상복과 잠옷 구분 착용, 사적인 공간 마련, 집 물건 가져오기, 물건 본인 손에 쉽게 닿을 수 있도록 배치, 손자 손녀 만들기, 개인별 게시판 만들기를 지원한다. 넷째, 소그룹별로 지역사회 교류, 지역사회 내 주민센터 및 도서관 이용, 아동시설과 결연사업, 동네 어르신과 교류, 음악연주회 개최, 중고등학생 자원봉사 및 재능나눔, 지역주민과 함께 연계 프로그램 등을 통해 입소노인이 지역사회와 지속적인 상호작용과 참여를 하게 한다(이민홍, 2019).

이와 같이 강점관점 돌봄은 노인의 강점과 가능성에 대한 신뢰를 전제로 노인이 스스로 자신의 삶을 긍정적으로 변화하도록 한다. 단순히 노인에게 돌봄서비스를 제공하는 것이

아니라 돌봄서비스 이용자로서 노인이 자기 주도권을 보장받고 잔존기능을 회복하는 방향
으로 돌봄서비스 제공자와 공동작업을 하게 된다(김유진 외, 2020). 또한 노인 스스로가 자신
의 건강, 생활, 환경 관리를 적절하게 하여 건강 유지 및 삶의 질을 향상하려는 자기돌봄도
강점관점 돌봄에 포함한다.

5) 예방적 돌봄

예방적 돌봄(preventive care)은 노인의 건강을 증진하거나 허약함을 지연시키는 돌봄으로
신체적 · 정신적 · 사회적 건강의 유지 및 증진과 건강 저하 가속화 위험 요인의 축소 및 제
거를 의미한다(Frost et al., 2018; 김유진 외, 2020). 이는 노인이 가능한 오랫동안 자신의 집과
지역사회에서 생활할 수 있도록 지원하는 역할을 하게 된다. 노인의 건강이 악화되면 가정
내에서 생활하기가 어려워 노인요양시설 입소나 요양병원에서 집중 돌봄을 받는 시기를 지
연한다.

예방적 돌봄은 건강한 노화를 촉진해서 건강 악화나 감염(전염병)으로 인한 사회적 및 경
제적 비용을 줄일 수 있어 지속 가능한 돌봄제도를 위해 국가적 차원에서 필요하다(Murray,
2012). 특히 건강한 생활방식을 통해서 만성질환의 예방이나 만성질환이 있는 상태에서도
만성질환을 악화시키지 않는 식습관, 운동, 사회참여를 돌봄으로 지원한다. 예방적 돌봄을
위해서는 복지, 의료, 간호, 예방, 주거 서비스 등이 포괄적으로 필요하다.

65세 이상 노인을 대상으로 권장되는 예방적 돌봄은 예방접종, 건강검진, 예방적 활동으
로 구분된다. 예방접종은 인플루엔자 백신(연간), 폐렴구균 백신(1회), 파상풍 백신(10년마
다), 대상포진 백신(1회) 등이다. 건강검진은 알코올 검사 및 상담, 유방암 검진(1~2년마다
유방조영술), 혈압 검진, 대장암 검진(75세까지), 우울증 검사, 당뇨병 검진(혈압 135/80mmHg
이상), 지질 장애 검사(모든 남성 및 심장병 고위험 여성), 비만 검진(상담 포함), 골다공증 검사
(위험한 여성), 복부 대동맥 검사를 위한 초음파 동맥류 검진(흡연 경험이 있는 65~75세) 등이
다. 예방적 활동은 심혈관질환 예방을 위한 아스피린(79세까지), 운동(주 3회 30분, 근력 운
동 2회), 건강한 식단, 알코올 섭취 제한(여성 하루 1잔 이하, 남성 하루 2잔 이하), 금연 등이다
(Chang, Burke, & Glass, 2009).

일본에서는 예방적 돌봄을 개호예방이라고 표현한다. 厚生労働省(2006)은 개호예방이란,
'요개호 상태의 발생을 가능한 한 방지, 또는 늦추는 것, 그리고 요개호 상태일지라도 그 악화
를 가능한 방지하고 경감시키는 것을 지향하는 것'으로 정의하고 있다. 「개호보험법」 제4조

(국민의 노력 및 의무)에서는 '국민은 자신이 요개호 상태가 되지 않도록 예방하기 위해 노화로 인해 나타나는 심신의 변화를 자각하고 상시적으로 건강유지를 위해 노력함과 아울러 요개호 상태가 되었을 때도 재활 및 기타 적절한 보건의료서비스 및 복지서비스를 이용하여 잔존능력의 유지 향상에 노력해야 한다'고 규정하고 있다(엄기욱 외, 2015).

우리나라에서 지역사회 거주 노인의 예방적 돌봄을 위해 추진된 사업이 노인맞춤돌봄서비스이다(전용호, 2020). 노인맞춤돌봄서비스는 일상생활 능력이 저하되어도 지속적으로 지역사회에서 건강하게 생활할 수 있도록 예방적 돌봄을 제공한다는 점에서 초고령사회의 효율적 대응 방안으로 중요하다. 장기요양시설, 요양병원과 같이 고비용 돌봄 진입 예방을 위한 예방적 돌봄 강화를 위해 설계되어 AIP 지원 서비스 기능을 하는 것으로 볼 수 있다. 노인맞춤돌봄서비스는 보건의료와 복지, 지역사회 자원연계 등으로 포괄적 서비스 제공, 생활교육 영역에서 신체건강과 정신건강 분야를 확대해서 노인의 건강에 필요한 다양한 서비스 제공, 일상생활지원 영역에서 이동활동지원과 가사지원 분야의 서비스 제공, 생활지원사의 방문을 통한 실질적인 대면 서비스 제공, 지역사회통합돌봄(커뮤니티케어)의 측면에서 지역사회의 다양한 공식과 비공식 자원 연계 등을 제도화하여 예방적 돌봄 기능을 하도록 서비스 내용을 설계하였다(이민홍 외, 2020).

노인의 심리사회적 건강을 위한 예방적 돌봄은 일대일 수준 개입, 집단 수준 개입, 지역사회 수준 개입 등의 세 가지 차원으로 설명할 수 있다(김유진 외, 2020). 일대일 개입은 개별적 접근으로 자원봉사, 가정방문, 사례관리, 후원 연결 등이 있다. 집단 개입은 집단활동을 통해서 예방적 돌봄을 하는 것으로 사회관계, 인지기능, 여가, 교육, 상담 집단 프로그램이 있다. 지역사회 개입은 보편적 예방으로서 인식개선이나 노인에게 적합한 사회적 및 물리적 환경조성 등 노인이 살아가기 적합한 생태계를 구축하는 것이다. 〈표 3-3〉은 심리사회적 건강 향상을 목표로 하는 예방적 개입의 세 가지 차원의 주요 내용 및 특성, 예시, 기대효과, 비고 등을 기술한 것이다(김유진 외, 2020).

표 3-3 | 예방적 돌봄: 심리사회적 건강

구분	1:1 수준 개입	집단 수준 개입	지역사회 수준 개입
주요 내용· 특성	• 일대일 전화, 방문 • 심리상담 • 사례관리 등	• 사회관계 촉진 PG(프로그램), 인지기능 향상 PG, 여가 · 교육 PG • 심리상담 PG 등	• 게이트키퍼 활용 • 발굴 및 의뢰, 지원체계 구축
예시	• 독거노인사랑잇기 사업 • 노인맞춤돌봄서비스 • 생활지원사 가정방문 • 노인맞춤돌봄 특화서비스 1:1 사례관리 등	• 복지관 제공 집단 PG • 전문 심리치료/중재개입 • 노인맞춤돌봄 특화서비스 집단활동	• 국가 차원 인식개선 캠페인 • 고령친화도시(WHO) • Village model(미국) • 사회적 고립 가구 주민 관계망 형성 사업(서울시) 등 커뮤니티 케어 정책
기대 효과	• 1:1 신뢰관계 형성 • 개별 맞춤식 개입	• 집단을 통한 소속감, 안정감, 사회기술 향상 • 사회관계망 확장 등	• 고령자 사회참여 기반 조성 • 지역사회 돌봄체계 구축
비고	• 개인별 맞춤(예: 지원자원봉사활동, 사례관리) • 인적, 물적 투입 비용 큼	• 거동불편, 집단참여 어려운 노인 접근성 낮음 • 근거기반 PG • 집단 운영 및 관리 기술 필요	• 지역사회 인식 정책 · 제도 정비 • 민관 협력 필수

출처: 김유진 외(2020), p. 24 수정.

돌봄유형

돌봄유형은 돌봄을 제공하는 주체에 따라서 자기돌봄, 비공식적 돌봄, 공식적 돌봄으로 구분할 수 있다. 자기돌봄은 돌봄 주체가 자기 자신으로 본인에게 필요한 일상생활이나 건강 유지 및 증진을 위한 돌봄을 스스로 하는 것을 의미한다. 비공식적 돌봄은 일반적으로 배우자, 부모, 자녀, 기타 친척, 이웃, 친구 또는 친족이 아닌 사회적 관계가 있는 사람이 노인이나 피부양자에게 제공하는 무급 돌봄이다(Triantafillou et al., 2010). 고령자를 위한 공식적 돌봄은 일반적으로 유급의 돌봄인력이 도움이 필요한 사람을 위해 제공하는 돌봄서비스를 의미한다. 일반적으로 일상생활을 독립적으로 수행하기 어려워 도움이 필요한 노인의 경우, 자기돌봄, 비공식적 돌봄, 공식적 돌봄 등을 통해서 그 욕구에 대응하게 된다. 이 장에서는 자기돌봄, 비공식적 돌봄, 공식적 돌봄의 개념을 이해하기 위한 수준에서 기술하고, 구체적인 내용은 제2부와 제3부에서 다루고자 한다.

1. 자기돌봄

돌봄에서 가장 중요하고 많은 부분을 차지하지만, 상대적으로 알려지거나 연구되지 않은 유형이 자기돌봄이다. 자기돌봄은 건강 유지와 질병을 예방하고 관리하기 위해 영양, 위생, 생활방식, 환경 및 사회경제적 요인을 고려해서 본인이 스스로 하는 건강활동을 의미한다(WHO, 2019). 돌봄은 가족이나 공식적 서비스를 통해서 노인의 신체적, 정신적, 사회적 건강을 증진하거나 유지하기 위해서 필요하다. 보통 노인에게 돌봄이 제공되는 것으로만 주로 이해하기 쉽다. 하지만 돌봄은 제공 과정에서 포함되는 노동, 자원, 관계를 의미하는 것으로 노인에 대한 개인적 돌봄과 장기요양서비스와 같은 사회적 돌봄으로 구성한다. 즉, 돌봄의 수행 주체는 노인 본인도 포함되어 있다.

자기돌봄 능력은 개인의 생활양식과 관련된 것으로 건강의 일부분이다. 개인이 자신의 건강과 웰빙을 증진하기 위해 필요한 활동으로 볼 수 있다(Rodriguez-Blazquez et al., 2012). 자기돌봄 능력은 노인의 일상생활능력으로 식사하기, 목욕하기, 옷 입기, 이동하기와 도구적 일상생활능력인 돈 관리, 쇼핑, 전화 사용, 집안 청소, 식사 준비 등을 의미한다. 이와 함께 자신의 집에서 즐겁게 자율적인 생활을 하는 것도 자기돌봄에 해당한다(Janlöv et al., 2011).

노년기에 충분한 자기돌봄 능력은 자신의 건강을 증진할 수 있는 적극적인 활동 참여를 가능하게 한다. 정상적인 자기돌봄 능력과 대조적으로 자기돌봄 능력이 낮은 노인은 생활 만족도가 낮고 일상활동을 관리하는 능력도 저하된다. 노인에게 일상생활을 수행하는 데 도움이 필요할 때 자기돌봄 활동이 무엇인지 구체화하고, 이를 지원하는 것이 매우 중요하다. 노인의 자기돌봄은 결과적으로 독립적인 생활과 삶의 연속성을 유지할 수 있게 하는 기능을 하기 때문이다. 건강을 나쁘게 하는 것과는 대조적으로 노인이 자신의 삶에 있어서 자기 건강에 대해 이해하는 것은 질병이나 장애에 적응하는 일상활동 방법을 찾고 관리하는 역량을 갖추게 한다(Donahue et al., 2008).

노인 개개인의 자기돌봄에 대한 일상 습관과 선호도를 돌봄서비스에 통합하는 것은 서비스 질과 개별화된 돌봄이라는 측면에서도 가치가 있다. 노인의 자기돌봄 특성을 반영한 돌봄은 노인에게 삶의 연속성을 갖게 하고, 안심할 수 있는 친숙함을 제공한다. 노인이 재가서비스나 시설서비스를 이용하는 것처럼 새로운 환경으로 쉽게 이동(transition)하는 데에도 효과적이다. 자기돌봄에 대한 노인의 오랜 습관을 활용함으로써 건강 상태의 악화를 예방하거나 재활을 위한 기술로도 사용할 수 있다. 치매노인이 일상생활 활동을 수행하는 데 참여하게 하거나 문제행동 및 부정적 영향을 줄이도록 하는 개별화된 개입에도 활용할 수 있다(Cohen-Mansfield & Jensen, 2007).

2. 비공식적 돌봄

비공식적 돌봄은 가족(배우자/파트너, 자녀, 부모, 형제, 자매, 손자녀, 친척 등), 친구, 이웃, 지인이 허약하거나 질병이 있는 노인에게 무급으로 일상생활을 수행할 수 있도록 지원(예: 가사, 외출동행, 목욕 등)하는 것을 의미한다. 비공식적 돌봄을 제공하는 사람을 비공식적 돌봄자(informal caregiver)로 칭한다(Schulz & Tompkins, 2010). 특히 돌봄을 제공함으로써 발생하는 신체적, 정신적, 경제적, 사회적 부담이나 건강에 미치는 부정적 영향이 문헌을 통해서 가장 많이 다루어지고 있다(Bom et al., 2019).

비공식적 돌봄의 주체는 돌봄받는 노인과의 관계에 따라 가족구성원과 비가족구성원으로 구분된다. 가족구성원은 본인의 배우자, 파트너, 자녀·자녀 배우자, 손자녀·손자녀 배우자, 형제자매, 부모 등이 대표적이다. 비가족구성원은 친구, 친인척, 지인, 이웃, 무보수 자원봉사자 등이 있다(선우덕 외, 2015). 비공식적 돌봄 제공자는 노인과 동거하면서 돌봄을 제공한다. 또는 비동거하면서 방문을 통해 노인에게 필요한 일상생활을 지원하기도 한다.

우리나라 2023년 노인실태조사에서는 비공식적 돌봄을 제공하는 주체를 ① 청소, 빨래, 시장 보기, ② 외출 동행, ③ 식사 준비, ④ 신체기능 유지 지원(목욕, 세안 등) 등으로 나눠서 발표하였다(강은나 외, 2023). 청소, 빨래, 시장 보기에 주로 도움을 주는 비공식적 돌봄 제공자는 배우자 29.3%, 장남 6.7%, 장남 배우자 10.1%, 차남 이하 2.5%, 차남 이하 배우자 0.8%, 딸 18.4%, 친인척 1.7%, 비혈연 동거인 0.2%, 친구 및 이웃 3.5%, 사회복지 관련 종사자 15.3%이었다. 외출 동행은 배우자 21.4%, 장남 11.6%, 장남 배우자 6.7%, 차남 이하 64.2%, 차남 이하 배우자 0.4%, 딸 14.3%, 딸 배우자 0.5%, 친인척 1.1%, 친구 및 이웃 1.1%, 사회복지 관련 종사자 12.9%로 나타났다. 식사 준비는 배우자 27.6%, 장남 4.5%, 장남 배우자 10.7%, 차남 이하 2.1%, 차남 이하 배우자 0.9%, 딸 16.9%, 친인척 1.6%, 비혈연 동거인 0.1%, 친구 및 이웃 4.2%, 사회복지 관련 종사자 15.2%로 나타났다. 신체기능 유지(목욕, 세안 등)는 배우자 13.8%, 장남 4.4%, 장남 배우자 5.9%, 차남 이하 0.8%, 차남 이하 배우자 0.3%, 딸 15.2%, 친인척 1.1%, 친구 및 이웃 2.3%, 사회복지 관련 종사자 14.1%이었다. 반면, 청소, 빨래, 시장 보기는 11.7%, 외출 동행은 20.6%, 식사 준비는 15.5%, 신체기능 유지 지원(목욕, 세안 등)은 41.1%가 비공식적으로 도움을 받지 않고 있다는 비율로 나타났다.

미국의 2020년 50세 이상 고령자 돌봄 보고서를 살펴보았다. 비공식적 돌봄자의 89.0%가 친인척(relative)이지만, 11.4%는 비친척(non-relative)으로 나타났다(AARP, 2020). 구체적으로 자녀 및 자녀 배우자가 57.0%, 배우자 및 파트너가 11.0%, 손자녀 및 손자녀 배우자가 10%, 형제자매 및 배우자가 5%, 다른 친척이 5%이었다. 주된 돌봄 내용은 이동 지원, 식료품 및 쇼핑, 가사, 음식 준비, 재정 관리, 약 및 처방, 서비스 조정 등이었다. 이 외에도 의료 및 사회서비스 제공자와 의사소통, 건강상태 모니터, 의료, 장기요양, 지역사회서비스 제공자 및 공공 기관 등이 노인을 대변(옹호)하는 도움을 주는 것으로 조사되었다.

하지만 노인을 돌보는 일은 시간과 노력뿐만 아니라 비용까지 요구되어 매우 힘들고 스트레스 지수가 높다. 돌봄을 담당하는 가족구성원은 신체적 및 정신적 스트레스로 고통받으며, 여유를 가질 시간이 부족하고 경제적 활동을 하는 데 어려움을 갖게 된다(Ory et al., 2000). 학술연구에서도 노인을 부양함으로써 가족구성원이 경험하게 되는 부정적 결과에 초점을 두고 접근해 왔다. 일반적으로 이러한 부정적 영향을 돌봄부담(caregiving burden)이라고 정의한다(Zarit, 2002; 이민홍, 2009b: 407-408 재인용).

대부분의 가족돌봄에 관한 연구가 돌봄 제공자의 삶에 부정적인 영향을 준다는 시각에서 이루어졌다. 하지만 1990년대 이후부터 일부 학자들이 가족돌봄의 긍정적인 영향을 간과했음을 지적하기 시작하였다(김윤경, 최혜경, 1993; Noonan & Tennstedt, 1997). 이는 가족돌봄을 총체적인 관점에서 보려는 시도이다. 주로 가족돌봄의 부정적 영향만을 강조하는 기존 연구의 편파적 접근에 대한 비판이기도 하다. 치매, 중풍, 쇠약 등의 장애로 인하여 노인을 돌보는 가족성원이 경험하는 부정적 측면(예: 부담감, 좌절감, 정신적·신체적·사회적 건강 상태의 약화, 경제적 어려움 등)이 있다. 하지만 긍정적 측면(예: 자존감, 만족감, 보상, 자기성장, 즐거움, 사랑, 보답 등)도 총체적으로 접근해야 가족돌봄자들의 삶과 경험을 이해할 수 있을 것이

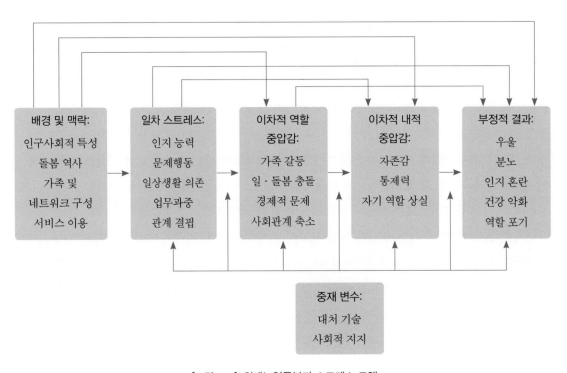

[그림 4-1] 치매노인돌봄자 스트레스 모델

출처: Pearlin et al. (1990), p. 586 수정.

다(김진선, 2000; 이민홍, 2009b).

비공식적 돌봄과 이를 통해서 발생하는 스트레스를 이해하기 위해서 Pearlin과 동료들 (1990)이 제시한 돌봄 모델이 가장 활발하게 사용되고 있다. 이 모델은 치매노인의 비공식적 돌봄자의 돌봄과 스트레스를 설명하기 위해서 배경 및 맥락(인구사회적 특성, 돌봄 역사, 가족 및 네트워크 구성, 서비스 이용), 일차 스트레스 요인(인지 능력, 문제행동, 일상생활 의존, 업무과 중, 관계 결핍), 이차적 역할 중압감(가족 갈등, 일 · 돌봄 충돌, 경제적 문제, 사회생활 축소), 이차 적 내적 중압감(자존감, 통제력, 자기 역할 상실), 중재 변수(대처 기술, 사회적 지지), 결과(우울, 분노, 인지 혼란, 건강 악화, 역할 포기)로 구성되어 있다. 현재까지 전 세계적으로 6,000회 이상 인용되고 있다. 참고로 [그림 4-1]은 치매노인 돌봄과 스트레스 경로를 시각적으로 도식화 한 것이다.

3. 공식적 돌봄

공식적 돌봄과 비공식적 돌봄의 구분은 노인에게 돌봄을 제공하는 주체가 기준이 된다. 비공식적 돌봄은 노인의 가족, 친구, 이웃 등이 돌봄 주체이다. 반면, 공식적 돌봄은 광범위 한 사회서비스 및 보건의료서비스를 통해서 노인이 일상생활을 수행하는 데 필요한 돌봄욕 구를 충족하는 것을 의미한다. 공식적 돌봄은 노인에게 돌봄을 제공하는 사람이 민간이나 공공 조직에서 고용되거나 계약적 관계를 맺거나, 직접 노인이나 노인의 가족에게 고용되어 유급으로 돌봄을 제공하는 것이다(Huber & Hennessy, 2005; 이석환, 2021). 특히 공식적 돌봄 은 특정한 훈련이나 전문자격증을 보유하고 있어 사회적으로 인정되는 자격을 갖춘 인력이 돌봄을 제공한다(선우덕 외, 2015).

전통적으로 노인에 대한 돌봄은 가족이나 친인척이 담당했다. 하지만 가족구조(예: 핵가 족화, 1~2인 가구 증가, 출산율 감소, 한부모가구 증가)와 사회경제적(예: 여성 경제활동 참여 증 가, 사회의식 변화, 노동시장 이중구조화, 노인 기대수명 증가) 변화로 가족이 돌봄을 담당하기 어려워져 사회적 돌봄의 제도화로 공식적 돌봄이 등장했다. 공식적 돌봄의 대표적 형태가 장기요양제도(long-term care systems)이다. 장기요양제도는 단기간 또는 장기간 동안 노인 의 돌봄욕구를 충족시키기 위해 설계된 공식적 돌봄이다. 장기요양제도는 노인이 더 이상 스스로 일상 활동을 수행할 수 없거나 일부 수행하기 어려울 때 가능한 한 독립적 및 자율적 으로 안전하게 생활할 수 있도록 지원한다.

일반적으로 시설보호, 재가서비스, 주야간보호, 가정방문서비스 등이 공식적 돌봄에 해당한다(Hooyman & Kiyak, 2008). 한국의 노인 장기요양은 「노인복지법」(지역사회 재가복지서비스)과 「노인장기요양보험법」에 근거해서 공식적 돌봄으로 규정되어 있다. 지역사회 재가복지서비스는 지방자치단체가 운영 주체로 일상생활 능력이 저하되거나 저하될 위험이 높은 노인들을 대상으로 예방 중심의 돌봄서비스를 제공한다. 장기요양제도 운영과 관리는 국민건강보험공단이 담당하며, 일상생활을 혼자서 수행하기 어려운 노인을 대상으로 시설급여와 재가급여를 제공한다(이민홍 외, 2015).

돌봄의 공식적 제공 주체는 정부, 민간 비영리단체, 민간시장, 그리고 비공식적 제공 주체는 가족으로 구성된다(Evers, Pijl, & Ungerson, 1994). [그림 4-2]와 같이 정부 부분은 중앙

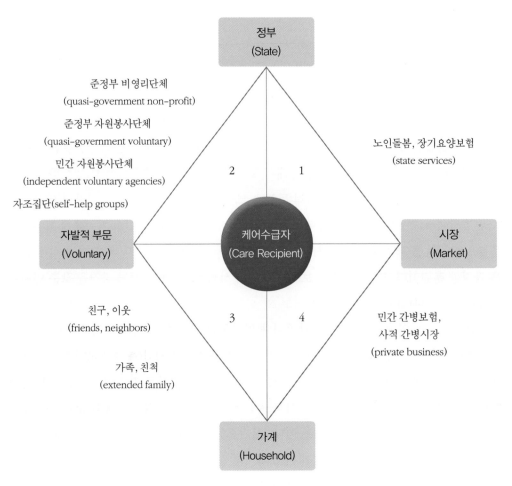

[그림 4-2] 돌봄 제공주체 간 관계

출처: 선우덕 외(2015), p. 29.

정부 및 지방정부 기관에 의한 직영 돌봄서비스 제공, 영리 부분은 영리기업, 자영업적인 사업자에 의한 돌봄서비스 제공, 비영리부분은 비영리조직에 의한 서비스 제공과 자원봉사단체, 자조집단 등의 계속적이고 조직적인 돌봄 활동, 비공식 부분은 가족, 친척, 친구, 이웃 등에 의한 일상적인 돌봄 활동을 포함한다(선우덕 외, 2015).

한국의 노인장기요양제도는 고령이나 노인성 질환으로 인해 6개월 이상의 기간 동안 혼자서 일상생활을 수행하기 어렵다고 인정되는 자를 대상으로 한다. 24시간 돌봄을 제공하는 시설서비스로는 노인요양시설, 공동생활가정이 있다. 노인이 지역사회에서 거주하면서 이용하는 재가서비스는 방문요양, 방문목욕, 방문간호, 주야간보호, 단기보호, 복지용구 등이 해당한다(이민홍 외, 2020).

공식적 돌봄의 국외사례로 미국은 장기요양을 지역사회, 가정, 생활시설, 주거시설 등에서 연령에 관계없이 일상생활 활동에 도움이 필요한 사람에게 최상의 신체기능과 삶의 질을 향상하거나 유지할 수 있도록 돕는 휴먼서비스, 복지용구, 지원환경 조성 등으로 정의한다. 주간 보호 서비스 센터, 가정 방문서비스, 호스피스, 돌봄 가족 지원, 생활시설로 요양원 및 전문요양원, 주거시설로 서비스형 주거 및 거주형 돌봄 시설 등이 있다(U.S. Department of Health and Human Services, 2019).

4. 공식적 돌봄과 비공식적 돌봄 관계

돌봄이 제도화되면서 공식적 돌봄이 확대되고 있다. 그러나 비공식적 돌봄도 상대적으로 공식적 돌봄보다 비중이 크며 매우 중요한 역할을 수행하고 있다. 이러한 맥락에서 공식적 돌봄과 비공식적 돌봄의 관계에 대한 학술적 및 정책적 논의가 1980년대부터 시작되었다. 대표적으로 Litwak(1985)는 공식적 돌봄과 비공식적 돌봄의 관계를 유형화하였다. 과업 특정 모델(Task specific model), 보상모델(Compensatory model), 보충모델(Supplementary model), 보완모델(Complementary model), 대체모델(Substitution model) 등으로 관계를 설명한다.

과업 특정 모델은 공식적 돌봄과 비공식적 돌봄에 어떠한 관계가 존재하지 않고, 공식적 돌봄과 비공식적 돌봄의 과업영역이 겹치지 않고 다르다고 설명한다. 공식적 돌봄은 전문기술을 필요로 하며 예측 가능한 시간을 지정하여 그 시간에 발생하는 과업을 공식 돌봄 제공자가 담당한다. 반면, 비공식적 돌봄은 적은 기술이 요구되며 예측 불가능한 시간에 발생

표 4-1 공식적-비공식적 돌봄 관계 설명 모델

모델	과업 분야	공식적 돌봄과 비공식적 돌봄 제공 가능성 간 관계	공식적 돌봄과 비공식적 돌봄 관계
과업 특정 모델	겹치지 않음	없음	없음
보상모델	겹침	부적(−)	부적(−)
보충모델	겹침	정적(+)	정적(+)
보완모델	겹침	부적(−)/정적(+)	부적(−)/정적(+)
대체모델	겹침	없음	부적(−)/정적(+)

출처: Denton (1997), p. 39 수정.

하기 때문에 가족과 같이 비공식적 돌봄 제공자가 가능하다(Litwak, 1985). 노인의 선호나 비공식적 돌봄의 이용가능성이 아니라 돌봄의 특성이 공식적 및 비공식적 돌봄을 결정하는 요인이라고 본다(선우덕 외, 2015). 하지만 경험적 연구를 통해서 공식적 돌봄과 비공식적 돌봄이 완전하게 분리되기보다는 겹치는 것으로 나타났다(함선유, 홍백의, 2017).

보상모델은 노인이 일상생활에서 돌봄이 필요한 상황이 발생하면 가장 가깝고 접근 가능한 사람으로부터 돌봄을 제공받게 된다고 설명한다. 돌봄욕구가 발생한 노인과 함께 동거하고 있는 배우자나 파트너가 가장 첫 번째 돌봄자가 된다. 그다음으로 자녀, 친인척, 친구, 이웃 등으로 확대된다. 비공식적 돌봄을 통해서 돌봄욕구가 충족되지 않을 때 공식적 돌봄 제공자를 선택하게 된다(Lynos & Zarit, 1999). 돌봄 제공은 노인이 선호하는 사회적 지지 순서(배우자 → 자녀 → 친인척)이다. 공식적 돌봄은 비공식적 돌봄을 받을 수 없는 상황에서만 선택하는 것으로 보상적 역할을 한다고 본다(Denton, 1997).

보충모델은 공식적 돌봄이 비공식적 돌봄을 보충한다는 의미이다. 노인의 돌봄욕구를 비공식적 돌봄 영역에서 충족하기 어려운 상황이 발생하면 공식적 돌봄을 통해 보충하는 것이다. 노인의 돌봄욕구를 충족하기 위해서 필요한 돌봄유형과 돌봄 시간이 있기 마련이다. 비공식적 돌봄으로 이를 충족하기 어려운 경우에는 공식적 돌봄으로 이를 보충할 수밖에 없다고 설명한다(선우덕 외, 2015).

보완모델은 보상적 및 보충적 기능을 공식적 돌봄이 담당할 때를 설명하는 공식적 돌봄과 비공식적 돌봄의 관계 유형이다. 비공식적 돌봄의 자원이 부족하거나 고령자의 돌봄욕구가 커서 비공식적 돌봄으로 지원하지 못하는 상황에서 공식적 돌봄이 보완하는 것이다(선우덕 외, 2015). 예를 들어, 신체 돌봄 이외에 우울증상이나 인지기능 저하가 심해서 심리치료나 인지치료 등이 추가로 제공되어야 하는 사례에 적용할 수 있는 모델이다.

끝으로 대체모델은 공식적 돌봄을 통해서 노인의 돌봄욕구를 충족하는 사례를 의미한다. 공식적 돌봄과 비공식적 돌봄의 관계를 비공식적 돌봄이 감소하여 결국에 완전히 공식적 돌봄으로 대체된다고 설명한다(선우덕 외, 2015). 하지만 노인요양원이나 노인요양병원에 입소하여 생활하는 것을 제외하고 재가서비스를 이용하는 경우에 24시간 돌봄을 제공하는 것이 아니므로 비공식적 돌봄은 계속해서 필요하다. 생활시설에 입소한 상황에도 정서적 지지, 돌봄비용 부담, 노인 관련 의사결정이나 옹호 등 가족의 비공식적 지원이 요구된다. 이로 인해 대체모델로 공식적 돌봄과 비공식적 돌봄의 관계를 설명하기에는 부적합하다.

제2부

자기돌봄과 자기방임

자기돌봄은 돌봄 주체가 자기 자신으로 자신에게 필요한 일상생활이나 건강 유지 및 증진을 위한 돌봄을 스스로 하는 것을 의미한다. 노인이 일상생활을 독립적으로 수행할 수 있을 때는 물론이고 능력이 저하되고 완전하게 의존하게 되는 단계에서도 자기돌봄은 노인의 건강과 삶의 질에 밀접하게 관련되어 있다. 스스로 자기돌봄을 하지 않는 것을 자기방임이라고 한다. 자기방임은 일상생활능력 기능의 저하 및 건강 악화를 가져온다. 자기돌봄은 돌봄을 제공하는 공식적 및 비공식적 돌봄자에게도 노인의 자기돌봄과 같이 중요하다(Sabo & Chin, 2021). 비행기를 탑승할 때 유사시 산소마스크는 본인 것을 먼저 착용한 후 보호가 필요한 동반자의 산소마스크 착용을 도와주는 것과 동일하다. 돌봄자도 자기 자신부터 시작해야 한다. 돌봄자가 자기돌봄을 하지 않거나 부족했을 때는 돌봄이 필요한 노인에게 좋은 돌봄을 제공하기가 어렵다.

이에 2부에서는 노인의 자기돌봄, 자기방임과 함께 돌봄자의 자기돌봄과 소진을 중심으로 살펴보고자 한다. 자기돌봄의 개념과 중요성을 통해서 건강증진행위, 일상생활관리능력, 만성질환자기관리, 돌봄 의사결정 등을 설명한다. 노화가 지속되는 과정에서 자신의 건강 및 생활환경별로 '자신다움'과 건강 악화를 최소화할 수 있는 자기돌봄기술을 증진하는 실천기술 및 제도적 지원을 다루고자 한다.

자기돌봄

노인돌봄은 타인에 의해 받는 것으로만 생각하기 쉽다. 하지만 한 인간으로 노인은 자기
돌봄 성향이 내재화되어 있어 건강과 독립된 생활을 위해서 스스로를 돌보는 활동을 한다.
노인 자기돌봄은 건강을 위한 자기돌봄 역량과 건강을 위한 자기돌봄과정으로서 자기돌봄
으로 유형화된다. 자기돌봄을 설명하는 이론으로는 자기돌봄이론, 자기돌봄결핍이론, 간호
체계이론 등이 대표적이다. 자기돌봄이론들은 상호 배타적이기보다 상호 연결된 특성을 보
인다. 자기돌봄에 대한 경험적 이해는 자기돌봄 행동에 영향을 주는 선행요인, 자기돌봄 행
동이 가져오는 긍정적 및 부정적 결과로 구성된다. 자기돌봄 지원전략은 정보제공, 자기효
능 강화, 행동변화, 전문기술 증진 등이 있다. 끝으로 자기돌봄 실천 전략과 현장에서 활용
되고 있는 자기돌봄 프로그램 사례에 대해 살펴본다.

1. 자기돌봄 이해

1) 자기돌봄 개념

노인이 지금처럼 의료나 장기요양서비스를 통해서 돌봄을 받기 시작한 기간은 100년도
채 지나지 않았다. 자기돌봄(self-care)은 새롭게 등장한 개념이기보다는 인류가 시작된 이
후로 지속해 왔던 활동이다(Saunders, 1994). 노인을 포함하여 인간은 기본적으로 자기돌봄
에 대한 욕구를 내재하고 있다. 위험한 상황에서 자신을 보호하거나 일상에서 자신의 건강
을 지키기 위해 스스로 돌봄 활동을 해 왔기에 생존할 수 있었다.

자기돌봄에 대한 학술적 개념화는 간호학에서 찾을 수 있다. 1859년 나이팅게일(Florence Nightingale)의 책 『Notes on Nursing: What is and What is not』에서 타인에 의한 간호(돌봄)와 자신이 스스로 할 수 있는 간호(돌봄)를 담고 있다. 산업화 및 현대화 과정에서 전문가 중심의 체계적인 의료시스템이 발달하기 시작했다. 이와 함께 의사, 간호사 등 전문가 중심의 의료적 돌봄이 자기돌봄보다 주된 관심을 받게 되었다(김춘남 외, 2020).

개인은 건강이나 웰빙의 일정 수준을 유지하고, 질병이나 부상을 예방하고, 건강을 증진하기 위해 자기돌봄 행동을 선택한다. 이러한 자기돌봄 행동은 생존 보장에서 자아실현에 이르기까지 다양한 작업을 수행하는 능력에 기여한다. 가족은 구성원이 자기돌봄을 하도록 지원하는 역할을 해야 한다. 연령(유년기, 노년기), 질병 또는 기타 생활 사건으로 인해 필요한 활동을 스스로 할 수 없는 다른 구성원을 위한 돌봄을 가족이 제공한다. 지역사회도 개인과 가족이 그들에게 중요한 자기돌봄 활동을 수행할 수 있도록 지원하는 사회환경을 구축해야 한다(McCormack, 2003).

자기돌봄 개념은 다차원적이고 포괄적인 특성을 지닌다. 일부는 자기돌봄이 개인적 책임이라는 시각에서 인간의 발달과 기능을 위해 필요한 모든 형태의 건강한 생활 활동으로 다소 광범위하게 설명한다. 반면, 만성질환이나 급성기 질환을 관리할 수 있는 구체적인 자기돌봄 활동으로 협소하게 정의하기도 한다(Omisakin & Ncama, 2011). 자기돌봄이 무엇을 의미하는지에 대한 인식과 관련한 개념, 실천, 모형, 이론, 체계, 과정, 현상 등은 학문마다 접근이나 해석에 있어서 차이가 있다(Gantz, 1990; 전용호 외, 2019).

자기돌봄의 개념이나 평가는 세계보건기구의 기준을 따르는 경우가 많다. 세계보건기구는 자기돌봄의 개념을 "개인, 가족 및 지역사회가 건강 관리 제공자의 지원 여부에 관계 없이 건강을 증진하고, 질병을 예방하고, 건강을 유지하고, 질병과 장애에 대처할 수 있는 능력"으로 정의하였다(WHO, 2019: 9). 세계보건기구는 자기돌봄을 보건의료 시스템의 가장 기초적 단계로 중요한 기능을 수행한다고 본다. 국가별로 자기돌봄을 제대로 하고 있는지 평가도 실시하고 있다. 공식적 의료시스템이 구축되지 못한 저개발국가나 개발도상국에서 자기돌봄은 국민의 건강 유지 및 증진에 중요한 영향력이 있음을 강조한다(WHO, 2019).

자기돌봄이 개인의 자율성과 참여를 높이기도 하지만 동시에 의료보건서비스의 공정한 접근성, 양질의 의료서비스 효율적 전달, 재정적 안정성 등을 갖춘 보편적 의료보장 시스템에 기여하기도 한다. 자기돌봄은 의료서비스의 효율성과 접근성을 높일 수 있다. 자기돌봄을 하는 노인이 예방서비스 이용률도 높으며, 치료를 잘 받기도 하여 후속 합병증이나 치료 기간을 줄일 수 있다(WHO, 2019). 자기돌봄은 건강한 상태, 비공식 지역사회 돌봄 이용, 약

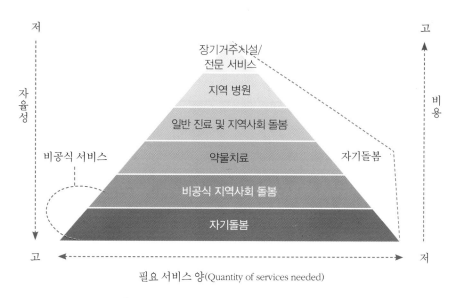

[그림 5-1] 건강돌봄 피라미드 체계와 자기돌봄

출처: WHO (2019), p. 93.

물 치료, 일반 진료 및 공식적 돌봄 이용, 병원 이용, 장기요양시설 입소 등 전 돌봄연속성 차원에서 활용된다.

결과적으로 자기돌봄은 개인이 자신의 신체적·정신적·사회적 건강을 유지 및 증진, 질병 예방, 질병이나 허약한 상태에 있다면 악화되지 않거나 개선될 수 있도록 스스로 수행하는 모든 활동으로 정의할 수 있다. 노인의 구체적 자기돌봄 행위로는 자기다운 마음 유지, 체력 유지, 관계망 형성, 편안한 마음 유지, 적절하게 일하기, 적절하게 몸을 움직이기 등이 있다(김가원, 허준수, 2021). 또한 건강정보이해능력, 신체 및 정신 건강 상태 자각, 신체활동, 건강한 식습관, 위험 회피 또는 완화, 깨끗한 위생, 진단 및 의약품의 적절한 사용도 자기돌봄의 개념에 포함한다(International Self-Care Foundation, 2022).

2) 자기돌봄 유형

자기돌봄 유형은 건강을 위한 자기돌봄 역량(Self-care capabilities for health)과 건강을 위한 자기돌봄과정(Self-care processes for health)으로서 자기돌봄 등 두 가지가 있다. 건강을 위한 자기돌봄 역량은 노인이 일상생활에서 기초적 능력을 유지 및 증진하거나 질병 및 장애를 예방하는 행동 실행 능력을 의미한다. 노인의 독립성과 웰빙에 관련된 보편적 욕구, 목표, 건강 문제들에 대처할 수 있는 개인적 잠재력과 연결된다. 건강을 위한 자기돌봄과정은 질병 및 웰빙과 관련된 개인의 건강 발달 궤적을 의미하며, 삶의 환경에 대한 노인의 지속적인 적응력을 보여 준다. 특히 일상생활에서 상황에 대한 노인의 사고방식(예: 이해, 개인적 성장, 통합)은 계속해서 발달한다(Høy et al., 2007).

(1) 건강을 위한 자기돌봄 역량

노인의 건강을 위한 자기돌봄 역량은 기본(fundamental) 역량, 동력(power) 역량, 수행(performance) 역량 등 세 가지로 구성된다(Høy et al., 2007).

첫째로 기본 역량은 노인의 삶의 과정에서 기초적이고 보편적인 욕구를 충족할 수 있는 능력을 의미한다. 이 능력은 경험과 학습을 통해 평생에 걸쳐 발달하고, 지적 호기심을 통해서 강화된다. 인간은 자신의 생명을 유지하기 위해서 자신이나 환경에 초점을 둔다. 기본적 자기돌봄 역량은 자기 건강에 대한 책임감과 복수의 필수 욕구들 간의 균형감도 포함한다(Clark, 1998). 노인의 건강상태 및 일상생활을 수행할 수 있는 신체적 능력도 기본 역량에 해당된다.

둘째로 동력 역량은 노인이 자기돌봄 활동을 실행하는 능력이며, 실제로 일상생활 상황에 대한 통제력을 갖게 된다. 이러한 역량은 자신이 갖는 개인적 목적을 성취하기 위해서 노인이 개인과 환경을 조정하는 힘으로 인지, 정서, 생리 등 세 가지 측면에서 작동한다(Rnt, 1998).

셋째로 수행 역량은 노인이 자신의 건강과 관련해서 자신과 자신의 역할을 관리할 수 있는 능력을 의미한다. 이는 문제와 업무 중심의 역량으로 노인이 실제적 건강 이슈를 이해하고 대처하는 행동을 할 수 있게 하는 역량이다. 수행 역량은 노인의 특정 건강 이슈에 대한 문제해결, 의사결정, 자원활용 등의 능력으로 개념화할 수 있다(Lorig & Holman, 2003). 이와 함께 노인이 만성질환으로 인한 증상, 약물 사용, 급성 발작 등을 인식하고 대응할 수 있는 역량도 해당한다(Clark et al., 1991).

(2) 건강을 위한 자기돌봄과정

과정은 원하는 결과를 생성하기 위한 일련의 변화를 의미한다. 자기돌봄과정은 노인이 건강상태를 유지하거나 증진할 수 있는 전략이나 행위이다. 결과적으로 자신만의 행동 역량을 만들거나 그 역량을 확장하는 것으로 이어진다. 자기돌봄은 삶의 경험 과정, 학습 과정, 그리고 생태적 과정으로 구성된다(Høy et al., 2007).

첫째, 삶의 경험 과정으로 자기돌봄은 노인이 자신의 삶에서 의미와 목적을 어떻게 만드는지에 대한 개인의 인지 활동이다. 자기돌봄은 과거, 현재, 미래, 상황, 초기활동, 자아, 문화적 맥락에 대한 노인의 인식과 연결된 지식을 의미한다. 마찬가지로 노화, 질병 및 장애에 대한 보편적 태도는 노인의 삶 일부와 같다. 과거의 경험, 미래에 대한 기대, 환경과 사회적 맥락에서 경험의 변화 등과 관련된다. 건강 증진 과정으로서 노인의 자기돌봄은 균형 잡기, 시작하기, 규칙화, 사회화, 승화 등이다(Wang et al., 2001). 자기돌봄은 자신의 질병과 장애에 대한 노인 자신의 표현 및 해석과 관련된 노인의 인식으로 의미를 찾아가는 과정에서 자기수용, 유머, 도전, 유연성, 유대감, 즐거움, 자신보다 상위 존재와의 교류(상호작용) 수용 등으로 이어진다(Arcury et al., 2000; Høy et al., 2007).

둘째, 학습 과정으로 자기돌봄은 노인이 자신의 몸을 돌보는 동안 신체적 상해를 예방하는 지속적 및 의식적 자기 형성 과정(self-building process)을 의미한다. 이러한 측면에서 자기돌봄은 노인의 경험 때문에 만들어지고 자기돌봄을 위한 내부 및 외부 조건과 역량을 실행하고 탐색하도록 설계된 건강 추구 행동이다(Leenerts et al., 2002). 즉, 자기 인식과 가치를 토대로 지식, 이해, 사고방식의 발전 가능성을 보여 주는 지표이다. 의료전문가와 파트너 관계를 통한 자기돌봄은 의사소통, 자존감 구축, 건강한 습관 실천 및 사회참여 등을 하게 된다(Teel & Leenerts, 2005). 결과적으로 자기돌봄은 자신에게 초점 두기, 욕구 충족 자원 활용, 감정 느끼기, 의미 찾기, 건강 관리 행동을 증진하기 등을 통해서 발달함을 의미한다(Høy et al., 2007).

셋째, 생태적 과정으로 자기돌봄은 노인의 자기돌봄을 정서적-영적, 생물-물리적, 사회-문화적 조건과 역량이 통합해서 형성되는 축적 과정이라고 설명한다. 통합 과정에서 노인의 역량과 일상생활수행 능력(ADL)을 합쳐서 삶의 전체적 균형을 만든다. 통합 과정은 활동, 긍정, 종합으로 구성된다(Høy et al., 2007). 활동은 자신과 가족을 돌보는 것과 같이 의미 있는 일상생활이다. 긍정은 노인의 긍정적 인식으로 행복이나 아름다움을 느끼는 것을 의미한다. 종합은 노인의 회복력과 실패로 인한 고통과 성공으로 인한 행복의 조화이다. 생태적 과정은 삶의 목적, 회복력, 지지적 네트워크 형성을 강화하는 것에 초점을 둔다(Ruffing-Rahal, 1993).

3) 자기돌봄이론

우리에게 가장 잘 알려진 돌봄이론은 1959년 Dorothea Orem 교수에 의해 처음 소개되었다. 자기돌봄 역량(자기돌봄에 참여할 수 있는 개인 능력)과 자기돌봄 행동(삶을 유지하고 웰빙을 증진하기 위해 개인이 수행하는 행동)이 자기돌봄의 구성요인이다(Orem, 2001). 그 이후 20년동안 자기돌봄을 다양한 맥락에서 설명하는 이론들이 개발되었다. 지역사회에 거주하는 노인을 위한 중범위의 자기돌봄이론(Backman & Hentinen, 1999)과 시설에 거주하는 노인을 위한 만성질환 자기돌봄이론이 있다(Riegel et al., 2021).

특히 Lawless와 동료들(2021)은 노인 자기돌봄 관련 141편의 학술연구를 토대로 사회인지이론(Bandura, 1986; Chang et al., 2007), 계획된 행위이론(Ajzen, 2011), 자기돌봄결핍간호이론(Orem, 2001), 자기결정이론(Deci & Ryan, 1985) 등이 자주 활용된다고 하였다. 하지만 Orem의 자기돌봄결핍이론을 제외한 사회인지이론, 자기결정이론, 계획된 행동이론은 인간의 자기돌봄을 설명하는 이론이기보다는 자기돌봄 능력을 증진하거나 자기돌봄 행위를 하게 되는 동기에 초점을 두고 있다. 이 책에서는 자기돌봄이 무엇인지 설명하는 Orem의 자기돌봄결핍이론을 중심으로 설명하고자 한다(Orem, 1989).

Orem의 자기돌봄결핍이론은 개인이 생명, 건강 및 웰빙을 유지하기 위해 스스로 시작하고 수행하는 활동으로 정의되는 자기돌봄을 수행하는 개인의 능력에 초점을 둔다. 자기돌봄결핍이론은 ① 자기돌봄이론, ② 자기돌봄결핍이론, ③ 간호체계이론의 세 가지 상호 연결된 이론으로 구성되어 있다(Orem, 1989). 자기돌봄결핍이론에 대한 설명은 김정순(1994)이 기본간호학술지에 발표한 내용을 토대로 작성하였다.

(1) 자기돌봄이론

자기돌봄이론(theory of self-care)은 'What is meant by self-care'로 인간이 자기 자신을 왜 스스로 돌보는지를 설명한다(Orem, 2001). 자기돌봄은 자신의 생명, 건강, 안녕을 증진하거나 유지하기 위해 자신이나 환경에 대해 수행하는 활동들을 구조적으로 통합하게 한다. 또한 인간 기능을 유지하는 데 도움을 주며, 인간 발달에도 기여한다. 각 개인은 인간관계와 커뮤니케이션을 통해서 자기돌봄을 학습하게 된다. 자기돌봄 역량(agency)은 인간이 자기돌봄을 하기 위해 획득한 힘이나 능력을 의미한다. 자기돌봄 활동을 수행하는 능력은 연령, 성별, 발달 상태, 건강 상태, 사회 문화적 성향, 건강 관리 제도, 가족 특성, 생활 방식, 환경요소, 자원 적절성 및 가용성 등의 영향을 받는다.

자기돌봄 욕구를 충족하기 위해서 활용하는 자기돌봄 행동이나 방법은 세 가지 유형이 있다. 첫째, 보편적 자기돌봄 필수사항은 인간이라면 모두 해당되는 공통적인 욕구로 충분한 공기, 음식, 물, 배설, 활동과 휴식의 균형, 고립과 상호작용의 균형, 사람의 생명·기능·안녕을 위협하는 상황으로부터 보호, 사회집단 내에서 기능과 발달 증진 등이다. 둘째, 발달적 자기돌봄 필수사항은 보편적이지만 중요성을 강조하기 위해서 분리된 것이다. 생애 주기에서 새로운 생활 사건(예: 새로운 직업, 신체 형태 및 기능 변화)에 적응하는 인간 발달 과정과 관련된다. 셋째, 건강이탈 자기돌봄 필수사항은 인간의 정상적 범위에 벗어나는 기능이나 삶의 방식의 변화를 의미한다. 질병이나 상해로 인해서 개인이 자기돌봄 능력이 일시적으로 손상되거나 영구적으로 할 수 없게 되었을 때 인간은 자기돌봄에서 타인에게 돌봄을 받는 위치로 바뀐다. 건강이탈과 관련된 자기돌봄은 보편적 자기돌봄 욕구를 충족하고 적응, 자기돌봄에 대한 새로운 기술 선택, 자아상 변화, 일상생활 습관 변경, 새로운 삶의 형태 발전, 건강이탈 결과 적응 등이 있다(김정순, 1994; Orem, 2001).

(2) 자기돌봄결핍이론

자기돌봄결핍이론(self-care deficit theory)은 'When self-care is needed'로 언제 인간이 다른 사람의 돌봄을 받을 수 있는지를 설명한다(Orem, 2001). 자기돌봄 능력이 전혀 없거나 치료적 자기돌봄(간호) 욕구를 충족하기에 자기돌봄(간호) 능력이 부족한 경우를 의미한다. 사람이 질병이나 장애가 발생해서 자기돌봄(간호)을 하기 어려우면 전문직 돌봄(간호)을 받아들이는 대상자가 되는 이유를 학술적으로 설명해 준다.

치료적 자기돌봄(간호) 욕구는 건강, 생명 유지, 발달 및 안녕 유지와 증진을 위해 필요한 활동을 충족하는 데 필요한 돌봄(간호) 정도를 뜻한다(김정순, 1994). 자기돌봄 능력은 인간

표 5-1　Orem 자기돌봄결핍이론 기본전제 다섯 가지

구분	기본전제
1	인간은 생존하고 자연 생태계에 맞게 기능하기 위해 스스로와 그들을 둘러싼 환경에 대해 계속적이며 의도적인 투입을 필요로 한다.
2	인간의 주체적 역량은 의도적으로 활동할 수 있는 힘이다. 무엇이 투입되어야 하는지 규명하고, 필요한 투입을 끌어내는 과정 속에서 자신과 남을 돌보는 형태로 활성화된다.
3	성숙한 인간은 생명 유지와 기능 조절을 위한 투입을 하여 자신과 타인에 대한 돌봄 활동이 제한되는 형태의 결핍을 경험한다.
4	인간의 주체적 역량은 자신과 타인의 요구를 파악하고 투입을 이루기 위해 탐색하고, 발전하며, 다른 방법과 수단들로 전환하는 과정에서 활용된다.
5	구조적인 관계 집단을 가진 인간들은 자신과 남에게 필요한 투입을 이루는 데 있어 결핍을 경험하는 집단 구성원에게 돌봄을 제공하기 위해 업무를 모으고 책임을 분담한다.

출처: Orem (2001), p. 140.

이 자신의 기능과 발달을 조절할 수 있는 목적적이고 의도적인 활동을 하기 위해 습득한 능력이다. 노인이 질병이나 노쇠로 인해서 일상생활능력이 저하된 정도에 따라 자기돌봄 결핍 정도가 높아지면 치료적 건강체계가 적극적으로 개입하게 된다.

(3) 간호체계이론

간호체계이론(theory of nursing systems)은 'How the self-care needs are met?'으로 사람이 간호 욕구를 어떻게 충족할 수 있는지를 설명한다(Orem, 2001). 간호체계는 자기돌봄(간호) 능력을 조절하거나 치료적 자기(돌봄)간호를 충족할 수 있도록 개인을 돕는 체계이다. 간호사는 지원 체계로 안내, 지시, 교육, 지지, 직접 실천, 발달적 환경 제공 등의 활동을 제공한다.

간호체계는 돌봄(간호)을 제공하는 전문인력의 실무활동을 의미한다. 돌봄(간호)이 필요한 사람의 치료적 자기돌봄(간호) 욕구를 파악하고 충족하도록 전문 기술을 사용하여 발달시키는 일을 한다(Orem, 2001). 개인의 자기돌봄(간호) 능력과 욕구 수준에 따라서 간호체계는 세 가지 형태로 구분된다.

첫째, 완전 보상 체계(Wholly compensatory system)는 개인이 자기 주도가 불가능하거나 의료 처방으로 인해 필요한 자기관리 조치를 할 수 없는 상황을 나타낸다(Orem, 2001). 예를 들어, 노인이 혼수상태, 마취 상태, 골절, 척추 기능 장애, 정신 장애 등에 해당하여 전적으로 돌봄에 의존하는 경우이다.

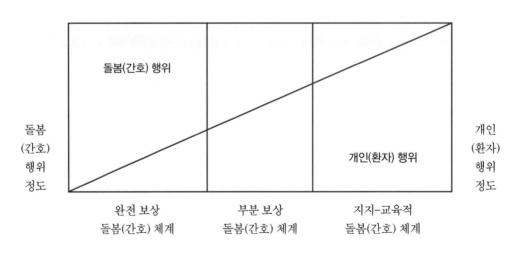

[그림 5-2] Orem 돌봄(간호) 체계

출처: 김정순(1994), p. 168 그림 수정.

둘째, 부분 보상 체계(Partly compensatory system)는 노인과 간호사(돌봄자)가 함께 자기돌봄 욕구를 충족시키기 위해 신체적 활동이나 필요한 조치를 하는 상황이다(Orem, 2001). 노인이 큰 수술을 받았거나 깁스(cast)를 해서 일시적으로 활동에 제한이 있을 때가 해당한다.

셋째, 지지−교육적 체계(Supportive-educative system)는 자기돌봄 활동을 독립적으로 수행하거나 스스로 치료적 자기돌봄 욕구 사항을 충족하는 방법을 배워야 하는 개인의 능력을 의미한다(Orem, 2001). 사람은 어느 경우든 어떤 방식으로든 도움이 필요하다. 개인이 노년기에 진입하면서 나타나는 신체적, 심리적, 사회적 변화에 대한 정보를 구하는 것, 만성질환이 있을 때 식단이나 적절한 운동에 대한 정보를 구하는 것이 대표적 사례이다.

4) 자기돌봄 선행요인과 결과

(1) 자기돌봄 선행요인

노인의 자기돌봄에 영향을 미치는 선행요인(antecedents)에 대해 살펴보았다. Martínez와 동료들(2021)은 자기돌봄에 관한 체계적 문헌분석을 통해서 선행요인을 도출하였다. 개인적 특성으로 자기효능감, 인지 수준, 촉발사건(triggering event), 자기돌봄 역량(agency)이 있다. 구조적 특성으로 문화적 맥락, 사회적 지지, 적절한 자원이 자기돌봄에 영향을 주는 선행요인이라고 하였다.

자기효능감과 인지적 수준이 높을수록 자기돌봄 정도가 높아지는 것을 선행연구를 통해 확인하였다. 자기돌봄 역량은 개인의 자기돌봄을 실행하려는 의지와 개인의 발달 수준을 토대로 형성된다. 문화적 맥락은 지지적인 문화를 가진 사회에서 생활하는 노인의 자기돌봄이 높은 경향을 보인다. 사회적 지지는 사회적 연결성, 주관적으로 인식하는 지지, 실제적 지원 등을 의미한다. 적절한 자원은 자기돌봄을 수행하는 데 필요한 지침, 물품, 필요한 자원 등으로 충분한 자원을 가진 사람이 자기돌봄을 더 하는 것으로 나타났다.

한편, Høy 등(2007)은 노인의 자기돌봄 선행요인에 대한 문헌분석을 통해서 개인적 조건으로 접근성(personal conditions) 차이, 다기능성, 긍정적 사고방식, 건강 신념, 의미부여 및 영성, 효용성, 신념 등을 제시하였다. 외부적 조건으로 사회적 지지 및 중요한 타자, 의료서비스 접근성, 물리적 · 사회적 · 문화적 맥락 등이 자기돌봄에 영향을 주는 것으로 나타났다.

(2) 자기돌봄 결과: 긍정적 및 부정적

노인이 자기돌봄을 수행하게 되면 긍정적 결과(outcomes)와 부정적 결과를 경험한다. 먼저, 자기돌봄의 긍정적 결과는 신체적, 정신적, 사회적, 영적 웰빙과 독립성 유지 및 향상, 자신감 유지 및 향상이 있다(Clark, 1998; Hartweg, 1990). 일상생활수행능력 자신감이나 숙련성 유지 및 향상(Punamäki & Aschan, 1994), 일상생활수행능력 유지 및 향상(Lorig & Holman, 2003)도 선행연구를 통해서 자기돌봄의 긍정적 결과로 보고되고 있다.

또한 노인이 자기돌봄을 통해서 긍정적 자존감을 형성하고 신체 및 정신 건강이 증진되었다(Miller & Iris, 2002). 학습 과정으로 긍정적인 결과는 교육적 발달과 자기초월을 삶에서 경험하게 된다(Leenerts et al., 2002). 생태적 과정의 긍정적인 결과는 일상생활에서 최적의 기능적 균형과 통합성을 갖게 한다(Ruffing-Rahal, 1993). Martínez와 동료들은 자기돌봄의 결과로 희망하는 성과 달성, 복합증상 위험 감소, 증상 통제, 의료서비스 이용 감소, 생활만족도 증가, 의료비용 감소, 대처능력 향상, 자기통제력 향상, 웰빙 증가, 삶의 질 향상 등이 발생한다고 선행연구를 통해 제시하였다.

반면, 노인이 자기돌봄을 통해서 부정적 결과도 경험할 수 있다. 선행연구에 따르면 노인의 욕구와 자원의 불일치, 질병, 부정적 감정 상태, 신체적 기능 저하, 자신감 결여, 지지 부족 등으로 무력감, 무관심, 의존, 심지어 자기돌봄 포기 등이 발생할 수 있다(Backman

선행요인(Antecedents)	자기돌봄 개념(Definition)	결과(Outcomes)
[개인적 조건] • 자기효능감 • 인지능력 • 촉발사건 • 자기돌봄역량 [외부적 조건] • 문화적 맥락 • 사회적 지지 • 충분한 자원	[건강을 위한 자기돌봄 역량] • 기본 역량 • 동력 역량 • 수행 역량 [건강을 위한 자기돌봄과정] • 삶의 경험 과정 • 학습 과정 • 생태적 과정	[긍정적 결과] • 신체적·정신적·사회적 웰빙 • 자신감, 숙련성 • 수행 역량 • 독립성 • 긍정적 자존감 • 교육적 발전 • 자기 초월성 • 통합성 [부정적 결과] • 무기력감 • 무관심 • 의존성 • 자기돌봄 포기

[그림 5-3] 자기돌봄 선행요인과 결과

출처: Høy et al. (2007), p. 459; Martínez et al. (2021), p. 422 내용 수정.

& Hentinen, 1999; Punamäki & Aschan, 1994). 특히 여성이 남성보다 욕구와 자원의 불일치, 부정적인 심리적 및 정서적 상태로 무력감을 더 많이 경험하는 것으로 조사되었다. 반대로 남성은 글로벌, 정치 및 사회적 조건으로 인해서 무력감을 경험하는 것으로 연구되었다 (Punamäki & Aschan, 1994).

5) 자기돌봄 비판적 성찰

사회과학 연구자를 중심으로 개인별 상황이나 사회환경을 고려하지 않고 주로 임상 결과, 환자 및 간병인 책임, 공공 비용 절감에 중점을 둔 자기돌봄 및 자기돌봄 프로그램에 대한 비판적 지적이 있다(Greaney & Flaherty, 2020). 자기돌봄과 자기관리가 개인의 역량이나 자율성에 초점을 두기 때문에 이상적이지만 현실에서 작동하는 데에는 한계가 있다는 것이다. 개인의 자원과 지지체계와 사회적 환경의 상호협력을 통해서 돌봄을 효과적으로 제공할 수 있음을 간과해서는 안 된다(Lawless, Tieu, Feo, & Kitson, 2021).

자기돌봄이라는 우산 아래에서 자기효능감 및 자기통제를 과도하게 강조하는 것은 노인의 자율성과 책임으로 돌리게 한다. 이는 심각한 신체적 또는 인지적 장애가 있거나 사회적 자본이 부족한 사람들에게 나쁜 상황을 초래한다. 자칫 돌봄에 대한 국가 책임의 축소 또는 포기를 정당화할 수 있다(Hughes et al., 2021; Thille et al., 2014).

자율성에 대한 개인주의적 접근은 예방 의료 및 건강에 존재하는 불평등을 무시하고 사회경제적 배경이 낮은 사람이 돌봄서비스를 불균형적으로 받게 하는 결과로 이어진다 (Franklin et al., 2018; Morgan et al., 2017). 노인 인구가 양적으로 증가하면서 동시에 돌봄이 필요한 노인의 수도 늘어나는 상황에서 제도적 지원이나 고령친화적 환경조성의 중요성이 증가하고 있다. 노인의 건강 유지나 일상생활을 영위하는 데 자기돌봄이나 자기관리도 필요하지만, 노인의 공식적 및 비공식적 돌봄 지원체계가 먼저 선결되어야 한다.

2. 자기돌봄 지원전략 및 프로그램 사례

1) 노인 자기돌봄 지원전략

노인과 같이 만성질환이 있는 경우에 자기돌봄욕구를 충족시키는 전략은 [그림 5-4]처

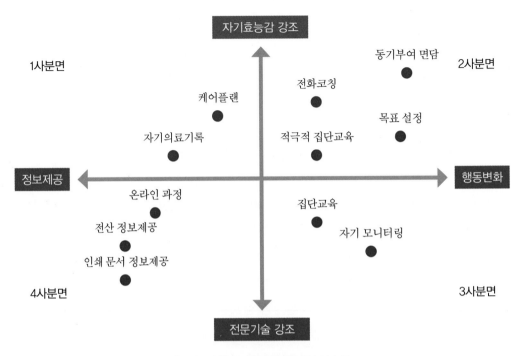

[그림 5-4] 자기돌봄 지원 전략 연속성

출처: de Silva (2011), p. viii.

럼 정보제공, 행동변화, 자기효능감 강조, 전문기술 강조를 축으로 설명할 수 있다(de Silva, 2011). 정보제공과 자기효능감 강조를 활용하는 지원전략(1사분면), 자기효능감 강조와 행동변화를 활용하는 지원전략(2사분면), 행동변화와 전문기술 강조를 활용하는 지원전략(3사분면), 정보제공과 전문기술 강조를 활용하는 지원전략(4사분면) 등이 있다.

(1) 정보제공＋자기효능감 강조(1사분면)

정보제공과 자기효능감을 강조하는 자기돌봄 전략은 케어플랜과 개인의 자기의료기록 소유가 해당한다. 케어플랜은 전문가와 서비스 이용자 간에 문제, 개입, 검토 과정을 다루도록 설계된 서류(문서)이다. 케어플랜은 목표설정과 목표를 달성할 수 있는 방법을 포함하고 있다. 예를 들어, 만성질환이 있는 노인이 약 복용 및 건강 관리 습관을 통해서 질병 악화를 예방하는 것이다. 다음으로 자기의료기록 소유는 노인이 자신의 상태와 지금까지 받아 온 치료에 대한 의료기록을 보유하면서 진료와 상담을 효과적으로 받는 것이다. 최근에는 온라인을 통해서 자신의 기록에 쉽게 접근할 수 있는 방법이 활용되고 있다.

(2) 자기효능감 강조 + 행동변화(2사분면)

자기효능감 강조와 행동변화를 활용하는 자기돌봄 전략으로 동기부여 면담, 전화코칭, 목표 설정, 적극적 집단교육 등이 있다. 이러한 접근 방식에는 전화 또는 대면을 통한 동기부여 인터뷰, 적극적인 활동으로 구성된 집단 또는 개별 교육 프로그램, 참여적 목표설정 및 사후관리로 이어지는 코칭 등이 해당된다. 특히 동기부여 방식은 참여자의 효능감, 능동성, 생활양식 변화, 인지된 건강 등에 있어서 긍정적 영향을 미친다(Linden et al., 2010).

(3) 행동변화 + 전문기술 강조(3사분면)

집단교육과 자기 모니터링은 행동변화와 전문기술을 강조하는 자기돌봄 지원전략이다. 집단교육은 전문지식보다는 자기관리에 대한 노인의 태도와 행동 변화에 동기를 높이는 것이 자기돌봄 역량, 임상결과, 의료서비스 이용에 있어서 효과를 가져온다. 자기 모니터링은 노인 스스로가 자신의 건강 상태를 관찰하면서 관리하는 것을 의미한다. 예를 들어, 노인이 스스로 혈당이나 혈압의 수치를 의료도구로 점검함으로써 건강을 효과적으로 관리하는 것이다.

(4) 전문기술 강조 + 정보제공(4사분면)

전문기술 강조와 정보제공을 통해 자기돌봄을 지원하는 추진전략으로는 온라인 과정, 전산 정보제공, 인쇄 문서 정보제공이 있다. 비디오/DVD, 오디오, 컴퓨터, 소책자 등을 활용해서 노인이 가정에서 자신을 돌보는 방법을 쉽게 배울 수 있게 한다. 실제로 이러한 정보제공 방식은 노인의 우울감 및 불안 감소를 가져오는 것으로 연구되고 있다(Gerber et al., 2005).

2) 자기돌봄 실천방법

영국의 International Self-Care Foundation(ISF)에서는 자기돌봄 선언문과 자기돌봄 7개 실행방안을 통하여 자기돌봄 실천의 확산을 위해 노력하고 있다. 자기돌봄 선언문(Manifesto for Self-Care)은 자기돌봄의 주요 특징, 목표 및 원칙을 제시하고 있다(ISF, 2022). 첫째, 자기돌봄은 건강과 웰빙을 유지하기 위해 우리 모두가 해야 하는 실용적이고 사람 중심적인 활동이다. 둘째, 자기돌봄은 상황에 관계없이 의식적이든 무의식적이든 모든 사람이 하는 정상적 일상생활의 일부분이다. 자기돌봄은 개인, 가족, 지역사회, 국가 건강 증진에 기여한다. 셋째, 자기돌봄은 일련의 반복활동(행동 → 모니터 → 인식 → 평가 → 행동)이다. 자기돌봄 행

[그림 5-5] 자기돌봄의 7개 축

출처: International Self-Care Foundation (2022). The 7 pillars of self-care. UK.

동은 개인의 능력, 기회, 동기를 포함하고 있다.[1] 특히 자기돌봄을 실천하기 위한 7개 중요한 사항들을 [그림 5-5]와 같이 시각적으로 제공하고 있다.

(1) 건강정보이해 능력

적절한 건강 관련 의사결정을 내리는 데 필요한 기본적인 건강정보(서비스)를 찾고, 처리하고, 이해할 수 있는 개인의 능력을 의미한다. 건강정보이해 능력이 높은 사람들은 더 나은 건강과 웰빙을 누린다. 반면, 이해 능력이 낮은 사람들은 위험한 행동을 하거나 건강이 나빠지는 경향이 있다. 올바른 건강정보이해 능력은 개인이 건강에 대해 제공된 정보를 해석하고, 자신과 관련된 건강정보 출처를 찾아 활용하며, 정보가 부족하거나 오해의 소지가 있는 경우에 이를 인지할 수 있다.

(2) 정신적 웰빙, 자각, 선택의지[2]

스트레스 관리, 우울 예방, 잔존 인지기능 유지 및 강화, 체질량 지수(BMI), 콜레스테롤 수치, 자기혈압 인식, 건강검진 실시 등이 해당한다. 자각과 선택의지는 앞으로 개인이 취하는

---

1) 추가적인 사항은 International Self-Care Foundation(ISF)의 홈페이지(isfglobal.org)를 통해서 확인 가능
2) 선택의지(Agency)는 상황과 조건에 대한 지식과 인식을 기반으로 개인이 행동을 취할 수 있는 신체적 및 정신적 능력을 의미

모든 자기돌봄 활동에 대한 출발점이 된다. 모든 사람은 자신의 건강 차원에서 강점이 있으며, 이를 인지하고 강점을 계속해서 증대해야 한다. 또한 건강을 위해서 개선이 필요한 것이 무엇인지 찾아내고 이에 대한 조치를 취할 수 있어야 한다. 예를 들어, 과도한 체중, 불충분한 운동, 흡연, 음주와 같은 건강을 저해하는 행동을 피하려고 노력하는 것이다. 건강 상황과 변화에 대한 동기를 제대로 이해하게 되면 의료전문가와 상호작용을 통해서 건강을 유지 또는 개선해 나갈 수 있다. 예를 들어, 체질량지수(BMI)를 알고 있으면 그 결과치의 변화를 통해서 의사와 상담과 함께 적절한 체질량 지수를 유지하는 데 도움이 된다.

(3) 신체활동

걷기, 자전거 타기, 스포츠 참여 등과 같이 중간 강도의 신체활동을 수행하는 것이다. 적절한 수준의 신체활동은 체중조절에 도움이 되고 대사질환의 위험이 감소한다. 활동적으로 생활하면 심혈관질환, 당뇨병, 결장암 및 유방암, 치매와 같은 비전염성 질병의 위험을 줄일 수 있다. 규칙적인 활동은 질환을 관리하는 역할을 한다. 예를 들어, 생활방식의 변화는 당뇨병 진단을 받은 사람들의 치료에서 첫 번째 단계이다. 또한 신체활동은 스트레스 감소, 정신건강 향상, 수면위생 개선, 고령자 고관절 및 척추 골절 위험 감소와 같은 긍정적 효과가 있다.

(4) 건강한 식습관

적절한 수준의 영양 섭취, 균형 잡힌 식단을 의미한다. 건강한 식단을 유지하는 것은 전염되지 않는 질병의 위험을 줄이거나 예방하는 효과가 있다. 건강한 식단과 건강증진 행동을 지속하면 노년기에도 건강을 유지할 수 있다고 세계보건기구는 밝히고 있다. 식단변화는 신체활동과 유사한 방식으로 질병을 치료하는 방법으로도 활용된다.

(5) 위험 회피 및 완화

금연하기, 알코올 섭취 제한, 예방접종, 안전한 성생활 실천, 자외선 차단제 사용, 안전 운전 및 보행, 안전기구 착용 등이 해당한다. 고위험 행동으로 담배흡연과 알코올 섭취를 피하는 것은 사망률을 크게 낮춘다. 위험 행동을 줄이면 노년기에 적어도 10년 정도 오래 살 수 있는 것으로 연구되었다(Elwood et al., 2013).

(6) 깨끗한 위생

정기적으로 손 씻기, 양치질, 신선한 음식 섭취 등이다. 좋은 위생 환경은 건강, 웰빙, 경제적 생산성의 향상을 가져온다. 불결한 위생은 개인, 가정, 지역사회, 국가의 전염병 확산이나 의료비 지출이 늘어나는 부정적 영향을 미친다. 손 씻기는 좋은 위생을 위해 개인이 할 수 있는 것 중 가장 우선시되는 실천 활동이다. 정기적인 손 씻기는 백신과 같은 기능을 해서 설사, 호흡기 질환의 발생을 줄이고 박테리아 확산을 낮춘다. 또한 신선하거나 적절한 재료를 활용한 음식 준비는 전염병 확산을 줄인다. 대표적으로 살모넬라증, 지아르디아증, 캄필로박터증 등은 비위생적인 음식과 관련이 있다.

(7) 제품, 서비스, 진단, 약물의 지혜로운 사용

노인이 사전에 위험을 인식하고 책임감 있게 약물, 서비스, 제품, 진단 등을 활용할 수 있음을 뜻한다. 자기돌봄 도구인 의료 제품(서비스)의 올바른 사용은 건강과 웰빙을 유지하는 데 중요하다. 제품이나 서비스의 합리적이고 책임감 있는 사용은 많은 질병의 발병을 지연시키거나 예방할 수 있다. 또한 발병하는 질병을 개인이 스스로 관리할 수 있게 된다. 사용해야 하는 이유와 제품의 특성을 이해하면 동기가 높아져서 건강을 개선하는 데 도움이 된다. 의료제품의 영향이 종종 과소평가되는 경우가 있다. 하지만 예를 들어, 불소가 함유된 치약의 적절한 사용과 치실 사용, 식수의 불소화는 치아 충치를 예방하는 데 효과가 크다. 체육관이나 건강센터에서 정기적으로 받게 되는 운동 프로그램은 근력 및 심혈관 건강, 인지기능 향상, 주관적 건강 상태 향상 등의 긍정적 효과가 있다.

3) 자기돌봄 프로그램 사례

(1) 자기주도적 건강관리를 위한 셀프케어, 내 몸 주치의 사업(일산노인복지관)

① 사업배경: 노인을 환자로 인식하기보다는 스스로 자신의 건강을 주도적으로 관리할 수 있는 역할을 부여하여 자기돌봄 역량을 강화할 수 있도록 기획하였다.

② 목표: 지역사회 내 자원망을 활용하여 건강영역의 유관기관을 발굴하고 네트워크를 구축하여 지역사회 내 문제에 관심을 갖도록 함과 동시에 생활습관병인 대사증후군(복부비만, 고혈압, 당뇨, 고지혈증, 이상지질혈증 등 다섯 가지의 진단기준 중 세 가지 이상 해당)으로 건강상 문제가 있는 어르신들을 대상으로 영양, 운동, 교육활동 등을 통해 자기주도적으로 건강관리를 할 수 있는 능력을 향상한다(고양일보, 2018).

③ 주요 내용: 지역 유관 기관들과의 협력을 통해 네트워크를 구축하고 전문인력을 활용

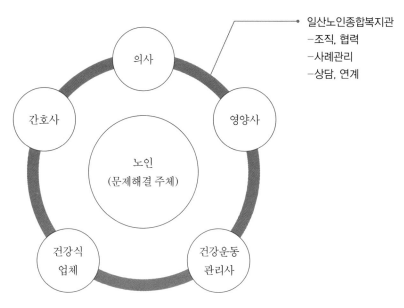

[그림 5-6] 지역사회 네트워크 구축 개념도

출처: 고양일보(2018. 9. 5.).

하여 맞춤형 건강관리, 전문분야 담당자와의 상담 및 활동 점검, 다양한 집단프로그램
을 통한 동년배 간의 관계망 구축, 어르신은 건강핸드북을 통한 목표설정부터 진행과
정에 대한 실행 등 각자의 역할을 수행한다(김춘남 외, 2020).

④ 성과: 참여자가 자기주도적 건강관리법을 실천하였고, 주관적 건강증진 등이 향상하
였다.

⑤ 한계: 프로그램 참여 기간 동안의 일시적 효과일 수 있으며, 프로그램 종료 후에 성과
가 지속되는지 확인하는 절차가 필요하다.

(2) 남성독거노인 사회적 관계망 활용 셀프케어 교육(마포노인종합사회복지관)

① 사업배경: 남성독거노인의 가족 내 가장의 역할, 사회적 역할을 담당하는 존재에서 은
퇴, 사별, 이혼 등 사회와 가정 내 역할상실로 고독, 외로움, 알코올중독 등 사회문제가
발생하고 있다. 남성 독거노인의 사회적 고립과 셀프케어, 셀프케어 중심의 생활 밀착
형 교육 부재로 지역사회 내 지속적 사회적 관계망 구축이 필요하다.

② 목표: 저소득 남성독거노인 지지체계 구축, 셀프케어를 통한 남성독거노인 일상생활
문제해결능력 교육, 자조모임 조직으로 사회적 관계 교육 및 경험 등이다.

1. 자기관리(依) • 실버 이미지 메이킹 • 이미지 메이킹 실습		3. 건강관리 • 노후생활 스트레칭, 맷돌 체조 • 우울증, 전립선비대증 관리교육

2. 가사수행(食, 住) • 조리교육 및 실습 • 맞춤형 정리정돈 교육 및 실습		4. 안전관리 • 낙상예방교육 • 소방안전교육

[그림 5–7] 남성독거노인 사회적 관계망 활용 셀프케어 교육 커리큘럼 구성
출처: 이용호(2019), p. 7 수정.

③ 주요 내용: 지지체계 구축 프로그램(즐거운 교실), 일상생활 문제능력 향상 프로그램(멋있는 교실), 일상생활 문제능력 향상 프로그램(맛있는 교실), 일상생활 문제능력 향상 프로그램(깔끔한 교실), 일상생활 문제능력 향상 프로그램(튼튼한 교실), 자조모임 활동을 통한 사회적 관계망 향상 프로그램(자조모임), 자조모임 활동을 통한 사회적 관계망 향상 프로그램(지역사회 봉사활동) 등을 제공한다.

④ 성과: 지지체계 척도 점수 11% 향상, 일상생활문제해결능력 10% 향상, 사회적 관계망 척도 11% 향상 등이 나타났다.

⑤ 한계: 참여자의 주도성이 부족한 경우가 발생하여 이를 효과적으로 대응하기가 어려웠다(이용호, 2019).

(3) 만성질환자기관리 프로그램(미국 노인청)

① 사업배경: 만성질환(고혈압, 관절염, 심장질환, 뇌졸중, 폐병, 당뇨) 노인들을 대상으로 스스로 건강을 관리하도록 기술을 교육해서 건강한 생활을 할 수 있도록 미국 스탠포드 대학교의 Stanford Patient Evaluation Research Center(스탠포드 환자 평가 연구센터)에서 1990년 초반 개발되어 현재까지 사업을 진행하고 있다.

② 목표: 노인이 자신의 건강을 유지하고 만성질환상태에 대처할 수 있는 자기 역량(self-confidence)을 형성한다.

③ 주요 내용: 실행 계획 및 피드백, 행동 모델링, 문제해결 기술, 의사결정 등의 만성질

환 대처전략(coping strategies)을 교육한다. 이완기술(relaxation techniques), 식단변화
(changing their diets), 수면・피로 관리(managing sleep and fatigue), 올바른 약물사용
(using medication correctly), 의료서비스 제공자와 의사소통(communication with health
providers) 등을 제공한다.

④ 성과: 건강행위 증가(예: 운동, 인지 징후 관리 기술), 건강상태의 긍정적 변화(예: 고통, 피
로, 걱정 감소, 자기효능감 증가, 의료서비스 제공자와 원활한 의사소통, 병원 및 응급실 방문
횟수 감소) 등이 보고되고 있다(National Council on Aging, 2015; Hevey et al., 2020; 최혜지
외, 2020 재인용).

⑤ 한계: 프로그램 중도 탈락자 비율이 30%로 높게 나타나 효과성 일반화(외적 타당도)에
다소 한계가 있다(Hevey et al., 2020).

3. 돌봄 제공자 자기돌봄

자기돌봄의 필요성과 중요성은 예외가 없다. 신체 및 인지기능 저하로 일상생활을 독립
적으로 하지 못해 도움이 필요한 노인에 대한 돌봄 제공자의 자기돌봄도 매우 중요하다. 돌
봄 제공자가 자기돌봄을 하지 못하고 돌봄을 제공하면 우울, 돌봄자 역할 포기, 희망이 없거
나 무기력하다고 느낌, 건강문제 발생, 낮은 자존감, 불면증, 돌봄받는 노인학대 및 방치, 육
체적 피로 등을 경험하게 된다(Rosalynn Carter Institute for Caregivers, 2005). 또한 과도한 긴
장감, 신체적 만성피로, 우울, 수면장애, 고혈압, 당뇨, 관절염, 고지혈증 등의 만성질환 악
화, 면역력 저하, 허약위험성과 사망률 증가 등도 돌봄 제공자가 자기돌봄을 하지 못해서 발
생하는 것으로 연구되고 있다(권정화, 홍(손)귀령, 2021).

자기돌봄은 공식적 및 비공식적 돌봄 제공자의 스트레스 요인을 감소시켜 돌봄 역할을 효
과적으로 지속할 수 있게 한다(Chipu & Downing, 2022; Sabo & Chin, 2021). 자기돌봄과 자기
성찰 전략은 의료 및 사회복지전문가가 돌봄 업무를 수행하는 과정에서 경험하는 연민 피로
감(compassion fatigue)과 소진을 예방하는 데 사용된다(Dijkman, Mikkonen, & Roodbol, 2019).
돌봄 제공자는 자기돌봄을 위해서 어떻게 자기 자신을 케어하는지에 관한 기술, 자기돌봄을
하지 못한 부정적 결과, 효과적인 대처기술, 사회적 지지체계 점검, 유머와 웃음의 역할과 중
요성 등을 인식해야 한다. 특히 자기돌봄을 위한 대처기술로 스트레스 줄이기, 시간관리, 의
사결정, 생활방식 관리 등을 활용해야 한다(Rosalynn Carter Institute for Caregivers, 2005).

먼저, 스트레스를 줄이기 위한 자기돌봄은 운동하기, 근심이나 걱정에 대해 주위 사람과 이야기하기, 자신의 한계를 알기, 즐거움을 위한 시간 만들기, 내가 무엇을 해야 하는지 알기, 혼자 해결하려고 하지 말기 등이 있다. 다음으로, 적절한 의사결정을 통해 문제를 명확히 하기, 반드시 충족되어야 하는 수준을 정하기, 가능한 모든 사람이 의사결정 과정에 참여할 수 있는 방안 찾기, 활동을 위한 계획하기 등을 활용한다. 한편, 생활방식 관리로 운동하기, 올바르게 먹기, 충분히 휴식하기, 푹 쉴 수 있는 시간 만들기, 유머 감각을 유지하기, 정기적으로 병원 진찰받기, 긍정적 생각, 사회적 지지 체계 개발 등도 있다. 참고로 〈표 5-2〉는 Rosalynn Carter Institute for Caregivers(2005)의 돌봄자를 위한 자기돌봄 워크숍에서 활용하는 돌봄 제공자의 자기돌봄 진단 척도이다.

표 5-2 돌봄 제공자 자기돌봄 진단 척도

문항	답변
(1) 나는 정기적으로 운동을 한다.	
(2) 나는 병을 예방하거나 치료하기 위한 진료를 받는다.	
(3) 나는 나에게 만족감을 주는 일을 한다.	
(4) 나는 담배를 피우지 않는다.	
(5) 나는 술을 마시지 않는다.	
(6) 나는 매일 충분한 잠을 잔다.	
(7) 나는 즐길 수 있는 취미활동이나 여가활동을 한다.	
(8) 나는 매일 규칙적으로 식사를 한다.	
(9) 나는 나의 근심이나 문제를 의논할 수 있는 사람이 있다.	
(10) 나는 나에게 개인적으로 중요한 일을 할 시간을 갖는다.	
(11) 나는 밤에 잠자리에 들었을 때 쉽게 잠이 온다.	
(12) 나는 개인적 목표가 있고 이를 성취하기 위해 노력한다.	
문항별 선택: 항상 그렇다=1, 자주 그렇다=2, 가끔 그렇다=3, 대체로 아니다=4, 전혀 아니다=5	
총점: 각 문항에 대답한 점수를 더하세요.	

해석:
    12점부터 24점 사이: 자기 자신을 아주 잘 케어함
    25점부터 35점 사이: 자기 자신의 케어를 위해 약간의 노력이 필요
    36점부터 47점 사이: 자기 자신에 대한 케어를 잘 못하는 편이며, 건강문제 발생 위험
    48점부터 60점 사이: 매우 위험한 상태

제**6**장

자기방임

자기방임은 자기돌봄을 하지 못한 상태를 말한다. 자기방임은 노인학대의 한 유형으로 「노인복지법」에 규정하고 있으며, 노인보호전문기관을 중심으로 자기방임을 학대로 보고 개입하고 있다. 자기방임은 신체적 증상, 영양, 생활 모습, 건강 상태, 행동, 정신 등에서 징후를 보인다. 하지만 자기방임이 자기결정권과 연결된다는 점에서 개입 여부에 대한 윤리적 이슈(자기결정권 보호 vs 생명권 보호)가 발생한다. 자기방임을 설명하는 이론으로는 의료모델, 심리사회모델, 생리심리사회모델이 있다. 자기방임의 위험요인과 부정적 결과가 학술적으로 가장 많이 연구되는 주제이다.

1. 자기방임 개념

자기방임은 노인 스스로가 건강과 삶의 질을 저해하는 행동으로 노인학대라고 본다. 노인학대는 1970년대 학술연구를 통해 등장했다(Burston, 1975). 하지만 자기방임은 1990년대 초반까지 노인학대로 인식하지 않았다. 노인학대는 타인이 노인에게 피해를 주는 모든 형태의 행동이나 비행동으로 신체 학대, 정서ㆍ언어 학대, 경제 착취, 성 학대, 방임 및 유기로 유형화되었다(White, 2000). 이 개념에 따르면 타인이 아닌 노인이 스스로 일상생활에서 결식하거나 비위생적 상태로 있는 자기방임 행위는 노인학대 범주에 해당되지 않는다(이민홍, 2018 재인용).[1]

---

1) 이민홍(2018). 독거노인의 사회자본이 자기방임에 미치는 영향 연구. 한국사회복지조사연구, 57, 81-107 일부 내용 수정ㆍ보완.

미국 보건복지부 산하 노인학대센터(National Center on Elder Abuse: NCEA)는 1996년부터 자기방임을 노인학대로 규정하고 개입하기 시작하였다(Tatara et al., 1998). 노인학대로 포함한 이유는 자기방임이 노인의 건강이나 안전을 위협한다는 것, 노인학대의 가해자와 피해자로 구분이 어렵다는 것, 그리고 원인에 관계없이 자기돌봄을 하지 못하는 것이 노인보호서비스의 범위에 해당되기 때문이었다(우국희, 2014b). 자기방임은 적절한 음식, 물, 의복, 휴식 공간, 개인위생, 의료 치료, 안전사고 예방 등을 거부하거나 스스로 하지 못하는 상황을 의미한다. 미국의 노인보호전문기관에 신고되는 학대 유형 중에서 자기방임이 41.9%를 차지하고 있다(Dong, 2017). 이제는 한국과 캐나다도 자기방임을 노인학대로 규정하고 노인보호서비스를 통해 개입하고 있다(이민홍, 2018; British Columbia Law Institute, 2011).

반면, 영국, 호주, 일본에서는 노인학대가 신뢰 관계에서 일어나는 것이 기본전제이기 때문에 스스로 행해지는 방임은 법적으로 노인학대로 규정하지 않고 있다. 자기방임은 노인학대 개념이 등장하기 이전부터 존재해 왔고, 미국에서 노인보호전문기관의 역할 증대를 위해 전략적으로 자기방임을 노인학대에 포함했다는 이유로 자기방임을 노인학대와 독립적 개념으로 보는 것이 적절하다는 주장이다(우국희, 2014b). 자기방임이 노인학대로 규정되지 않았다고 해서 조사나 개입을 하지 않는 것은 아니다. 예를 들어, 영국은 노인보호 차원에서 자기방임에 대한 실태조사를 하고 있다. 또한 노인보호전문기관(Action on Elder Abuse: ACE)을 통해 자기방임 예방 및 개입을 한다(Carcary, 2017).

자기방임에 대한 선행연구를 통해서 매우 명확하게 보편적으로 인정되는 정의를 찾기는 어렵다(Band-Winterstein et al., 2012). 자기방임에 대한 정의는 1960년대에 처음으로 시도되었으며, 정신의료문제와 사회기능문제로 구분하여 설명되었다. 먼저, 정신의료학에서는 자기학대 또는 노인성 손상 증후군(senile breakdown syndrome)으로 설명하였다(MacMillan & Shaw, 1966). 개인위생 상태 불량, 불결한 거주(집) 환경, 사회서비스 거부 등이 철학자 디오게네스(Diogenes)와 같은 특성으로 보인다고 하여 디오게네스 증후군이라고 부르기도 하였다(Clark et al., 1975). 반면, 사회문제기능 차원에서는 자기방임이 사회적 손상 증후군(social breakdown syndrome)에 해당한다. 위생 관리 소홀, 지저분한 주거 환경, 도움의 전면 거부 등 사회적 현상으로 본다(Gruenberg et al., 1966). 또한 자기방임은 두 가지 하위 형태로 구분하여 접근하기도 한다. Sengstock과 동료들(2000)은 표면상으로는 적합한 주거 및 생활 환경에서 살아가지만 돌봄을 거부하거나, 강박적 저장 및 매우 불결한 환경에서 살아가는 집단으로 구분하였다.

자기방임 문헌들이 자기방임의 구체적 형태를 가지고 개념화하기보다는 자기방임의 현상에 대해 넓은 범위에서 접근하는 경향을 보인다(이민홍, 박미은, 2014; Dyer et al., 2007). 자기방임은 공통적으로 의도 여부에 관계없이 결과적으로 노인 스스로가 개인의 기본적 욕구를 충족하지 못한 상태를 가져오는 모든 형태의 행동이다(Abrams et al., 2002). Band-Winterstein과 동료들(2012)은 특정 행동에 제한하기보다는 광의적 차원에서 노인이 자신의 건강 및 안전을 위협하는 모든 행동을 자기방임의 개념에 포함된다고 하였다. 이러한 자기방임 행동으로는 집안청소 안 하기, 불필요한 물건 모으기, 영양 결핍, 서비스 거부, 비위생적 상태, 약물남용, 건강 저해 행동 등이 있다(Lauder et al., 2009).

　노인 자기방임 문제에 개입하는 실천현장에서도 자기방임을 광의적 차원에서 개념화한다. 미국 노인학대센터에서는 노인 스스로가 자신을 돌보지 않아서 건강 및 안전에 위협을 줄 수 있는 모든 행동을 포함한다고 정의한다(Dong, Simon, & Evans, 2012). 자기방임 증상으로는 쓸모없는 물건을 모아 두는 행위(저장)로 인해 안전이 위협되는 것, 필요한 음식이나 영양을 섭취하지 않는 것, 질병에 대한 의료 치료를 받지 않는 것, 전열기 및 가스를 점검하지 않고 외출하는 것, 불결한 위생 상태, 날씨에 맞는 의류를 착용하지 않는 것, 탈수, 집안 관리 능력 상실, 정신적으로 혼란한 상태에 있는 것 등이 있다(National Center on Elder Abuse, 2018).

　한국의 노인보호전문기관에서도 노인 스스로가 자기보호 관련 행동(의식주 및 의료 처치 등)을 의도적 또는 비의도적으로 하지 않아서 발생하게 되는 심신의 위험한 상황이나 사망에 이르게 하는 행위로 본다(중앙보호전문기관, 2018). 예를 들어, 의료 처치 또는 약복용 등 의사 지시에 따른 치료 행위 거부, 건강 및 생활에서 도움이 필요하지만 요청하지 않거나 거부하는 것, 의식주 관련 행위를 거부하는 것, 일상생활능력이 부족하지만 도움을 거부하는 것, 약물이나 알코올 남용을 지속하는 것, 자살을 시도하는 것 등이다. 미국은 건강 저하, 고립, 치매, 약물 의존 등이 전제되어 노인이 비의도적으로 자신의 건강 및 안전을 위협하는 것을 제한하고 있다(우국희, 2008). 하지만 한국은 비의도적 자기방임과 함께 일상생활수행 능력이 있음에도 의도적으로 자기돌봄을 하지 않는 것 역시 자기방임으로 규정하고 있다.

　이와 같이 노인 자기방임은 표준화된 정의로 활용되기보다는 넓은 차원에서 노인이 스스로 자신을 돌보지 않아서 건강이나 안전을 위협하는 모든 행동을 포괄하는 방식으로 접근한다. 이는 노인학대 연구와 노인보호서비스에서 동일하게 활용하고 있다. 하지만 실천 현장에서 개입하는 자기방임의 정의에 있어서는 한국과 서구에서 차이가 있다. 서구 사회에서는 취약하거나 능력이 감소되어 비의도적으로 자기를 돌보지 않는 행위를 중심으로 개입한다. 이는 서구 사회가 자신의 삶과 관련하여 스스로 결정할 수 있는 자기결정권을 침해할 수

표 6-1 노인 자기방임 증상

구분	대표적 증상	
신체적 증상	• 개인위생 불량 • 계절에 부적합한 옷	• 정돈되지 않은 머리, 손톱, 옷 • 설명되지 않는 체중 감소 • 이상한 냄새
영양	• 식단 및 영양 불량	• 탈수
생활상태	• 더러운 집 • 주거 관리(보수) 안 됨 • 이상한 행동 및 생활방식 • 저장(동물, 물건) • 위험한 생활환경	• 쥐, 벌레 가정 내 침입 • 수도, 전기, 가스 미사용 • 상한 음식 • 악취 • 퇴거 위협
건강	• 진료하지 않음 • 의료진료 약속 미이행	• 질병에 대한 치료 거부 • 일상생활능력 저하
행동	• 사회적 고립 • 가정 내 서비스 제공인력 거부(예: 전기, 가스, 수도 인력, 돌봄서비스 인력) • 반사회적 행동 • 다른 사람과 어울리지 못함	• 위험한 기억 상실 행동(예: 가스 불 켜진 상태에서 잠들기) • 분실 또는 잊어버리는 이유로 공과금 미납부
정신	• 합리적 사유 능력 감소 • 혼란 • 우울	• 환각 등 정신질환 • 의료진 권고 무시

출처: Selfneglect.org (2022).

있다고 보기 때문이다(우국희, 2008). 이에 반해 한국에서는 자기관리 능력이 있지만 의도적인 자기방임 행위까지를 포함하고 있다.

2. 자기방임 유형

1) 비의도적 자기방임과 의도적 자기방임

비의도적 자기방임은 나쁜 건강 상태로 인해서 발생한다(Ridings, 2008). 예를 들어, 정신건강이 개인을 혼란스럽게 만들 수 있으며, 혼란스러운 상태에서는 집안을 정리하기 어렵다. 집안 정리를 하지 않는 것이 반복되거나 오랜 시간이 지나면 집은 더러워지고 정돈되지 않은 물건들로 어지러워질 수 있다. 하지만 노인은 자신의 집 상태가 변했음에도 이를 인지하지 못한다. 노인이 이러한 상황을 선택하지는 않았지만, 결과적으로 발생한 것이다. 노인이 당뇨 증상을 인지하지 못하고 치료를 하지 않거나 당뇨 관리를 못해서 실명으로 이어질 수도 있다(Tarr et al., 2013).

반면, 의도적 자기방임은 노인이 신체적 및 정신적으로 건강한 상태이지만 의도적으로 불결하거나 위험한 상태에 사는 것을 선택한 경우이다. 알면서도 목욕을 안 하거나, 필요한 약을 복용하지 않거나, 집을 청소하지 않거나, 집수리가 필요한 상태에도 아무런 조치를 취하지 않는 등의 행위를 하게 된다. 이러한 결정은 자기 삶에 대한 통제력 유지, 생활방식 선택, 개인의 성격 유지, 또는 요양원 입소 두려움에 대한 반응 등으로 발생할 수 있다(Day & Leahy-Warren, 2008; Ridings, 2008).

2) 디오게네스 증후군

디오게네스 증후군(Diogenes Syndrome)은 4세기 그리스 철학자의 이름에서 유래되었다. 이 증후군은 가장 최악의 수동적 자기방임 형태로 저장 장애와 관련된다(Dyer, Pickens, & Burnett, 2007). 디오게네스 증후군은 일반적으로 정신질환이 있거나, 냉담한 성격의 소유자가 자기방임 위험이 높다(Amanullah et al., 2009; Cipriani et al., 2012). 특히 디오게네스 증후군인 노인은 극도의 빈곤 상태에 있어서 수도, 가스, 전기 등이 끊겨 있는 경우가 많다. 동물, 쓰레기, 썩은 음식 등을 불필요하게 저장(모음)하는 것이 흔하다. 치료나 지원을 거부하여 건강이 더 나빠지며, 자신이 문제가 없다고 생각하거나 자신의 위험을 과소평가한다. 문을 열어 두고 잠그지 않은 상태로 지내기도 한다(Cipriani et al., 2012).

3) 자기방임 대표적 유형

Burnett과 동료들(2014)은 자기방임을 신체적 방임, 의료적 방임, 환경적 방임, 재정적 방임, 글로벌 방임(신체, 의료, 환경, 재정 등 네 가지 자기방임 동시 발생)으로 유형화했다. Dong(2014)은 저장, 개인위생, 집수리, 불결한 환경, 부적절한 유틸리티(전기, 가스, 수도)로 구분했다(Dong, 2014). 저장은 신문, 잡지, 상자, 유리병, 쓰레기 등 불필요한 물품을 모으는 것이다. 개인위생은 긴 손톱, 씻지 않은 얼굴과 머리카락, 소변 및 대변 냄새가 나는 경우이다.

집수리는 필요한 가구나 살림살이가 부족한 경우나 조명, 욕실, 창문, 벽 등이 고장나거나 불결한 상태이다. 비위생적인 환경은 극도로 지저분한 공간에서 생활하는 것, 벌레나 설치류가 거주 환경에 있음, 소변이나 대변 처리를 하지 않음 등이 해당된다. 부적절한 유틸리티는 물, 전기, 가사 등을 사용할 수 없거나 최소한도 이용하기 어려운 상태이다.

3. 자기방임 이론

자기방임이 발생하는 과정을 설명하는 이론으로 의료 모델, 심리사회 모델, 통합 모델 등이 있다(이미진 외, 2018). 의료 모델은 자기방임을 노인의 건강적 특성(예: 질환, 인지 저하, 스트레스, 성격장애, 약물남용 등)으로 설명한다. 노인의 심리적 및 사회적 노화를 통해서 자기방임을 설명하는 심리사회 이론으로는 사회심리 이론, 사회구성 이론, 개인구성 이론, 상호작용 이론, 구조기능 이론, 귀인 이론이 있다(Lauder et al., 2002). 최근 들어서는 신체적, 심리적, 사회적 특성을 통합하여 설명하는 생리심리사회 모델이 주로 활용된다(Dong & Simon, 2013). 생리심리사회 모델에서는 복합 질환, 신체활동 능력 감소, 인지기능 저하, 우울 증상, 빈곤, 사회적 지지 및 네트워크 부족 등을 노인 자기방임의 위험요인으로 본다 (Dyer et al., 2007). 생리심리사회 모델은 의료적 모델과 심리사회적 모델을 통합한 것이다.

표 6-2 　자기방임 이론

구분	주요 내용
의료 모델	• 노년기 만성질환(고혈압, 당뇨, 관절염, 혈관계 질환), 치매, 우울증, 인지 능력 저하, 성격, 심각한 정신적 스트레스 등과 같은 정신질환 및 정신의학적 원인으로 자기방임 발생 • 전두엽에 이상이 발생하여 실행 능력(개인이 계획하고 일의 순서를 정하고 목표지향적인 행동을 수행하는 능력)의 역기능으로 자기방임 발생 • 신체적인 문제나 감각·기능상의 저하 문제로 자기방임 발생: 예) 거동이 불편하여 집안 내 청소를 못해 집안 환경이 불결, 시각장애로 인해 집안이 더러운지 보지 못함으로 인해 주거환경 불결문제 발생 • 알코올 및 약물남용으로 자기방임 발생 • 성격문제(성격장애)로 인해 자기방임 발생(이미진 외, 2018)

심리 사회 모델	• 사회심리 이론: 자기방임을 건강문제가 아닌 사회문제로 바라보며 그 자체를 문제로 인식하지 않기도 함. 개인의 자기결정권, 선택, 생활양식의 문제로 설명함. 특히 사회적 관계망 붕괴나 상실로 노인이 바람직한 사회적 역할(자기관리, 주거환경 청결 유지)에 대한 피드백을 받지 못함. 부정적 이미지 심화의 결과로 자기방임 설명(이미진 외, 2018) • 사회구성 이론: 역사적, 문화적, 사회적인 담론의 생산물로 유동적이고 변화하는 특성으로 자기방임을 설명(자기방임 원인을 설명하기보다는 사회적으로 자기방임이 무엇으로 보는지 이해) • 개인구성 이론: 자기방임을 하는 개인이 건강 및 위생에 대한 사회적 합의를 받아들이지 않으며, 자신의 생활방식이 자기방임에 해당된다고 인식하지 않음 • 상호작용 이론: 의료 및 사회복지전문가가 편의적으로 부여한 낙인으로 자기방임을 설명 • 구조기능 이론: 개인이 사회적 기준에 부합하거나 의무를 다하지 못하는 것으로 자기방임을 설명 • 귀인 이론: 문화 및 사회 계층과 같이 광범위한 맥락으로 접근하지 못하고 설득력 있는 증거가 부족함에도 개인병리학(성격장애)으로 자기방임을 설명(Lauder et al., 2002)
생리 심리 사회 모델 (통합 모델)	• 신체건강, 정신건강, 개인적인 위험요인, 사회적 관계망을 포함하는 신체, 심리, 사회적 요인으로 자기방임 설명 • 물리적 생활조건, 경제적인 쟁점, 개인적인 생활환경을 포함하는 환경적 요인(노인의 대인관계 불신, 도움을 제공할 사람의 부재)에 의해 발생하는 것으로 설명(이미진 외, 2018) • 복합 질환, 신체활동 능력 감소, 인지기능 저하, 우울 증상, 빈곤, 사회적 지지 및 네트워크 부족 등으로 인해서 자기방임 발생(Dyer et al., 2007)

4. 자기방임 위험요인과 자기방임 결과

1) 위험요인

자기방임 연구와 실천 및 제도에서는 자기방임의 '원인'보다는 '위험요인(risk factors)' 또는 '예측요인'이 보편적으로 활용된다. '원인'이라고 하기 위해서는 실험설계 연구를 통해서 원인과 결과 관계로 밝혀진 경우에 사용한다. 하지만 노인을 대상으로 자기방임의 인과과정을 실험조사설계를 적용하여 과학적으로 규명하는 것은 윤리적 문제로 연구가 불가능하다(예: Abrams et al., 2002; Dong & Simon, 2013). 자기방임과 인구사회학적 및 사회환경적 변수들 간의 상관관계 연구나 노인보호기관에 접수되어 자기방임으로 판정된 노인의 사정 결과를 토대로 자기방임을 경험하는 노인의 특성을 위험요인으로 본다. 노인의 자기방임으로 자신의 삶이 악화되는 위험요인을 찾아서 노인복지정책수립 및 실천 방안을 개발하는 근거로 활용한다(이민홍, 박미은, 2014).

먼저, 호주 및 유럽에서는 자기방임이 정신적 문제에서 기인한다고 보았다. 위험요인으로는 고령(만 75세 이상), 정신건강 문제, 인지기능 저하, 치매, 전두엽 기능장애, 우울, 만성질환, 영양 결핍, 알코올 및 약물남용, 기능적 및 사회적 의존, 사회적 고립, 섬망 등이 밝혀졌다(Day & Leahy-Warren, 2008). 노년기에 발생하는 일상생활기능 저하, 인지기능 저하, 노쇠, 정신질환 등이 자기방임의 발생을 높이는 위험요인이라고 설명하고 있다. 또한 Levine(2003)은 미국에서 발생하는 노년기의 학대와 자기방임에 관해 사회인구학적 특성 변화와 자기방임과 학대의 정의 · 위험요인 · 징후 · 진단(탐색) · 개입 등의 구체적 사례들을 통해 기술하였다. 노년기에 발생하는 자기방임의 위험요인으로는 혼자 거주하는 것, 치매, 우울, 사별, 고립, 빈곤, 신체적 및 도구적 일상생활능력 기능 손상, 알코올 남용, 정신질환 등을 제시하였다(이민홍, 박미은, 2014: 128 재인용).

특히 Pavlou와 Lachs(2006)는 1966년부터 2004년까지 발표된 54편의 노인 자기방임 연구를 분석하였다. 연구결과, 복합질환, 감각기능 저하(시각, 청각), 우울, 치매, 섬망, 건강정보 이해력 저하, 사회적 고립, 사회복지서비스 부족, 일상생활능력 기능 저하 등을 위험요인으로 제시하였다. 이 중에서도 자기방임과 가장 높은 상관관계를 보인 요인은 인지기능 저하와 우울 증상이었다. Dong(2017)은 노인 자기방임 연구와 실천에 대한 검토를 통해서 낮은 사회경제적 지위(경제적 및 교육 수준), 인지기능 저하, 신체기능 장애, 심리적 우울, 가족지지 부족, 협소한 사회적 네트워크, 사회참여 부족 등이 선행연구로 확인된 자기방임의 위험요인이라고 제시했다. 하지만 사회경제적 수준과 관련해서는 낮은 사회경제적 수준이 높은 자기방임과 관련되기도 하고, 반대로 높은 사회경제적 수준이 높은 자기방임을 가져오는 혼합된 연구 결과를 보였다(Dong, 2017).

국내의 노인 자기방임에 대한 실증적 접근은 2010년 이후에 주로 수행되었다. 대표적으로 이민홍과 박미은(2014)은 노인의 낮은 경제수준, 만성질환 수, 우울증상이 통계적으로 유의하게 높은 자기방임과 관계 있는 것으로 조사되었다. 남석인 등(2016)은 높은 우울이 자기방임을 높이는 요인이었으며, 사회적 지지(가족, 이웃, 친구 등의 정서적 지지)가 자기방임의 완충 요인으로 작용하는 것을 실증적으로 확인하였다. 또한 장수지와 김수영(2017)은 낮은 건강 수준, 낮은 경제적 지위, 사회관계망 부족이 자기방임을 높이는 위험요인이라고 제시했다.

이와 같이 노인의 자기방임에 대한 경험적 연구를 통해서 자기방임의 위험을 노인의 인

구사회학적 요인(고연령, 낮은 교육 및 경제 수준), 생리적(복합질환, 신체기능 저하) 요인, 심리
적(인지기능 저하, 우울 증상) 요인, 사회적(협소한 사회적 네트워크, 공식적 및 비공식적 사회적 지
지 부족, 사회참여 부족) 요인 등으로 구분할 수 있다. 구체적으로 노인의 고연령, 우울, 치매,
인지기능 저하, 정신건강 문제, 만성질환, 영양 결핍, 알코올 및 약물남용, 일상활동·사회
적 지지·이동 지원 필요, 고립, 독거, 정신적 착란, 빈곤 등이 있다(MacLeod & Douthit, 2015;
Lauder & Roxburgh, 2012; Day & Leahy-Warren, 2008; Dyer & Goins, 2000).

2) 자기방임 결과

노인의 자기방임은 신체적 및 정신적 건강 저하, 사망률 증가, 의료서비스 이용 증가와 같
은 부정적 결과(consequence)로 이어진다. 자기방임을 하면 인지기능과 신체기능이 손상되
는 것으로 선행연구를 통해서 보고되고 있다(Dong et al., 2010). 자기방임을 하는 노인은 영
양 결핍 경험과 의료적 조치를 따르지 않는 경향이 높았다(Turner et al., 2012). 미국에서 실
시된 2,812명의 지역사회거주 노인에 대한 조사에 따르면, 자기방임은 모든 질병으로 인한
사망률의 위험을 높이는 요인이었다(Lachs et al., 1998).

미국 시카고에 거주하는 5,519명의 노인집단 연구(Chicago Health and Aging Project: CHAP)
에서는 자기방임이 1년 내 사망(1-year mortality) 위험 증가와 유의한 관계가 있었다(Dong et
al., 2009). 구체적으로, 자기방임이 심혈관, 폐, 정신질환, 내분비 또는 대사, 신생물(암) 관련
사망의 위험을 증가시키는 것으로 나타났다(Dong et al., 2009). 결과적으로 자기방임이 노인
의 건강을 나빠지게 하여 의료서비스나 돌봄서비스를 이용하게 하였다. 최근 들어, 자기방
임 노인의 요양원 및 요양병원 입소, 응급실 입원, 병원 입원과 재입원, 호스피스 이용, 장기
간 요양원 보호 등의 비율이 더 높았다(Dong & Simon, 2013; Dong, 2017).

5. 자기방임 개입

1) 자기방임 개입 윤리적 이슈

자기방임 노인에 대한 개입은 자기결정권 및 자치권(자율성)과 존엄성을 보호하고 증진해
야 하는 의무 사이에 윤리적 충돌이 발생한다(Day et al., 2017). 인간은 누구나 자신과 관련

된 의사결정을 할 수 있는 자기결정권을 기본적 권리로 보유한다. 특히 다른 사람의 자기결정권을 존중하는 것을 자치권(자율권)이라고 한다. 인간은 자신의 존엄성을 증진하고 보호받을 권리를 가지며, 국가는 이를 보장해야 하는 의무가 있다. 즉, 노인이 의도적 자기방임을 하는 경우 이를 자기결정권으로 존중해야 한다. 하지만 자기방임으로 인간의 존엄성이 침해받을 수 있으므로 존엄성을 보호하기 위해 개입해야 하는 의무가 동시에 발생한다.

그러나 인간의 자기결정권 및 자치권에 대한 인정은 전제조건으로 의사결정능력 (Decision-Making Capacity)이 있어야 가능하다. 예를 들어, 판사가 특정 개인의 의사결정능력이 부족하다고 판정했을 때에는 일상생활 및 의학적 치료 등에 대해서 대리인이나 보호자를 통해 결정하게 한다. 마찬가지로 자기방임 노인이 의사결정능력이 미흡하거나 저하된 경우에는 인간의 존엄성을 보호하기 위해서 전문가적 개입이 있어야 한다. 의사결정능력은 현재 상황, 문제, 위험, 이점을 포함해서 제안된 조치를 이해하거나 평가하는 개인의 능력이다. 이러한 자신의 이해를 다른 사람에게 전달할 수 있어야 한다(Dong & Gorbien, 2005). 의사결정능력은 상황을 이해하는 능력(ability to understand), 자신에 적용해서 평가하는 능력(ability to appreciate), 논리적이고 합리적인 의사결정을 할 수 있는 추론능력(ability to reason), 그리고 자신의 선택을 표현할 수 있는 능력(ability to express)을 갖추고 있음을 의미한다(이민홍, 2009a; Grisso & Appelbaum, 1998).

의사결정능력이 있는 노인의 자기방임이 의심되는 경우, 사정(assessment)이나 진단 (diagnosis)을 받지 않거나 받아도 개입이나 치료를 거부할 수 있다. 하지만 이해능력, 평가능력, 추론능력, 선택표현능력과 같이 의사결정능력이 감소되어 자기방임을 하게 되면 위험한 상황에 처할 수 있다(Dong, 2017). 예를 들어, 치매와 같은 질병으로 인해서 의사결정능력이 저하되어 자기방임을 하는 노인은 의료전문가나 사회복지사에 의해서 개입되어야 한다. 또한 완전한 의사결정능력이 있는 노인이 자기방임을 하는 사례 역시 자기결정권과 존엄권 사이에 윤리적 충돌이 발생하더라도 반드시 개입해야 할 때가 있다. 노인의 자기방임이 생명을 위협하거나 인간으로서 존엄성이 전혀 보호받지 못한다면 윤리적 이슈에도 불구하고 자기방임하는 노인을 보호해야 한다. 의사결정능력에 관해서는 제9장(노인 의사결정능력과 성년후견제도)에서 상세하게 다루었다.

2) 자기방임 개입 장애요인

자기방임이 의심되는 경우가 발생해도 사회복지 및 의료기관을 통해서 개입하는 데 장애

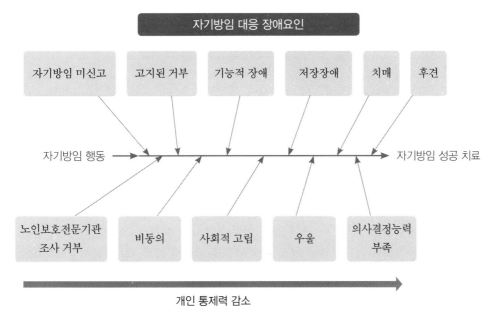

[그림 6-1] 자기방임 개입 장애요인

출처: Selfneglect.org (2022).

요인이 있다. 대표적인 개입 장벽으로는 노인의 자치권(자기결정권)으로 의사결정능력이 있는 노인이 사회복지실천이나 의료치료 행위를 거부할 경우에는 강요할 수가 없다. 또한 통제할 수 없는 신체적 및 정신적 상태로 인해서 성공적인 개입이나 치료가 불가능하기도 하다. 구체적인 장애요인으로는 자기방임 노인의 미신고, 고지된 서비스 비동의, 일상생활능력 저하, 저장장애, 치매, 후견인, 노인보호전문기관 개입 거절, 전문가 안내 비준수, 사회적 고립, 우울, 의사결정능력 부족 등이 있다(Selfneglect.org, 2022).

또한 영국의 사회적 케어연구소(Social Care Institute for Excellence: SCIE)는 자기방임 노인에게 좋은 실천이 제공되기 어려운 장애요인에 대해 다음과 같이 제시하였다(SCIE, 2018). 자기방임을 하는 노인이 지원을 거부하거나 문제를 인정하지 않음, 자기방임 상태와 자기방임으로 고위험 상황이지만 개입할 수 있는 서비스가 제한적임, 다학제적 전문가 집단이 개입해야 하지만 실제로 작동하지 못하는 점, 자기방임 노인에 대한 보호 책임자가 불명확한 점, 장기간 신뢰 관계를 형성해서 지원할 수 있는 서비스 및 자원 부재, 자기방임 노인이 항상 돌봄과 지원이 필요한 것은 아니므로 보호 대응이 적절하지 않을 수 있음, 의사결정능력을 판정하기 어려움, 판정할 수 있는 위원회 개최 여부, 개인정보의 공유를 거부할 때 의뢰 불가, 자기방임 관련 법률적 근거에 대한 전문가의 이해 부족 등이 있다.

3) 자기방임 개입 및 정책

노인 자기방임에 대한 개입은 다학제적 접근을 통해서 가능하다. 자기방임의 증상이 불결한 개인위생, 영양 결핍, 생활상태(주거 문제, 저장), 건강 문제, 사회적 고립, 정신건강 등 다양하여 한 가지 전문영역의 접근으로는 한계가 크다. 자기방임을 설명하는 이론으로 생리심리사회모델이 가장 자주 활용되는 것과 같이 다학제적 접근이 필요하다. 자기방임 진단과 자기방임 문제를 해결하기 위해서 동물 관리, 의학, 청소, 간호, 심리, 영양, 법률, 해충 방역, 사회사업 등의 전문가 집단이 참여해야 한다(Snowdon & Halliday, 2009).

하지만 자기방임에 개입하기 위해서 노인보호전문기관(APS)의 사회복지사가 가장 먼저 자기방임 사례에 대한 진단을 통해 다학제간 팀을 구성해야 한다. 집에 불필요한 쓰레기를 모아 두고 생활하여 벌레나 해충이 있는 노인에 대한 사례가 노인보호전문기관을 통해서 접수(의뢰)되는 경우가 많다. 사회복지사는 노인의 집을 다시 안전한 공간으로 만들기 위해서 전기 · 가스 · 수도 검사관, 청소직원, 해충 방제사 등과 함께 문제에 대해 개입하게 된다. 자기방임을 하는 노인과 사회복지사 간에 발생하는 충돌을 해결하기 위해 사례에 따라 경찰

01 신고
1577-1389 또는
노인학대 신고앱을 통해 신고
(24시간 상담)

02 접수
학대피해노인의
이름, 주소, 연락처,
학대상황 등 파악

03 현장조사
학대피해노인 및
학대행위자를 만나 구체적인
상황과 정보 수집

04 학대사례판정
노인학대 여부 판정 및
서비스 계획 수립

05 서비스제공
개입계획에 따라 상담, 법률,
의료서비스 연계 및 쉼터입소 등의
보호서비스 제공

06 평가 및 종결
학대피해노인 안전
확인 후 종결

07 사후관리
종결 이후 지속적 안전
확인을 통해 노인학대
재발 방지

[그림 6-2] 자기방임 사례 개입절차(노인보호전문기관)
출처: 중앙노인보호전문기관(2024) 수정.

을 동행하기도 한다. 자기방임이 개인의 의사결정능력 저하와 관련된 경우에는 성년후견인을 통해서 의사결정이 될 수 있도록 법적 도움이 필요하다. 또한 결식할 경우는 식사 배달 서비스, 운전하거나 대중교통을 이용하지 못할 경우에는 이동 교통 서비스를 제공해야 한다 (Selfneglect.org, 2022).

우리나라의 노인학대 및 방임에 대한 개입의 법적 근거는 「노인복지법」에 규정되어 있다. 「노인복지법」 제1조의2(정의) 제4항에서 '노인학대'를 노인에 대하여 신체적·정신적·정서적·성적 폭력 및 경제적 착취 또는 가혹행위를 하거나 유기 또는 방임을 하는 것으로 정의하고 있다. 제39조의5(노인보호전문기관의 설치 등)의 법적 근거를 통해서 노인학대 및 방임에 개입하고 있다. 하지만 「노인복지법」에서 자기방임을 정의하거나 자기방임에 대한 개입을 법적으로 명확하게 규정하고 있지는 못하다.

이에 반해 미국은 연방정부의 「노인사회안전법(Elder Justice Act)」을 통해서 자기방임을 정의하고 있다. 각 주정부에서는 자기방임에 개입할 수 있는 자체 법률을 제정하고 있다 (Quinn, 2011). 영국에서도 「The Care Act」(2014)를 통해 노인보호의 범위 안에 자기방임을 포함하고 있다. 특히 「정신건강법(Mental Health Act)」을 통해 의사결정능력이 부족한 성인의 경우, 성년후견인을 통해서 보호받을 수 있도록 하고 있다(SCIE, 2018).

제 3 부

비공식적 돌봄

가족구성원이 배우자나 부모가 일상생활을 혼자 하기 어려워하는 상황을 인지하면서 비공식적 돌봄이 시작된다. 돌봄징후 인지는 배우자나 부모님이 혼자 외출하기 어려워하거나 건강 상태 저하로 돌봄이 필요하다는 신호를 감지한 것이다. 가족구성원이 자신이 살아왔던 삶의 방식과 달리 돌봄자로 책임을 느끼고 일상생활을 지원하게 된다. 노인의 의존도가 높아지기 때문에 돌봄욕구 증가와 다시 회복하기 어려운 생애말기를 거쳐 사별을 경험하게 된다.

노인의 인지손상, 문제행동, 일상생활능력(ADLs, IADLs), 만성질환, 질병은 가족돌봄자에게 부담감, 역할 구속감, 친교 활동 상실 등의 스트레스를 준다. 이 스트레스는 심리적 고통, 신체적 건강 악화, 사회활동 제한 및 가족 갈등, 재정 및 경제활동 부담, 노인학대와 같은 부정적 결과를 가져오기도 한다. 반면, 가족돌봄의 긍정적 결과로 가족돌봄자 자신이 내면의 강점, 성취의 새로운 영역, 개인적 성장, 삶의 목적, 새롭고 더 깊은 영성 감각 발견 등을 경험하기도 한다.

가족돌봄부담 경감지원 방안으로 사회적 지지, 대처전략, 돌봄부담 개입이 있다. 사회적 지지는 정서, 도구, 물질, 정보 등의 지원을 비공식 관계망이나 공식적 관계망을 통해 받게 된다. 대처전략은 가족돌봄자가 돌봄 스트레스 상황을 피하거나 그 상황을 변화시키기 위한 인지적 및 행동적 시도를 의미한다. 돌봄부담 개입으로 심리사회적 개입, 명상적 개입, 신체 활동, 인지행동치료, 휴식서비스 및 돌봄 조정, 기술기반개입 등이 있다.

다음으로 가족돌봄제도는 경제 지원, 시간 지원, 서비스 지원으로 구분할 수 있다. 우리나라에서 활용할 수 있는 가족돌봄제도로 노부모 부양 소득공제, 의료비 본인부담상한제, 노부모 부양자 주택 특별공급, 가족돌봄휴가제, 가족돌봄을 위한 근로시간 단축, 치매가족휴가지원서비스, 치매안심센터 가족지원사업 등이 있다. 한국에는 제도화되지 않았지만 앞으로 필요한 돌봄자 수당(carer's allowance), 돌봄자 크레딧, 영케어러 지원 등을 다루고자 한다. 끝으로 노인의 의사결정능력과 성년후견제도를 다룬다. 자기결정권 행사는 의사결정능력을 전제로 한다. 의사결정능력이 부족하거나 결여될 때는 성년후견제도를 통해 의사결정을 지원하게 된다.

가족돌봄 이해

비공식 돌봄의 가장 대표적이고 보편적인 돌봄이 가족돌봄이다. 가족돌봄을 이해하기 위해서 가족돌봄 궤적, 노인돌봄 필요 판단, 가족돌봄 결과, 돌봄부담 경감 지원방안을 다룬다. 가족돌봄 궤적은 돌봄 필요 인지, 돌봄자 역할 수행, 돌봄 필요 확장, 생애말기, 사별 등의 단계로 구성된다. 노인돌봄 필요 판단은 가족이 배우자나 부모님이 돌봄욕구가 발생한 징후를 인지할 수 있는 건강 차원의 변화이다. 가족돌봄 결과는 돌봄 스트레스 요인, 돌봄의 부정적 및 긍정적 결과에 대한 이론적 및 경험적 연구를 살펴본다. 마지막으로 가족돌봄자의 돌봄부담을 경감하기 위한 실천전략에 대해서 기술하였다.

1. 가족돌봄 궤적

1) 가족돌봄 단계

배우자 또는 부모의 노화, 질병, 인지기능 저하(치매) 등으로 인해서 돌봄 이야기가 시작된다. 노인돌봄이 시작되면 돌이킬 수 없으며 돌봄 사항과 필요도가 점점 달라진다. 특히 Aneshensel 등(1995)이 지적했듯이 치매는 물론 대부분의 만성질환은 서서히 눈으로 감지할 수 없도록 시작된다. 결과적으로 노인에게 무엇인가 발생했다는 것을 인지하거나 인정하게 되었을 때는 이미 질병이나 변화가 발생하여 일정 시간이 지나서이다. 돌봄이 필요한 가족과 동거하거나 동거하지 않는 경우에 따라서도 돌봄이 필요한 시점을 인지하는 데 차이가 발생한다.

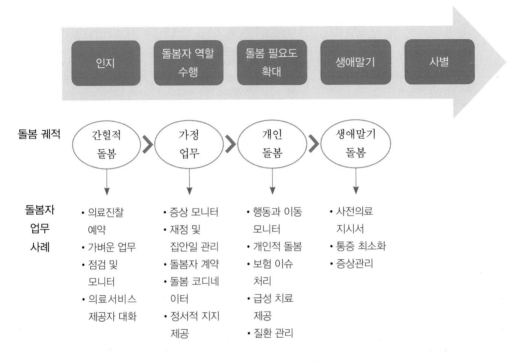

[그림 7-1] 치매 가족돌봄 궤적

출처: Schulz & Eden (2016), p. 77.

　가족이 경험하는 돌봄 역할은 시간에 따라 매우 다양하지만, 종단적으로 조망하면 대표적 단계로 유형화할 수 있다. 하지만 이러한 단계는 노인의 건강상태와 가족 상황에 따라서 노인이 사망하거나 요양시설(요양원, 요양병원)에 입소하는 것이 빠르게 진행되어서 돌봄 역할이 종료되기도 한다. 예를 들어, 치매노인돌봄 궤적은 돌봄 필요 인지, 돌봄자 역할 수행, 돌봄 필요도 확대, 생애말기, 사별 등의 단계로 구성된다(Gitlin & Wolff, 2011; Schulz & Tompkins, 2010). 돌봄 필요 인지 단계에서는 간헐적으로 돌봄을 제공, 돌봄자 역할 수행에서는 집안일 처리, 돌봄 필요도 확대에서는 전반적 일상생활 돌봄 제공, 생애말기에서는 사전돌봄계획, 통증관리, 그리고 사별로 이어지게 된다. [그림 7-1]은 돌봄 궤적과 돌봄자 업무 사례를 시각적으로 제시한 것이다.

　노인의 뇌졸중으로 인해 돌봄을 시작한 경우는 초기에 강도 높은 돌봄이 필요하다. 노인의 뇌졸중 증상이 회복함에 따라서 돌봄 필요도가 낮아지게 된다. 간헐적으로 급성 질환이 발생하기도 하지만 뇌졸중을 일부 회복하게 되면 노인이 안정된 상태로 장기간 낮은 수준에서 돌봄을 제공한다. 반대로 뇌졸중과 다른 질병의 합병증이나 새로운 질환이 발생하여 돌봄 궤적이 달라질 수 있다. 돌봄 궤적 전환으로 병원 입원, 전문재활시설, 응급실 방문, 재입원 등이 이어지기도 한다(McLennon et al., 2014). 배우자나 부모가 암으로 인해서 돌봄이 시작되는 경우에도 돌봄 궤적 단계를 선형적으로 따르기보다는 비선형적인 경향을 보인다. 암의 종류나 진행 정도에 따라서 돌봄 전환이 빠르게 발생할 수도 있고, 바로 입원이나 생애말기돌봄 단계로 가게 된다. 즉, 돌봄 궤적의 단계를 유형화했지만, 돌봄 궤적 단계가 선형적으로 발생하지는 않는다. 가족돌봄은 노인의 질병이나 노쇠의 변화와 가족돌봄 특성에 따라서 매우 다양하게 나타난다(Gitlin & Schulz, 2012; Schulz & Tompkins, 2010).

가족돌봄 궤적(caregiving trajectory)은 7단계로 유형화해서 요약할 수 있다. 1단계는 가족돌봄자 역할 수행으로 가족이나 가까운 지인이 이전에 도움 없이 수행했던 일상적인 활동을 돕기 위해 작업을 수행하는 의존 상황이 나타난다. 2단계는 가족돌봄자로 자기 자신을 정의하는 것으로 개인이 자신을 돌봄자로 여기고 이 활동을 자신의 사회적 또는 개인적 정체성에 통합한다. 3단계는 일상생활 지원으로 가족돌봄자는 목욕, 옷 입기, 화장실 이용과 같은 개인적 사항에 대한 돌봄을 제공하기 시작할 때이다. 4단계는 도움 요청 및 공식적인 서비스 사용으로 노인이 돌봄욕구가 증가하여 공식 지원 서비스를 적극적으로 찾는다. 5단계는 노인을 요양원에서 보호할 수 있도록 시설 입소를 진지하게 고려한다. 6단계는 노인이 요양원이나 요양병원에 입소한 상태이다. 7단계는 노인 또는 가족돌봄자의 사망, 노인 회복 등의 사유로 돌봄자 역할이 종료된다. 중도에 가족돌봄자 역할을 포기할 수도 있고, 노인이 사망하는 경우도 있다. 노인의 돌봄 연구가 증가해서 단계별로 진행되지 않을 수도 있다(St. Andrew's Senior Solutions, 2023).

2) 돌봄징후 인지

돌봄징후 인지는 배우자나 부모님이 사회적 활동 어려움 발생, 건강 상태 저하, 행동 변화로 돌봄이 필요하다는 신호를 감지하기 시작하는 단계이다. 돌봄이 필요한 단계이지만 노인은 다른 가족에게 부담을 주는 것에 대한 걱정이나 두려움으로 인해서 돌봄 필요성을 경시하는 경향을 보인다(Cahill et al., 2009). 기능장애에 대한 인식은 서서히 진행되는 인지 저하의 치매환자로 점진적으로 나타날 수 있다. 또는 뇌졸중이나 외상성 뇌 손상이 발생한 노인처럼 갑작스럽게 다가올 수도 있다.

치매, 만성질환, 노쇠에 의한 기능 저하 등을 경험하는 노인에 대해 가족구성원이 돌봄을 제공해야 하는 역할에 대해 인지한다. 동시에 특수한 욕구를 지닌 노인에 대해 어떻게 대응해야 할지 어려운 상황에 직면하게 된다. 가족은 노인이 욕구를 충족하는 데 얼마나 오랜 시간이 필요하고, 더 복잡해질 수 있는 욕구에 어떻게 대응해야 할지 난관에 빠진다. 얼마나 많은 가족 참여가 노인돌봄욕구를 위해 필요한지 그리고 가족 간 또는 사회적 돌봄 체계 내에서 돌봄 역할을 어떻게 구성해야 하는지에 대한 의사결정을 해야 한다. 시간이 지남에 따라서 가족돌봄자에게 발생하게 되는 부정적 결과, 비용, 긍정적 이점 등이 무엇인지 드러난다. 특히 노인의 돌봄욕구를 충족하기 위해서 유료 돌봄서비스를 이용할 경우에 비용은 어느 정도이며, 누가 이 비용을 감당하는지로 가족 갈등을 경험할 수 있다. 또한 문화적 규범이나 기대와 가족이 돌봄을 제공하거나 공식적 돌봄 활용과 관련한 의견이 일치하지 않을 수도 있다.

노인에 대한 돌봄징후가 인지되면 일반적으로 1명 또는 1명 이상의 가족구성원이 주요 가족돌봄자로 노인의 돌봄욕구에 대응하기 시작한다. 가족 중에서 주돌봄자가 되는 가족구성원은 노인과의 기존 관계, 성 역할, 문화적 규범 및 기대, 지리적 접근성, 기타 여러 요인 등에 의해 결정된다(Cavaye, 2008). 노인이 치매나 일상생활능력 저하로 돌봄이 필요하면 배우자가 주돌봄자가 된다. 배우자도 건강 상태가 좋지 못하면, 자녀나 자녀의 배우자가 돌봄을 제공하기도 한다. 또는 1명 이상의 가족구성원이 돌봄을 위한 다양한 역할이나 책임을 분담한다.

3) 돌봄자 역할 수행

가족구성원이 돌봄자의 역할로 이동하면 역할 혼란을 경험하게 된다. 기존 관계와 달리 새롭게 형성되는 돌봄을 받는 노인과의 관계로 인해서 자신의 역할을 재정립하거나, 노인돌봄으로 인해서 낙인이나 차별을 경험할 수도 있다(Gibbons et al., 2014). 자신이 살아왔던 삶의 양식에서 노인의 돌봄자로 초점이 맞춰지면서 사회적 변화가 일어난다. 특히 노인의 건강이나 질병 상태의 예후가 불확실하므로 자신의 미래에 대해서도 불확실성이나 혼란을 갖게 된다.

노인의 질병 상태나 돌봄욕구에 대응할 수 있는 가족돌봄자의 지식이나 기술 정도에 따라 돌봄 결과가 달라진다. 돌봄책임에 대한 인식과 함께 가족돌봄자는 노인의 건강 저하를 이해하도록 노력해야 한다. 예를 들어, 가족돌봄자의 문화, 교육 수준, 사회경제적 지위에 따라서 치매노인의 이해에 상당한 차이가 있다(Hinton, 2002). 배우자가 치매증상을 가지고 있는데 그 전에 생활했던 동일한 배우자로 대한다면 갈등이나 어려움이 커질 수 있다.

4) 돌봄욕구 증가

앞서 Schulz와 Tompkins(2010)는 지역사회에 거주하며 시간이 지남에 따라 가족돌봄자의 도움에 대한 의존도가 높아지는 전형적인 기능 저하 노인의 돌봄 궤적을 설명하였다. 초기 작업에는 의료 치료 및 약물 모니터링, 집안일 관리, 의료전문가와 의사소통, 돌봄을 받는 노인에게 정서적 지원 제공이 포함된다. 시간이 지남에 따라 돌봄 업무는 노인일상생활 돌봄, 노인을 위한 대리 의사결정자 역할, 전문의료서비스 이용 지원 등으로 확장되는 경향을 보인다. 가족돌봄자가 수행하는 역할은 매우 다양하다. 돌봄 궤적의 중기에서 후기 단계의 공통 요인은 가족돌봄자 역할과 책임의 확장과 복잡성 및 강도 증가이다.

5) 생애말기

생애말기 단계에는 돌봄을 받는 노인이 쇠퇴해서 가족돌봄으로 돌봄욕구에 대응할 수 없어 생활시설 입소나 반복적으로 병원에 입원하는 특성을 보인다. 결국 노인이 사망하게 되면서 사별한다. 많은 가족돌봄자가 생애말기(임종) 돌봄에 참여하게 된다. 하지만 질병 관련 치료, 완화나 지지 치료, 임종 단계 동안 가족돌봄자의 요구와 경험을 명확하게 구분하는 연구는 거의 없다. 임종 단계에서 가족돌봄자에 관한 연구에 따르면 돌봄을 받는 노인의 요구 사항이 매우 시급하게 나타나고 강도가 높다. 즉, 가족돌봄자는 계속해서 높은 수준의 부담과 스트레스를 경험하게 된다(Gibbons et al., 2014).

돌봄 역할은 노인의 돌봄욕구 변화, 돌봄환경 전환, 돌봄에 대한 가족과 사회적 및 지리적 배경 변화 등이 시간이 지남에 따라서 변화되는 양상을 보인다. 가족구조, 규범, 가치 및 관계의 다양성은 돌봄 궤적이 다르게 전개되도록 한다. 돌봄 궤적이 반드시 선형인 것은 아니며 어느 정도의 예측 불가능성이 항상 존재한다. 따라서 가족돌봄자의 욕구는 시간이 지남에 따라 변화할 수밖에 없다(Schulz & Eden, 2016).

2. 노인돌봄 필요 판단

가족이 배우자나 부모님의 돌봄이 필요한 징후를 판단하는 방법은 건강 구성요인 차원으로 접근할 수 있다. 건강은 신체적 건강, 인지적 건강, 정서적 건강, 사회적 건강으로 구분한

다. 즉, 노년기에 있는 가족구성원이 돌봄이 필요한 징후를 신체적 건강 변화, 인지적 건강
변화, 정서적 건강 변화, 사회적 건강 변화 등을 통해서 감지할 수 있다.

1) 신체적 건강 변화 징후

노인의 신체적 건강 변화는 일상생활수행능력(ADL)과 도구적 일상생활능력(IADL)을 통
해서 파악할 수 있다. 일상생활수행능력은 일반적으로 가장 기본적인 자기보호를 위한 신
체기능으로 생존을 위해 필수적이다. 노인이 옷 벗고 입기, 세수하기, 양치질하기, 목욕하
기, 식사하기, 체위 변경하기, 일어나 앉기, 옮겨 앉기, 방 밖으로 나오기, 화장실 사용하기,
대변 조절하기, 소변 조절하기, 머리 감기 등을 수행할 수 있는지 보는 것이다(권중돈, 2022).
이러한 활동을 타인의 도움 없이 혼자서 할 수 있는지, 일부 도움이 필요한지, 도움 없이는
전혀 할 수 없는지로 구분한다. 가족구성원은 노인이 이러한 일상생활 기능을 하는 데 어려
움이 있음을 관찰이나 생활을 통해서 알 수 있다.

다음으로 도구적 일상생활능력은 노인이 사회적 관계를 맺는 데 필요한 기본적 활동을
할 수 있는지이다. 건강보험공단에서 돌봄 필요도를 측정하기 위해 평가하는 도구적 일상
생활능력 항목으로는 집안일 하기, 식사 준비하기, 빨래하기, 금전 관리, 물건 사기, 전화 사
용하기, 교통수단 이용하기, 근거리 외출하기, 몸 단장하기, 약 챙겨 먹기 등이 있다. 노인이
도움이나 감독 없이 독립적으로 수행할 수 있는지(완전 자립), 감독이나 부분적 도움이 필요
한지, 상당한 도움이 필요한지, 전적으로 도움을 제공해야 하는지 등으로 판단한다. 노인이
가족구성원에게 이러한 활동에 있어서 도움을 요청하거나 가족구성원이 도움이 필요하다
고 인지하게 된다.

2) 인지적 건강 변화 징후

노인은 정상적 노화로 인지 저하가 발생하기도 하지만 비정상적 노화로 인한 치매로 인
지기능이 낮아지기도 한다. 정상적 노화의 인지 저하는 건망증이 대표적이다. 건강한 노인
의 건망증은 생리적인 뇌의 자연적 노화 현상 원인, 말과 글을 이해할 수 있음, 경험 일부 잊
어버림, 잊어버리는 일이 많아져도 기억장애는 나타나지 않음, 잊어버린 사실을 본인이 인
지, 일상생활에 지장이 없음 등이 특징이다. 반면에 치매노인의 기억장애는 뇌 질병이나 손
상이 원인, 점차 말과 글을 이해하지 못함, 경험한 것 전체 잊어버림, 기억장애 점점 심해지

며 판단력 저하, 잊어버린 사실 자체 모름, 일상생활 지장, 돌봄 필요 발생 등을 보인다(권중
돈, 2024).

　미국 알츠하이머 협회는 가족구성원이 노인의 인지적 건강 변화를 감지할 수 있도록 노
인의 치매 증상이나 징후를 보여 주는 10가지 특성을 제시하였다(Alzheimer's Association,
2023).

① 일상생활에 지장 주는 기억력 감퇴: 최근 알게 된 정보를 잊어버림, 중요한 날짜나 행
　사 잊어버림, 같은 질문 반복함, 스스로 처리하던 일을 기억 보조 장치나 가족구성원에
　게 의존성 강화 등을 보인다.
② 계획 및 문제 해결 어려움: 요리하거나 월 청구서(재정, 가계) 지급하는 데 어려움 겪음,
　계획을 세우고 일을 처리하는 데 시간이 훨씬 더 오래 걸리거나 하지 못하는 상황 등이
　발생한다.
③ 익숙한 작업 완료하기 어려움: 일상생활 집안일, 평소 하던 취미생활, 친숙한 장소로 이
　동하기, 식료품 목록 정리하기, 좋아하는 게임 규칙을 잊어버림 등의 증상을 보인다.
④ 시간과 장소 혼란: 계절, 날짜, 시간의 흐름을 잊어버림, 현재 자신이 어디에 있는지 또
　는 어떻게 여기에 왔는지 잊어버릴 수 있다.
⑤ 시각적 이미지와 공간적 개념 이해 어려움: 균형 잡기 어려움, 글을 읽고 이해하기 어
　려움, 거리를 판단하거나 색상 및 대비를 이해하지 못함, 운전 능력 저하 등이 발생
　한다.
⑥ 언어장애: 사람들과 대화하거나 대화에 참여하기 어려움, 대화 도중에 멈추고 대화를
　재개하는 방법을 모르거나 반복함, 어휘에 어려움을 겪거나 친숙한 물건의 이름을 잊
　어버리거나 틀리게 부를 수 있다(예: '시계'를 '손시계'라고 부름).
⑦ 물건 잘못 놓고 되찾을 수 있는 능력 상실: 특이한 장소에 물건을 놓을 수 있음, 물건을
　잃어버리고 다시 찾기 위해서 물건을 둔 곳을 기억하지 못함, 물건을 누군가 훔쳐갔다
　고 비난이나 의심 등의 증상이 나타난다.
⑧ 판단력 저하: 합리적인 의사결정능력과 판단능력이 저하된다. 돈 관리를 잘못하거나
　용모 단장이나 청결(위생)에도 신경을 쓰지 않게 된다.
⑨ 직장생활이나 사회활동 중단: 사회활동, 종교활동, 경제적 활동, 여가활동 등을 하기
　어려워지고 평소에 좋아했는데 멀어지게 된다.
⑩ 기분과 성격 변화: 평소와는 다르게 혼란스러워하거나, 의심하거나, 우울하거나, 두려

워하거나, 불안해하는 증상을 보인다. 가족들에게, 친구들에게, 주변 사람들에게 쉽게 화를 내기도 한다.

3) 정서적 건강 변화 징후

노년기에 들어서면 일반적으로 우울해진다고 하지만 실제로 많은 노인이 건강 저하 및 사회적 관계 축소에도 적응하면서 잘 지낸다. 다만 소수의 노인이 우울장애로 의료적 진단을 받게 되고, 일부 노인들은 우울증상을 보인다(Nordhus et al., 1998). 우울장애 진단을 받았거나 우울증상을 보이는 노인도 돌봄이 필요한 징후에 해당된다. 우울증상은 인지기능이 저하되거나 일상생활에 필요한 활동을 하지 않는 자기방임의 원인이 된다. 증상이 악화하는 상황에는 자살로 이어지기도 한다.

우울증상은 수면(불면증, 과다 수면, 아침 일찍 깸), 흥미(사회활동, 일, 취미활동, 성, 사회생활 등 흥미 상실), 죄책감(죄책감 반추, 자기 비난), 활력(활력 저하, 피로감), 집중력(집중력 감퇴, 복잡한 사고, 느린 사고), 식욕(식욕 감퇴, 체중 감소, 체중 증가), 정신운동(정신운동 저하, 초조성 우울), 자살(반복적 자살 시도, 죽음 사고) 등이 있다(기백석, 1999). 가족구성원은 노인이 이러한 증상을 보일 때는 우울증을 의심해 봐야 한다.

우울장애의 의료적 진단 기준은 ① 하루 중 대부분 그리고 거의 매일 지속되는 우울 기분에 대해 주관적으로 보고(예: 슬픔, 공허함, 절망감)하거나 객관적으로 관찰됨(예: 눈물 흘림), ② 거의 매일, 하루 중 대부분, 거의 또는 모든 일상활동에 대해 흥미나 즐거움이 뚜렷하게 저하됨, ③ 체중 조절을 하고 있지 않은 상태에서 의미 있는 체중의 감소(예: 1개월 동안 5% 이상의 체중 변화)나 체중 증가, 거의 매일 나타나는 식욕 감소나 증가가 있음, ④ 거의 매일 나타나는 불면이나 과다 수면, ⑤ 거의 매일 나타나는 정신운동 초조나 지연(단지 주관적인 좌불안석 혹은 처지는 느낌뿐만 아니라 객관적 관찰이 가능함), ⑥ 거의 매일 나타나는 피로나 활력의 상실, ⑦ 거의 매일 무가치감 또는 과도하거나 부적절한 죄책감(망상적일 수도 있는)을 느낌(단순히 병이 있다는 데 대한 자책이나 죄책감이 아님), ⑧ 거의 매일 나타나는 사고력이나 집중력의 감소, 우유부단함(주관적인 호소나 객관적인 관찰 가능함), ⑨ 반복적인 죽음에 대한 생각(단지 죽음에 대한 두려움이 아님), 구체적인 계획이 반복되는 자살 사고, 또는 자살 시도나 자살 수행에 대한 구체적인 계획 등의 증상 가운데 5가지 이상이 2주 연속으로 나타나는 경우이다(APA, 2015). 이는 개인의 노력이나 의지로 개선될 수 없으므로 배우자나 부모가 이러한 증상을 보일 때 의료적 치료를 받을 수 있도록 해야 한다.

또한 노년기에 특징적인 우울증상은 슬픔의 표현이 적음, 신체화 증상, 신체 질환에 대한 지나친 호소, 최근 발생한 신경증적 증상, 자해적 증상, 가성치매, 치매에 동반한 우울증, 품행 장애, 비정상적인 성격 성향의 강화, 뒤늦게 발생한 알코올 의존 등이 있다(기백석, 1999). 특히 우울증이 가져오는 인지기능 저하로 발생하는 가성치매는 갑자기 발생, 증상이 단기간 지속, 우울한 감정이 일관되게 나타남, 모르겠다고 응답함, 자신의 무능력을 강조함, 인지기능 손상 수준이 변화함 등의 특성을 보인다(권중돈, 2024).

4) 사회적 건강 변화 징후

사회적 건강은 사람들과의 상호작용을 통해서 관계를 형성하는 모든 활동으로 사회적 관계를 의미한다. 사회적 관계가 형성되는 활동으로는 가족, 친구, 이웃, 지역사회 주민, 직장 동료 등과 함께하는 친목활동, 취미활동, 스포츠 활동, 문화활동, 각종 모임, 종교활동, 경제활동, 정치활동 등이 있다. 사회적 관계의 축소나 단절 및 고립은 노인의 사회적 건강 저하를 보여 주는 증상이다. 사회적 관계를 맺음으로써 노인은 삶의 질이 향상되고, 우울증상이 감소되고, 신체기능 저하를 줄이고, 자아존중감과 자아효능감이 향상되고, 장애율 및 사망률이 감소하는 것으로 국내외 학술연구를 통해서 경험적으로 검증되고 있다(최혜지 외, 2020).

특히 핵가족화(노인 1인 가구 또는 노인 부부 가구 증가), 혼인율 감소, 비혼율 증가, 지방에서 청년 유출, 지역 과소화, 생활 편리성 향상(상호작용 없이 서비스 및 물품 구매), 가족유대감 감소 등 사회경제적 변화로 인해서 노년기의 사회적 고립 위험이 커지고 있다(김춘남 외, 2018). 최근 들어서는 사회적 고립으로 홀로 죽음을 맞이하고 일정 시간 후에 발견되는 고립사(고독사)가 사회적으로 이슈화되고 있다.

노인의 사회적 관계망은 한 달에 적어도 한 번 이상 만나거나 연락하는 친구(가족) 수, 도움을 청할 만큼 가깝게 여기는 친척(가족) 수, 편하게 사적인 얘기를 나눌 수 있는 친척(가족) 수 등을 통해서 확인할 수 있다. 특히 사회적 관계망을 형성하는 사람의 수가 2인 미만일 때는 사회적으로 고립되었다고 본다(Lubben et al., 2006). 통계청에서 사회지표로 조사하는 사회적 고립 항목은 갑자기 많은 돈을 빌릴 일이 생길 경우, 몸이 아파 집안일을 부탁할 경우, 낙심하거나 우울해서 이야기 상대가 필요한 경우 도움받을 사람이 없는 사람들의 비율로 접근한다. 또한 여가문화 활동, 사회단체 활동(동호회, 친목단체, 정치단체), 평생교육, 자원봉사 등을 하지 않는 것도 사회적 관계망이 줄어서 사회적 건강이 저하됨을 보여 주는 것이다. 따라서 가족구성원은 노년기의 배우자나 부모님이 사회적 관계가 줄어드는 것을 통해서 사회적 관계를 유지하는 돌봄 지원이 필요한 징후임을 알아야 한다.

3. 가족돌봄 결과

가족돌봄은 배우자나 부모가 돌봄이 필요한 징후가 발생되면서부터 시작한다. 처음에는 집에서 가족돌봄과 함께 방문돌봄서비스를 받거나 필요한 경우에 주간보호센터를 통해서 돌봄서비스를 이용한다. 가족돌봄과 재가돌봄서비스로 노인에게 필요한 돌봄욕구를 충족하지 못하거나 가족이 동거할 수 없을 때 노인요양시설이나 요양병원으로 입소하여 보호받게 된다. 최후에 노인이 사망하면 가족은 사별과 자신의 역할을 재조정한다. 가족은 돌봄자 역할로 이동하게 되고, 주돌봄자 역할을 수행하기도 하며, 공식적 돌봄과 함께 보조적 돌봄 역할을 하기도 한다. [그림 7-2]는 돌봄과정을 시각적으로 도식화한 것이다.

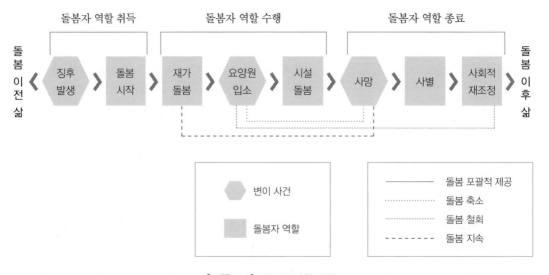

[그림 7-2] 돌봄자 역할 진행

출처: Aneshensel et al. (1995), p. 24.

1) 가족돌봄 실태

일상생활능력이나 도구적 일상생활능력에서 도움이 필요한 노인은 전체 노인 중 10~15% 정도이다. 돌봄이 필요한 노인 중에서 실제로 가족이나 서비스를 통해 돌봄을 받는 비율은

표 7-1 | 돌봄 제공자 관계 비율

특성	도움 받지 않음	배우자	장남	장남 배우자	차남 이하	차남 이하 배우자	딸	딸 배우자
청소, 빨래, 시장 보기	11.7%	29.3%	6.7%	10.1%	2.5%	0.8%	18.4%	0.0%
외출 동행	20.6%	21.4%	11.6%	6.7%	4.2%	0.4%	14.3%	0.5%
식사 준비	15.5%	27.6%	4.9%	10.7%	2.1%	0.9%	16.9%	0.0%
세안, 목욕 등 신체기능 유지	41.4%	13.8%	4.6%	5.9%	0.8%	0.3%	15.2%	0.1%

출처: 강은나 외(2023).

47.2%이다. 52.8%는 돌봄이 필요하지만, 전혀 돌봄을 받지 못하는 것으로 조사되었다. 돌봄 제공자(중복 응답)는 동거가족이 49.6%, 비동거 가족이 46.5%, 장기요양보험서비스가 30.7%, 친척·친구·이웃·지인이 20.0%, 개인간병인·가사도우미가 11.0%, 노인맞춤돌봄서비스가 4.7%, 그 외 공적 돌봄서비스가 4.5%이었다(강은나 외, 2023).

비공식적 돌봄을 제공하는 사람의 노인과 관계는 배우자, 장남, 장남 배우자, 차남, 차남 배우자, 딸, 딸 배우자, 친인척, 비혈연 동거인, 이웃 친구 등이 있다. 이 중 가족에 한정해서 살펴보면, 청소·빨래·시장 보기 등 가사 활동에 도움을 주는 가족은 배우자 29.3%, 딸 18.4%, 장남 배우자 10.1%, 장남 6.7%, 차남 이하 2.5%, 차남 이하 배우자 0.8% 등이었다. 외출 동행은 배우자 21.4%, 딸 14.3%, 장남 11.6%, 장남 배우자 6.7%, 차남 이하 4.2%, 딸 배우자 0.5%, 차남 이하 배우자 0.4%이었다. 식사 준비는 배우자 27.6%, 딸 16.9%, 장남 배우자 10.7%, 장남 4.9%, 차남 이하 2.1%, 차남 이하 배우자 0.9% 순이었다. 세안, 목욕 등 신체기능 유지는 배우자 13.8%, 딸 15.2%, 장남 배우자 5.9%, 장남 4.6%, 차남 이하 0.8%, 차남 이하 배우자 0.3%이었다(강은나 외, 2023).

2) 돌봄 스트레스 요인

돌봄 스트레스 요인은 Pearlin 등(1990)의 돌봄과 스트레스 과정 연구가 현재까지 가장 빈번하게 설명된다. 돌봄이 시작되면, 돌봄의 일차적 스트레스 요인으로 객관적 스트레스, 주관적 스트레스가 발생하고 다음으로 이차적 스트레스 그리고 부양부담, 역할 포기, 학대와 같은 부정적 결과로 이어진다.

돌봄의 일차적 스트레스는 객관적 요인과 주관적 요인으로 구성된다. 객관적 스트레스 요인은 노인의 인지 손상, 문제행동, 일상생활능력 저하, 만성질환, 질병 등이다. 객관적 스트레스 요인인 노인의 건강 저하로 인해 독립적으로 생활할 수 있는 능력이 낮아지는 것과 관련이 있다. 인지 손상은 기억 상실, 의사소통 어려움, 인식 능력 저하 등으로 나타나며, 주로 치매노인의 증상에 해당한다. 문제행동은 반복 행동, 거부 행동, 공격성, 우울증상 등으로 가족돌봄자가 통제하기 어렵다. 일상생활능력은 노인이 자기 유지와 독립적인 지역사회 생활을 하기 위해 수행할 수 있어야 하는 활동이다(권중돈, 2022). 결과적으로 노인의 일상생활능력이 저하되면 가족이 저하된 기능을 할 수 있도록 돌봄을 제공해야 한다.

가족돌봄자가 경험하게 되는 주관적 스트레스 요인은 역할 부담감, 역할 구속감, 친교 활동 상실이 있다. 역할 부담감은 가족돌봄자가 노인을 돌보는 일과 책임감에 의해서 심리적으로 압도된 상황이다. 가족이 배우자나 부모를 돌보는 역할을 견뎌 내기 너무 힘들어서 생기는 감정이다. 역할 구속감은 돌봄 역할이 비자발적으로 주어짐에 따라 생기는 느낌이다. 개인에게 강제적으로 역할을 주고 그 역할을 하도록 강요받을 때 구속감을 가지게 된다. 돌봄이 책임감에 의해서 제공하는 것이 아니라 의무감으로 주어졌을 때 돌봄 구속감을 느끼게 된다. 돌봄 역할이 어렵거나 스트레스받는다는 것보다는 희망하지 않는 역할이 주어진 상태에서 발생한다. 다음으로 친교 활동 상실은 가족돌봄자가 노인과 가졌던 생애 기억들이 파괴되는 것이다. 치매노인을 돌보는 가족이 경험하게 되는데 현재 돌보는 노인이 과거에 자신이 알았던 사람으로 인식되지 않음을 의미한다. 노인이 보이는 성격이나 행동이 자신이 사랑하고 존경했던 과거의 모습과 차이가 벌어질수록 친교 상실감이 높아진다. 이는 자연스럽게 가족돌봄자와 노인의 관계를 긍정적에서 부정적으로 변화하게 한다. 노인의 인지기능이 저하됨에 따라 가족돌봄자는 노인과 함께 나누었던 애정적 삶에서 점점 멀어지게 된다.

한편, 일차적 스트레스 요인에서 이차적 스트레스 요인으로 이어진다. 이차적 스트레스 요인은 역할 스트레스(trains)와 심리 내적 긴장(strains)으로 구성한다. 이차적 역할 스트레스는 가족 갈등, 일과 충돌, 재정적 부담감이다. 가족 갈등은 가족돌봄자와 돌봄을 받는 노인 간에 발생하기도 하고 그 이외의 가족구성원들 사이에 생기기도 한다. 가족 갈등은 돌봄이 시작되면서 점차 커지는 가족 간의 다툼이나 적개심이 대표적이다. 가족 갈등은 가족돌봄자와 다른 가족구성원 간에 노인을 돌보는 방식이나 내용에 대한 불일치로 발생하게 된다. 일과 충돌은 가족돌봄자가 돌봄 역할과 함께 경제적 활동을 하는 역할 사이에서 발생한다. 돌봄 역할은 상당한 시간적 소요와 신체 정신적 투입이 요구되기 때문에 직장생활에 불리하게 작용할 수 있다. 또한 직장 업무를 하는 동안에는 돌봄을 할 수 없어서 노인의 돌봄욕구를 충족하지 못하는 상항이 벌어진다. 다음으로 재정적 부담감은 노인을 돌보는 과정에서 발생하는 의료비와 함께 외부에서 일할 수 있는 시간이 줄어들어 수입이 감소함에 기인한다. 일반적으로 가구소득이 감소하거나, 돌봄을 위한 의료비나 치료비 지출이 증가하여 발생한다.

이차적 스트레스 요인으로 심리 내적 긴장은 가족돌봄자의 자아개념, 자기효능감, 자아정체감, 자아통제력에 부정적으로 작용한다. 즉, 자아상실, 돌봄 역량 상실, 돌봄 이득 부재, 내적 긴장 고도화 등이다. 자아개념을 형성하는 데 있어서 자신의 배우자나 부모가 중요한 역할을 한다. 하지만 배우자나 부모의 치매 및 신체 건강 저하로 인해서 돌봄이 필요한 상황 또는 그 전과 전혀 다른 성격이나 모습에서 가족돌봄자는 자아상실로 이어질 수 있다. 자아상실은 자기다움을 얼마나 많이 상실하였는가와 과거의 자기모습과 달라지는 것을 의미한다. 돌봄 이득 부재는 가족이 돌봄자로서 새로운 역할을 수행하는 과정에서 생성되는 긍정적 결과가 없는 것이다. 긍정적 돌봄 결과로 가족구성원이 자신을 긍정적으로 인식하거나, 자신이 가치 있게 느끼게 하거나, 기쁨을 주거나, 보람이나 행복감을 느끼는 것이다. 이러한 긍정적 돌봄을 전혀 경험하지 못하는 상황을 의미한다. 내적 긴장 고도화는 돌봄 스트레스로 인해서 점점 내적 긴장이 집중화되고 높아지는 것이다. 결과적으로 자아상실, 돌봄역량 저하, 돌봄 이득 부재 등이 복합적으로 작용해서 가족돌봄자의 내적 긴장을 고도화되게 한다.

3) 돌봄 부정적 결과

가족돌봄으로 발생하는 부담 형태는 다양하게 나타나며 매우 개인적인 특성을 보인다. 가족돌봄자는 자신의 건강, 사회관계, 경제 상태 등 전반적인 삶의 질이 낮아진다. 가족 갈등이 심화되어서 가족 간에 단절되기도 하고 돌봄받는 노인을 방임 또는 학대할 수 있다. 가족구성원의 돌봄으로 인한 부정적 결과로는 우울, 돌봄자 역할 포기, 희망이 없거나 무기력하게 느낌, 개인적 건강 문제 발생, 낮은 자존감, 불면증, 학대, 방임, 부정적 감정, 육체적 피로 등이 보고되고 있다. 특히 가족구성원 중 돌봄책임을 혼자서 떠맡았거나 전혀 돌봄 지식이나 기술이 없는 상태에서 돌봄을 시작하는 경우에 부정적 결과를 경험하기 쉽다. 최근 들어서는 어린 나이에 돌봄자 역할(영케어러)을 하게 되어서 괜찮은 직업을 가질 수 있도록 준비하거나 취업하지 못하는 상황도 발생하고 있다.

(1) 심리적 고통

가족돌봄자 연구를 토대로 나타난 심리적 고통은 낮은 자존감, 화, 분노, 억울함, 불안, 우울 증상, 죄책감, 무력감 등이 있다(권중돈, 2024; Schulz et al., 2020). 돌봄을 통해 힘들어진 가족구성원은 가족이나 다른 사람에게 쉽게 화를 내거나 신경질을 부리기도 하고, 배려하거나 친절하게 대하는 것이 어려워진다. 작은 일에 분노를 표출하기도 하고 자신이 왜 이러한 돌봄자 역할을 해야 하는지에 대해 억울해하기도 한다. 상황에 따라서는 자신이 노인을 잘 돌보지 못하거나 노인의 상황이 개선되지 않음에 죄책감과 무력감을 느끼며, 낮은 자존감 상태로 이어진다.

특히 학술적 연구를 통해서 밝혀진 가족돌봄자가 경험하는 가장 큰 심리적 고통은 불안과 우울이다(Schulz et al., 2020). 유사한 인구사회학적 특성의 성인을 대상으로 조사한 결과 돌봄자 역할을 하는 집단이 그렇지 않은 집단보다 불안과 우울증상이 높게 나타났다. 이는 실천을 위한 과학적 근거로 활용되고 있다. 가족돌봄자는 노인돌봄 방법에 대한 불안, 자기 생활이 변하는 것에 대한 불안, 자신과 노인의 미래에 대한 불안, 안전사고에 대한 불안, 대처할 수 없는 상황이 발생할 것 같은 불안 등을 경험한다(권중돈, 2022). 또한 우울증상으로는 희망이 없다고 느끼거나, 쉽게 기분이 좋아지지 않거나, 흥미가 없어지거나, 피곤하거나, 기운이 없거나, 식욕이 없어지거나, 수면위생이 나빠지는 것 등이 있다.

(2) 신체적 건강 악화

가족이 노인돌봄을 제공하는 결과 발생하는 신체적 건강 악화는 주관적 건강상태평가, 건강상태지표, 건강행동이 낮아지는 것으로 확인한다. 만성질환, 신체적 증상 지수(예: Cornell Medical Index), 사망률, 의료서비스 이용(병원 방문, 입원)을 통해서도 신체적 건강 악화를 측정한다(Schulz & Sherwood, 2008). 하지만 신체적 건강 악화는 연구설계를 통해서 과학적 인과관계를 검증하는 데 있어서 일부 한계(예: 작은 연구표본 수, 부적합한 비교집단 및 통제집단 설정, 종단적 조사 어려움)가 있다. 이로 인해 신체적 건강 악화를 돌봄의 영향으로 한정해서 과도하게 해석하는 것은 주의가 필요하다. 일반적으로 사람의 건강은 사회경제적 지위, 건강 습관, 과거 질병력, 유전적 요인 등의 영향을 받기 때문이다. 그럼에도 가족돌봄으로 인해서 신체적 건강이 악화할 위험이 높아지는 것은 일관된 연구결과이다(Capistrant, 2016).

특히 신체적 건강 악화는 치매노인을 돌보는 가족이 다른 노쇠나 질병으로 인해 돌보는 경우보다 높다. 동맥 심장 질환 위험 점수 증가, 면역력 저하, 대사 능력 저하, 노화 가속화 등이 고강도의 돌봄을 치매노인에게 제공하는 가족에게서 나타난다(Schulz et al., 2020). 우리나라 치매노인 주가족돌봄자도 돌봄을 제공한 후 요통, 심혈관, 고혈압, 관절염, 소화기 기능 저하 등의 신체적 질환을 경험한 것으로 조사되었다(권중돈, 2024). 치매노인을 돌보는 과정에서 발생한 스트레스나 부담이 신체화 증상으로 이어질 수 있고, 신체적 건강을 돌볼 수 있는 시간이 줄어들거나 돌봄이 육체적으로 힘들어서 신체적 건강이 나빠지는 것으로 보인다.

(3) 사회활동 제한 및 가족 갈등

돌봄을 제공하는 가족은 돌봄에 대한 요구와 활용할 수 있는 자원 부족으로 인해서 사회적 활동이 줄어들고 심각한 경우에는 사회적 고립 문제에 직면한다. 친구나 이웃과 즐거운 모임, 행사, 종교활동, 문화활동, 여가활동 등에 참여할 수 있는 시간이 줄어들기도 하고 심지어 소외되기도 한다. 과거와 달리 사회활동 제한으로 우울증상이나 심리적 부담을 경험하게 된다(Mausbach et al., 2011). 특히 치매노인을 돌보는 가족은 개인 시간 부족, 친구 접촉 기회 제한, 가족 동반 행사 참여 제한, 이웃 접촉 기회 제한, 바깥일을 볼 수 없음, 충분한 휴식을 취하지 못함 등의 돌봄부담을 경험하는 것으로 조사되었다(권중돈, 2024). 결과적으로 사회적 활동 제한은 사회적 관계 축소와 단절로 이어진다. 사회참여가 인간의 기본권에 해당한다는 지점에서 인권 침해이기도 하다.

가족돌봄을 담당하는 성인 자녀는 그 배우자와 결혼 생활 만족이 저하되고 부부 갈등을 경험하는 것으로 패널 연구를 통해서 확인되었다(Amirkhanyan & Wolf, 2006). 돌봄을 제공하는 가족과 돌봄을 받는 노인 간 관계의 질이 점점 나빠진다. 치매노인은 문제행동과 부정적인 감정 표현 및 언어를 통해서 관계 만족도를 낮추고, 정서적 친밀감을 떨어뜨린다(Monin et al., 2019). 가족 갈등은 돌봄 제공자가 우울증상을 겪거나 주관적 건강상태를 나빠지게 하는 요인이다.

가족 갈등 원인은 가족 사이에 돌봄 적절성, 특정 가족구성원 태도나 행동에 대한 반대, 돌봄받는 노인의 상태와 심각성에 대한 인식 차이, 가족지지 부족(돌봄 분담하지 않음, 버림받은 느낌, 소외, 돌봄을 떠넘김), 이용하는 의료 및 돌봄서비스에 대한 의견 차이, 돌봄비용에 대한 의견 불일치 등이 있다(Schulz et al., 2020). 권중돈(2024)은 치매가족의 역기능적 상호작용 연쇄 과정으로 가족 갈등을 설명하였다. 치매로 인한 노인의 기능 저하 → 돌봄자가 치매환자의 돌봄책임 담당 → 가족구성원 또는 가족 외부 무지원과 비협조 → 돌봄자 역할 가중도 심화 및 역할수행능력 저하 → 동·별거가족의 돌봄자 부양 방법과 태도에 대한 비난 →

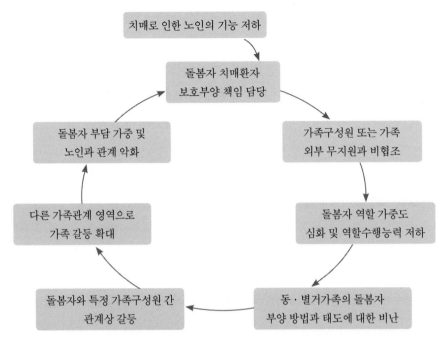

[그림 7-3] 치매노인 역기능적 상호작용 연쇄 과정

출처: 권중돈(2024), p. 347 수정.

돌봄자와 특정 가족구성원 간 관계상 갈등 → 다른 가족관계 영역으로 가족 갈등 확대 → 돌봄자 부담 가중 및 노인과 관계 악화와 같이 역기능적 가족 상호작용의 연쇄 과정을 보인다고 하였다(권중돈, 2024).

(4) 재정 및 경제활동 부담

가족구성원이 일상생활을 독립적으로 하지 못하는 배우자나 부모의 돌봄을 담당하는 과정에서 겪는 경제적 부담은 재정적 부담과 경제활동 제약이 있다(권중돈, 2024). 재정적 부담은 노인을 돌보는 과정에서 내게 되는 생활비와 치료나 돌봄서비스를 위한 비용으로 발생한다. 또한 돌봄으로 인해서 경제활동 참여가 줄어들거나 경제활동을 할 수 없는 상황에서 발생하는 수입 감소로 재정적 부담을 겪게 된다.

주로 가족돌봄자 역할을 하는 중년여성의 경우에 일을 병행하는 경우가 많다. 돌봄에 대한 수요와 여성의 노동시장 참여율이 증가하고 있다. 일과 돌봄의 병행은 둘 역할 모두 만족하게 해야 한다는 역할 긴장과 부담을 준다(권중돈, 2024). 가족돌봄자 역할로 인해서 근무 시간, 회의 및 훈련 참여, 승진 기회, 임금 등에 부정적인 영향을 줄 수 있다. 가족돌봄자는 돌봄 역할로 높은 업무성과를 내기 어려워져 승진하지 못하거나 힘든 일에 배정되거나, 승진이나 지역이동을 수락하기가 어려울 수도 있다. 일부 연구에서는 가족돌봄을 제공하는 근로자가 더 낮은 임금을 받고 있다고 밝혀졌고, 다른 연구에서는 차이가 없거나 차이가 근소하다고 나타났다(Heitmueller & Inglis, 2007). 또한 국가별로 가족돌봄자 지원제도가 갖추어진 정도에 따라 영향력에 차이가 있다. 건강 및 장기요양지원 시스템을 잘 갖추고 있는 북유럽 국가보다는 지원 수준이 낮은 남부유럽 국가에서 부정적인 영향이 더 크다(Schulz et al., 2020).

(5) 노인학대

가족돌봄자의 돌봄부담이나 스트레스가 극대화되면 노인학대와 방임이라는 부정적 결과가 발생한다. 국내외 연구를 통해서도 노인학대의 가장 큰 위험 요인은 돌봄부담과 스트레스로 밝혀졌다(Lee, 2009). 학대는 노인에게 의도적으로 행동이나 비행동을 통해 해를 끼치는 것이다. 가정에서 발생하는 노인학대는 노인 배우자, 형제자매, 자녀, 친구와 같이 특별한 관계에 있는 사람이 의도적으로 노인 욕구를 들어주지 않거나 부적절하게 대하는 것이다. 실제로 중앙노인보호전문기관(2024)에 따르면 2022년 신고된 노인학대 행위자 8,423명 중에서 배우자(2,615명), 아들(2,092명), 며느리(106명), 딸(620명), 손자녀(179명)로 가족이 주를 이루고 있다.

노인학대는 신체적 학대, 정서적 학대, 성적 학대, 경제적 학대, 방임, 유기 등으로 구성된다. 신체적 학대는 노인을 제한된 공간에 강제로 가두거나, 노인의 거주지 출입을 통제함, 노인을 폭행함, 노인의 신체를 강제로 억압함, 신체적 해를 가져올 위험성이 큰 행위로 노인을 협박하거나 위협함, 노인의 신체적 생존을 위협할 수 있는 행위를 함, 노인이 원하지 않거나 수행하기 어려운 노동을 하게 함, 약물을 사용하여 노인의 신체를 통제하거나 저해함 등이 해당한다. 정서적 학대는 노인과의 접촉을 피함, 노인의 사회관계 유지를 방해함, 노인을 위협 및 협박하는 언어적 표현이나 감정을 상하게 하는 행동을 함, 노인과 관련된 결정 사항에 대해서 의사결정 과정에서 소외 등이 있다. 성적 학대는 노인에게 성폭력을 행하거나 노인에게 성적 수치심을 주는 표현이나 행동을 하는 것이다. 경제적 학대는 노인의 소득 및 재산, 임금을 가로채거나 임의로 사용함, 노인의 재산에 관한 법률적 권리를 침해하는 행위를 함, 노인의 재산 사용 또는 권리에 관한 결정을 통제함 등이다. 방임은 거동이 불편한 노인의 의식주 등 일상생활 관련 보호를 제공하지 않음, 경제적 능력이 없는 노인의 생존을 위한 경제적인 보호를 제공하지 않음, 의료 관련 욕구가 있는 노인에게 의료적 보호를 제공하지 않음 등이 해당한다. 유기는 의존적인 노인과 연락을 두절하거나 왕래를 하지 않거나 낮선 장소에 버리는 것이다(중앙노인보호전문기관, 2024). 이러한 유형에 해당하지 않아도 노인에게 신체적, 정신적, 경제적, 성적 등의 차원에서 피해 주는 모든 행동과 비행동은 노인학대이다.

4) 돌봄 긍정적 결과

돌봄 연구가 주로 가족돌봄의 부정적 영향만을 다루고 있지만, 돌봄은 긍정적 효과도 있다. Pysklywec 등(2020)은 가족돌봄의 긍정적 효과에 대한 체계적 논문 검토를 하였다. 가족돌봄자는 자기 자신(새로운 규범 형성, 영성 향상, 지식과 기술 개발, 자신감과 역량 강화), 돌봄받는 가족과 관계(인정받음, 돈독한 관계, 받은 사랑 돌려드림, 만족감), 다른 타인 관계(유대감 형성, 새로운 우정 형성, 우정 강화, 새로운 관계 형성, 다른 돌봄자와 연결됨) 등 세 가지 측면에서 긍정적 특성을 가진다고 하였다.

구체적으로 가족돌봄자 자신은 내면의 강점, 새로운 영역 성취, 개인적 성장, 삶의 목적, 새롭고 더 깊은 영성 감각 발견 등을 경험한다. 돌봄을 받은 노인과의 관계에서는 노인과 더 가까워지고 그분이 내가 필요함을 느끼고, 노인을 행복하고 편안하게 보는 것에서 즐거움을 얻게 된다. 다른 사람과의 관계에서는 새롭거나 더 깊이 있게 발전하는 관계를 형성하는 것이다. 보통 가족돌봄자는 다른 가족구성원, 친구, 친척, 돌봄 전문가, 의료인 등과 의미 있는 관계를 맺게 된다. 또한 가족을 돌보고 있는 같은 상황의 사람들과 지지적 관계로 고

표 7-2 가족돌봄의 긍정적 효과 체계적 문헌분석 결과

영역	주제	코드
개인	내면 강점 발견, 새로운 성취감, 개인적 성장, 삶의 목적 발견, 새롭고 깊은 영성 형성	뉴노멀 적응하기, 영성 향상, 새로운 지식 및 기술 발전, 자신감과 역량 확보
노인 관계	돌봄받는 노인과 가까워짐, 자신이 필요함을 느낌, 돌봄받는 노인의 행복과 편안해하는 모습을 보면서 즐거움 경험	인정받기, 유대감 강화, 보상, 만족감
타인 관계	다른 사람과 새롭고 더 깊은 관계 발전, 두 가지 유형의 관계 형성(가족과 친구, 다른 돌봄 관련 의료 및 돌봄 전문가)	친족 관계 강화, 우정 강화, 의료 전문가와 관계 형성, 다른 돌봄자와 연결

출처: Pysklywec et al. (2020), p. 366.

립되지 않고 연결됨을 느낀다.

4. 돌봄부담 경감 지원방안

1) 사회적 지지

사회적 지지는 돌봄자 스트레스와 부담을 덜어 주는 효과로 가족돌봄자가 학대나 돌봄 포기와 같은 부정적 결과로 이어지는 것을 예방한다. 사회적 지지는 다차원적이며, 공식적 사회적 지지와 비공식적 사회적 지지로 구성된다. 가족돌봄자는 정서적 지지(신뢰, 애정, 친밀감), 도구적 지지(교통편의, 청소 등 가사지원), 물질적 지지(현금 및 물품 지원), 정보적 지지(사회적 서비스와 자원 이용 지원), 자존감 지지(존중감, 긍정적 환류) 등을 비공식 관계망이나 공식적 관계망을 통해 받게 된다(최인희 외, 2012). 비공식적 지지는 주로 배우자, 자녀, 손자녀, 친척, 친구, 이웃 등과의 관계망을 통해서 받게 된다.

공식적 지지는 사회복지 및 의료서비스 제공기관이나 공공기관에 종사하는 자원봉사자, 가정방문 요양보호사, 사회복지사, 공무원 등이 제공하는 정보제공, 상담, 교통지원, 돌봄, 의료, 치료, 주택 개조 등이다(Williams & Dilworth-Anderson, 2002). 공식적 지지는 서비스 이용과 연결된다. 가족돌봄자가 혼자서 노인을 돌보거나 가족구성원들이 번갈아 가면서 또는 함께 돌보다가 그 역할을 더 이상 할 수 없을 때 돌봄서비스를 찾는 경우가 많다. 하지만 돌봄서비스 이용을 가족돌봄이 시작해서 일정 기간 지난 후보다는 돌봄 시작 초기부터 하는 것이 돌봄부담이나 스트레스를 관리하는 데 효과적이다(Lee, 2007). 돌봄 초기부터 공적 서비스를 활용하는 것은 서투른 역할 수행, 낮은 자존감 및 효능감, 자발성 저하, 우울, 역할 포기, 학대 등을 예방할 수 있게 한다.

2) 가족 대처전략

노인을 돌보는 가족돌봄자가 대처전략을 활용할수록 돌봄부담이 감소한다(Lee, 2009). 대처전략은 스트레스 상황을 피하거나 그 상황을 변화시키기 위한 인지적 및 행동적 시도이다. 개인 역량을 넘어서는 내부적 또는 외부적 어려움을 다루거나, 그 어려움을 감소하거나 참아내려고 하는 인지적 및 행동적 노력을 말한다. 감정 중심적 대처는 회피하는 방법으로 스트레스 상황을 수동적으로 해결하려는 경향을 보인다. 문제 중심적 대처는 새로운 기술을 배우거나 새로운 자원을 활용하거나 해결방법을 찾아내 스트레스 상황을 변화시키려는 개인적 노력이다(Martin et al., 2004).

노인 가족돌봄자의 대처전략으로 사회적 지지 획득, 스트레스를 대처 가능하게 재구성, 도움 요청 및 수용, 신앙적 지지, 수동적 감정 등이 있다(Minnes et al., 2000). 도움 찾기, 기분 전환하기, 정서적 환기하기, 애정으로 대하기, 신앙 의지하기, 역할 조정하기, 상황 재정의하기, 문제행동 관리하기, 소망하기, 마음 비우기, 투사하기 등도 장애가 있는 가족을 위한 대처전략이다(김춘미, 2002). 한국에서 노인을 돌보는 가족을 대상으로 조사한 결과에서 스트레스를 대처할 수 있게 재구성하는 대처전략이 돌봄부담을 낮추는 데 가장 효과적이었다(이민홍, 윤은경, 2008).

특히 가족돌봄자는 자신이 돌봄부담을 통해 생기는 부정적 감정을 인정하고 이에 대처해야 한다. 부정적 감정으로 우울하거나, 짜증 나거나, 희망이 없거나, 무기력하거나, 작은 일에 화가 나거나, 울분이 터지는 것 등이 부정적 감정의 대표적 사례들이다. 이러한 부정적 감정에 대응할 수 있도록 대처기술을 활용하고 사회적 지지 체계를 점검해야 한다. 효과적인 대처방법은 이 과정에서 혼자 하지 말고 남이 나를 돕게 해야 한다.

3) 돌봄부담 개입

(1) 심리사회적 개입

가족돌봄자 부담 경감을 위한 개입으로 스트레스 대처 이론을 토대로 하여 개발된 심리교육, 심리상담, 자기관리 프로그램, 자조집단이 가장 활발하게 사용되고 있다. 주요 내용은 노인돌봄에 대한 필요 정보제공, 노인 질병과 장애 돌봄욕구 대응 과정에서 발생하는 충격 완화 및 적응할 수 있는 전략 제공(예: 스트레스 관리), 가족돌봄자와 노인(치매) 간 의사소통 기술 향상, 사회적 자원 및 서비스 연결, 사회적 관계망 구축 등이다. 이를 통해서 가족돌봄자의 심리적 고통, 부담, 스트레스, 우울증 등이 감소하며 대처기술 사용과 사회적 지원이 확대되는 결과를 가져온다(Chien et al., 2011).

(2) 명상적 개입

가족돌봄자의 부담 감소를 위한 명상 개입에는 마음 챙김 명상 기반 스트레스 감소, 마음 챙김 기반 인지 치료, 만트라 명상(mantra meditation), 수용 및 헌신 치료, 공감 중심 치료,

변증법적 행동 치료와 같은 광범위한 기술이 포함된다(Dharmawardene et al., 2016). 이 모든 전략의 핵심 특징은 명상을 강조하고 실천하는 것이다. 불쾌한 인지, 감정 및 감각이 삶의 일부임을 인식하고 수용, 변화와 수용을 동일시하는 욕구, 삶의 스트레스 요인에 직면했을 때 긍정적 실천을 할 수 있도록 변화 등이 주요 내용이다. 선행연구에서 명상적 개입방법이 가족돌봄자의 우울감, 스트레스, 부담감을 경감하는 데 효과성이 높은 것으로 나타났다(Collins & Kishita, 2019).

(3) 신체활동 개입

신체활동은 보편적으로 참여하는 사람들에게 공통적으로 나타나는 건강증진을 가족돌봄자에게 적용하는 개입방법이다. 가족돌봄자가 신체 활동 프로그램에 참여함으로써 신체기능 향상, 심혈관질환 예방, 암 위험 감소, 스트레스 및 우울증 감소, 정신 및 인지 건강증진, 전반적인 삶의 질 향상, 수면위생 개선, 사회적 관계 증진 등의 긍정적 효과가 나타난다(Reiner et al., 2013). 신체 활동에는 산책, 빠르게 걷기, 계단 오르내리기, 춤, 정원 가꾸기, 스트레칭, 근력운동, 요가, 태극권 등이 있다. 가족돌봄자가 돌봄을 하지 않은 가족구성원에 비해 신체적, 정신적, 사회적 건강이 저하됨을 고려한다면 신체 활동을 통한 건강증진이 매우 필요하며 효과성도 더 높다(Cuthbert et al., 2017).

(4) 인지행동치료

인지행동치료는 가족돌봄자 스트레스가 높고 어려운 상황에 부닥쳐 있을 때 인지와 행동 기술을 활용하여 대처할 수 있도록 개입한다. 인지치료는 가족돌봄자의 역기능적 사고나 비합리적 사고를 변화하도록 한다. 행동치료는 활동을 통해 즐거움이나 기쁨을 누릴 수 있게 한다. 가족돌봄자에 대한 인지행동치료를 통해서 우울증, 불안, 스트레스, 역기능적 사고 등을 감소하고, 생활만족도, 자아개념, 돌봄의 질이 향상한다(Kwon et al., 2017). 또한 인지행동치료는 치매노인의 폭력적 행동이나 문제행동을 다룰 수 있는 돌봄 기술을 증진할 수 있다.

(5) 휴식서비스 및 돌봄 조정

휴식서비스는 가족돌봄자에게 일시적으로 돌봄 역할의 휴식을 줌으로써 삶의 질이나 웰빙을 높여 주는 개입방법이다. 방문돌봄서비스, 주간돌봄서비스, 생활시설 돌봄서비스 등이 포함된다. 이러한 돌봄서비스는 가족돌봄자가 노인에 대한 돌봄책임에서 벗어나 자신만의 시간을 가질 수 있으므로 부양 부담 경감과 신체 정신건강을 높인다. 특히 가족돌봄자 역할을 포기하거나 노인학대로 이어지지 않도록 예방한다(권중돈, 2024). 하지만 일부 연구에서는 휴식서비스 효과가 초기(단기)에 발생하지만 장기적이지 못한 것으로 나타났다(Shaw et al., 2009).

돌봄 조정(care coordination)은 사례관리사 또는 케어매니저가 돌봄을 받는 노인과 가족돌봄자를 쌍으로 해서 서비스 정보제공과 연계 등을 실천하는 기법이다. 가족돌봄자와 노인을 위한 돌봄 정보 및 지원서비스에 접근할 수 있도록 가이드나 기술적 지원을 한다. 다른 개입방법과 달리 노인과 가족돌봄자를 동시에 개입한다. 그 효과도 노인과 가족 차원에서 발생한다. 가족돌봄자는 심리적 안정, 삶의 질 개선, 사회적 지원 등의 효과를 가져오며, 노인은 입원율 감소, 사망률 감소, 삶의 질 개선, 인지 유지, 우울증 감소 등이 발생한다(Schulz et al., 2020). 특히 보건서비스와 복지서비스가 분절되어 있어서 가족돌봄자가 이용하는 데 어려움을 경험할 수 있다. 돌봄 조정을 활용해서 가족돌봄자가 보건, 복지, 돌봄, 요양, 교육 등의 서비스를 통합적으로 이용할 수 있게 된다.

(6) 기술기반개입

기술기반개입은 가족돌봄자에게 다양한 서비스를 효율적이고 편리하게 제공할 수 있는 장점이 있다. 특히 코로나19와 같은 감염이 발생했을 때 비대면 방식으로도 서비스 제공이 가능하다. 가족돌봄자에게 노인의 질병, 돌봄자 역할, 지원서비스 등에 관련된 정보와 지식을 전달하는 데 활용되고 있다. 기술기반개입은 가족돌봄자와 노인의 행동을 모니터하면서 인지행동치료와 같이 전문적 치료전략을 제공하거나 사회적 지지를 제공할 수 있다. 가족돌봄자별로 개별화된 욕구에 대한 정보를 제공할 수 있으며, 물리적 및 시간적 장애 없이 적용할 수 있다. 현재까지 컴퓨터, 태블릿PC, 스마트폰, 다루기 쉬운 기기(handheld devices)를 활용하여 인터넷 기반으로 서비스를 제공하고 있다(Schulz et al., 2020).

예를 들어, 가족돌봄자는 영상통화 기술을 활용한 심리사회적 개입을 통해서 돌봄부담 감소, 사회적 지원 증가, 돌봄에 대한 긍정적 인식(돌봄 만족) 향상 등의 효과가 있었다(Czaja et al., 2013). 기술기반개입은 가족돌봄자에게 수용 가능하며, 효과성도 점차 실증적으로 검증되고 있다. 하지만 기술기반개입 서비스를 제공하기 위해서는 가족돌봄자가 인터넷이나 컴퓨터 활용이 가능해야 하고, 그러한 장비를 갖추고 있어야 한다.

가족돌봄지원제도

일상생활을 독립적으로 수행하기 어려운 노인에게 돌봄을 제공하는 가족을 직접적으로 지원하는 제도에 대해 살펴보고자 한다. OECD 주요 국가의 가족돌봄지원제도는 노인을 돌보는 가족에 대한 경제적 지원, 시간 지원, 서비스 지원으로 구분할 수 있다. 경제적 지원은 돌봄 현금 수당 급여, 바우처, 돌봄 시설 이용 보조금 및 지원금, 사회보장료 대불(예: 연금 크레딧 제공), 세금 공제 및 감면이 해당한다. 시간 지원은 휴가 및 휴직, 노동시간(탄력근무제, 노동시간 단축, 시간제 노동 전환)이 있다. 서비스 지원은 직접 서비스로 자조집단, 교육, 상담, 건강검진, 훈련 등이며, 가족돌봄자가 이용하게 된다(권중돈, 2024; 최희경, 2011).

1. 경제적 지원

가족이 노인을 돌보는 과정에서 생활비, 의료비, 서비스 이용료가 발생하고, 돌봄으로 인해서 경제활동이 중단되거나 축소되어 경제적 어려움을 경험한다. 이에 가족돌봄자를 경제적으로 지원하기 위한 제도가 필요하다. 현재 한국에서 노인 부양자에 대한 경제적 지원은 소득공제, 상속세 감면, 가족돌봄비용 지원사업, 노부모 부양자 임대주택 특별공급, 장기요양제도 가족요양비 등이 있다. 하지만 영국이나 독일에서 운영 중인 노인의 가족돌봄자에 대한 경제적 지원인 돌봄자 수당이나 사회보장료 대납은 제도적으로 마련되어 있지 않다.

1) 노부모 부양에 대한 소득공제

가족부양자가 60세 이상의 부모 및 조부모를 부양하는 경우에 소득세를 감면해 준다. 「소득세법」 제50조(기본공제)와 제51조(추가공제)를 법적 근거로 하여 직계존속 부모 및 조부모에 대해 종합소득에 있어서 1명당 연 150만 원을 공제해 준다. 거주자의 직계존속(직계존속이 재혼한 경우 그 배우자로서 대통령령으로 정하는 사람 포함)으로서 60세 이상인 사람이어야 한다. 이와 함께 해당 과세기간의 소득금액 합계액이 100만 원 이하(총급여액 500만 원 이하 근로소득만 있는 부양가족 포함)이어야 한다. 제51조(추가공제)는 70세 이상인 사람(경로우대자)의 경우 1명당 연 100만 원을 기본공제에 더해 준다. 이와 함께 부양 가족명의 지출을 공제받을 수 있는 항목으로 신용카드, 보장성 보험료, 의료비, 기부금 등이 있다. 즉, 부모나 조부모가 지출한 사항을 돌봄을 제공하고 있는 부양자의 소득공제 항목에 더할 수 있다.

나이 요건은 20세 이하 또는 60세 이상 부양가족(장애인 나이 요건 없음), 소득요건은 소득금액이 100만 원(근로소득만 있는 경우 총급여액 500만 원) 이하여야 한다. 연간 소득금액은 종합소득(이자, 배당, 근로, 사업, 기타, 연금소득 합한 금액), 퇴직소득, 양도소득 합계액에서 비과세소득, 분리과세 대상소득, 필요경비를 제한 금액이다. 생계요건은 거주자 본인의 주소에서 생계를 같이하는 주민등록표등본상의 동거가족이어야 한다. 본인 배우자 및 직계비속, 입양자는 주소를 달리하더라도 생계를 같이 하는 것으로 본다. 주거 형편상 별거는 본인 결혼, 취업 등으로 직계존속과 등본상 주소를 달리하더라도 실제로 부양하고 있는 경우이다. 일시 퇴거는 취학, 질병의 요양, 근무상/사업상의 형편으로 본래의 주소에서 일시 퇴거한 경우이다. 일시 퇴거 증명 서류로는 본래의 주소지 및 일시 퇴거자의 주민등록표 등본과 요양증명서(질병)를 제출하면 된다.

표 8-1 연말정산 소득공제: 인적공제

구분	공제금액/한도	공제요건	부양가족
기본 공제	1명 150만 원	-소득요건, 나이 요건(60세 이상), 생계요건에 해당하는 배우자, 직계존속, 형제자매, 직계비속/입양자, 위탁아동, 수급자 -소득요건: 연간소득금액 합계액 100만 원 이하 ※ 근로소득만 있는 경우 총급여액 500만 원	본인 및 배우자 직계존속: 부모, 조부모
추가 공제	1명당 100만 원	기본공제대상자 70세 이상(1952. 12. 31. 이전 출생)	본인 및 배우자 직계존속: 부모, 조부모

2) 의료비 본인부담액상한제

본인부담액상한제는 과도한 의료비로 인한 국민의 경제적 부담을 덜기 위해 연간 본인부담금(비급여, 선별급여 등 제외하고 환자 본인이 부담하는 의료비) 총액을 지정하고 이상의 비용은 개인에게 돌려주는 것이다. 즉, 개인별 상한금액(2023년 기준 87~780만 원)을 초과하는 경우 초과 금액을 국민건강보험공단이 부담하여 가입자나 피부양자에게 돌려주는 제도로 수혜자와 지급액이 꾸준히 증가하고 있다. 실제로 2018년에 1,265,921명에서 2023년 2,011,580명이 혜택을 본 것으로 나타났다(연평균 증가율 9.7%). 2023년 개인별 본인부담상한액 확정을 통해 의료비 본인부담상한액을 초과하여 의료비를 지출한 2,011,580명에게 2조 6,278억 원을 지급했다. 평균 1인당 131만 원의 혜택을 받았다. 본인부담액상한제 수혜 계층을 세부적으로 살펴보았다. 소득하위 50% 이하와 65세 이상 고령층이 가장 많은 혜택을 받았다(보건복지부, 2024a). 소득분위별 본인부담상한액 및 본인부담상한액 월별 기준보험료는 〈표 8-2〉와 같다.

표 8-2 **소득분위별 본인부담상한액 및 월별 기준보험료(2023년)**

소득분위별 본인부담상한액		본인부담상한액 월별 기준보험료	
소득분위	본인부담상한액	직장가입자	지역가입자
소득 1분위	87만 원 (134만 원)	56,330원 이하	12,840원 이하
소득 2~3분위	108만 원 (168만 원)	56,330원 초과~ 80,510원 이하	12,840원 초과~ 19,780원 이하
소득 4~5분위	162만원 (227만 원)	80,510원 초과~ 106,750원 이하	19,780원 초과~ 38,930원 이하
소득 6~7분위	303만 원 (375만 원)	106,750원 초과~ 154,120원 이하	38,930원 초과~ 103,580원 이하
소득 8분위	414만 원 (538만 원)	154,120원 초과~ 194,500원 이하	103,580원 초과~ 142,650원 이하
소득 9분위	497만원 (646만 원)	194,500원 초과~ 265,900원 이하	142,650원 초과~ 223,930원 이하
소득 10분위	780만원 (1,014만 원)	265,900원 초과	223,930원 초과

* 기간: 1년(2023년 1월 1일~12월 31일)

** (   )은 요양병원 120일 초과 입원한 경우의 본인부담상한액

출처: 보건복지부(2024a), p. 7.

의료비 상한액 초과 금액 지급 방법은 사전급여와 사후급여가 있다. 사전급여는 동일한 요양기관에서 연간 입원 본인부담액이 최고상한액(2023년 기준 780만 원)을 초과할 경우 초과되는 금액은 요양기관이 환자에게 받지 않고 건강보험공단에 직접 청구한다. 사후급여는 개인별 상한액기준보험료 결정(건강보험료 정산) 전과 후로 나누어 개인별 본인부담상한액을 초과하는 금액을 건강보험공단에서 환자에게 직접 지급한다. 상한액 기준보험료 결정 이전은 개인별로 연간 누적 본인일부부담금이 최고상한액(2023년 기준 780만 원)을 초과할 경우 매월 초과 금액을 계산하여 지급한다. 상한액 기준보험료 결정 이후는 인별 연간 본인부담상한액 초과금을 소득 기준별로 정산하여 초과 금액을 지급한다(보건복지부, 2024a).

【실제 사례 1】

◆ 경북 청도군에 거주하는 61세 박○○ 님은 2023년 간암 및 중증난치질환 등으로 병원에서 관련 치료를 받아 비급여 비용을 제외한 **총 진료비 1억 1,545만 원**이 발생하였는데, 산정특례 혜택(암질환 본인부담금 5%, 중증난치질환 본인부담금 10%) 등에 따른 **1억 357만 원의 공단부담금**에도 불구하고 **본인부담의료비 826만 원**이 나왔다.

－2024년 8월에 박○○ 님은 본인부담상한제 사후정산에서 소득 1분위, 본인부담상한액 87만 원으로 확정되어 공단으로부터 **649만 원**을 받을 수 있게 되었다.

－결과적으로, 박○○ 님은 2023년 상한제 제외(선별급여, 상급병실 등) 비용 90만 원을 제외한 본인부담의료비 736만 원 중 **87만 원만 본인이 부담**하고, 나머지 **649만 원은 공단이 부담**하여 의료비 부담으로 인한 **경제적 어려움을 덜 수 있었다.**

출처: 보건복지부(2024a).

---

3) 노부모 부양자 주택 특별공급

노부모 부양 주택 특별공급 운용 지침은 「주택공급에 관한 규칙」과 「공공주택 특별법 시행규칙」을 법적 근거로 노부모 부양자 등을 대상으로 민영주택과 공공주택의 공급 물량의 일정 부분을 우선 배정하는 것이다. 노부모를 부양하는 가족이면서 무주택자가 주택 마련을 할 수 있도록 일반공급과의 청약 경쟁 없이 1회에 한하여 별도로 주택을 분양받을 수 있게 하는 제도이다.

특별공급 비율로 제공하는 노부모 부양 주택은 건설량의 3퍼센트 범위이다. 다만, 국가 ·

지방자치단체·한국토지주택공사·지방공사인 사업 주체가 85제곱미터 이하의 주택을 건설하여 공급하는 경우에는 건설량의 5퍼센트 범위로 분양한다. 청약자격자는 입주자모집 공고일 현재 65세 이상의 직계존속(배우자 직계존속 포함)을 3년 이상 부양(같은 세대별 주민등록표상에 등재된 경우 한정)하고 있는 자이다.

소득기준은 국가·지방자치단체·한국토지주택공사·지방공사인 사업 주체가 85제곱미터 이하의 주택을 건설하여 공급하는 경우 노부모 부양 주택 특별공급을 받고자 하는 자는 해당 세대의 월평균 소득이 전년도 도시근로자 가구당 월평균 소득(4명 이상인 세대는 가구원수별 가구당 월평균 소득)의 120퍼센트 이하여야 한다. 다만, 전년도 도시근로자 가구당 월평균 소득 통계를 통계청에서 발표하기 전에는 전전 연도 도시근로자 가구당 월평균 소득을 기준으로 한다. 추가적인 사항은 법제처의 「다자녀가구 및 노부모부양 주택 특별공급 운용지침」을 통해 확인할 수 있다.

2. 시간 지원

1) 가족돌봄휴가제

「남녀고용평등과 일·가정 양립 지원에 관한 법률」을 법적 근거로 사업주는 근로자가 조부모, 부모, 배우자, 배우자 부모, 자녀 또는 손자녀(이하 '가족'이라 함)의 질병, 사고, 노령 또는 자녀 양육으로 인하여 긴급하게 가족을 돌보기 위한 휴가(가족돌봄휴가)를 신청하는 경우 이를 허용해야 한다. 가족돌봄휴가는 무급이며, 조부모 직계비속 또는 손자녀 직계존속이 있는 경우(질병 등으로 근로자가 돌봐야 하는 경우 제외)에는 허용하지 않을 수 있다(고용노동부, 2023). 소득수준이나 기업 규모에 상관없이 활용할 수 있다.

가족돌봄휴가 기간은 연간 최대 10일까지 허용하며 1일 단위로도 사용이 가능하고 가족돌봄휴직(90일) 기간에 포함된다. 근로자가 신청한 시기에 가족돌봄휴가를 주는 것이 정상적인 사업 운영에 중대한 지장을 초래하는 경우에는 근로자와 협의하여 그 시기를 변경할 수 있다. 신청 방법은 근로자가 가족돌봄휴가를 사용하려는 날, 돌봄 대상 가족의 인적 사항, 가족돌봄휴가 신청 연월일, 신청인 등을 기재한 신청서를 사업 주체에 제출하면 된다.

위반 시 「남녀고용평등과 일·가정 양립 지원에 관한 법률」 제39조 제3항 제8호에 근거하여, 사업주가 가족돌봄휴가(연장된 가족돌봄휴가 포함) 신청을 받고 이를 허용하지 않았을 때

가족의 질병, 사고, 노령으로 10일 이상 장기간 돌봄이 필요한 상황이라면?

연간 최장 90일이 사용 가능한 가족돌봄휴직제도도 있어요.

90일의 기간에 대해 분할 사용도 가능하지만, 1회 사용 시 최소 30일 이상 꼭 사용해야 해요.

가족돌봄휴가(10일) ＋ 가족돌봄휴직(90일) ＝ 합해서 90일을 넘기면 안 돼요!

가족돌봄휴직을 거부할 수 있는 예외 사유에는 **5가지 사유**가 있는데요~ 자세한 내용은 우측 QR코드를 확인해 주세요!

[그림 8-1] 카드 뉴스: 가족돌봄휴가

출처: 고용노동부(2024).

500만 원 이하의 과태료를 부과받는다. 사업주가 가족돌봄휴가(연장된 가족돌봄휴가 포함)를 이유로 해당 근로자를 해고하거나 근로조건을 악화시키는 등 불리한 처우를 한 경우 3년 이하의 징역 또는 3천만 원 이하의 벌금을 과한다.

2) 가족돌봄 등을 위한 근로시간 단축

「남녀고용평등과 일·가정 양립 지원에 관한 법률」에 근거하여 사업주는 근로자가 가족의 질병, 사고, 노령으로 인하여 그 가족을 돌보기 위한 경우, 근로자 자신의 질병이나 사고로 인한 부상 등의 사유로 자신의 건강을 돌보기 위한 경우, 55세 이상의 근로자가 은퇴를 준비하기 위한 경우, 근로자의 학업을 위한 경우 등에 해당하는 사유로 근로시간의 단축을 신청하는 경우에 이를 허용해야 한다. 근로자인 가족구성원이 노인을 돌보는 경우에 근로시간 단축 대상에 해당한다.

근로시간 단축 기간은 1년 이내로 한다. 다만, 근로자는 합리적 이유가 있는 경우에 추가로 2년의 범위 안에서 근로시간 단축의 기간을 연장할 수 있다. 「남녀고용평등과 일·가정 양립 지원에 관한 법률」제22조의3 제3항에 의거하여 사업주가 근로자에게 근로시간 단축을 허용하는 경우 단축 후 근로시간은 주당 15시간 이상이어야 하고 30시간을 넘어서는 안 된다. 사업주는 근로시간 단축을 하는 근로자에게 단축된 근로시간 외에 연장근로를 요구할 수 없다. 하지만 그 근로자가 명시적으로 청구하는 경우에는 사업주는 주 12시간 이내에서 연장근로를 시킬 수 있다.

신청 방법은 가족돌봄 등 근로시간 단축을 신청하려는 근로자가 가족돌봄 등 근로시간 단축을 시작하려는 날의 30일 전까지 가족돌봄 등 근로시간 단축 신청사유, 가족돌봄 등 단축 개시 예정일, 가족돌봄 등 근로시간 단축을 종료하려는 날, 가족돌봄 등 근로시간 단축 기간 중 근무개시 시각ㆍ근무종료 시각, 가족돌봄 등 근로시간 단축 신청 연월일 및 신청인 등에 대한 사항을 적은 문서(전자문서를 포함함)를 사업주에게 제출해야 한다. 신청철회는 가족돌봄 등 근로시간 단축을 신청한 근로자가 가족돌봄 등 단축 개시 예정일의 7일 전까지 사유를 밝혀 그 신청을 철회하게 된다.

위반 시 「남녀고용평등과 일ㆍ가정 양립 지원에 관한 법률」제37조 제2항에 근거하여 가족돌봄 등을 위한 근로시간 단축을 이유로 해당 근로자에게 해고나 그 밖의 불리한 처우를 하거나 근로조건을 불리하게 한 사업주는 3년 이하의 징역 또는 3천만 원 이하의 벌금을 물린다. 가족돌봄 등을 위한 근로시간 단축을 하는 근로자가 연장근로를 명시적으로 청구하지 않았으나 사업주가 연장근로를 요구하는 경우에는 1천만 원 이하의 벌금에 처한다.

3. 서비스 지원

1) 치매가족휴가지원서비스(바우처)

지역자율형 사회서비스 투자사업은 중앙정부 주도의 복지지원 체계가 지자체별 특성과 지역주민의 다양한 욕구 충족이 어려워 사각지대 발생 대응과 사회서비스 시장 활성화 및 일자리 창출을 위해 운영하는 사회서비스 제도이다. 사회서비스는 「사회보장기본법」제3조 제4항에서 국가ㆍ지방자치단체 및 민간 부문의 도움이 필요한 모든 국민에게 복지ㆍ보건의료ㆍ교육ㆍ고용ㆍ주거ㆍ문화ㆍ환경 등 분야에서 인간다운 생활을 보장하고 상담, 재활, 돌봄, 정보의 제공, 관련 시설의 이용, 역량 개발, 사회참여 지원 등을 통하여 국민의 삶이 향상되도록 지원하는 제도로 정의하고 있다(보건복지부, 2024b).

지자체별 사회서비스(바우처) 사업으로 치매가족휴가지원서비스를 제공하고 있다. 치매 가족 휴가나 치매가족 여행을 지원하는 사업이 개발되어서 바우처 방식으로 운영된다. 먼 저, 치매가족 노인의 휴식을 지원하며 치매노인 가족의 돌봄부담을 경감시켜 주기 위해서 제공하는 전자바우처 사업으로 치매가족휴가지원사업이 있다. 사업목적, 서비스 대상, 서 비스 내용, 바우처 관리 및 운영, 서비스 가격, 서비스 신청은 다음과 같다(한국사회보장정보 원, 2024).

(1) 사업목적

- 노인돌봄서비스 이용자 중 치매노인에게 일정기간 단기보호 서비스를 제공함으로써 장기간의 간병으로 지친 치매노인 가족에게 휴식을 지원하여 치매노인 가족의 돌봄부 담 경감

(2) 서비스 대상

- 노인돌봄서비스 이용자(방문서비스, 주간보호서비스) 중 치매노인
- (선정기준) 최근 6개월 이내에 발급받은 의사진단서(상병코드 F00~F03, G30) 및 의사소 견서로 치매노인임을 확인
- (등급 구분) 〈표 8-3〉 참조

표 8-3 치매가족휴가지원서비스 등급 구분

구분	등급
기초생활수급자	치매휴가-가형
차상위계층	치매휴가-나형
차상위초과~기준 중위소득 100% 미만	치매휴가-다형
전국가구 기준 중위소득 100% 이상~130% 미만	치매휴가-라형
전국가구 기준 중위소득 130% 이상~160% 미만	치매휴가-마형

(3) 서비스 내용

- 치매가족 휴가지원서비스(단기보호서비스): 제공기관에서 일정 기간 치매노인 보호
- (지원방식) 연간 6일 범위 내에서 이용할 수 있는 바우처 지급
- (지원내용) 노인돌봄서비스 이용자 중 치매노인에게 기존 서비스인 방문서비스, 주간보

호서비스 이외에 단기보호서비스 추가 제공

(4) 바우처 관리 · 운영

- 바우처카드: 기존에 발급받은 노인돌봄 바우처 카드로 사용 가능
- 바우처 생성: 대상자 자격 결정 익일에 바우처 생성
- 본인부담금: 최초 신청 시 등급에 따라 본인부담금 발생
- 결제 방법: 단기보호시설 퇴소 시 인터넷 결제

(5) 서비스 가격(정부지원금 및 본인부담금)

- 서비스 대상자의 소득 및 서비스 시간(일)에 따라 바우처 지원금을 차등 지원(〈표 8-4〉 참조)

표 8-4 치매가족 휴가지원서비스 바우처 가격

		서비스 가격	정부지원금	본인부담금
1일	130% 이상~160% 이하	일 36,380원	일 29,880원	일 6,500원
	100% 이상~130% 이하	일 36,380원	일 30,580원	일 5,800원
	차상위초과~100% 미만	일 36,380원	일 31,280원	일 5,100원
	차상위 계층	일 36,380원	일 33,880원	일 2,500원
	기초생활수급자	일 36,380원	일 36,380원	무료

(6) 서비스 신청

- 신청권자: 본인, 가족 또는 그 밖의 관계인
- 신청서 제출 장소: 서비스 대상자의 주민등록상 주소지 읍 · 면 · 동 주민센터
- 제출서류: 신청서 등은 읍 · 면 · 동 주민센터에 비치되어 있으며, 의사 진단서나 의사 소견서를 첨부하여 신청
- 제출서류는 방문 전 읍 · 면 · 동 주민센터로 문의
  - ※ 노인돌봄서비스 신규 신청 시 치매가족휴가서비스와 동시에 신청 가능
  - ※ 치매가족휴가서비스 기존 이용자는 사업연도가 바뀌어도 재신청 없이 이용 가능

2) 치매안심센터 가족지원사업

치매관리사업은 2012년 2월 제정 및 시행된 「치매관리법」 제1조에 근거하여 치매의 예방, 치매환자에 대한 보호와 지원 및 치매퇴치를 위한 연구 등에 관한 정책을 종합적으로 수립·시행함으로써 치매로 인한 개인적 고통과 피해 및 사회적 부담을 줄이고 국민건강증진을 위해 도입되었다(보건복지부, 2024c).

치매관리사업 수행기관은 치매안심센터이다. 치매안심센터의 목적은 치매 예방, 상담, 조기진단, 보건·복지 자원 연계 및 교육 등 유기적인 '치매 통합관리 서비스' 제공이며, 치매 중증화 억제 및 사회적 비용을 경감한다. 궁극적으로는 치매환자와 그 가족, 일반시민의 삶의 질 향상에 기여하는 것이다. 주요 기능은 치매 관련 상담 및 조기 검진, 치매환자 등록·관리, 치매등록 통계사업 지원, 치매 예방·교육 및 홍보, 치매환자 쉼터 운영, 치매환자 가족지원사업, 장기요양인정신청 등의 대리(「노인장기요양보험법」 제22조 제2항), 성년후견제 이용지원사업, 치매 예방·인식개선 교육 및 홍보 등이다(보건복지부, 2024c).

치매가족 및 보호자 지원의 목적은 체계적이고 구체적인 커리큘럼 바탕의 가족교육을 통해 치매환자 가족 및 보호자의 치매환자 돌봄에 대한 이해와 돌봄역량 향상, 치매환자와 보호자가 함께 참여할 수 있는 다양한 프로그램을 통해 상호 간 스트레스를 해소하고 정서적 교류와 심리적 부담을 경감, 치매환자와 보호자 간 정서 및 정보 교류 지원을 통해 심리적 부담 경감과 사회적 고립 방지 등이다. 치매가족 및 보호자 지원사업은 가족교실, 자조모임, 힐링프로그램, 동반치매환자보호서비스 등을 제공한다(보건복지부, 2024c).

(1) 가족교실

가족교실은 치매환자 가족 및 보호자와 경도인지장애를 진단받은 노인 가족 및 보호자 10명 이내로 운영한다. 프로그램은 헤아림(기본 커리큘럼)으로 8회기(주 1회 2개월 과정 또는 주 2회 1개월 과정 등 탄력적 운영 가능)이다. 주요 내용은 치매알기와 돌보는 지혜 등 두 가지 주제로 나뉜다. 치매알기로는 1회기 치매에 대한 바른 이해, 2회기 정신행동증상, 치매 종류별 초기증상 위험요인, 3회기 치매 진단 및 치료와 관리로 구성된다. 돌보는 지혜는 4회기 마음 이해하기, 5회기 부정적 태도 극복하기, 6회기 의사소통 방법 학습 응용, 7회기 남아 있는 능력 찾기, 8회기 가족의 자기 돌보기로 진행된다. 가족교실 운영 시 치매파트너 중 치매환자 돌봄 경험이 있는 가족을 자원봉사자로 참여시키고 있다.

| 표 8-5 | 가족교실 헤아림 커리큘럼 | | |

구분	회기	주제	제목
치매 알기	1	치매에 대한 바른 이해	1. 기억이 희미해지고 있어요. 나이 탓이겠죠? 2. 일상생활을 잘하면 괜찮은 거죠?
	2	정신행동증상 치매 종류별 초기증상 위험 요인	3. 엉뚱한 행동을 해야 치매 아닙니까? 4. 기억력이 괜찮은 치매도 있나요? 5. 치매 잘 걸리는 사람이 따로 있나요?
	3	치매 진단 및 치료와 관리	6. 치매 진단은 어떻게 하는 건가요? 7. 완치가 안 된다던데, 치료가 무슨 소용인가요? 8. 치매, 인생의 끝인가요?
돌보는 지혜	4	마음 이해하기	1. 치매어르신의 심정은 어떨까요? 2. 가족들의 심정은 어떨까요?
	5	부정적 태도 극복하기	3. 이렇게 모시면 되는 걸까요?
	6	의사소통 방법 학습 응용	4. 이렇게 대화해 보세요.
	7	남아 있는 능력 찾기	5. 치매어르신도 할 수 있는 것이 많고, 하고 싶은 것도 많아요.
	8	가족의 자기 돌보기	6. 가족들도 병나겠어요. 이렇게 헤쳐 나가요.

※ 총 8회기-[치매알기] 3회기와 [돌보는 지혜] 5회기로 구성, 회기당 2시간, 전체 16시간

(2) 자조모임

자조모임 대상자는 치매환자 가족 및 보호자와 경도인지장애를 진단받은 노인 가족 및 보호자이다. 서비스 제공은 참여 인원 4명 이상으로 오프라인(치매안심센터 내외 등 모임이 쉬운 장소)과 온라인(중앙치매센터 홈페이지-지원-우리동네 자조모임)을 통해서 진행한다. 오프라인 자조모임 운영 방법은 자조모임 최초 1~2회에서 담당자가 함께 참여하여 운영 정책 설정 및 독려(자조모임 목적 및 모임 내용, 규칙 등 설정), 치매환자 가족들에게 치매 관련 기사 및 정보제공, 장소 세팅 및 가족 카페 모임 장소 예약, 자료 출력 등 지원, 가족 카페 관리를 통한 간단한 다과 제공 등을 한다.

온라인 자조모임은 중앙치매센터 홈페이지를 통해 온라인 자조모임 홍보, 치매통합관리 시스템에 자조모임 등록 시 자동 홈페이지 그룹방 생성, 치매파트너와 자조모임 매칭, 게시판 상담 및 참여 가족 간 실시간 인터넷채팅(온라인 자조모임 등록 및 관리: 상세 내용은 온라인 자조모임 시스템 사용 매뉴얼 확인), 중앙치매센터 홈페이지 이외의 SNS 매체 활용 가능, 치매 통합관리시스템에 자조모임 등록 후 SNS 매체 사용 등이다. 온·오프라인 자조모임 운영

시 필요할 경우 치매상담콜센터 자조모임 전담 상담사 배정, 치매파트너 중 치매환자 돌봄 경험이 있는 가족을 매칭하고 있다.

(3) 힐링프로그램

힐링프로그램 대상은 치매환자 가족 및 보호자(치매환자 함께 참여 가능)와 경도인지장애를 진단받은 노인 가족 및 보호자(경도인지장애자 함께 참여 가능)이다. 프로그램 운영 방법은 미술, 운동, 원예, 나들이 등 치매안심센터 특성에 맞게 자율적으로 진행한다. 산림·농업·해양자원을 활용한 치유 프로그램 연계가 가능하다.

힐링프로그램 운영 사례는 재능기부를 통한 작은 음악회 개최로 음악감상 기회 제공, 영화관람 등 여가활동을 지원한다. 심리적 스트레스 완화, 지역문화단지 관광, 가족 액자 만들기, 토크콘서트 등의 다양한 프로그램을 구성한 1박 2일 캠프를 통해 가족 간 정서적 안정감과 친목 도모, 다회기성 가족역할극 심리 '롤플레잉'을 교육하여 감정표현과 의사소통, 문제 대처 능력을 향상해 가족구성원 간 역할에 대한 이해와 공감능력 증진 등이 있다. 힐링프로그램 운영 시 치매파트너 중 치매환자 돌봄 경험이 있는 가족을 자원봉사자로 적극 독려하고 있다.

(4) 동반치매환자보호서비스

동반치매환자보호서비스 대상은 가족 및 보호자가 가족교실을 수강하는 동안 보호가 필요한 치매환자이다. 가족교실, 자조모임, 힐링프로그램 등 치매안심센터에서 진행되는 가족 프로그램에 참여하는 경우 이용할 수 있다. 동반치매환자보호서비스를 위한 프로그램은 치매안심센터 실정에 맞게 탄력적으로 진행한다. 가족지원팀, 인식개선홍보팀, 쉼터지원팀과 협의하여 서비스를 운영한다.

4. 기타 가족돌봄자지원사업

기타 가족지원제도로 돌봄자 수당(carer's allowance), 돌봄자 크레딧, 영케어러 지원 등에 대해 간략하게 살펴보고자 한다. 현재 한국에는 도입되지 않았지만, 일부 선진 국가에서 제공하고 있다.

1) 돌봄자 수당

돌봄자 수당은 영국과 독일이 운영한다. 영국은 만 16세 이상의 가족돌봄자를 지원하는 핵심 제도로 주당 35시간 이상 돌봄을 제공하는 경우에 현금 수당(주당 £69.70)을 지급한다. 한 사람 이상을 돌볼 때도 주당 지급액은 동일하다. 한 명의 노인을 2명 이상이 돌봐도 한 사람의 가족구성원에게만 지급된다. 수당은 소득으로 잡혀서 일정 소득이 넘었을 때는 세금을 납부해야 한다.

수당 지급 자격은 개인 예산제(Personal Independence Payment), 장애인 생활 수당(Disability Living Allowance), 간호 수당(Attendance Allowance), 산재 장애 수당(Constant Attendance Allowance), 전쟁 장애 수당(Constant Attendance Allowance at the basic rate with a War Disablement Pension), 군인 자립 급여(Armed Forces Independence Payment), 아동 장애 지원(Child Disability Payment), 성인 장애 지원(Adult Disability Payment) 중 적어도 한 개는 이용 자격을 반드시 갖춰야 한다.

가족돌봄자는 16세 이상, 일주일에 최소 35시간 돌봄 제공(빨래, 요리, 이동지원, 청구서 관리, 쇼핑, 집안일 등), 지난 3년 중 최소 2년 동안 잉글랜드, 스코틀랜드 또는 웨일스 거주자(난민이거나 인도적 보호 지위가 있는 경우에는 적용되지 않음), 잉글랜드, 스코틀랜드 또는 웨일스에 거주하거나 군대의 일원으로 해외 거주자(EEA 국가 또는 스위스로 이사하거나 이미 거주 중이면 여전히 자격 유지), 전업(full-time) 학생은 해당 안 됨, 출입국 관리 대상 아님, 소득이 세금, 국민 보험 및 비용을 제외하고 일주일에 £132 이하 등의 모든 사항이 해당되어야 한다. 수입 계산은 세금, 국민 보험 및 비용을 제외한 고용 및 자영업 소득이다(GOV.UK, 2023).

2) 돌봄자 크레딧

영국에서 돌봄자 크레딧(Carer's Credit)은 일주일에 최소 20시간 동안 다른 사람을 돌보면 받게 된다. 돌봄자 사회보장 크레딧은 국민건강보험과 국민연금에서 돌봄으로 인한 고용 상태를 유지하지 못해 발생하는 격차를 줄이는 데 도움이 된다. 돌봄으로 인한 사회보장 공백을 메울 수 있도록 크레딧을 부여한다. 돌봄자 크레딧을 받기 위한 조건은 16세 이상, 국민연금 수령 연금 미만, 일주일에 최소 20시간 동안 한 명 이상의 사람을 돌보고 있어야 한다.

장애인 생활 수당, 간호 수당, 산재 장애 수당, 전쟁 장애 수당, 군인 자립 급여, 아동 장애 지원, 개인 자립 급여 중 하나는 반드시 수급 상태이어야 한다. 이러한 혜택을 받지 않으면 돌봄자 사회보장 크레딧 신청서 양식에서 요양증명서를 작성하고 의료 및 사회복지전문가 서명을 받아야 한다.

돌봄자가 최대 12주 동안 돌봄을 제공하지 못한 상황에도 사회보장 크레딧을 받을 수 있다. 예를 들어, 명절이나 휴가를 간 경우, 돌보는 사람이 병원에 있는 경우, 돌봄자 본인이 병원에 입원한 경우 등이다. 하지만 12주 이상 돌봄을 제공하지 않았을 때는 돌봄자 크레딧 부서에 알려야 한다(GOV.UK, 2023).

3) 영케어러 지원

영국 정부는 어린 가족돌봄자가 복지 사각지대에 놓이지 않도록 제도적으로 지원하고 있다. 영케어러(young carer)는 돌봄을 통해서 돌봄 만족이나 보람을 느낄 수 있지만, 성인 돌봄자에 비해 신체 및 정신건강이 더 나빠질 수 있다. 특히 돌봄책임으로 인해서 교육이나 취업 기회에서 배제될 수 있는 위험이 크다. 돌봄자 연구에서 영케어러를 반드시 지원해야 하며, 성인 돌봄자보다 더 많은 지원을 해야 함이 밝혀졌다. 가장 큰 문제점은 영케어러의 경우 70% 가까이가 제도화된 돌봄서비스나 가족지원서비스에 대해 알지 못해서 어떠한 지원도 받지 못한다는 것이다(UK Department of Health and Social Care, 2018).

영케어러를 지원하기 위해서 영국은 돌봄 지원 계획에 돌봄 경험을 공유할 수 있는 지지 집단, 정신건강 지원, 상담, 학교 및 교육 기관을 활용한 정보제공, 탄력적 교육 및 진로 지원을 제공한다. 이러한 조치를 통해서 영케어러의 적극적 발굴, 교육 기회 증진, 교육 결과 증진, 영케어러 지원, 서비스 접근성 개선 등을 목표로 한다. 정부의 영케어러 지원을 통해서 16~24세 사이에 생애주기 발달을 위한 전환이 정상적으로 될 수 있도록 한다.

구체적으로 영케어러를 적극적으로 발굴하여 영케어러가 돌봄 초기에 서비스를 이용할 수 있도록 지원한다. 필요한 경우에 보호자 연결을 신속하게 하여 안전장치를 마련하는 것이다. 교육 기회 및 교육 후 성과를 높여서 잠재력을 펼칠 수 있게 한다. 영케어러가 사회지원 서비스를 이용할 수 있도록 연계함으로써 초기부터 적정한 서비스를 받고 필요한 장소나 시간에 따라서 적절한 개입이 될 수 있도록 한다. 영케어러가 16~24세 사이에 긍정적인 삶의 전환을 만들어 낼 수 있도록 다양한 형태의 실용적 및 감정적 지원을 제공할 필요가 있다(UK Department of Health and Social Care, 2018).

노인 의사결정능력과 성년후견제도

　사람에게 주어지는 자유권과 사회권은 인권 차원의 가치나 원칙이다. 동시에 「헌법」이 보장하는 국민의 권리이기도 하다. 자유권은 자기결정권을 의미한다. 모든 사람은 기본 인권으로 자기결정권을 가지고 있다. 그렇다고 모든 사람이 자기결정권을 행사하는 것은 아니다. 자기결정권을 행사하기 위해서는 이성적 능력을 갖추고 있는 것을 조건으로 하기 때문이다. 자기결정권을 행사할 수 있는 이성적 능력을 의사결정능력이라고 한다. 의사결정능력이 결여되거나 부재할 때는 법적 보호자나 성년후견제도를 통해 대리동의를 할 수 있다.

1. 노인 자기결정권과 의사결정능력

1) 자기결정권 근거: 인권과 헌법

　사람이면 누구나 당연히 갖는 권리를 인권이라고 한다. 인권에 대한 보편적 이해의 틀로 세계인권선언문을 사용하고 있다. 선언문 제1조에 "모든 사람은 태어날 때부터 자유롭고, 존엄하며, 평등하다."라고 규정되어 있다. 제23조(모든 사람은 일할 권리, 자유롭게 직업을 선택할 권리, 공정하고 유리한 조건으로 일할 권리, 실업상태에서 보호받을 권리, 모든 사람은 차별 없이 동일한 노동에 대해 동일한 보수를 받을 권리), 제24조(모든 사람은 노동시간의 합리적인 제한과 정기적 유급휴가를 포함하여, 휴식할 권리와 여가를 즐길 권리), 제25조(모든 사람은 먹을거리, 입을 옷, 주택, 의료, 사회서비스 등을 포함해 가족의 건강과 행복에 적합한 생활수준을 누릴 권리), 제27조(모든 사람은 자기가 속한 사회의 문화생활에 자유롭게 참여하고, 예술을 즐기며, 학문적 진보와 혜택을 공유할 권리), 제29조(모든 사람은 자신이 속한 공동체에 대해 한 인간으로서 의무를 짐)를 통해서 인간의 사회권과 연대권을 인권으로 명시한다(국가인권위원회, 2024).

인권은 자유권(사적 재산, 계약 체결 자유, 언론·출판·집회·결사 자유, 법 앞의 평등, 개인 자유 실현, 정치참여)에서 사회권(의식주, 노동, 가족 보호, 사회안전, 교육, 문화 등 사회보장)을 거쳐 연대권으로 발달했다. 노인도 인간 존엄권(행복추구권, 평등권), 자유권(신체자유권, 사생활자유권, 정신적 자유권, 경제적 자유권, 정치적 자유권), 사회권(경제권, 노동권, 주거권, 건강권, 평생교육권, 문화생활권, 사회참여권, 가족유지권, 소통권), 청구권(법 절차적 권리) 보유자이다(최혜지, 2020).

인간의 자유권과 사회권은 인권 차원의 가치나 원칙이기도 하지만,「헌법」이 보장하는 국민의 권리이기도 하다. 대한민국「헌법」제10조(모든 국민은 인간으로서의 존엄과 가치를 가지며, 행복을 추구할 권리를 가진다. 국가는 개인이 가지는 불가침의 기본적 인권을 확인하고 이를 보장할 의무를 진다.)를 토대로 국민은 자유권을 가지며 국가는 이를 보장해야 할 의무가 있음을 명시한다. 제11조(법 앞의 평등), 제12조(신체 자유), 제14조(거주·이전 자유), 제15조(직업선택 자유), 제18조(통신 자유), 제19조(양심 자유), 제20조(종교 자유), 제21조(언론·출판, 집회·결사 자유) 등을 통해 대한민국 정부는 국민의 자유권을 보장해야 함을 규정한다.

대한민국에서「헌법」으로 보장을 규정하고 있는 사회권은 제31조(교육 권리), 제32조(근로 권리), 제33조(근로자 단체교섭권 및 단체행동권), 제34조(사회보장 권리), 제35조(쾌적한 환경에서 생활할 권리)가 대표적 법조문이다. 특히 제34조를 통해서 '① 모든 국민은 인간다운 생활을 할 권리, ② 국가는 사회보장·사회복지의 증진에 노력할 의무, ③ 국가는 여자의 복지와 권익의 향상을 위하여 노력, ④ 국가는 노인과 청소년의 복지향상을 위한 정책을 실시할 의무, ⑤ 신체장애자 및 질병·노령 기타의 사유로 생활능력이 없는 국민은 법률이 정하는 바에 의하여 국가의 보호, ⑥ 국가는 재해를 예방하고 그 위험으로부터 국민을 보호하기 위하여 노력' 등의 구체적 사회보장 내용을 규정하고 있다.

결과적으로 노인 자기결정권은 인간의 기본권리이며,「헌법」에서도 보장하는 법적 권리에 해당한다. 자기결정권은 환자 자기결정권, 성적 자기결정권, 개인정보 자기결정권, 소비자 자기결정권 등과 같이 사안별로 접근한다(제철웅 외, 2023). 자기결정권은 건강한 노인에게만 제한적으로 해당하는 권리가 아니라 일상생활을 독립적으로 하지 못하는 노인에게도 보장해야 할 권리이다. 단, 자기결정권을 행사하기 위해서는 의사결정을 할 수 있는 능력이 전제되어야 한다.

2) 자기결정권과 의사결정능력

자기결정권은 자기결정에 대한 권리를 의미하며, 자기결정과 권리로 두 가지 요소를 가진다. 자기결정은 자기가 하는 결정으로 결정의 주체가 자기가 되어야 함과 결정 내용이 자기에 관한 것이라는 범위에 해당해야 한다. 노인이 돌봄서비스를 받게 된 것이 가족이 대신해서 결정했다면 자기결정의 주체는 노인이 아니다. 돌봄서비스를 받은 주체가 노인이기 때문에 자신에 관한 범위에 속한다.

자기결정이 곧 자기결정권과 같은 의미는 아니다. 자기결정권은 자기결정을 규범적으로 정당화한 권리의 형식이다. 여기서 권리가 규범적 정당화를 갖기 위해서는 권리의 내용도

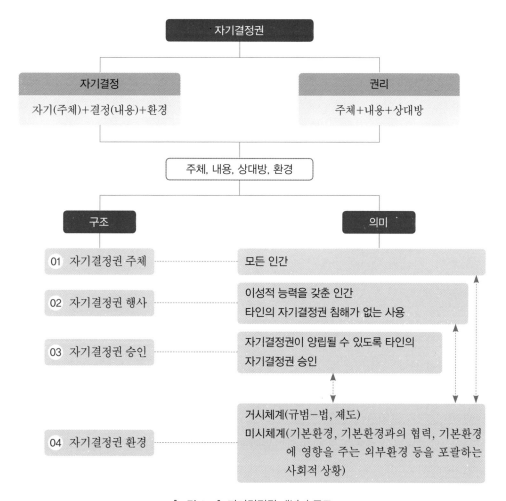

[그림 9-1] 자기결정권 개념과 구조

출처: 이승민, 이준영(2020), p. 150 수정.

정당해야 한다. 남에게 피해를 주면서 하는 자기결정은 권리로 인정해 주지 않는다. 자기결정이 권리로 인정받기 위해서는 자기결정 내용이 정당한지에 대한 규범적 심사가 필요하다. 자기결정은 개인적일 수 있지만, 자기결정권은 사회적 측면의 성격을 갖는다.

이러한 맥락에서 자기결정권은 자기결정권을 행사하는 주체가 있고, 자기결정권을 행사하는 과정에서 사회적 규범에 정당화가 필요하다. 따라서 자기결정권은 자기결정권 주체(possession), 자기결정권 행사(realization), 자기결정권 승인(recognition)의 세 가지 차원을 형성한다(김현철, 2015). 사람의 자기결정권은 사회환경 속에서 다양한 체계 간 상호작용을 분리하는 것이 불가능하다. 이에 자기결정권이 행사되고 승인되는 데 있어서 사회환경을 고려해야 한다. 자기결정권 환경은 자기결정권 행사할 능력이 부족하거나 결여된 사람들을 지원하는 사회적 제도와 체계를 구축해야 한다는 규범적 요구가 포함된다(Abery & Stancliffe, 1996).

(1) 자기결정권 주체

자기결정권 주체는 자기결정을 하는 권리 주체로 누가 권한을 가지고 있는가이다. 자기결정권은 주체는 자기(self)이다. 당연하게 인간만이 주체가 될 수 있다. 헌법학자 김현철(2015)은 인간이 자기결정권 주체가 될 수 있는 것은 근대 자연법을 토대로 인간이 가지는 특수한 속성인 이성(logos)에 있다고 설명했다. 이성이 있기에 다른 생물체와 구별되고 이성은 인간만이 가지는 고유한 특성이다. 자기결정권의 주체와 내용이 되는 인간은 이성적 능력이 있어서 자기와 관련된 사항에 대해 스스로 주체가 되어서 결정할 수 있는 자기결정권을 보유한다. 인간의 자기결정권은 인권을 통해 인간이면 당연히 갖는 권리이면서 동시에 법적으로도 국가에서 보장해야 하는 권리이다.

(2) 자기결정권 행사

자기결정권 행사는 인간이 자신과 관련해서 자기결정권을 사용할 수 있는지를 의미한다. 민법의 권리능력과 행위능력 개념을 활용해서 설명하면, 자기결정권을 가진다는 것은 권리능력에 해당한다. 하지만 권리능력을 가진다고 해서 미성년자나 의사결정능력이 결여된 정신장애인, 치매노인이 자기결정권의 행위능력을 가지는 것은 아니다. 예를 들어, 청소년이 자기결정권을 가진다고 해서 경제적 손실이 매우 클 것으로 예상하는 상품을 구매하겠다고 계약하는 것은 자기결정권 행사라고 할 수 없다.

자기결정권 행사를 위해서는 기본적으로 두 가지 사항을 충족해야 한다. 첫째, 자기결정권을 행사하는 사람이 합리적이거나 개인적 및 사회문화적 맥락에서 이해되는 의사결정을 할 수 있는 이성적 능력을 지닌 성숙한 상태에 있어야 한다. 즉, 모든 사람이 자기결정권을 행사할 수 있는 것은 아니다. 자기 사안에 대해서 적절하게 의사결정할 수 있는 능력이 있어야 자기결정권 행사가 가능하다. 둘째, 자신의 자기결정권 행사가 타인의 자기결정권 행사와 양립해야 한다(김현철, 2015). 한 사람의 자기결정권 행사를 위해서 다른 사람의 자기결정권 행사를 침해해서는 안 된다. 예를 들어, 차를 보도에 주차한 자기결정권 행사는 보도를 안전하게 걸어가야 하는 사람의 자기결정권 행사를 침해하게 된다.

(3) 자기결정권 승인

개인의 자기결정권 행사와 타인의 자기결정권 행사가 양립할 수 있다고 해서 자기결정권이 자연적으로 인정되는 충분조건은 아니다. 자기결정권 행사가 양립하더라도 사회적 차원에서 행사하는 것이 문제가 될 수 있다. 예를 들어, 남의 물건을 빼앗거나 훔치기 위해 두 개인이 협력함으로써 자기결정권 행사가 양립한다고 해도 이를 사회적으로 수용할 수 없다. 인간은 사회에서 살아가기 때문에 사회공동체 차원에서 자기결정권이 보장됨을 이해해야 한다. 공동체를 훼손하거나 자기결정권이 인권으로서 가치를 해칠 수 있는 상황에서는 자기결정권 행사 조건을 충족하는 것으로 부족하다.

서구의 사회계약설에 따르면, 시민공동체 구성은 시민의 권리를 보호하고 그 행사를 보장하기 위한 것이 중요한 이유 중 하나이다. 시민공동체는 시민들의 권리를 보호 및 보장해야 하는 책임을 진다. 구성원이 자기결정권을 적절하게 행사할 수 있도록 시민공동체가 역할을 한다. 결과적으로 시민공동체는 자기결정권 행사에 대한 승인 과정을 통해서 그 책무를 하게 된다(이승민, 이준영, 2020). 그러나 시민공동체 책무로만 자기결정권 승인을 한정하게 되면, 자기결정권 주체가 개인을 넘어서 존재하게 된다. 이에 시민공동체 승인은 개인의 자기결정권 본질을 훼손하지 않는 범위로 한정해야 한다.

사회공동체 승인을 위해서 개인의 자기결정권에 대한 부분적 제한이 있으면서도 동시에 자기결정권 본질을 보존해야 한다. 김현철(2015)은 자기결정권 승인이 시민공동체 차원과 개인적 차원 모두에서 이루어져야 한다고 주장하였다. 개인적 차원에서 자기결정권 승인은 자신의 이기주의가 아니라 타인을 고려하는 성찰적인 책임을 지닌 규범적 요구와 교차하게 된다. 이는 자기결정권 행사가 내재하고 있는 한계이다.

(4) 자기결정권 환경

모든 인간은 자기결정권 보유에 있어서 평등하다. 그렇다고 모든 인간이 자기결정권을 행사하는 데 있어서 평등한 것은 아니다. 사회공동체는 자기결정권을 승인하는 책무와 함께 자기결정권이 결여된 사람을 지원할 수 있는 사회적 장치를 마련해야 하는 규범적 요구가 있다. 자기결정권을 행사할 수 있는 능력이 부족한 경우에 이를 지원해 줄 수 있는 지원 체계를 사회공동체가 만들어야 한다(김현철, 2015).

특히 Abery와 Stancliffe(1996)는 인간의 자기결정은 생태학적 관점에서 개인과 개인을 둘러싸고 있는 다양한 체계들과의 지속적인 상호작용의 산물로 이해해야 한다고 주장했다. 인간의 자기결정권 지원 체계는 미시체계와 거시체계로 구분할 수 있다. 미시체계는 가정, 학교, 직장, 교우관계로, 개인의 자기결정을 지원할 수 있는 기본환경이 얼마나 갖추어져 있는지를 의미한다. 미시체계 간의 정보공유나 협력이 이루어지는지 확인이 필요하다. 예를 들어, 의사결정능력이 결여된 가족을 위해서 대리동의서나 공동동의서를 활용해서 지원할 수 있다. 또한 가족이나 친구가 후견인이나 후견감독인이 되기도 한다. 거시체계는 자기결정을 지원하는 사회적 및 문화적 체계로 법, 제도, 관습 등을 뜻한다. 우리나라에서 가장 대표적인 제도는 성년후견제이다(이승민, 이준영, 2020).

2. 의사결정능력 이해

의사결정능력은 자기결정권 행사의 핵심 요소이다. 한 개인이 자기결정권을 행사하기 위해서는 의사결정을 할 수 있는 이성적 능력이 있어야 함을 전제로 한다. 의사결정을 할 수 있는 이성적 능력을 의사결정능력이라고 부른다. 의사결정능력이 있다는 것은 모든 사항에 해당되는 것이 아니라 서비스 이용 의사결정능력과 같이 특정 사안별로 접근한다. 특히 의사결정능력이 없다고 하지 않고 결여되거나 부족하다고 하는데, 이는 인간의 의사결정능력이 전혀 없을 수는 없기 때문이다(우국희, 2014a).

1) 의사결정능력 개념

의사결정능력(decision making capacity)은 자신과 관련된 사안에 대해서 정보를 토대로 의사결정을 내릴 수 있는 개인의 능력을 의미한다. 사회복지서비스나 치료에 관련한 정보를 활용해서 자신의 가치 및 선호와 일치하는 적절한 선택을 할 수 있는 능력이다. 의사결정능력을 판단하기 이전에 반드시 고지된 충분한 정보제공이 선행되어야 한다. 의사결정능력은 사안별로 활용하기 때문에 돌봄서비스 의사결정능력, 치료 의사결정능력, 연구 참여 의사결정능력 등과 같이 사용된다. 한 영역에 있어서 의사결정능력이 있다고 해서 다른 영역도 의사결정능력이 있음을 의미하지는 않는다(Karlawish, 2017).

　의사결정능력에 대한 선행연구나 법적인 정의에 있어서 일치하지 않거나 접근하는 방법에서 차이점을 보인다. 하지만 의사결정능력 개념을 설명하기 위한 하위차원에 대해서는 전반적으로 일치하고 있다. 의사결정능력의 하위차원은 ① 선택(expressing a choice), ② 이해(understanding), ③ 적용(appreciation), ④ 추론(reasoning) 등 네 가지 요인이다(Moye & Marson, 2007). 예를 들어, 돌봄서비스 이용을 위한 의사결정능력이 있다면, 돌봄서비스에 대한 고지된 정보를 토대로 선택 능력, 이해 능력, 적용 능력, 추론 능력을 갖추고 있어야 한다.

　선택 능력은 '자신의 선택을 표현하거나 소통하는 능력(the ability to express or communicate one's choice)'의 줄임말이다. 의사결정능력의 가장 단순하고 최소한의 정신적인 기능으로 표현할 수 있음을 의미한다. 선택을 표현할 수 있어야 적어도 의사소통이 되기 때문에 일부 연구자들은 선택 능력을 의사결정능력의 하위차원에서 제외하기도 한다. 만약 개인이 제공된 정보를 이해하고, 자신의 상황에 적용할 수 있고, 합리적인 추론을 할 수 있더라도 이를 표현할 수 없다면 의사결정능력을 확인할 수 없다. 노인이 선호하는 선택을 다른 사람에게 어떤 외적인 방식으로 표현할 수 없다면 의도한 결정을 알기 어려워진다. 중증 뇌졸중 노인은 활동적인 정신작용을 할 수 있어서 이해 능력, 적용 능력, 추론 능력이 있다. 하지만 언어나 몸짓(예: 눈 깜박임)을 통해 아무것도 표현할 수 없으므로 선택을 표현하는 능력이 중요하다. 최근 들어서는 의사소통 보조기구(예: 의사소통 책, 스위치형, 카드, 태블릿PC 기반 앱)가 발달하면서 선택을 표현할 수 있는 방법이 늘어나고 있다(Hawkins & Charland, 2008).

　이해 능력은 의사결정능력을 위한 정신 역량 중에서 가장 기초적인 요소이다. 사회복지서비스나 치료를 제공하기 위해서 주어진 정보를 이해할 수 있어야 서비스 및 치료를 동의하거나 거부할 수 있기 때문이다. 기초적 요소라고 하면 이해 능력이 간단해 보이지만, '이해'를 어떻게 정의하느냐에 따라 달라질 수 있다. 기초적 이해와 지식이나 사실에 대한 인지로 본다면 이해의 개념을 부분적으로 접근한 것이다(Grisso & Appelbaum, 1998). 이 정도의 이해 능력은 의료 치료나 돌봄서비스에 관한 결정을 내리기 충분하지 않다. 그렇다고 해서 많은 사람이 이해할 수 있는 능력이 부족하다고 판정하지 않도록 기준을 너무 엄격하게 설정할 수 없다. 즉, 치료나 돌봄서비스의 목적, 주요 내용, 효과, 부작용, 다른 대안 등의 주어진 정보를 이해할 수 있는 능력이다.

적용 능력은 의사결정을 위해 받은 정보의 가치나 중요성을 충분하게 인식할 수 있는 역량으로 행위의 결과를 정확하게 평가하는 능력이다. 치료나 서비스에 대해 주어진 정보를 토대로 자신이 선택한 결과로 인한 혜택이나 피해를 자신의 상황에 대입해서 평가하여 인식할 수 있는 능력이다. 이는 선택의 결과가 자신에게 직접 영향을 미치기 때문에 자신의 상황에 적용할 수 있는 능력이 필요하다(Moye & Marson, 2007). 따라서 적용 능력은 개인이 통찰력을 가지고 결정할 수 있음을 말한다. 노인은 감정적 상태가 불안정하거나 인지기능이 저하되어 망상에 빠져서 자신의 상황을 잘못 인식하기도 한다(Grisso & Appelbaum, 1998). 일부는 비합리적이거나 비과학적 사실에 강하게 집착하는 신념을 보이기도 한다. 이런 상황에 있는 경우는 이해 능력이 있더라도 적용 능력은 부족하다고 할 수 있다.

추론 능력은 주어진 정보를 합리적으로 활용하여 의사결정이 진행된 과정이 개인적 및 사회적 인식의 틀에서 논리적이어야 함을 의미한다. 정보를 합리적으로 다룰 수 있는 능력이 없다면 이해하거나 자신의 상황에 적용하는 것이 불가능하다. 하지만 추론 능력의 개념은 의사결정능력에 대한 논의에서 다소 모호한 상태로 남아 있다. 이는 추론 기준을 높게 설정하거나 너무 구체적인 규범을 정하기가 어렵기 때문이다. 추론을 고차원적으로 요구하게 되면 대부분의 사람이 의사결정능력이 부족하다고 판단할 위험이 존재하기 때문이다 (Hawkins & Charland, 2008). 따라서 추론 능력은 보편적인 규범적 기준을 명시하기보다는 사례에 따라 개별적으로 평가해야 한다.

[그림 9-2] 의사결정능력 구성요인

2) 의사결정능력 평가 기본 원칙

치료 및 사회서비스 이용을 위한 의사결정능력을 평가하기 전에 의사결정능력 평가 기본 원칙을 반드시 이해하고 있어야 한다(우국회, 2014a).

첫째, 의사결정능력 추정은 의사결정능력이 부족하거나 결여되었다고 확정되기 전에는 의사결정능력이 있다고 본다. 노인이 신체 및 인지 기능이 저하되어서 자신이 서비스나 치료에 대한 의사결정능력을 상실한 것은 아니다. 모든 개인은 자신에 관련된 사안에 대해서 스스로 결정할 기본 권리가 있다.

둘째, 의사결정능력을 평가하거나 진단하는 환경은 노인이 스스로 결정할 수 있도록 지지하는 형태이어야 한다. 만약에 지지적 분위기나 지원할 수 있는 제도가 부재한 상태에서 특정 노인이 의사결정능력이 없다거나 결여되었다고 판단해서는 안 된다. 예를 들어, 중풍으로 인해서 말이나 행동을 취하기 어려운 노인의 경우는 보조적 의사소통 도구를 활용하거나 의사소통 전문가와 함께 의사결정능력이 있는지 평가해야 한다.

셋째, 의사결정능력이 있는 노인이 결정한 사안은 노인에게 불리하게 작용해도 권리로서 인정해야 한다. 노인은 연명치료를 거부하거나 요양병원 입원이나 요양시설 입소보다는 자신의 집에서 계속 거주하기도 한다. 이는 생명에 위험 요소가 되거나 일상생활을 독립적으로 하지 못해서 의식주에 문제가 발생할 수 있다. 하지만 노인의 가치관이나 신념 등을 종합적으로 검토해서 접근해야 한다.

넷째, 의사결정능력이 부족하다고 판정되어서 대리 결정을 해야 하는 상황에서는 노인 중심에서 최선인지 사유해야 한다. 특정 노인이 인지가 건강하거나 의사결정능력이 있었을 때 보였던 가치관이나 성격 및 성향 등을 반영하여 최선의 결정을 내리도록 노력해야 한다. 평소 노인을 잘 아는 가족이나 친구와 의논하거나 사전의료돌봄지시서 등을 활용해야 한다.

다섯째, 의사결정능력 평가 결과를 노인의 권리와 자유를 축소하거나 제약하는 방법으로 사용하는 것은 지양해야 한다. 의사결정능력 평가로 인해서 노인의 사생활이나 취향을 제약하거나 통제하는지 신중하게 살펴봐야 할 것이다.

3) 의사결정능력 평가 접근 방식

치료나 서비스 이용에 대한 의사결정능력 판단은 결과(outcome) 접근 방식, 지위(status) 접근 방식, 기능(functional) 접근 방식이 있다. 이는 영국 법률위원회(Law commission)에서

1995년 발간한 정신능력(Mental incapacity) 보고서를 통해서 소개되었고 학술적으로 사용하고 있다(Gunn, 1995). 의사결정능력 평가는 주로 기능 접근 방식이 활용되고 있다.

지위 접근 방식은 투표할 때 18세 이하를 모두 제외하거나 과거 유산을 나눌 때 결혼한 여성을 제외하는 방식과 유사하다. 지위 접근은 신체 및 정신 상태에 따라 의사결정자 유형을 구분해서 의사결정능력을 판단한다. 법적으로 미성년이므로 의사결정능력 결여자로 구분한다. 치매노인이라고 진단을 받게 되면 실제 의사결정능력과 관계없이 의사결정 무능력자가 된다. 지위 접근은 실제로 그 사람이 의사결정능력이 있는지 없는지보다는 어떤 상태로 구분되어 있는지가 중요하다. 결과적으로 지위 접근은 사람의 개별적 특성이나 특수한 상황을 전혀 고려하지 않는다. 즉, 사람이 스스로 결정할 수 있는 의사결정능력이 있는지를 판단하도록 지원하는 정책이나 제도와는 거리가 멀다.

결과 접근 방식은 개인이 의사결정한 마지막 내용(결과)을 중심으로 의사결정능력을 평가한다. 기존의 개인 가치와 일치하지 않거나, 의사결정능력 평가자가 동의하기 어려운 결정을 내리면 의사결정능력이 없다고 본다. 이는 개인의 자율성이나 자기결정권을 훼손하면서 타인의 관점이나 전문가 입장에서 바람직한 결과인지가 중요하다. 예를 들어, 의사가 권고한 치료를 하겠다고 하면 의사결정능력이 있지만, 거부하면 의사결정능력이 없다고 할 수 있다.

기능 접근 방식은 법률적 상황 그리고 일상 임상(병원) 상황에서 가장 적절하여 주로 채택하는 방법이다. 개인이 특정 결정을 내려야 할 때 결정의 성격과 결과를 이해하고 있는지를 판단한다. 중요한 것은 의사결정 사안에 따라서 의사결정능력 정도가 달리 적용한다는 것이다. 예를 들어, 편의점에서 좋아하는 과자를 살 때와 아파트를 계약할 때 동일한 수준의 의사결정능력을 요구하지 않는다. 혼수상태가 아닌 이상 모든 개인은 스스로 결정할 수 있는 영역이 존재한다. 의사결정능력도 시간의 경과에 따라서 높아지기도 하고 낮아지기도 한다. 결과적으로 기능접근은 개인이 의사결정이 필요한 사안에서 필요한 정보를 이해하고 이를 활용하여 결정을 내릴 수 있는 능력이 있는지가 핵심이다.

3. 의사결정능력 평가

노인의 의사결정능력 평가척도는 크게 치료 및 프로그램을 위해 개발된 것과 연구 참여를 위해 개발된 것으로 구분된다(Sturman, 2005). 의사결정능력을 평가하는 척도는 의사결정능력의 네 가지 하위차원으로 선택, 이해, 적용, 추론을 모두 또는 일부 요인을 조작화하는 방식으로 개발되었다. 예를 들어, HCAT(Hopkins Competence Assessment Tool)는 이해, MacCAT-T(MacArthur Competence Assessment Tool)는 선택, 이해, 적용, 추론, CCTI(Capacity to Consent to Treatment Instrument)는 선택, 이해, 적용, 추론, ACE(Aid to Capacity Evaluation)는 이해, 적용의 하위차원을 조작화하였다(Amaral et al., 2022). 치료, 서비스, 연구 등에 대한 정보를 제공한 후에 이에 대해 의사결정능력이 있는지를 질문해서 판정하는 형식이다. 의사결정능력 있음, 의사결정능력 불확실, 의사결정능력 결여로 판정한다.

1) 연구 참여 의사결정능력 평가[1]

표 9-1 ┃ 노인 연구참여를 위한 의사결정능력 평가 척도 요약

척도	구성요인	조사형태	측정시간	신뢰도	타당도	연구대상자
MacCAT-CR	선택 표현, 이해, 적용, 추론	준(semi) 구조화된 면접	15~30분	검증됨	검증됨	치매노인, 정신분열증, 우울증, 암, HIV, 당뇨환자
BICT	이해	설문지	5~10분	검증됨	검증됨	치매노인
ESC	이해	설문지	5~10분	검증됨	검증됨	치매노인, 일반노인, HIV 및 정신분열증 환자
CSA	적용	구조화된 면접	10~15분	검증됨	검증됨	정신분열증 환자
ICS	선택 표현, 이해, 적용, 추론	구조화된 면접	15분	보고되지 않음	검증됨	정신분열증 환자, 일반 성인
UBACC	이해, 적용, 추론	설문지	5분 이내	검증됨	검증됨	정신분열증 환자, 노인
CCS	선택 표현, 이해, 적용, 추론	설문지	5분 이내	검증됨	검증됨	일반 성인, 인종 관계없이 사용
K-CCS	선택 표현, 이해, 적용, 추론	설문지	5분 이내	검증됨	검증됨	65세 이상 노인

---

[1] 이민홍(2009). 한국노인의 연구참여를 위한 동의능력평가척도의 타당성 연구. 한국사회복지학, 61(3), 55-76. 원고 수정 작성.

(1) MacArthur Competence Assessment Tool-Clinical Research(MacCAT-CR)

MacCAT-CR은 임상 연구 참여 의사결정능력을 평가하기 위해 Appelbaum 등(1999)이 치료 의사결정능력 척도(MacArthur Competence Assessment Tool-Treatment: MacCAT-T)를 수정하여 개발하였다. 의사결정능력의 구성요소인 선택 표현, 이해, 적용, 추론 등의 네 가지 하위영역을 조작화하였다. 이 척도는 준(semi) 구조화된 면접방식으로 약 15~30분 정도의 측정시간이 소요된다. 조사자에게는 면접 진행 과정과 해석을 위한 교육이 필요하다(Palmer & Jeste, 2006). MacCAT-CR은 가장 빈번하게 사용되는 척도로서 신뢰도와 구성타당도가 실증적으로 검증되었다(Jeste et al., 2007). 예를 들어, Kim 등(2001)이 치매노인을 대상으로 한 조사에서 급내상관계수(Interclass correlation coefficient)가 0.8 이상으로 나타났다. 또한 타당도 측면에서 MacCAT-CR과 상관관계를 갖는 변수들과 통계적으로 유의미한 상관관계를 보여 주고 있다(Casarett et al., 2003). 일반적으로 MacCAT-CR은 모든 연구 집단에 유연성 있게 적용될 수 있으며 신뢰도와 타당도를 확보한 척도로 받아들여지고 있다(Sturman, 2005).

(2) Brief Informed Consent Test(BICT)

Buckless 등(2003)은 250명의 치매노인과 165명의 비치매노인을 대상으로 연구 참여 이해 정도를 실증적으로 분석하기 위해서 BICT를 개발하였다. BICT는 의사결정능력의 네 가지 구성요소 중에서 이해만을 체계적으로 평가하기 위해 설계되었다. 이 척도는 11문항으로 구성되었고, 설문 대상자는 '예/아니요'로 응답하게 되어 있다. 보통 설문 시간은 5~10분 정도 소요된다(Buckless et al., 2003). BICT의 내적 신뢰도는 0.6 이상으로 나타나며, 인지적 기능 상태 또는 치매 정도와 유의미한 상관관계를 갖는다(Dunn et al., 2006). 하지만 의사결정능력의 구성요소 중에서 이해만을 조작화하여 일반적으로 사용되지는 않는다.

(3) Evaluation to Sign to Consent(ESC)

ESC는 연구 참여자의 의사결정능력을 평가하기 위해 개발된 5문항의 질문지로 구성된 측정도구이다(DeRenzo et al., 1998; Sturman, 2005). 이 척도는 연구 참여자가 실제적으로 연구 정보를 이해하고 있는지를 평가하여 연구에 참여하는 데 윤리적으로 유효한 동의가 이뤄지는가에 접근한 것이다. ESC에서도 의사결정능력의 구성요소 중에 이해를 조작화하였으며, 조사가 이뤄지는 시간은 5~10분 사이이다(Dunn et al., 2006). ESC의 신뢰도와 타당도의 검증은 346명의 노인요양원 거주자를 대상으로 수행된 조사를 통해 검증되었다(Resnick et al.,

2007). ESC의 채점자 간 신뢰도는 0.81로 나타났다. ESC가 인지기능 선별검사 도구(MMSE)를 유의미하게 설명하는 요인이어서 신뢰성도 타당성을 실증적으로 보여 주고 있다.

(4) California Scale of Appreciation(CSA)

CSA는 의사결정능력 개념의 구성요소 중에 적용을 측정하기 위해 Saks 등(2002)이 개발하였다. 적용 능력 부족을 명백하게 잘못된 소신(belief)으로 측정하였다. 잘못된 소신을 가진 개인이 의사결정을 올바르게 하지 못할 위험성이 높다는 측면에서 CSA를 이용한 의사결정능력 평가로 이러한 특성을 가진 대상자를 보호할 수 있다고 하였다(Saks et al., 2002). CSA는 구조화된 면접방식으로 13문항의 폐쇄형 질문과 6문항의 개방형 질문으로 구성되었다. 조사 시간은 10~15분 정도 요구된다(Dunn et al., 2006; Sturman, 2005). 이 척도의 신뢰도는 채점자 간 신뢰도가 0.85, 내적 신뢰도가 0.83에서 0.88 사이로 비교적 높게 나타났다. 또한 타당도 측면에서는 CSA가 인지기능과 유의미한 상관관계를 보여 주었다(Sturman, 2005).

(5) Informed Consent Survey(ICS)

Wrishing 등(1998)은 정신분열증 환자를 대상으로 하여 구조화되고 엄격한 고지된 동의 절차를 위해 ICS를 개발하고 평가하였다. ICS는 구조화된 면접방식으로 구성되어 있으며, 조사시간은 약 15분 정도 요구된다(Dunn et al., 2006). 이 척도는 의사결정능력 평가의 네 가지 구성요소인 선택 표현, 이해, 적용, 추론을 조작화하였지만, 주로 이해에 초점을 두고 있다. 구체적으로 참여자가 연구 목적 및 세부 사항을 이해하고 있는지, 연구 참여가 선택에 의한 것인지, 참여를 통한 위험 요인 등에 관한 문항들이 포함되어 있다(Wrishing et al., 1998). ICS의 신뢰도에 관한 연구는 보고되지 않았으며, 타당도 측면에서는 ICS가 인지 상태와 유의미한 상관관계가 있음을 보여 주고 있다(Dunn et al., 2002).

(6) University of California, San Diego Brief Assessment of Capacity to Consent(UBACC)

UBACC는 10문항으로 구성된 질문지 형식이며, 일반적으로 조사 시간은 5분 이내이다. 이 척도는 연구 참여를 위한 동의 의사결정능력 평가에서 가장 자주 사용되는 MacCAT-CR이 조사 시간, 면접 방법, 결과해석 등에 있어서 많은 제한점이 있으므로 이를 보완하여 쉽고 간단하게 사용하기 위해서 개발되었다(Jeste et al., 2007). UBACC의 문항은 MacCAT-CR을 중심으로 다른 의사결정능력 척도들의 명료성, 내용중복, 내용 범위 등을 철저하게 검토하여 설계되었다. UBACC는 의사결정능력의 구성요소 중에서 이해(4문항), 적용(5문항), 추론(1문항)을 포함하고 있지만, 선택 표현은 제외했다. 선택 표현은 인지 상태와 관계없이 일반적으로 손상되지 않으며, 손상되더라도 연구 진행 과정에서 평가 없이 분명하게 알 수 있기 때문이다(Jeste et al., 2007). UBACC 척도의 채점자 간 신뢰도는 0.84에서 0.98, 내적 신뢰도(internal consistency)는 0.77로 높은 수준의 신뢰도를 보였다. 타당도 면에서도 이 척도는 MacCAT-CR 척도와 유의미한 상관관계를 보였다(Jeste et al., 2007).

(7) Capacity-to-Consent Screen(CCS)

Zayas 등(2005)은 미국 정신보건연구원(National Institute of Mental Health)의 지원을 받아 성인 환자를 대상으로 연구 참여를 위한 의사결정능력을 평가하기 위해 척도(CCS)를 개발하였다. 이 척도(CCS)는 기존에 의사결정능력을 측정하기 위해 개발된 척도들(예: MacCAT-T, ESC, ICS, MacCAT-CR)에 대한 철저한 검토를 통해 설계되었다. 특히 의사결정능력의 네 가지 구성요소인 이해, 적용, 추론, 선택 표현 등을 모두 포함하였다. 실천 현장이나 연구자가 쉽게 활용될 수 있도록 고안되었고, 총 10문항으로 구성되었으며, 2문항은 이해, 2문항은 적용, 2문항은 추론, 4문항은 선택 표현을 위해 조작화되었다. Nebbit 등(2008)은 아프리카계 미국인 청소년을 CCS 척도를 활용하여 의사결정능력을 평가하였다. 또한 Nakash 등(2009)은 정신보건서비스를 받는 18세에서 65세 이상까지의 성인환자(백인, 라티노계, 라티노계가 아닌 흑인) 129명의 의사결정능력을 판단하기 위해 CCS를 사용하였다. Zayas 등(2005)은 이 척도(CCS)의 면접 및 예측타당도와 신뢰도를 보여 주었다. 하지만 심리측정적 속성을 논리적 절차에 따라 검증하지 못하였다는 단점이 있다.

(8) 한국형 노인 연구 참여 의사결정능력 평가척도

한국 노인의 의사결정능력을 평가하기 위해서 Zayas 등(2005)이 개발한 연구 참여 척도(CCS)를 활용하였다. 의사결정능력 평가척도(CCS)는 의사결정능력의 네 가지 구성요소를 조작화하였다. 이해(2문항), 적용(2문항), 추론(2문항), 선택 표현(4문항) 등 총 10문항으로 되어 있다. 해석은 조사자가 연구 대상자에게 의사결정능력을 평가할 때 세 번까지 설명할 수 있다. 전체 문항에서 8문항 이상을 참여자가 맞히면 의사결정능력이 있는 것으로 분류한다. 구체적으로, Zayas 등(2005)은 문항별로 '맞음'과 '틀림'으로 평가하도록 설계하였다. 이 연구에서 신뢰도를 나타내는 계수가 0.93으로 나타나 높은 내적 신뢰도를 보여 주었다. 다음은 한국형 노인 연구 참여 의사결정능력 평가척도 설문지이다.

한국형 노인 연구 참여 의사결정능력 평가척도 설문지

문항: 제가 앞서 설명드린 본 연구 **내용의 이해정도**를 여쭈어보겠습니다.

면접자: 앞서 설명한 연구 내용을 **세 번까지 반복**해서 설명할 수 있음(힌트를 줘서 어르신이 응답하게 해도 됨), "**잘 모르겠다**"라고 응답한 경우도 **전혀 모르는 것인지 아니면 응답하기가 어려워서**인지를 구분해야 함(응답하기 어려워서이면 맞는 걸로 평가함).

문항	무엇(예상 답변)	맞음	틀림
(1) 누구를 대상으로 건강에 대해 여쭈어본다고 했습니까? (왜 본 조사에 참여하도록 요청받았다고 생각하십니까?)	-노인 -서비스 이용하는 사람 -기타 가능한 응답		
(2) 지금 여쭈어보는 질문은 무엇에 관한 조사라고 했습니까?	-(노인) 건강 -기타 가능한 응답		
(3) 무엇을 물어본다고 했습니까?	-(노인) 건강 -기타 가능한 응답		
(4) 본 조사를 해 주셔서(참여하셔서) 받는 것은 무엇입니까?	-선물 받음 -내 건강 상태 진단 -기타 가능한 응답		
(5) 본 조사에 참여하고 싶지 않아도, 꼭 (강제적으로) 해야 합니까?	-아님 -자발적 참여 -내가 동의 -기타 가능한 응답		
(6) 본 조사에 참여하지 않는다고, 기관 서비스를 받지 못합니까?	-아님 -기타 가능한 응답		
(7) 어르신이 원하시면, 질문에 응답하는 것을 그만둘 수 있습니까?	-그렇다 -기타 가능한 응답		
(8) 질문에 대답하고 싶지 않다면, 그렇게 할 수 있습니까?	-그렇다 -기타 가능한 응답		

종합판정

□ 연구참여 의사결정능력 있음

□ 연구참여 의사결정능력 불확실

□ 연구참여 의사결정능력 결여(부족)

> * **채점 및 해석 방식:** 면접자는 연구 참여자에게 조사 목적, 내용, 연구 참여 혜택과 위험, 자발적
> 선택 등에 대해 자세하게 설명해 준다. 각 문항은 면접자에 의해 맞음과 틀림으로 평가한다.
> 연구에 관한 내용은 세 번까지 반복해서 설명할 수 있다(힌트를 줘서 응답하게 해도 된다). 만
> 약 세 번의 설명에도 불구하고, 연구 참여자가 6개 문항 이상을 맞히지 못하였을 때는 연구 참
> 여를 위한 '의사결정능력 결여'로 판단한다.

2) 시설 입소 의사결정능력[2)]

노인 시설 입소를 위한 의사결정과정을 [그림 9-3]과 같이 시각화하였다. 이는 Ripley, Jones와 MacDonald(2008)가 제안한 시설보호서비스를 받기 위한 의사결정능력 평가 알고리즘과 Cole과 Dawe(2011)가 제시한 노인요양시설 입소를 위한 의사결정흐름도를 토대로 작성되었다. [그림 9-3]에서 볼 수 있듯이 시설 입소를 위해 찾아오거나 가족이나 다른 기관이나 시설로부터 의뢰된 잠재적 시설 입소 노인에게 시설에 관한 충분한 정보를 제공해야 한다. 다음으로 제공된 정보를 이해할 수 있는 인지적 능력과 입소 결정 여부가 자신에게 가져오는 혜택이나 유해를 파악할 수 있는 평가능력이 노인에게 있음을 확인해야 한다.

이 과정에서 일반적으로 시설 입소 의사결정능력을 평가하고, 의사결정능력이 있을 때는 노인 스스로 입소 여부를 결정하게 된다. 의사결정능력이 없더라도 위기 상황이라고 판단되면, 고지된 정보제공과 의사결정 절차를 생략하고 입소를 결정해 적절한 보호를 해야 한다. 단, 권한이 있는 대리 의사결정자에게 알리고 동의를 구해야 한다. 위기 상황이 아니지만 의사결정능력이 없는 노인의 경우에는 권한이 있는 대리 의사결정자를 선정하여 대리동의서나 공동동의서를 작성하게 된다. 대리동의자(예: 가족, 법정대리인, 성년후견인 등)가 없는 경우에는 시·군·구의 지자체장에 의해서 동의를 승인받아야 한다. 또한 의사결정능력이 없다는 결과를 노인이 수용하지 않을 때는 공공 의사결정 윤리위원회를 통해 노인의 시설 입소 의사결정능력에 대해 재검토해야 한다. 최종 결정은 노인 본인 스스로가 결정할 수 있는 권한을 부여하게 된다.

---

2) 이민홍, 강은나(2014). 노인요양시설입소 동의능력사정도구의 신뢰도 및 타당도 연구. 한국사회복지행정학, 16(3), 1-29. 원고 수정 작성.

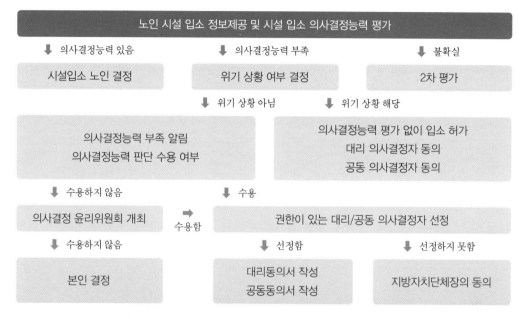

[그림 9-3] 시설 입소를 위한 고지된 정보제공 및 의사결정능력 평가 과정 흐름도

(1) 의사결정 정보제공

노인이 시설 입소 여부를 결정하기 위해서는 잠재적 대상자에게 제공되어야 할 정보가 무엇인지부터 논의되어야 한다. 일반적으로 치료를 위해서는 의사가 제안하는 치료 목적 및 특이점, 잠재적 혜택 및 위험, 대안들의 혜택 및 위험 등의 정보를 환자에게 반드시 알려야 한다(Grisso & Appelbaum, 1998).

정신보건, 심리, 사회복지 영역에서도 클라이언트에게 개입하기 이전에 개입 목적, 주요 내용, 일정, 혜택(예: 문제해결 및 완화, 우울 감소, 대인관계 기술 향상 등) 및 피해(예: 감정적 소진, 시간 소요, 개인정보 일부 공개 등), 대안 등에 대한 정보가 의사결정을 위해 반드시 제공되어야 한다(이민홍, 2011). 하지만 환자나 클라이언트의 생명을 위협하는 응급상황일 때 고지된 동의(의사결정과정)를 위한 정보제공에 앞서 치료나 개입을 제공한 후에 본인과 그의 가족에게 고지된 동의 절차를 밟게 된다.

노인의 시설 입소를 위한 의사결정과정에서도 의학적 치료 및 심리 · 사회적 개입과 같이 충분한 정보제공이 선행되어야 한다. 노인에게 시설 입소는 자신이 일상생활을 스스로 돌볼 수 있는 능력이 없어서 집에서 혼자 또는 가족과 생활하기 어렵다는 것을 인정, 일부는 자식이나 배우자에게 버림받았다고 생각, 이전부터 집에서 누렸던 일생에 걸친 추억과 경험을 유지할 수 없음, 익숙한 자신의 공간에서 새로운 공간으로 이동, 사회적 관계에도 변화

발생, 물리적 환경은 물론이고 식사·목욕·의복·돌봄·활동 등에 있어서도 개별적이기보다는 집단적 생활, 노인요양시설 입소로 인해 자신이 죽기를 희망했던 장소로부터 멀어짐 등의 변화를 초래하게 된다. 노인에게 시설 입소는 단순한 이사가 아니라 자기 삶 전체에 엄청난 변화와 충격을 가져오는 일이다. 따라서 시설 입소 의사결정과정은 치료나 개입보다 더 엄격하게 진행되어야 한다. 이를 위해서 충분한 정보제공은 반드시 선행되어야 할 것이다.

　시설 입소를 결정하기 위해서 시설 관계자는 반드시 노인이 합리적인 의사결정을 할 수 있도록 입소에 관한 모든 정보를 충분하게 제공해야 한다. 반드시 제공되어야 할 정보로는 시설 입소 결정은 대상 노인의 동의를 전제로 한다는 것, 노인요양시설 이해, 시설 입소를 통해 기대되는 혜택, 시설 입소를 통해 발생할 수 있는 위험·비용·불편, 시설 입소 이외의 다른 대안, 시설 입소를 하지 않을 때 발생할 수 있는 결과, 시설에서 돌봄 소홀로 발생할 수 있는 위험에 대한 책임 내용 등이다(Cole & Dawe, 2011). 이러한 정보와 함께 시설 입소를 고려 중인 노인이나 그의 가족이 묻는 모든 질문에 대해서도 반드시 응답해야 한다. 시설에 입소하는 노인의 권리에 대해서도 상세하게 설명해야 한다. 예를 들어, 존엄성, 의료 개인정보보호, 금전, 음식 및 방문 등이 있다(Crotts & Martinez, 1996). 특히 시설에서 불만을 제기할 수 있는 권리도 보호되어야 하며, 모든 시설에서의 생활은 노인의 의사결정과정 참여를 기초로 진행된다.

(2) 시설 입소 의사결정능력 평가

　시설 입소 의사결정능력은 선택 표현, 이해, 적용, 추론 등으로 설명된다(Moye et al., 2006). 선택 표현능력은 개인이 표현할 수 없다면 이해, 평가, 추론 등의 능력이 있음을 보여 줄 수 있는 근거가 없으므로 의사결정능력의 네 가지 구성요소 중에서 가장 기본요소가 된다(Grisso & Appelbaum, 1998). 개인이 자신의 선택과 관련해서 '예' 또는 '아니요'의 신호(예: 구두, 글, 몸짓 등)를 최소한 보여 줄 수 있는 능력이다. 이해 능력은 앞서 시설 입소를 위해 노인에게 제공된 정보(예: 목적, 내용, 혜택, 피해, 대안 등)를 정확하게 파악할 수 있는 것이다(Moye & Marson, 2007). 시설 입소에 대한 전반적 정보에 대해 자세히 설명을 들었음에도 노인이 이해를 못하면 이해 능력이 미흡한 것으로 판단한다.

　적용 능력은 제공받은 정보를 자신의 상황에 대입시켜 파악할 수 있는 것을 의미한다(Saks & Jeste, 2006). 즉, 시설 입소를 하려는 잠재적 거주자가 입소를 통해 발생할 수 있는 긍정적 및 부정적 결과를 입소에 관해 주어진 정보를 근거로 하여 자신의 상황에 비추어서 인식할 수 있는 능력이다. 예를 들어, 다른 노인과 방을 사용해서 발생하는 불편을 겪게 되는 사람이 자신임을 알아야 한다.

마지막으로 추론 능력은 한 개인이 의사결정을 했다면, 이에 대한 결정 과정이 논리적임을 보이는 것을 말한다(Grisso & Appelbaum, 1998). 예를 들어, 김 할아버지가 시설 입소를 거부했다면, 거부 결정의 근거가 재가돌봄서비스 이용이나 가족돌봄으로 자신의 의존성을 해결할 수 있다는 등과 같이 논리성에 기초해야 한다는 것이다. 특히 앞서 제공된 정보 이해와 평가를 기초로 하여 논리적 의사결정 과정을 거쳤음을 판단할 수 있는 능력이다.

의사결정능력을 측정하기 위해 기존에 개발된 척도들도 법적 기준에 의해 도출된 네 가지 핵심 구성요소(선택 표현, 이해, 평가, 추론)를 통해 접근하고 있다(Dunn et al., 2006; Moye et al., 2006; Saks & Jeste, 2006; Sturman, 2005). 국내외 주요 연구자료 검색을 통해 의사결정능력 평가척도에 대해 탐색한 결과에서 볼 수 있듯이 선택 표현, 이해, 평가, 추론 등을 구성요인으로 척도가 개발되었다. 치료 및 시설 입소를 위한 의사결정능력을 평가하기 위해 개발된 척도는 주로 환자, 정신장애인, 일반노인, 시설 노인 등을 대상으로 적용되고 있다.

시설 입소를 위한 의사결정능력 평가척도는 Capacity to Make Admission Decisions (CMAD)(Cole & Dawe, 2011)와 Placement Aid to Capacity Evaluation(PACE)(Etchell et al., 1996)으로 두 가지가 있었다. 나머지 측정도구들은 환자 치료를 위한 의사결정능력을 평가하기 위해 개발되었다. 치료를 위한 대표적인 의사결정능력 평가척도로는 Competency Interview Schedule(Bean et al., 1994), Hopkins Competency Assessment Tool(Janofsky et al., 1992), Aid to Capacity Evaluation(Etchells et al., 1999), MacArthur Competence Assessment Tool for Treatment(Grisso & Appelbaum, 1998), Competency to Consent to Treatment Instrument(Marson et al., 1995), 치료 의사결정능력 도구(서미경 외, 2009) 등이 있다(이민홍, 박지영, 2012). 그리고 한국에서 요양시설에 거주하고 있는 노인을 대상으로 신뢰도와 타당도를 검증한 한국어판 노인요양시설 입소 의사결정능력 사정 도구(K-CMAD) 척도가 있다(이민홍, 강은나, 2014). 다음은 한국 노인의 시설 입소 의사결정능력 척도를 제시한 것이다.

노인요양시설 입소 의사결정능력 사정 도구 문항 및 활용 방법

문항: 시설에 관해 설명한 **내용의 이해정도**를 여쭈어보겠습니다.

면접자: 질문을 **세 번까지 반복**해서 설명할 수 있음(힌트를 줘서 어르신이 응답하게 해도 됨), **"잘 모르겠다"**라고 응답한 경우도 **전혀 모르는 것인지 아니면 응답하기가 어려워서**인지를 구분해야 함(응답하기 어려워서이면 이해하는 걸로 평가함).

문항	무엇 (예상 답변)	판정		
		이해함	이해 못함	불확실
(1) 현재 어르신께서는 어떤 어려움을 겪고 계십니까? ✓ 질문의도: 자신의 건강, 상태, 문제점을 이해하고 있는지?	질병, 건강, 일상생활 등			
(2) 어르신께서는 요양시설(양로시설)에 입소하는 것에 대해 어떻게 생각하세요? ✓ 질문의도: 입소 또는 비입소로 발생할 수 있는 결과를 인식할 수 있는지?	필요함, 매우 좋음, 안전함 등			
(3) 앞에서 여쭤본 요양시설(양로시설)에 입소하는 것 외에 어르신의 어려움을 대처하는 다른 방법으로 무엇이 있을까요? ✓ 질문의도: 자신의 상태 또는 문제점을 이해하고 있는지?	자녀 집 거주, 다른 방법 없음 등			
(4) 만약 어르신께서 요양시설(양로시설)에 입소하지 않으시면, 어떤 일이 발생할까요? ✓ 질문의도: 입소 또는 비입소로 발생할 수 있는 결과를 인식할 수 있는지?	살기 어려움, 의식주 불가능 등			
(5) 만약 요양시설(양로시설)에서 살게 되면 어떤 일이 발생할까요?(요양시설에 입소해서 좋은 점이 무엇입니까?) ✓ 질문의도: 입소 또는 비입소로 발생할 수 있는 결과를 인식할 수 있는지?	편리함, 의식주 걱정 안 함 등			
종합판정 □ 시설입소 의사결정능력 있음 □ 시설입소 의사결정능력 부족 □ 의사소통이 불가능(이유:)				

* 채점 및 해석: 면접자는 시설 입소 상담을 받는 어르신에게 입소 절차, 시설보호 소개, 비용, 서비스 내용, 거주자 권리와 책임, 시설 입소 장점과 단점, 시설 입소 이외의 대안 등에 대한 정보를 제공한다. 이와 함께 노인이 시설에 관련하여 질문하는 내용들에 대해 상세하게 답변해야 한다. 이후에 5개 문항에 대해 제공된 정보를 토대로 적절한 답변했을 때 시설 입소 의사결정능력이 있다고 판정한다.

3) 돌봄서비스 이용 의사결정능력

돌봄서비스 이용에 대한 노인의 의사결정능력을 평가하기 위한 조사표는 다음과 같다. 돌봄서비스 이용 의사결정능력의 개념과 구성요인은 이미 제시한 연구 참여나 시설 입소와 동일하기 때문에 조사표만을 다음과 같이 제시하였다(제철웅 외, 2023).

돌봄서비스 이용 의사결정능력 판정 도구

문항: 돌봄서비스에 관해 설명한 **내용의 이해정도**를 여쭈어보겠습니다.

면접자: 질문을 **세 번까지 반복**해서 설명할 수 있음(힌트를 줘서 어르신이 응답하게 해도 됨), **"잘 모르겠다"**라고 응답한 때도 **전혀 모르는 것인지 아니면 응답하기가 어려워서**인지를 구분해야 함(응답하기 어려워서이면 이해하는 걸로 평가함).

질문	예상 답변	판정		
		이해	불확실	전혀 모름
1) 어르신께서는 어떠한 어려움(욕구)이 있습니까?(어르신께서는 여기에 왜 오셨습니까?)	• 식사 어려움			
2) 어떤 서비스가 어르신 어려움(욕구)을 줄일 수 있습니까?(제가 어르신께서 어떤 서비스를 이용하시면 도움이 된다고 했습니까?)	• 맞춤돌봄서비스 • 주간보호서비스			
3) 어르신의 어려움(욕구)을 대처하기 위한 다른 대안(방법)이 있을까요?(이 서비스 이용을 제외한 다른 방법에 대한 물음)	• 다른 서비스 이용 • 기타 가능한 응답			
4) 어르신께서는 돌봄서비스 이용을 거절하거나 중간에 그만두실 수 있습니까?	• 가능함			
5) 어르신께서 이 돌봄서비스를 이용하면 어떤 좋은 점이나 나쁜 점(불편한 점)이 있을까요?	• 안부 확인 • 집 방문 불편			
6) 어르신께서 이 돌봄서비스를 이용하지 않으면 어떻게 될까요?	• 혼자 있기 힘듦 • 기타 가능한 응답			
7) 왜 이 돌봄서비스를 이용하기로 (결정)했습니까? / 이용하지 않기로 (결정)했습니까?	• 도움 줌 • 기타 가능한 응답			
8) 이 돌봄서비스를 이용하기로 한 가장 중요한 이유는 무엇입니까? / 이용하지 않기로 한 가장 중요한 이유는 무엇입니까?	• 주변 추천 • 기타 가능한 응답			

9) 다른 사람이 이 돌봄서비스를 이용하라고 강요했습니까?	• 아님 • 기타 가능한 응답		
10) 어르신께서 스스로 이 돌봄서비스 이용을 결정했습니까?	• 스스로 결정함 • 기타 가능한 응답		
종합관정 □ 돌봄서비스 이용 의사결정능력 있음 □ 돌봄서비스 이용 의사결정능력 불확실 □ 돌봄서비스 이용 의사결정능력 결여(부족)			

* **채점 및 해석**: 면접자는 노인에게 돌봄서비스 목적, 내용, 선정기준, 불편함 등에 대해 자세하게 설명해 준다. 각 문항은 면접자에 의해 맞음과 틀림으로 평가한다. 돌봄서비스에 관한 내용은 세 번까지 반복해서 설명할 수 있다(힌트를 줘서 응답하게 해도 된다). 만약 세 번의 설명에도 불구하고, 노인이 모든 문항에 대해 적절하게 응답하지 못했을 때 돌봄서비스 이용 의사결정능력이 부족한 것으로 판단한다.

4. 성년후견제도

성년후견제도는 장애, 질병, 노령 등으로 인해 성인이 의사결정을 통한 사무처리가 어려운 경우에 가정법원의 결정이나 후견 계약을 통해서 선임된 후견인이 재산관리 및 일상생활에 관한 보호와 지원을 제공하는 제도이다. 우리나라는 「민법」에서 제9조(성년후견개시의 심판), 제10조(피성년후견인의 행위와 취소), 제12조(한정후견개시의 심판), 제13조(피한정후견인의 행위와 동의), 제959조의14(후견계약의 의의와 체결방법 등) 등의 법 조항을 통해서 성년후견제도와 후원 계약에 대해 규정하고 있다.

가정법원의 후견인 결정은 「민법」 '제9조(성년후견개시의 심판) ① 가정법원은 질병, 장애, 노령, 그 밖의 사유로 인한 정신적 제약으로 사무를 처리할 능력이 지속적으로 결여된 사람에 대하여 본인, 배우자, 4촌 이내의 친족, 미성년후견인, 미성년후견감독인, 한정후견인, 한정후견감독인, 특정후견인, 특정후견감독인, 검사 또는 지방자치단체장의 청구에 의하여 성년후견개시의 심판을 한다. ② 가정법원은 성년후견개시 심판을 할 때 본인의 의사를 고려하여야 한다.'라고 되어 있다.

다음으로 후원계약을 통한 후견인 결정은 「민법」 '제959조의14(후견계약의 의의와 체결방법 등) ① 후견계약은 질병, 장애, 노령, 그 밖의 사유로 인한 정신적 제약으로 사무를 처리할

표 9-2 후견인 주요 역할

재산관리	신상보호
• 부동산 관리, 보존, 처분 • 예금 및 보험 등 관리 • 정기적 수입 및 지출에 관한 관리 • 물품 구입, 판매 • 서비스 이용 계약, 체결, 변경, 종료 • 유체동산, 증서 및 중요문서 보관 및 관리 • 공법상 행위(세무신고 등) • 상속 승인, 한정승인 또는 포기 및 상속재산 분할에 관한 협의	• 의료행위: 치료, 입원, 수술 등 의료행위 • 주거 관련 행위: 주거공간 마련, 변경, 처분 • 시설 입소 및 퇴소 • 사회복지서비스 이용: 복지급여 신청, 복지급여 수령 및 관리, 복지서비스 이용 등 • 사회적 관계 관리: 교육, 재활, 취업 등 • 그 밖에 일상생활 지원

* 후견 종류와 후견인 권한범위에 따라 역할이 변경될 수 있음.
출처: 법제처(2023).

능력이 부족한 상황에 있거나 부족하게 될 상황에 대비하여 자신의 재산관리 및 신상 보호에 관한 사무의 전부 또는 일부를 다른 자에게 위탁하고 그 위탁사무에 관하여 대리권을 수여하는 것을 내용으로 한다. ② 후견계약은 공정증서로 체결하여야 한다. ③ 후견계약은 가정법원이 임의후견감독인을 선임한 때부터 효력이 발생한다. ④ 가정법원, 임의후견인, 임의후견감독인 등은 후견계약을 이행·운영할 때 본인의 의사를 최대한 존중하여야 한다.'에 근거한다.

성년후견인은 피성년후견인의 재산관리와 신상보호를 할 때 여러 사정을 고려하여 그의 복리에 부합하는 방법으로 사무를 처리하여야 한다. 이 경우 성년후견인은 피성년후견인의 복리에 반하지 아니하면 피성년후견인의 의사를 존중하여야 한다. 성년후견제도를 통해서 ① 사무처리 능력에 도움이 필요한 성인의 재산보호뿐만 아니라 의료행위, 거주지 결정 등 신상에 관한 폭넓은 지원이 이루어지고, ② 가정법원 또는 후견감독인에 의한 실질적인 후견업무의 감독이 가능해지며, ③ 후견과 관련한 별도의 등기제도를 운영하여 후견인 선임여부에 대한 개인정보도 보호해야 한다(대한치매학회, 2003).

1) 성년후견

성년후견제도는 질병, 장애, 노령, 그 밖의 사유로 인한 정신적 제약으로 후견이 필요한 성인의 권익보호와 지원을 위해 마련된 제도로 성년후견, 한정후견, 특정후견, 임의후견 등으로 구분된다. 성년후견은 가정법원이 질병, 장애, 노령, 그 밖의 사유로 인한 정신적 제약으로 사무를 처리할 능력이 지속적으로 결여된 사람에 대하여 본인, 배우자, 4촌 이내의 친족, 미성년후견인, 미성년후견감독인, 한정후견인, 한정후견감독인, 특정후견인, 특정후견감독인, 검사 또는 지방자치단체장의 청구에 의한다. 피성년후견인의 법률행위는 취소할 수 있지만, 일용품의 구입 등 일상생활에 필요하고 그 대가가 과도하지 아니한 법률행위는 성년후견인이 취소할 수 없다.

※ 어떤 사례에 성년후견제도가 적용될 수 있을까요?

"재산관리 · 요양원 입소가 필요한 치매노인"

고령남 씨(가명, 85세, 치매)는 몇 년 전 병원에서 치매 판정을 받았습니다. 그동안은 큰아들이 보살펴 왔으나 병세가 심해져 이제는 전문 요양원에서 돌봐야 할 상황이 되었습니다. 요양원 비용을 위해 고령남 씨 명의로 된 부동산을 처분하는 등 그를 대신해 재산관리를 해 줄 사람이 필요합니다.

출처: 법제처(2023).

2) 한정후견

한정후견은 가정법원이 질병, 장애, 노령, 그 밖의 사유로 인한 정신적 제약으로 사무를 처리할 능력이 부족한 사람에 대하여 본인, 배우자, 4촌 이내의 친족, 미성년후견인, 미성년후견감독인, 성년후견인, 성년후견감독인, 특정후견인, 특정후견감독인, 검사 또는 지방자치단체장의 청구에 의한다. 가정법원은 피한정후견인이 한정후견인의 동의를 받아야 하는 행위의 범위를 정할 수 있다.

한정후견인 동의를 필요로 하는 행위에 대하여 한정후견인이 피한정후견인의 이익이 침해될 염려가 있음에도 그 동의를 하지 아니하는 때에는 가정법원은 피한정후견인 청구에 의하여 한정후견인 동의를 갈음하는 허가를 할 수 있다. 한정후견인 동의가 필요한 법률행위를 피한정후견인이 한정후견인 동의 없이 하였을 때는 그 법률행위를 취소할 수 있다. 다만, 일용품의 구입 등 일상생활에 필요하고 그 대가가 과도하지 아니한 법률행위에 대하여는 제외한다.

※ 어떤 사례에 한정후견제도가 적용될 수 있을까요?

"어렵고 복잡한 일은 처리하기 어려운 초기 치매"

초기 치매인 나도움 씨는 자신의 신변처리나 식사, 외출 등 일상생활을 하는 데는 무리가 없지만, 은행 업무를 보거나 부동산계약 등 법률적인 문제를 처리하는 데는 어려움을 겪고 있습니다. 나 씨는 복잡하고 어려운 일을 대신 처리해 주거나 도와줄 사람이 필요합니다.

출처: 법제처(2023).

3) 특정후견

특정후견의 경우에 가정법원은 질병, 장애, 노령, 그 밖의 사유로 인한 정신적 제약으로 일시적 후원 또는 특정한 사무에 관한 후원이 필요한 사람에 대하여 본인, 배우자, 4촌 이내의 친족, 미성년후견인, 미성년후견감독인, 검사 또는 지방자치단체장의 청구에 의한다. 특정후견은 본인 의사에 반하여서 할 수 없다. 특정후견 심판을 할 때는 특정후견 기간 또는 사무의 범위를 정하여야 한다.

※ 어떤 사례에 특정후견제도가 적용될 수 있을까요?

"딸이 없는 한 달 동안만 도움을 받고 싶은 치매노인"

외국인 회사에 다니는 외동딸과 살고 있는 필요녀 씨(76세)는 치매로 인해 기억력과 판단력이 많이 떨어진 상태입니다. 최근 외동딸이 한 달 동안 외국 출장을 가게 되어 가사도우미를 고용했으나, 필요녀 씨를 도와 도우미 관리 등 일상 사무를 처리해 줄 사람이 필요합니다.

출처: 법제처(2023).

4) 임의후견

임의후견은 질병, 장애, 노령, 그 밖의 사유로 인한 정신적 제약으로 사무를 처리할 능력이 부족한 상황에 있거나 부족하게 될 상황에 대비하여 자신의 재산관리 및 신상보호에 관한 사무의 전부 또는 일부를 다른 자에게 위탁하고 그 위탁사무에 관하여 대리권을 수여하는 것을 내용으로 후견계약을 체결하여 성립한다. 후견계약은 공정증서로 체결하고, 가정법원이 임의후견감독인을 선임한 때부터 효력이 발생한다. 가정법원, 임의후견인, 임의후견감독인 등은 후견계약을 이행·운영할 때 본인 의사를 최대한 존중하여야 한다.

※ 어떤 사례에 임의후견제도가 적용될 수 있을까요?

"미리 후견인을 지정해 두고 싶은 분"

최근 치매판정을 받은 형의 자녀들이 재산분쟁에만 골몰하는 것을 본 대비남 씨(60세)는 정신이 온전한 지금 미리 후견인을 지정해 두려고 합니다. 그러면 나중에 치매에 이르더라도 자신의 의사대로 재산관리를 할 수 있고, 자녀들의 분쟁도 막을 수 있을 것 같습니다.

출처: 법제처(2023).

끝으로 후견계약과 성년후견·한정후견·특정후견의 관계는 후견계약이 등기되어 있는 경우에 가정법원은 본인 이익을 위하여 특별히 필요할 때에만 임의후견인 또는 임의후견감독인 청구로 성년후견, 한정후견 또는 특정후견 심판을 할 수 있다. 이 경우 후견계약은 본

표 9-3 성년후견 유형 및 행위능력

종류	주요 내용	행위능력
성년후견	질병, 장애, 노령, 그 밖의 사유로 인한 정신적 제약으로 사무를 처리할 능력이 지속적으로 결여된 사람에 대하여 법원이 일정한 자들의 청구에 따라 후견인을 선임하는 것	노인 단독으로 유효한 법률행위 불가
한정후견	질병, 장애, 노령, 그 밖의 사유로 인한 정신적 제약으로 사무를 처리할 능력이 부족한 사람에 대하여 법원이 일정한 자들의 청구에 따라 후견인을 선임하는 것	노인 판단으로 재산상 법률행위 가능
특정후견	질병, 장애, 노령, 그 밖의 사유로 인한 정신적 제약으로 일시적 후원 또는 특정한 사무에 관한 후원이 필요한 사람에 대하여 법원이 일정한 자들의 청구에 따라 후견인을 선임하는 것	노인 의사에 반하여 할 수 없음
임의후견	질병, 장애, 노령, 그 밖의 사유로 인한 정신적 제약으로 사무를 처리할 능력이 부족한 상황에 있거나 부족하게 될 상황에 대비하여 자신의 재산관리 및 신상보호에 관한 사무의 전부 또는 일부를 스스로 다른 자에게 위탁하고 그 위탁사무에 관하여 대리권을 수여하는 계약을 체결하도록 하는 것	노인 동의 필수

출처: 「민법」 제9조, 제12조, 제14조의2 및 제959조의14.

인이 성년후견 또는 한정후견 개시의 심판을 받을 때 종료된다. 본인이 피성년후견인, 피한정후견인 또는 피특정후견인인 경우에 가정법원은 임의후견감독인을 선임함에 있어서 종전의 성년후견, 한정후견 또는 특정후견 종료 심판을 하여야 한다. 다만, 성년후견 또는 한정후견 조치의 계속이 본인의 이익을 위하여 특별히 필요하다고 인정하면 가정법원은 임의후견감독인을 선임하지 않는다.

참조 치매안심센터 치매공공후견지원사업[3]

1. 사업개요

- 의사결정능력 저하로 어려움을 겪고 있는 치매환자에게 성년후견제도를 이용할 수 있도록 지원함으로써 인간 존엄성을 보장하기 위한 사업
- 후견심판청구 절차, 공공후견인 연계, 후견활동 관리 등 공공후견인 신청 과정 및 관련 비용 지원
- 법적 근거: 「치매관리법」 제12조의3

「치매관리법」 제12조의3

① 지방자치단체의 장은 치매환자가 다음 각 호의 어느 하나에 해당하여 후견인을 선임할 필요가 있음에도 불구하고 자력으로 후견인을 선임하기 어렵다고 판단되는 경우에는 그를 위하여 「민법」에 따라 가정법원에 성년후견개시, 한정후견개시 또는 특정후견의 심판을 청구할 수 있다.

1. 일상생활에서 의사를 결정할 능력이 충분하지 아니하거나 매우 부족하여 의사결정의 대리 또는 지원이 필요하다고 볼 만한 상당한 이유가 있는 경우
2. 치매환자의 권리를 적절하게 대변하여 줄 가족이 없는 경우
3. 별도의 조치가 없으면 권리 침해의 위험이 상당한 경우

---

3) 중앙치매센터(2024). "치매공공후견 사업 안내" 자료를 토대로 작성.

2. 성년후견제도

• 장애, 질병, 노령 등으로 인해 사무처리 능력에 도움이 필요한 성인에게 가정법원의 결정으로 선임된 후견인이 재산관리 및 신상보호 등의 사무를 지원하는 제도

3. 치매공공후견사업 내용

1) 지원대상

• 치매환자(치매진단을 받은 자)
• 가족: 가족이 없거나, 가족이 있어도 실질적 지원이 없는 경우
• 소득: 기초생활수급자, 차상위자, 기초연금수급자 등 우선지원
• 욕구: 공공후견 지원을 원하는 자
• 그 외 후견서비스가 필요하다고 지방자치단체장이 인정하는 자

2) 지원내용

• 후견심판청구 절차 및 비용 지원
• 공공후견인 활동비 지원: 월 20만 원(월 최대 40만 원)
※ 본 사업은 특정후견을 원칙으로 함

3) 신청방법

• 치매환자 주소지 관할 시·군·구 치매안심센터
• 치매상담콜센터(연락처: 1899-9988)

4) 공공후견인 역할

• 사회복지서비스 신청 및 이용 지원
• 의료서비스 이용 지원(수술 등 건강에 영향을 주는 의료행위 제외)
• 주택임대차계약 등 주거 관련 지원
• 예금통장 등 재산관리
• 주민등록등본 등 서류 발송

5) 공공후견인 자격

- 민법상 결격사유(민법 제937조)가 없고, 치매공공후견인 양성교육을 이수한 성인이
라면 누구나 공공후견인이 될 수 있음
- 공공후견인 선정 절차: 광역치매센터 후보자 모집 및 선발 → 치매공공후견인 양성
교육 수료 후 위촉장 수여 → 후견인후보자 추천 및 후견인후보자 선정 → 법원 공공
후견인 선임 결정

4. 치매공공후견서비스 이용 절차

01 공공후견서비스 신청

지역사회에서 공공후견이 필요한 치매환자를 발견한 경우, 시·군·구 치매안심센터에 공공후견서비스를 신청합니다.

06 후견활동 시작

공공후견인은 3년 동안 치매환자의 후견인으로 활동하며, 치매안심센터의 관리감독을 받습니다.

02 후견대상자 선정

치매안심센터는 치매환자를 후견대상자로 선정하고, 광역치매센터에서 적합한 후견인후보자를 추천합니다.

05 후견심판결정

가정법원은 후견심판청구를 심리하여 공공후견언을 선임하는 결정을 내립니다.

03 후견심판청구 준비

치매안심센터는 후견심판청구에 필요한 서류를 준비하고, 중앙치매센터 소속변호사가 청구서를 작성합니다.

04 후견심판청구

치매환자 주소지 가정법원에 후견심판청구서를 접수합니다.

제**4**부

공식적 돌봄

우리나라 공식적 돌봄제도는 돌봄연속성 관점에서 예방적 돌봄, 지역사회 돌봄, 시설돌봄 및 생애말기돌봄으로 구분할 수 있다.

예방적 돌봄은 노인의 건강을 증진하고 허약함을 지연시키는 돌봄으로 신체적·정신적·사회적 건강의 유지 및 증진과 건강 저하를 가속화하는 위험요인의 축소 및 제거를 의미한다. 만성질환이 있지만 독립적으로 생활이 가능한 상태를 말한다. 예방적 돌봄을 위한 서비스는 통합건강증진사업과 건강생활지원사업이 대표적이다.

지역사회 돌봄은 IADL 기능 제한이 있는 허약 노인과 ADL 기능 제한도 있는 매우 허약 노인을 대상으로 가능하면 오랫동안 자신이 살았던 집이나 지역사회에서 살아갈 수 있도록 보호하는 것이다. 노인맞춤돌봄서비스(안전지원, 사회참여, 생활교육, 일상생활 지원, 지역사회 자원연계)와 노인장기요양보험 재가급여(방문요양, 인지활동형 방문요양, 방문목욕, 방문간호, 주야간보호, 단기보호, 복지용구)가 해당한다. 광역지자체별로 실시하고 있는 지역통합돌봄도 지역사회 돌봄에 속한다. 현재 광역지자체 전지역 사업으로 서비스를 제공하는 경우는 서울(돌봄SOS센터 돌봄서비스), 광주(광주다운 통합돌봄), 대전(지역사회통합돌봄 행복동행), 부산(함께돌봄) 등이 있다(이민홍 외, 2023). 또한 노쇠, 장애, 질병, 사고 등으로 일상생활 수행에 어려움을 겪는 사람이 살던 곳에서 계속하여 건강한 생활을 영위할 수 있도록 의료·요양 등 돌봄 지원을 통합·연계하는 사업이 2026년 3월 전국에서 시행을 앞두고 있다(약칭: 「돌봄통합지원법」). 하지만 통합돌봄사업은 대상이 노인뿐만 아니라 영유아, 아동·청소년, 장애인, 1인가구 등 전체 시민이므로 이 책에서는 다루지 않았다.

시설돌봄 및 생애말기돌봄은 일상생활에 있어서 의존도가 상대적으로 높은 매우 심각한 허약 노인 및 기대수명이 6개월 이내로 죽음을 맞이하게 되는 말기 노인과 그 가족을 대상으로 한다. 시설돌봄은 노인주거복지시설, 요양시설과 요양병원이 있다. 노인에게 24시간 신체활동 지원 및 심신 기능의 유지 향상을 위한 돌봄이나 치료를 제공한다. 특히 요양시설과 요양병원은 치매노인을 돌보기 위

구분	예방적 돌봄	지역사회 돌봄		시설돌봄 및 생애말기돌봄	
노인 건강	건강한 노인 (만성질환 보유)	허약 노인 (IADL 기능 제한)	매우 허약 노인 (ADL 기능 제한)	매우 심각한 허약 노인	말기 노인
서비스	• 지역사회 통합건강 증진사업: 신체활동, 영양, 방문건강관리, 치매관리사업 • 건강생활지원사업	• 노인맞춤돌봄 서비스 • 지역사회통합돌봄	• 노인장기요양 보험 재가급여	• 노인주거복지시설 • 요양시설 • 요양병원 • 치매안심병원(치매 전담병동)	• 호스피스 • 완화의료

[그림 10-1] 한국 공식적 돌봄제도 현황

해서 치매전담형 요양시설과 치매전담형 병동을 운영한다. 생애말기돌봄은 입원형 호스피스·완화의료, 가정형 호스피스·완화의료, 자문형 호스피스·완화의료 등을 통해서 생애 말기에 있는 노인이 고통 없이 인간답게 삶의 질을 유지할 수 있도록 지원한다.

다음으로 일본, 스웨덴, 미국 등의 해외 주요 국가별 공식적 돌봄제도 사례에 대해 살펴보았다. 국가별로 노인돌봄서비스 제도가 만들어진 배경과 제도 운영 후 노출되는 한계점을 보완하기 위한 제도 수정이나 새로운 제도로 변경 등의 발전 경로를 다루었다. 지역사회 돌봄과 시설돌봄 등의 노인돌봄서비스를 가장 최근 기준으로 해서 살펴보았다. 이를 통해 한국보다 앞서 돌봄 문제를 경험한 주요 국가의 공식적 돌봄시스템의 특성과 한계점을 이해하고자 한다.

예방적 돌봄제도

노인을 위한 예방적 돌봄체계는 「지역보건법」을 근거로 보건소에서 제공하는 지역사회 통합건강증진사업과 「노인복지법」을 근거로 노인복지관에서 제공하는 건강생활지원사업이 있다. 지역사회 통합건강증진사업은 지자체가 지역사회 주민을 대상으로 실시하는 건강생활실천 및 만성질환 예방, 취약계층 건강관리를 목적으로 지역사회 특성과 주민 요구가 반영된 프로그램 및 서비스 등을 기획 및 추진한다(한국건강증진개발원, 2024).

노인복지관에서 제공하는 건강생활지원사업은 노인성 질환을 예방하기 위한 신체활동지도, 지적 능력과 신체 기능이 저하되거나 마비되어 일상생활에 곤란을 겪고 있는 노인들의 정신적, 신체적 기능회복, 요양서비스, 영양 공급 등을 한다. 구체적으로, 건강증진지원, 기능회복지원, 급식지원이 있다. 노인복지관은 기본사업(기본적으로 제공해야 할 필수사업)과 선택사업(기본사업 이외 지역 또는 노인복지관 특성 반영 개발 및 추진 가능 사업)을 수행한다. 건강증진사업은 기본사업으로 모든 노인복지관에 필수적으로 제공해야 하는 서비스이다. 반면, 기능회복지원과 급식지원은 선택사업에 해당한다(보건복지부, 2024d).

1. 보건소 지역사회 통합건강증진사업

지역사회 통합건강증진사업 목적은 지역사회 주민의 건강수준 향상을 위해 지자체가 주도적으로 사업을 추진하여 지역주민의 건강증진사업 체감도 및 건강행태 개선이다. 이 사업의 기본방향은 건강증진사업 통합 및 재편성을 통한 사업의 효율성 제고, 지자체의 자율성 확대, 지자체의 책임성 제고 등 세 가지가 있다. 건강증진사업 통합 및 재편성을 통한 사업의 효율성을 높이기 위해서 건강영역별 또는 생애주기별로 통합 구성하여 다양한 전략을 활용한다. 또한 지역사회 자원과 포괄적 연계·협력을 통한 대상자 중심의 통합서비스를 제공할 수 있도록 여건을 조성한다. 지자체 자율성 확대는 지역사회 건강문제 및 특성에 따라 우선순위 사업영역 선정 및 사업량 선택이 자율적이다. 지자체 책임성 제고는 책임성을 담보하기 위해 지자체 스스로 관리·감독 역할 강화와 사업기획, 운영, 평가과정에서 지자체의 자발적 성과관리가 이루어질 수 있도록 평가관리 체계를 운영한다.

지역사회 통합건강증진사업 영역은 구강보건, 모바일 헬스케어, 비만예방관리, 신체활동, 영양, 음주폐해예방(절주), 한의약건강증진, 심뇌혈관질환예방관리, 아토피·천식 예방관리, 여성·어린이특화, 지역사회중심재활, 금연, 방문건강관리, 치매관리로 구성된다. 이 사업 중에서 노년층과 관련성이 있는 것으로 구강보건, 신체활동, 영양, 방문건강관리, 치매관리가 있다(한국건강증진개발원, 2024).

1) 구강보건[1]

구강보건사업의 목적은 노인기 구강증상을 관리할 수 있는 실천능력 향상 및 구강건강관리 서비스 제공을 통해 구강건강과 구강기능 유지로 삶의 질 향상에 기여하는 것이다. 주요 대상은 ① 경로당, 노인복지관, 노인교실 등 노인여가복지시설 이용 노인, ② 재가 요양서비스, 노인맞춤 돌봄 등 이용 노인, ③ 요양시설 등 입소 노인, ④ 치매센터, 금연, 신체활동, 심뇌혈관질환 예방관리 등 프로그램 참여 노인 등이다. 주요 사업 내용은 구강 보건교육 및 홍보(치아, 틀니, 임플란트 정기적 관리방법, 구강 건조증상 완화방법, 구강질환과 전신 건강의 상관성 등 교육), 노인 불소도포 및 스케일링(스케일링 또는 전문가 치면세정술을 시행함으로써 잇몸 질환의 진행을 억제하고, 불소도포를 통해 치근면 우식을 예방하고 시린 이를 방지), 순회 구강건강관리, 노인의치보철, 임플란트 지원 등이 있다(한국건강증진개발원, 2024).

2) 신체활동[2]

한국건강증진개발원의 지역사회통합건강증진사업 신체활동분야 안내서에 따르면 신

---

1) 한국건강증진개발원(2024). 2024년 지역사회통합건강증진사업 안내서(구강) 요약.
2) 한국건강증진개발원(2024). 2024년 지역사회통합건강증진사업 안내서(신체활동) 요약.

표 10-1 생애주기별 신체활동 지침: 노인(65세 이상)

구분	권고사항
개요	• 신체활동 참여는 노인들의 일상생활 능력을 향상시키며 낙상, 치매 및 인지기능 저하 위험을 감소시킵니다. 또한 신체활동 참여는 노인들의 사회적 활동을 증가시키며, 이는 외로움과 고립감을 감소시켜 노인의 우울 감소와 삶의 질 향상에 도움이 됩니다. • 권장 수준의 신체활동을 수행하기 어려울 때는 개인의 체력 및 신체기능에 맞게 가능한 만큼 신체활동을 하도록 노력해야 합니다.
신체활동 지침	☑ 중강도 유산소 신체활동을 일주일에 150~300분 또는 고강도 유산소 신체활동을 일주일에 75~150분 해야 합니다. • 고강도 유산소 신체활동 1분은 중강도 유산소 신체활동 2분과 같습니다. 중강도 유산소 신체활동과 고강도 유산소 신체활동을 섞어서 각 활동에 해당하는 시간만큼의 유산소 신체활동을 수행할 수 있습니다. • 300분 이상의 중강도 혹은 150분 이상의 고강도 유산소 신체활동은 더 많은 건강상의 이점을 가져올 수 있습니다. ☑ 근력 운동을 일주일에 2일 이상 해야 합니다. • 신체 각 부위를 모두 포함하여 수행하고, 한 세트에 8~12회 반복합니다. 근력 운동을 한 신체부위는 하루 이상 휴식을 취한 후 다시 하는 것이 좋습니다. 해당 운동이 수월하게 느껴진다면 무게를 더하거나 세트 수를 2~3회까지 늘리도록 합니다. ☑ 평형성 운동을 일주일에 3일 이상 해야 합니다. • 평형감각 향상과 낙상 예방을 위해서 체력 수준에 맞게 평형성 운동을 하도록 합니다. 평형성 운동은 가구 같은 고정된 지지물을 잡고 하는 운동방법에서 지지물 없이 하는 방법으로 난이도를 높여 갈 수 있습니다. ☑ 하루 동안 앉아 있는 시간을 가능한 한 최소화해야 합니다. • 특히 TV 시청, 컴퓨터 및 스마트 기기 사용을 위해 앉아 있는 시간을 최소화해야 하며, 앉아 있는 시간을 신체활동으로 대체하는 것이 좋습니다.
신체활동 예시	• 유산소: 중강도(집안일, 아이나 반려동물 목욕시키기, 빠르게 걷기, 낮은 경사 등산, 계단 오르기, 자전거 타기 등), 고강도(달리기, 높은 경사 등산, 자전거 타기, 테니스, 배드민턴, 탁구, 수영 시합, 격하게 춤추기 등) • 근력운동: 계단 오르기, 장보기 등의 짐 옮기기, 맨몸운동(팔굽혀 펴기, 턱걸이, 플랭크, 스쿼트, 런지 등), 탄력밴드 및 근력 운동기구 활용 운동, 요가, 필라테스 등 • 평형성 운동: 외발서기, 요가, 태극권, 기구(밸런스 패드, 반원 짐볼 등) 이용 균형 감각 향상 운동 등

출처: 한국건강증진개발원(2023), pp. 37-38.

체활동 사업은 규칙적인 신체활동 실천율을 증가하는 것을 목적으로 한다. 신체활동 실천은 유산소 신체활동, 근력운동, 평행성 운동을 권고사항으로 지침서에 담고 있다. 질병관리청(2023)의 국민건강영양조사 결과에 의하면 우리나라 노인의 유산소 신체활동 실천율은 33.6%로 3명 중 1명꼴로만 권장 수준만큼 실천하는 것으로 나타났다. 노인의 근력운동 실천율은 23.8%로 5명 중 1명꼴로만 권장 수준만큼 실천하고 있었다. 걷기 실천율은 44.6%로 약 10명 중 4명꼴로 걷기를 하였다.

노인 신체활동 증진은 노인 일상생활 기능향상을 위해서 낙상, 관절염, 요통 등의 노인 질환과 관련된 신체활동 프로그램을 제공한다. 신체활동 프로그램은 신체활동 정보제공과 신체활동 실천 프로그램으로 구성된다. 정보제공은 노인의 일상생활 건강기능 유지 및 건강수명 연장을 목표로 연령 증가에 따른 신체기능의 변화과정 교육과 일상생활 신체기능 유지 및 질환관리를 위한 운동방법 교육이 주제이다. 실천 프로그램은 일상생활 건강기능 유지를 위한 유연성, 평형성, 근력운동 프로그램 제공, 치매예방을 위한 신체 협응 프로그램 제공, 걷기능력 향상을 위한 다양한 걷기 교육 프로그램 운영, 주 3회(1회 50분 이상) 중강도 활동을 실천할 수 있도록 프로그램을 구성하고 있다.

3) 영양[3]

영양 사업의 목적은 지역사회 주민의 건강수명 증가를 위한 최적의 영양관리 및 식습관 개선이다. 적절한 영양관리와 영양교육을 통한 의식 개선으로 균형 잡힌 식생활 실천을 유도함으로써 만성질환 예방 및 삶의 질 향상을 유도한다. 노인을 대상으로 맞춤형 영양관리 서비스를 제공하기 위한 어르신 영양관리사업과 실버 건강식생활 사업이 있다.

어르신을 위한 영양교육 프로그램은 섭취 부족 영양소, 독거어르신 영양관리, 위생적 음식관리, 보관 방법 등 영양교육 및 어르신 조리실습(장 보기 및 조리 방법) 등의 영양교육 교실 운영이 있다. 노인의 거동 정도에 따라서 단체교육 및 가정방문을 통한 개인 상담을 실시하여 맞춤형 영양관리 제공, 가정방문을 실시하여 식생활 환경을 점검함으로써 영양중재 제공, 노인복지시설, 복지관 등과 협력하여 노인건강식생활 프로그램을 진행한다. 조리교실의 경우 관내 문화센터, 학교 등과 협력하여 진행 등이 주요 내용이다. 일반 어르신, 고혈압 어르신, 당뇨 어르신 등 건강상태별로 교육 내용을 맞춤형으로 제공하고 있다.

---

3) 한국건강증진개발원(2024). 2024년 지역사회통합건강증진사업 안내서(영양) 요약.

실버 건강식생활 사업은 식품구입과 조리 등이 어려운 독거노인에게 식생활관리서비스 (공동부엌 실습교육·가정방문을 통한 맞춤형 영양교육) 및 과일·우유 등의 간식도시락을 제공한다. 노인의 영양섭취는 매우 취약한 것으로 보고되어 노인에 대한 영양관리 및 지원의 필요성 증가에 따른 것이다. 사업 대상은 65세 이상 독거노인 등 취약계층 노인이다. 식생활 관리 서비스 및 영양교육은 대상자의 상황에 따라 단체교육과 개인·가정방문 상담 중에서 선택하는 이론교육과 거동이 가능한 대상자인 경우, 스스로 식생활 관리 능력 향상을 위하여 공동급식 조리실습을 포함한 실습교육이 있다. 건강간식 제공은 과일과 우유 및 유제품을 주 3회로 하되, 대상자 가구의 식품저장 시설 및 공간 상태 따라서 횟수를 조정한다.

4) 방문건강관리사업[4]

방문건강관리사업은 건강관리서비스 이용 및 접근이 어려우면서, 건강관리가 필요한 지역사회 주민을 대상으로 지역주민의 자가건강관리 능력향상 및 허약예방 등을 통한 건강수준 향상을 목적으로 제공한다. 노인은 허약(노쇠) 예방 및 관리가 필요하여 방문건강관리 서비스 우선순위 고려 대상자(연령, 독거, 저소득 등)이다. 방문건강관리사업은 크게 건강상태 스크리닝, 건강관리 서비스, 보건소 내·외 자원연계로 구분될 수 있다.

먼저, 건강상태 스크리닝의 목적과 역할은 신체계측 및 건강면접조사 등을 통한 대상자의 건강행태 및 건강위험 요인 파악, 대상자 맞춤 건강관리서비스를 위한 계획수립 기준 마련(대상자 군 분류), 대상자별 건강관리서비스 효과성 평가 및 개선사항 도출 등이다. 건강상태 스크리닝을 위해 건강면접조사표와 건강기초조사표를 활용해서 집중관리군, 정기관리군, 자기역량지원군 등으로 분류하여 맞춤형 서비스를 제공한다.

건강관리 서비스의 목적과 역할은 금연, 절주, 식생활, 신체활동 등 자가 건강관리 능력 향상, 고혈압, 당뇨 등 만성질환 관리율 향상, 노인의 허약(노쇠) 속도 지연 등이다. 건강관리 서비스 내용은 ① 기본 건강관리(계절 및 자연재난, 일상 속 안전에 대한 사전 교육과 상담을 통한 일상 속 자가 건강관리역량 강화), ② 만성질환 예방 및 관리(고혈압, 당뇨, 비만 등 주요 만성질환으로 이환예방 및 증상관리, 합병증 예방을 위하여 건강행태 개선 및 만성질환 관리 역량 제고), ③ 생애주기별 및 특성별 관리(노인의 신체적·인지적·정서적·사회적 기능향상 및 유지율 증가를 통해, 건강한 노후 생활을 도모하고 장기요양상태를 사전 예방)로 크게 구분된다. 건강관리

---

4) 한국건강증진개발원(2024). 2024년 지역사회통합건강증진사업 안내서(방문) 요약.

서비스 방법은 직접방문, 전화방문, ICT 활용 비대면 건강관리, 그외 방문건강관리 서비스 등이 있다.

보건소 내·외 연계 서비스의 목적은 방문건강관리서비스 대상자에게 필요한 보건소 내 및 지역사회 내(보건소 외) 자원연계를 통하여 효과적, 효율적(중복방지) 건강관리 실현이다. 보건소 내 연계 서비스는 진료, 금연클리닉 등 건강증진사업, 의료비 지원사업, 철분제·엽산제 지원 등 보건소 사업대상 및 건강검진 결과연계 대상, 지역정신보건센터, 치매안심센터 등이 있다. 보건소 외 연계 서비스는 읍·면·동 찾아가는 보건복지 서비스, 시·군·구 희망복지지원단 통합사례관리, 의료급여 사례관리사업, 노인장기요양보험(장기요양등급 외 판정자), 노인 의료·돌봄 통합지원 시범사업, 광역정신보건센터, 중독관리통합지원센터, 보건의료 전문기관, 무료 수술 및 의료비 지원 등이 대표적이다.

5) 치매관리사업[5]

치매관리사업의 목적은 치매 예방, 치매환자에 대한 보호와 지원 및 치매퇴치를 위한 연구 등에 관한 정책을 종합적으로 수립·시행함으로써 치매로 인한 개인적 고통과 피해 및 사회적 부담을 줄이고 국민건강증진(「치매관리법」 제1조)을 높이는 것이다. 이를 위해서 중앙정부와 광역 및 기초지자체 단위에서 치매 관련 계획을 조정하고 연계한다. 국가치매 관리사업을 수행하는 데 있어서 효과적인 관리가 가능하도록 중앙―광역―치매안심센터로 이어지는 인프라 및 전달체계를 구축하였다.

치매 예방, 상담, 조기진단, 보건·복지 자원연계 및 교육 등 유기적인 통합 치매관리서비스를 제공하기 위해서 지자체별로 치매안심센터를 운영한다. 치매안심센터 기능은 치매 관련 상담 및 조기검진, 치매환자 등록·관리, 치매등록통계사업 지원, 치매 예방·교육 및 홍보, 치매환자쉼터 운영, 치매환자 가족지원사업, 장기요양인정신청 등의 대리(「노인장기요양보험법」 제22조 제2항), 성년후견제 이용지원사업, 치매 예방·인식개선 교육 및 홍보 등이다.

---

5) 보건복지부(2024c). 2024년 치매정책 사업안내 요약.

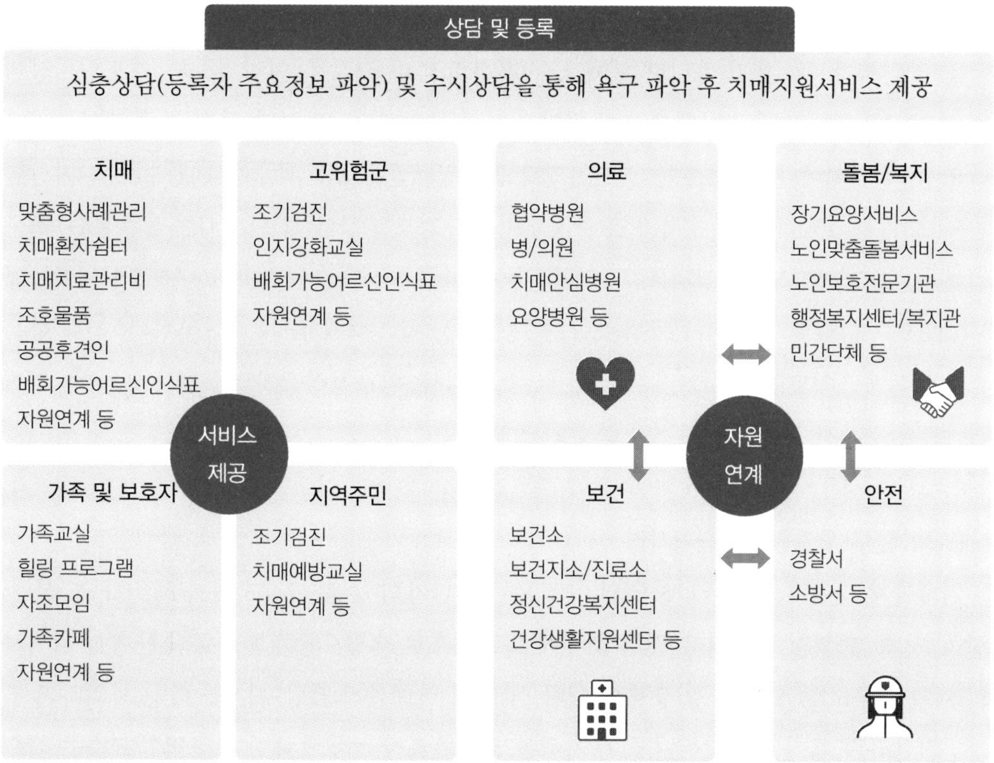

상담 및 등록

심층상담(등록자 주요정보 파악) 및 수시상담을 통해 욕구 파악 후 치매지원서비스 제공

치매
맞춤형사례관리
치매환자쉼터
치매치료관리비
조호물품
공공후견인
배회가능어르신인식표
자원연계 등

고위험군
조기검진
인지강화교실
배회가능어르신인식표
자원연계 등

의료
협약병원
병/의원
치매안심병원
요양병원 등

돌봄/복지
장기요양서비스
노인맞춤돌봄서비스
노인보호전문기관
행정복지센터/복지관
민간단체 등

서비스 제공

가족 및 보호자
가족교실
힐링 프로그램
자조모임
가족카페
자원연계 등

지역주민
조기검진
치매예방교실
자원연계 등

보건
보건소
보건지소/진료소
정신건강복지센터
건강생활지원센터 등

자원 연계

안전
경찰서
소방서 등

[그림 10-2] 치매안심센터 주요사업

출처: 보건복지부(2024c), p. 48.

(1) 상담 및 등록관리사업

상담 및 등록관리사업의 목적은 지역사회 거주 노인의 인지 건강상태에 따라 요구되는 다양한 관리서비스를 연속적으로 제공함으로써 치매노인 혹은 고위험군, 정상 노인의 삶의 질 증진과 치매환자 및 가족에게 치매관리서비스를 제공하고 치매환자의 삶의 질을 향상시키며 가족의 부양부담을 경감하는 것이다. 등록관리는 치매안심센터를 이용하려는 자로 대상자(치매환자, 치매고위험군, 정상, 진단미정)와 보호자(치매환자 및 경도인지장애로 진단받은 자의 가족, 후견인, 가족·후견인 외 보호자)가 중복등록 가능하다. 상담은 치매안심센터에 등록된 자로 치매 예방, 진단 등 치매 관련 제반 서비스가 안내 및 제공될 수 있도록 진행된다.

(2) 치매조기검진

치매조기검진의 목적은 치매는 다양한 원인에 의해 발생되며 조기에 발견하여 적절히 치료할 경우 완치 또는 중증 상태로의 진행을 억제하거나 증상을 개선하는 것이 가능, 치매를 적절히 치료 · 관리하고 치매에 동반된 문제증상을 개선시킬 경우 환자와 가족의 고통과 부담을 크게 경감시킬 뿐만 아니라 치매로 인한 사회적 비용 절감, 인지저하자, 경도인지장애는 치매 고위험군으로서 치매로 진행되지 않도록 예방 교육 및 상담 등의 집중 검사관리가 필요 등 세 가지이다. 치매 또는 경도인지장애로 진단받은 모든 주민을 대상으로 '인지선별검사(CIST)'를 실시해서 '인지저하'로 판정되면 진단검사를 한다. 진단검사는 필수로 ① 전문의 진찰, ② 간이정신진단검사(MMSE), ③ 치매척도검사(CDR 또는 GDS), ④ 신경인지기능검사(CERAD-K 제2판, SNSB II, SNSB-C, LICA 중 한 가지를 선택해서 시행) 등을 한다. 선택 항목으로 노인우울척도검사(GDS-K), 일상생활척도검사, 치매정신증상척도검사를 한다. 검진 결과를 활용해서 적합한 서비스를 받도록 조치한다.

(3) 치매환자 맞춤형 사례관리사업

치매환자 맞춤형 사례관리사업의 목적은 치매환자의 돌봄 사각지대를 해소하고, 신체, 심리, 사회, 환경적 요구와 관련된 문제에 체계적으로 개입 · 중재함으로써 안정적 지역사회 계속 거주(AIP)와 삶의 질 향상에 있다. 맞춤형 사례관리 담당자는 간호사, 사회복지사, 작업치료사 등 국가 면허증이나 국가 자격증 소지자로서 치매에 대한 전문적인 교육을 이수하였거나 보건복지부에서 실시하는 치매 사례관리자 교육 프로그램을 이수한 자이다. 맞춤형 사례관리 담당자가 진행하는 사례회의는 맞춤형 사례관리팀장(혹은 부센터장)이 주관하며, 대상자 선정과 함께 대상자 군 분류에 관한 사항, 이후 계획 수립과 실행, 평가 및 사후관리 등 사례관리 제반 과정에서 필요한 사항을 검토하고 결정한다. 광역센터는 치매사례관리위원회를 구성해서 맞춤형 사례관리 사례회의 결과에 따른 대상자 선정 및 대상자 종결에 관한 전반적인 자문 및 심의 등을 담당한다.

맞춤형 사례관리 대상자는 일반, 중점, 긴급 대상군 중 하나로 분류한다. 긴급 대상군은 복합적인 욕구와 심각한 문제를 지니고 있으며, 상태 변동 가능성이 높으나 적절한 서비스를 이용하고 있지 못한 자이다. 중점 대상군은 복합적인 욕구와 심각한 문제를 지니고 있거나, 상태 변동 가능성이 있지만 적절한 서비스를 이용하고 있지 못한 자이다. 일반 대상군은 일반적인 욕구와 문제를 지니고 있으며, 비교적 안정적 상태를 유지하며 적절한 서비스를 이용하고 있는 자이다. 사례관리 절차는 초기단계(사례관리 접수, 대상자 선정), 사정단계(대상자 군 분류, 초기평가), 계획단계(계획수립), 실행단계(사례관리 서비스 제공), 평가 및 종결단계(목표달성도 평가, 종결, 사후관리) 등으로 진행된다.

(4) 치매예방관리사업

치매예방관리사업은 지역주민 및 치매 고위험군에게 치매 발생 위험 요인을 파악하여 치매 예방 실천 행동 강령을 제시하고 인지 훈련 프로그램을 제공함으로써 치매 발병 가능성을 감소시키고 발병 시기를 늦추는 것을 목적으로 한다. 치매예방수칙 3·3·3, 치매예방운동법, 치매체크 앱, 치매예방실천지수(치매위험도 확인) 등의 치매예방 콘텐츠를 개발하고 확산하고 있다. 치매예방수칙 3·3·3은 3권(勸, 즐길 것: 운동, 식사, 독서), 3금(禁, 참을 것: 절주, 금연, 뇌손상 예방), 3행(行, 챙길 것: 건강검진, 소통, 치매조기발견)을 의미한다. 치매예방교실은 치매안심센터에 등록된 정상군을 대상으로 치매안심센터 상황에 맞게 치매예방 관련 교육 콘텐츠 및 치매예방을 위한 인지훈련 프로그램을 제공한다. 인지강화교실은 치매안심센터에 등록된 치매 고위험군(치매선별검사상 인지저하자, 경도인지장애로 최종 진단받은 자)을 대상으로 중앙치매센터의 '(9988 똑똑한 신문읽기) 두근두근 뇌운동 통합본'을 치매예방 콘텐츠 표준교재로 사용하여 치매안심센터 상황에 맞게 인지훈련 프로그램을 제공한다.

(5) 치매환자쉼터

치매환자쉼터의 목적은 치매환자의 치매중증화 예방을 위해 전문적인 인지자극프로그램과 돌봄 제공, 치매환자의 사회적 고립 및 외로움을 예방하기 위해 가정에서 머물지 않고 쉼터를 방문함으로써 사회적 접촉 및 교류 증진, 낮 시간 동안 경증치매환자를 보호하여 가족의 삶의 질 향상 도모 및 가족의 부양 부담 경감 등이다. 대상은 치매안심센터에 등록된 경증치매환자이다. 사업수행인력은 대상자에게 적절한 프로그램 운영 계획을 사전에 수립하고, 프로그램 운영 후 일지를 작성한다. 운영시간은 쉼터반당 주 2회 이상, 종일반 또는 최소 3시간 이상 대면운영이다.

(6) 치매지원서비스 관리

치매지원서비스 관리는 배회가능 어르신 인식표 보급사업과 치매치료관리비 지원으로 구성된다. 배회가능 어르신 인식표 보급 사업은 배회증상으로 실종이 염려되는 치매환자와 어르신에게 실종예방 인식표를 보급하여 실종 시 치매환자와 어르신의 조속한 발견과 복귀를 지원함으로써 치매환자와 어르신을 안전하게 보호하고, 치매환자 가족의 복지 증진을 목적으로 한다. 발급대상은 실종 위험이 있는 치매환자 및 60세 이상 어르신이다. 치매치료관리비 지원의 목적은 치매를 조기에, 지속적으로 치료·관리함으로써 효과적으로 치매증상을 호전시키거나 증상심화를 방지하여 노후 삶의 질 제고 및 사회경제적 비용 절감에 기여

하는 것이다. 지원내역은 비급여항목(상급병실료 등)은 제외하고 치매치료관리비 보험급여
분 중 본인부담금(치매약제비 본인부담금+약 처방 당일의 진료비 본인부담금)이다. 지원금액은
월 3만 원(연 36만 원) 상한 내 실비 지원이며, 지급방식은 치료제 복용 개월 수에 따른 약제
비와 진료비를 월 한도 내 일괄 지급이다. 대상자 선정기준은 60세 이상인 자(초로기 치매 환
자도 선정가능) 중에서 기준 중위소득 140% 이하인 경우를 선정한다. 또한 치매환자의 상태
에 따라 돌봄에 필요한 조호물품을 무상공급하여 치매환자 및 가족의 경제적 부담 경감을
목적으로 조호물품(예: 인지강화/인지재활 용품, 미끄럼방지 용품, 약보관함, 기저귀, 요실금 팬티
등)을 제공하기도 한다.

(7) 치매가족 및 보호자 지원사업

치매가족 및 보호자 지원사업의 목적은 체계적이고 구체적인 커리큘럼 바탕의 가족교육
을 통해 치매환자가족 및 보호자의 치매환자 돌봄에 대한 이해와 돌봄 역량 향상, 치매환자
와 보호자가 함께 참여할 수 있는 다양한 프로그램을 통해 상호 간 스트레스를 해소하고 정
서적 교류와 심리적 부담을 경감, 치매환자와 보호자 간 정서 및 정보 교류 지원을 통해 심
리적 부담 경감과 사회적 고립 방지 등이다. 치매환자 가족 및 보호자, 경도인지장애를 진
단받은 자의 가족 및 보호자를 대상으로 가족교실, 자조모임, 힐링프로그램, 동반치매환자
보호서비스 등을 제공한다. 이에 대한 자세한 내용은 '제8장 가족돌봄지원제도'를 참고하면
된다.

(8) 치매인식개선 사업

치매인식개선 사업은 일반 대중의 치매에 대한 경각심을 고취하고 치매에 대한 편견을
불식시켜 치매와 더불어 살아갈 수 있는 사회적 공감대 형성 및 치매 친화적 환경 조성을 목
적으로 한다. 한마음 치매극복 전국걷기행사(치매예방에 좋은 '걷기'를 실천하며 치매 극복을 기
원하는 행사로 치매예방 정보 홍보 및 치매에 관심을 촉구), 치매극복의 날 기념식 및 치매극복
주간행사(치매관리의 중요성을 알리고 치매극복을 위한 공감대 형성 및 치매 조기검사와 예방, 인
식개선의 중요성 홍보), 치매인식개선 홍보 및 캠페인(다양한 콘텐츠와 매체를 활용한 홍보 및 캠
페인 활동을 통해 지역주민들에게 치매 조기검사와 예방, 인식개선의 중요성 확산), 치매안심센터
홈페이지 관리(치매와 지역주민을 연결하는 인터페이스 영역인 치매안심센터 홈페이지를 구축하
여 지역주민의 치매 정보 접근성 향상)가 있다.

(9) 치매파트너 사업

치매파트너 사업의 목적은 치매파트너 및 치매파트너 플러스 양성으로 지역사회의 치매에 대한 부정적 인식 개선, 치매파트너 및 치매파트너 플러스 활동 활성화를 통하여 치매 친화적 지역사회 조성, 치매극복선도단체 지정을 통하여 치매극복을 위한 노력에 다양한 사회주체를 동참시켜 치매 친화적 사회 문화 조성, 치매안심가맹점 지정을 통하여 지역사회 내 촘촘한 치매안전망 체계 구축 등이다. 주요 내용으로 치매파트너 및 치매파트너 플러스 양성, 치매파트너 및 치매파트너 플러스 활동 활성화, 치매극복선도단체 지정 및 관리, 치매안심가맹점 지정 및 관리로 구성된다.

치매파트너 양성을 위해 치매환자와 가족을 이해하고 배려하는 따뜻한 동반자로 치매파트너를 교육한다. 치매파트너 플러스 양성은 치매파트너 중 치매환자와 가족 및 치매 친화적 환경 조성을 위해 적극적으로 활동하는 사람으로 교육하는 것이다. 치매파트너 및 치매파트너 플러스 활동 활성화는 치매 자원봉사 프로그램 개발(치매환자 지원 사업 및 치매가족·보호자 지원 사업 보조, 치매인식개선을 위한 캠페인 활동 등 다양한 자원봉사 프로그램 개발)과 치매 자원봉사활동 운영을 통해 진행된다. 치매극복선도단체 지정 및 관리는 치매극복 활동 및 치매 친화적 사회 조성에 적극 동참하는 단체(구성원 모두 치매파트너 교육 이수)로 기업, 기관, 단체, 학교(초·중·고등학교), 대학, 도서관 등을 대상으로 한다. 치매안심가맹점 지정 및 관리는 지역사회 촘촘한 치매안전망 구축에 적극 동참하는 가맹점(구성원 모두 치매파트너 교육을 이수)으로 개인사업자가 대상이다.

(10) 치매안심마을 운영

치매안심마을은 치매에 대한 이해와 인식을 바탕으로 치매환자와 가족이 안전하고 자유롭게 지역사회 내에서 살아갈 수 있으며, 일반 국민들도 치매에 대한 두려움 없이 살아갈 수 있는 지역사회이다. 치매안심마을을 치매안심센터별로 2개 이상 운영하도록 지원하고 있다. 치매안심마을에서는 운영위원회, 교육사업, 치매안전망 구축, 홍보사업, 프로그램 운영, 안전환경 조성 등을 지역특성에 따라 자유롭게 운영한다.

(11) 지역사회 자원강화 사업

지역사회 자원강화 사업은 치매관련 기관 및 단체의 참여와 협력을 통한 성공적 지역사회 치매관리사업 수행과 산발적이고 분산된 지역사회 자원을 조사하고 연계함으로써 치매환자, 가족, 지역주민에게 적절한 의료·복지서비스를 제공하는 것에 목적을 둔다. 주요 내용은 지역사회 협력체계 구축(지역사회협의체 협력, 관계 부처나 보건소 타 사업과의 협력 강화, 민관 공조체계 구축), 지역사회 자원조사 및 발굴, 지역사회 자원연계 등이 있다.

2. 노인복지관 건강생활지원사업[6]

노인복지관은 노인의 교양·취미생활 및 사회참여활동 등에 대한 각종 정보와 서비스를 제공하고, 건강증진 및 질병예방과 소득보장·재가복지 그 밖에 노인의 복지증진에 필요한 종합적인 노인복지 서비스를 제공하는 시설이다. 노인복지관 운영 목표는 복지서비스가 필요한 노인을 대상으로 ① 건강한 노후를 위한 예방, 취약노인 케어 기반구축 및 확충, ② 활동적인 노후를 위한 사회참여 여건 조성 및 활성화, ③ 안정적 노후를 위한 소득보장의 다양화와 내실화를 통해 성공적인 노후가 실현될 수 있도록 지원하는 종합적 노인복지서비스 전달기구로서 중심적 역할 수행 등이다.

노인복지관 사업유형 구분은 「노인복지법 시행규칙」 제26조 제2항에 의거한다. 사업유형은 노인복지관 이용노인의 여가 욕구사정 및 지역특성을 반영하여 기본사업과 선택사업으로 나눈다. 기본사업은 일반상담 및 정보제공사업, 전문상담사업, 위기 및 취약노인 지원사업, 지역사회 생활자원 연계 및 지원사업, 건강생활지원사업(건강증진지원), 평생교육지원사업, 취미여가지원사업, 지역자원개발사업, 지역복지연계사업, 사회참여지원사업, 노인 권익증진사업이다. 선택사업은 건강생활지원사업(기능회복지원, 급식지원), 고용 및 소득 지원사업, 가족기능지원사업, 돌봄 요양서비스, 사전연명의료의향서 상담 및 등록 사업 등이다.

표 10-2 노인복지관 건강생활지원

사업구분	프로그램(예시)
건강증진지원	건강교육, 건강상담, 건강교실(건강체조, 기체조, 요가 등), 독거노인지원사업 (기존 재가사업), 노인건강운동, 치매예방 인지활동서비스, 물리치료 등
기능회복지원	양·한방진료, 작업요법, 운동요법, ADL훈련 등
급식지원	경로식당(중식서비스), 밑반찬·도시락배달, 푸드뱅크 등

출처: 보건복지부(2024d), p. 131.

---

6) 보건복지부(2024d). 2022년 노인보건복지사업안내(2권)와 한국노인복지관협회(2020). 노인복지관 6대 사업 기초 가이드 요약.

즉, 노인복지관은 기본사업으로 건강증진지원, 선택사업으로 기능회복지원과 급식지원을 한다.

1) 건강증진지원

건강증진지원사업은 노인성 질환을 예방하기 위한 신체활동 지도, 지적 능력과 신체 기능이 저하되거나 마비되어 일상생활에 곤란을 겪고 있는 노인들의 정신적, 신체적 기능회복 등을 지원하는 사업을 말한다. 노인복지관에서 건강증진사업은 건강 및 보건교육, 질병예방, 상담, 건강교실 운영, 치매예방 인지활동서비스, 물리치료 등의 지원을 포함한 개념으로 분류되어 있다.

(1) 건강 및 보건교육, 건강교실 운영

건강 및 보건교육 그리고 건강교실 운영 사업은 다양한 신체활동 프로그램을 제공하여 질병의 예방, 노인성 질환의 통증관리 및 자가 건강관리 능력향상을 통한 노인의 주체적인 건강기능 유지와 새로운 관계 형성 및 다양한 활동 참여의 기회를 갖게 됨으로써 삶의 질 향상 및 건강한 노후생활을 영위하게 함을 목적으로 한다. 건강교실 운영은 건강 체조, 요가 등 다양한 신체활동 프로그램 제공, 질환별 맞춤 운동 프로그램 제공, 건강관련 정보나 노인성 질환의 이해에 대한 전문가 교육으로 운영할 수 있다.

(2) 치매예방 인지활동서비스

치매예방 및 인지 활동프로그램은 정신적으로 안정된 노후생활을 영위할 수 있도록 노인복지관에서 치매발병 고위험군 대상으로 인지·신체·사회활동·영양 등의 내용(예: 퍼즐, 체조, 키오스크, 미술)을 중심으로 '치매예방 인지활동서비스'를 실시하도록 하고 있다. 치매예방 인지활동서비스는 크게 인지기능 향상 집단 프로그램, 치매예방 전문교육, 맞춤형 치매예방서비스(바우처), 치매환자 가족 지원활동 등으로 구분해 볼 수 있다.

(3) 물리치료

물리치료 프로그램은 기능적인 부분과 만성통증 관리의 어려움으로 일상생활의 기능에 문제가 있는 이용노인을 대상으로 한다. 기능적 운동, 통증관리, 관절기능 등의 관리를 통한 독립적 기능의 관리 및 강화를 통해 문제해결에 초점을 맞춘 프로그램이다.

2) 기능회복지원

기능회복지원은 손상된 신체기능의 회복을 도모하는 훈련을 통한 생물학적 기능장애의 회복으로 뇌졸중, 뇌 외상, 신경근질환 등에 의한 마비, 골절 후 관절염, 기타 수족의 기능회복을 말한다. 목적은 신체질환이나 정신질환이 있는 노인의 재활 지원(노화현상 및 노인성질환과 중풍으로 인하여 지적 능력과 신체의 기능이 저하되어 있거나 마비되어 일상생활에서 곤란을 겪고 있는 사람들의 신체적, 정신적 기능회복), 기능장애에 도움을 줄 수 있는 각종 요법 및 서비스를 통해 기능 저하를 예방하고 잔존기능을 강화하여 일상생활에 활력 제공, 신체의 노화현상으로 인해 심신의 퇴행과 각종 노인성 질환을 앓고 계신 어르신들의 건강 유지 및 증진 도모, 노인성 질환의 자가 건강관리능력 향상, 양ㆍ한방 진료를 통한 의료 접근성 제고 등이다.

(1) 양ㆍ한방 진료

양ㆍ한방 진료는 노인이라는 점을 고려하여 질적 수준을 갖춘 서비스를 위해 매회 인원수를 제한한다. 사전 예약 접수제를 정착하여 체계적인 진료와 대기시간을 최소화함으로써 편의성을 제공한다. 만성퇴행성질환은 1회성 진료만으로는 완전한 치료가 어려우므로 복지관의 기능회복지원사업이나 민ㆍ관 의료기관의 사업 등과 연계하여 지속적인 건강관리가 되도록 한다. 비만ㆍ금연클리닉 센터의 인바디 체크 및 금연침 제공 등 지역사회 의료사업과 연계를 할 수 있다.

(2) 재활요법

재활요법은 이용노인의 건강 관련 욕구 파악 및 건강수준 평가, 치료 계획 수립, 프로그램 적용, 서비스 제공 및 상담 기록 순으로 진행한다. 재활요법 프로그램으로 일상생활 동작훈련(ADL 요법), 작업요법, 운영요법을 노인 욕구 및 건강수준에 맞춰 적용한다.

일상생활 동작훈련(ADL 요법)은 생활 속에서 필요한 기본적 활동으로 식사하기, 옷 입기, 화장실 가기, 위생 관리하기, 시장 보기 등부터 가정관리와 의사소통 기술(communication loving skill), 건강관리, 금전관리 등에 이르기까지 하루 생활 속에 일어나는 모든 활동이 포함된다. 일상생활 동작훈련 순서는 노인이 수행할 수 있는 가장 쉬운 동작부터 실시하고, 특수한 동작을 수행하는 데 필요한 적절한 운동을 선택하여 실시하며, 특수한 일상생활 활동의 경우 실제 상황처럼 연습한다. 구체적인 훈련은 다음과 같다.

- 이동기술: 침대 안에서 이동, 화장실, 차, 침대, 화장실에서 이동
- 자기관리(self-care): 식사, 옷 입고 벗기, 몸치장하기, 목욕 및 샤워, 약 복용하기, 대소변 관리, 위생활동
- 환경도구 사용: 전화, 가위, 열쇠, 스위치, 문, 회전문, 신호등, 엘리베이터
- 의사소통(communication): 글씨 쓰기, 컴퓨터, 전화 등
- 가정관리(home management): 의복관리, 청소, 쇼핑, 음식 준비 및 설거지, 세탁, 육아
- 기타: 여가나 취미생활, 운동

작업요법은 신체적, 정신적, 사회적 손상을 입은 사람들이 각 개인이 속한 문화적 요구(습관, 종교, 개인의 기준, 교육 정도, 직업고용 상태, 경제적 요소)에 맞추어 손상된 기능을 회복, 교정시키고 남아 있는 기능을 최대한 유지/발전시키기 위해 '목적 있는 활동(purposeful activity)'을 수행한다. 적절한 보조도구의 선정 및 제작과 환경을 변화(집, 건물, 실외생활, 가구 배치 등)시켜 장애를 최소화하고, 남아 있는 기능을 활용하여 최대한의 독립적인 생활을 할 수 있도록 한다. 훈련 내용으로는 실제적인 일상생활, 여가, 직업 활동의 획득을 궁극적 목적으로 한다. 일상생활 동작치료, 여가활동치료, 그룹치료, 자가운동을 위한 교육 및 상담, 근골격계 치료, 감각 및 신경계치료, 연하치료, 지각 및 인지치료, 보조기 제작 등을 노인 맞춤형으로 제공한다.

운영요법은 긴장도와 움직임 패턴 그리고 기능의 장애를 개별화된 평가를 이용해 움직임에 대한 반응과 동작, 기능적 활동 및 균형능력 정도를 분석하여 일상생활 수행능력을 평가한다. 훈련내용은 매트 및 이동훈련, 보행훈련, 호흡재활, 근력강화 및 지구력 증진 등을 통해 정상적인 움직임을 촉진한다. 비정상적인 긴장도 및 패턴을 조절하여 다양하고 조절된 신체적 움직임을 만들어 내고 정상적인 움직임을 재학습시켜 정상적인 동작을 촉진한다.

3) 급식지원

「보건복지법」 제4조(보건복지증진의 책임)에서 국가와 지방자치단체는 노인의 보건 및 복지증진의 책임이 있으며, 이를 위한 시책을 강구하여 추진해야 한다고 규정하고 있다. 노인복지관에서 지원하는 저소득 노인을 위한 경로식당(유·무료중식), 밑반찬/도시락배달 사업은 노인의 영양학적 고려 요인과 지역별 시장조사에 근거하여 급식지원의 적정한 수준을 산

출하고 지역별 상이한 환경적 특성과 정책 사항을 파악하여 지역별로 효율적인 급식지원이 되기 위함이다.

급식지원은 유·무료급식을 제공하는 경로식당(중식), 결식 우려가 있는 60세 이상 저소득 노인을 위한 식사배달, 밑반찬배달 서비스 제공 등이 있다. 경로식당은 가정형편이 어렵거나 부득이한 사정으로 식사를 거를 우려가 있는 노인들(기초생활수급자 노인과 차상위계층 노인, 저소득 독거노인)에게는 무료로 식사를 제공하며, 일정한 경제적 능력을 갖춘 노인들에게는 실비로 식사를 제공한다. 밑반찬/도시락배달은 도시근로자 월평균소득 미만인 가구의 60세 이상 노인으로 거동이 불편하고 경로식당 이용이 어려워서 결식이 우려되는 노인, 60세 이상 기초생활수급 노인과 차상위계층 노인, 기타 시장·군수·구청장이 필요하다고 인정하는 자를 대상으로 월 24회(주 2~3회 배달: 1일 2회분 밑반찬 제공) 배달한다.

지역사회 돌봄제도

　지역사회 돌봄제도는 ADL이나 IADL을 수행하는 데 있어 도움이 필요한 노인이 자신의 집이나 지역사회에서 돌봄서비스를 이용하여 가능하면 오랫동안 친숙한 환경에서 살아갈 수 있도록 지원한다. 지역사회 돌봄제도는 지자체의 재가서비스와 국민건강보험공단의 노인장기요양보험제도에서 재가급여가 있다. 지자체가 운영관리 주체로 제공하는 재가서비스는 노인맞춤돌봄서비스와 독거노인 응급안전돌봄서비스가 있다. 국민건강보험공단이 운영관리 주체로 제공하는 재가급여는 방문요양, 인지활동형 방문요양, 방문목욕, 방문간호, 주야간보호, 단기보호, 복지용구 등이 있다. 지자체 재가서비스는 조세 그리고 국민건강보험공단 재가급여는 사회보험(건강보험)이 재원이다.

1. 돌봄제도 법적 근거

　노인복지정책 및 서비스는 노인복지 관련 법을 근거로 노인이나 그 가족에 전달된다. 노인복지 관련 법은 국가와 지방정부 책무로 노인의 삶의 질 보장이나 소득, 노동, 건강, 돌봄, 요양, 사회참여, 주거 등을 지원하기 위한 역할을 규정한다. 예를 들어,「노인장기요양보험법」제4조(국가 및 지방자치단체의 책무 등)에서 ① 국가 및 지방자치단체는 노인이 일상생활을 혼자서 수행할 수 있는 온전한 심신상태를 유지하는 데 필요한 사업 실시, ② 국가는 노인성질환예방사업을 수행하는 지방자치단체 또는「국민건강보험법」에 따른 국민건강보험공단에 대하여 이에 소요되는 비용 지원, ③ 국가 및 지방자치단체는 노인인구 및 지역특성 등을 고려하여 장기요양급여가 원활하게 제공될 수 있도록 적정한 수의 장기요양기관을 확충하고 장기요양기관의 설립 지원 등과 같이 기술되어 있다.

우리나라 노인을 위한 공식적 돌봄제도 구조에 대한 설명은 관련 법이 무엇인지에 대한 검토부터 시작해야 한다. 현재 노인복지 관련 법은 「저출산·고령사회기본법」, 「노인복지법」, 「고용상 연령차별금지 및 고령자고용촉진에 관한 법률」, 「치매관리법」, 「주택법」, 「고령친화산업 진흥법」, 「기초연금법」, 「노인장기요양보험법」, 「평생교육법」, 「효행 장려 및 지원에 관한 법률」, 「대한노인회 지원에 관한 법률」, 「고독사 예방 및 관리에 관한 법률」 등이 있다. 「노인복지법」이 기본법 또는 모법으로 지위를 가지고 있으며, 다른 법률은 특별법 성격이다(권중돈, 2022).

일상생활을 독립적으로 수행하기 어려운 노인에 대한 돌봄이나 요양에 관련한 법률만으로 범위를 한정해서 볼 수 있다. 이 범위에 속하는 법은 「노인복지법」, 「노인장기요양보험법」, 「치매관리법」이 해당한다. 「노인복지법」이 노인돌봄 및 요양을 총괄할 수 있는 모법적 지위에 있다. 「노인장기요양보험법」과 「치매관리법」이 노인 중에서 특정한 사람이나 사항에 대해서만 법의 효력을 제안하는 특별법적 지위를 갖는다.

모법으로서 지위를 갖는 「노인복지법」 제1조(목적)에서 '이 법은 노인의 질환을 사전예방 또는 조기발견하고 질환상태에 따른 적절한 치료·요양으로 심신의 건강을 유지하고, 노후의 생활안정을 위하여 필요한 조치를 강구함으로써 노인의 보건복지증진에 기여함을 목적으로 한다.'고 규정하여 돌봄과 요양을 포함하고 있음을 확인할 수 있다. 특별법으로 지위를 갖는 「노인장기요양보험법」 제1조(목적)에서 '이 법은 고령이나 노인성 질병 등의 사유로 일상생활을 혼자서 수행하기 어려운 노인 등에게 제공하는 신체활동 또는 가사활동 지원 등의 장기요양급여에 관한 사항을 규정하여 노후의 건강증진 및 생활안정을 도모하고 그 가족의 부담을 덜어 줌으로써 국민의 삶의 질을 향상하도록 함을 목적으로 한다.'고 규정하고 있다. 다음으로 「치매관리법」은 특별법으로 제1조(목적)에서 '이 법은 치매의 예방, 치매환자에 대한 보호와 지원 및 치매퇴치를 위한 연구 등에 관한 정책을 종합적으로 수립·시행함으로써 치매로 인한 개인적 고통과 피해 및 사회적 부담을 줄이고 국민건강증진에 이바지함을 목적으로 한다.'고 되어 있다.

노인과 돌봄에 한정하지 않고 모든 국민과 돌봄을 포함한 다른 사회서비스를 포괄하여 사회보장 차원에서 노인돌봄이 포함되기도 한다. 대표적으로 「사회보장기본법」 제2조(기본 이념)는 '사회보장은 모든 국민이 다양한 사회적 위험으로부터 벗어나 행복하고 인간다운 생활을 향유할 수 있도록 자립을 지원하며, 사회참여·자아실현에 필요한 제도와 여건을 조성하여 사회통합과 행복한 복지사회를 실현하는 것을 기본 이념으로 한다.'고 하여 모든 국민에 대한 사회보장을 규정하고 있다. 제3조(정의)에서 '사회보장'이란 출산, 양육, 실업, 노령, 장애, 질병, 빈곤 및 사망 등의 사회적 위험으로부터 모든 국민을 보호하고 국민 삶의 질을 향상시키는 데 필요한 소득·서비스를 보장하는 사회보험, 공공부조, 사회서비스를 말한다. '사회서비스'란 국가·지방자치단체 및 민간부문의 도움이 필요한 모든 국민에게 복지, 보건의료, 교육, 고용, 주거, 문화, 환경 등의 분야에서 인간다운 생활을 보장하고 상담, 재활, 돌봄, 정보의 제공, 관련 시설의 이용, 역량 개발, 사회참여 지원 등을 통하여 국민의 삶의 질이 향상되도록 지원하는 제도를 말한다. 따라서 사회보장을 위한 사회서비스 제공에 노인을 위한 돌봄이 그 테두리 안에 있다.

2. 돌봄서비스 구조

먼저, '돌봄'과 '요양'의 용어 사용과 관련하여 차이에 대한 이해가 필요하다. 학술적으로 돌봄이라는 용어가 일반적으로 사용되지만, 제도적 차원에서는 돌봄과 요양으로 구분한다. 지방자치단체에서 일상생활을 독립적으로 수행하기 어려운 노인에게 제공하는 지원은 돌봄서비스이다. 중앙정부가 국민건강보험공단을 통해서 노령 또는 노인성 질병 때문에 혼자 힘으로 일상생활을 유지하기 어려운 상태가 6개월 이상 지속되는 기능상태에 있는 노인으로 판정하여 제공하는 돌봄서비스를 장기요양서비스라고 한다. 즉, 통상적으로 돌봄이라는 용어를 사용하지만, 장기요양등급을 판정받아서 이용하는 급여에서는 요양서비스라 한다.

한국의 돌봄서비스 구조는 중앙정부가 운영관리 주체로 제공하는 노인장기요양과 지방자치단체가 운영관리 주체로 제공하는 지역사회 노인돌봄지원제도가 있다. 지역사회 노인돌봄지원제도는 「노인복지법」에 법적 토대를 두고 있다. 노인장기요양서비스는 「노인장기요양보험법」을 통해서 제도화된 것이다. 한국은 중앙정부와 지방정부로 이원화된 돌봄제도를 운영하는 국가이다. 예를 들어, 일본은 지방정부가 장기요양보험제도와 지역사회 돌봄서비스를 운영관리하는 주체로 일원화되어 있다.

돌봄서비스 구조를 시각적으로 이해할 수 있도록 [그림 11-1]과 같이 도식화하였다. 이민홍 등(2014)이 부산시 노인통합지원센터 설립 운영 방안 연구에서 제시한 노인보건복지서비스 지원체계 그림을 수정한 것이다. 돌봄서비스 구조를 설명하기 위해 욕구, 제도, 운영관리 주체, 서비스 유형, 서비스 내용, 서비스 제공기관, 제공기관 운영 주체 등으로 구분하였다.

공식적 돌봄제도는 노인장기요양제도와 지역사회 노인돌봄지원제도로 구성된다. 장기요양서비스는 사회보험방식으로 운영되고, 노인돌봄서비스는 조세로 재정이 부담된다. 노인은 일상생활을 위해서 돌봄이 필요한 욕구가 발생했을 때 노인장기요양보험제도를 통해서 장기요양서비스를 받거나 아니면 지방자치단체의 지역사회 돌봄지원제도를 이용할 수 있다. 장기요양서비스 욕구로 인정되기 위해서는 고령이나 노인성 질환으로 인해 6개월 이상 기간 혼자서 일상생활을 수행하기 어렵다고 인정되는 자로 국민건강보험공단에서 장기요양등급 판정을 받아야 한다. 국민건강보험공단에서 등급외자로 판정받게 되면 노인장기요양서비스는 이용할 수 없다.

이에 반해서 지역사회 노인돌봄서비스는 일상생활 영위가 어려운 취약노인에게 적절한 돌봄서비스를 제공하여 안정적인 노후생활 보장, 노인의 기능·건강 유지 및 악화 예방을 목적으로 한다. 욕구를 인정해 주는 범위가 넓은 반면에 일부 서비스는 소득기준을 적용한다.

노인장기요양보험제도를 통해 제공되는 서비스는 재가급여, 시설급여, 특별현금급여가 있다. 재가급여는 방문요양, 인지활동형 방문요양, 방문목욕, 방문간호, 주야간보호, 단기보호, 기타재가급여(수급자의 일상생활·신체활동 지원 및 인지기능의 유지·향상에 필요한 용구를 제공하거나 가정을 방문하여 재활에 관한 지원) 등이다. 시설급여는 장기요양기관에 장기간 입소한 수급자에게 신체활동 지원 및 심신기능의 유지·향상을 위한 교육·훈련 등을 제공한다. 특별현금급여는 가족요양비, 특례요양비, 요양원간병비가 있다. 재가급여는 장기요양기관(센터)에서 이용할 수 있고, 시설급여는 노인요양원, 노인요양공동생활가정 입소를 통해 제공된다.

지역사회 돌봄지원제도는 재가돌봄서비스와 시설서비스가 있다. 재가돌봄서비스는 노인맞춤돌봄서비스(노인맞춤돌봄비스, 특화서비스)와 독거노인·장애인 응급안전안심서비스가 있다. 시설서비스로 독거노인 공동생활홈 서비스, 급식, 일상생활 편의제공이 있다. 지역사회 돌봄서비스 제공기관은 노인복지관, 사회복지관, 지역자활센터, 재가노인복지시설, 재가노인지원센터, 독거노인 공동생활홈, 양로시설, 노인공동생활가정 등이다.

최근 들어서는 일부 광역 지자체별로 지역사회 통합돌봄 조례를 제정해서 가사지원, 식사지원, 이동지원, 주간보호 등의 돌봄서비스를 제공하고 있다. 예를 들어, 서울시 돌봄SOS센터 돌봄서비스, 대전광역시 지역사회통합돌봄 행복동행, 광주광역시 광주다움 통합돌봄, 부산형 통합돌봄(함께돌봄) 등이 대표적이다. 또한 정부는 「의료·요양 등 지역 돌봄의 통합지원에 대한 법률」을 제정하여 2026년부터 전국에서 지역사회 통합돌봄 사업을 시행할 것이다.

장기요양서비스는 시장화된 형태로 보건복지부령으로 정하는 장기요양에 필요한 시설 및 인력을 갖추어 소재지를 관할 구역으로 하는 특별자치시장·특별자치도지사·시장·군

수·구청장으로부터 지정받으면 운영할 수 있다. 이와 달리 지역사회 노인돌봄서비스는 지방자치단체, 지방자치단체 출연기관, 지방자치단체에서 위탁한 법인(사회복지)이나 재단이 서비스를 제공할 수 있다.

	돌봄이 필요한 노인			
욕구	노인장기요양보험 장기요양인정 등급평가 신청			
	1, 2, 3, 4, 5, 인지지원등급		등급외자	등급 미신청자
제도	노인장기요양보험제도		지역사회 노인돌봄지원제도	
운영관리 주체	국민건강보험공단(재정: 보험)		지방자치단체(재정: 조세)	
서비스 유형	재가급여	시설급여	재가서비스	시설서비스
서비스	• 방문요양 • 인지활동형 방문요양 • 방문목욕 • 방문간호 • 주야간보호 • 단기보호 • 복지용구	• 신체활동 지원 • 심신기능 유지	• 노인맞춤돌봄 서비스 • 독거노인 응급 안전돌봄서비스 • 지역사회 통합돌봄서비스	• 독거노인공동 생활홈 서비스 • 급식 • 일상생활 편의 제공
제공 기관	• 재가노인복지시설 • 방문요양서비스 • 주간보호서비스 • 단기보호서비스 • 방문목욕서비스	• 노인요양시설 • 노인요양공동 생활가정	• 노인복지관 • 사회복지관 • 지역자활센터 • 재가노인복지 시설 • 재가노인지원 센터	• 독거노인공동 생활홈 • 양로시설 • 노인공동생활 가정
제공기관 운영 주체	공공, 법인, 재단, 협동조합, 개인, 기업	공공, 법인, 재단, 협동조합, 개인, 기업	공공, 법인, 재단, 협동조합	공공, 법인, 재단

[그림 11-1] 한국 노인돌봄서비스 구성

3. 지역사회 노인돌봄제도

1) 노인맞춤돌봄서비스

(1) 도입배경 및 추진경과

노인맞춤돌봄서비스는 2020년에 기존 돌봄사업을 통합하여 현재까지 운영되고 있다. 지역사회 노인돌봄서비스는 2007년 노인돌봄기본서비스(독거노인지원사업), 노인돌봄종합서비스, 단기가사서비스(돌봄바우처사업)로 시작하였다. 2013년 지역사회 자원연계 활성화 사업, 2014년 독거노인 사회관계 활성화 사업(독거노인 친구 만들기), 2019년 초기독거노인 자립지원사업 등이 2019년까지 추진되었다. 노인돌봄기본서비스, 노인돌봄종합서비스, 단기가사서비스, 지역사회 자원연계 활성화 사업, 독거노인 사회관계 활성화 사업, 초기독거노인 자립사업 등을 통합하여 개편한 것이 노인맞춤돌봄서비스이다. 서비스 주요 특징은 ① 사업 통합으로 서비스 다양화, ② 참여형 서비스 신설, ③ 개인별 맞춤형 서비스 제공, ④ ICT 기술을 활용한 첨단 서비스 도입, ⑤ 생활권역별 수행기관 책임 운영, ⑥ 은둔형·우울형 노인에 대한 특화서비스 확대 등으로 요약할 수 있다(보건복지부, 2024e).

이 사업의 추진배경은 돌봄이 필요한 고령·독거노인의 급속한 증가, 가족돌봄 약화, 노인 사회적 관계망 악화로 인한 돌봄 사회화 요구, 건강한 노화(Healthy aging), 지역사회 거주(Aging in Place), 장기요양·요양병원 등 고비용 돌봄 진입 예방을 위한 예방적 돌봄 강화 필요, 유사·분절적 사업운영, 민간전달체계 관리감독 미흡 등 서비스 질 제고 필요 등이다. 특히 기존 사업 운영 체계에서 ① 사업 간 칸막이, 중복급여 제한 등으로 돌봄의 분절화 및 사업수행의 비효율성으로 서비스 질 저하, 노인의 돌봄욕구 충족 미흡, ② 대상자 발굴, 서비스 결정을 각 민간기관에서 수행하여 공급자 위주의 서비스전달 체계로 서비스 접근성, 책임성 문제, ③ 노인돌봄종합서비스(바우처)의 제공기관은 장기요양기관으로 동일한 기관 종사자가 예방적 돌봄서비스와 장기요양을 동시에 운영 등의 한계점이 드러났다. 이러한 유사·분절적 사업운영과 민간전달체계 관리감독 미흡 등의 서비스 질 저하를 개선하고자 도입하게 되었다(보건복지부, 2024e).

이에 추진방향은 욕구중심 맞춤형 서비스 제공 및 서비스 다양화와 민간복지전달체계 공공성 및 책임성 강화이다. 욕구중심 맞춤형 서비스를 제공하기 위해서 기존 유사·분절적 노인돌봄 6개 사업 통합, 사업별 획일적 대상 선정 및 서비스 제공에서 벗어나 개인별 서비스 제공계획을 수립하여 필요한 서비스를 통합 제공, 참여형 서비스, 신체건강 · 정신건강 프로그램 등 예방적 돌봄 강화를 위한 다양한 서비스를 제공한다. 민간복지전달체계 공공성 · 책임성 강화를 위해서 장기요양기관과 돌봄기관을 분리하여 예방적 돌봄 강화와 읍 · 면 · 동 신청접수, 대상 발굴, 서비스 제공계획 시 · 군 · 구 승인 등 서비스 전달체계의 공적 개입 및 책임을 강화한다. 이를 통해서 장기요양 전 단계 취약노인에게 적절한 돌봄 제공으로 노후 삶의 질 향상, 상태 악화 방지, 장기요양 진입 예방을 목표로 하고 있다(보건복지부, 2024e).

(2) 서비스 개요

노인맞춤돌봄서비스 목적은 일상생활 영위가 어려운 취약노인에게 적절한 돌봄서비스를 제공하여 안정적인 노후생활 보장, 노인의 기능 · 건강 유지 및 악화 예방 등이다. 서비스 대상은 만 65세 이상 ① 국민기초생활수급자, ② 차상위계층 또는 ③기초연금수급자로서 유사중복사업 자격에 해당되지 않는 자(다만, 시장 · 군수 · 구청장이 서비스가 필요하다고 인정하는 경우 예외적으로 제공 가능), 독거 · 조손 · 고령부부 가구 노인 등 돌봄이 필요한 노인, 신체적 기능 저하, 정신적 어려움(인지저하, 우울감 등) 등으로 돌봄이 필요한 노인, 고독사 및 자살 위험이 높은 노인(특화서비스)이다. 노인장기요양보험 등급자, 가사 · 간병 방문지원사업 이용자, 국가보훈처 보훈재가복지서비스 이용자, 장애인 활동지원사업 이용자, 기타 국가 및 지방자치단체에서 시행하는 서비스 중 노인맞춤돌봄서비스와 유사한 재가서비스 등은

[그림 11-2] 노인맞춤돌봄서비스 제공 절차

출처: 보건복지부(2024e), p. 7.

유사중복사업 자격 해당자로 제외한다(보건복지부, 2024e).

　서비스 제공 절차는 서비스 신청접수로 본인, 신청자 친족(배우자, 8촌 이내 혈족, 4촌 이내 인척) 및 이해관계인(친족을 제외한 이웃 등 그 밖의 관계인)이 서비스 대상자의 주민등록상 주소지 읍·면·동 주민센터에 신청서를 제출하면 된다. 대상자 구분은 대상자 선정도구를 통해 사회−신체−정신영역의 돌봄 필요도에 따라 대상자 군(중점돌봄군, 일반돌봄군)을 결정한다. 대상자 군에 따라 서비스 제공시간 범위 등이 달라진다. 중점돌봄군은 신체적인 기능제한으로 일상생활지원 필요가 큰 대상이며, 월 20시간 이상 40시간 미만의 직접서비스 제공, 주기적인 가사지원서비스 제공이 가능하다. 일반돌봄군은 사회적인 관계 단절 및 일상생활 어려움으로 돌봄 필요가 있는 대상이다. 월 16시간 미만의 직접서비스 이용이 가능하며, 주기적인 가사지원서비스는 불가하다. 단, 특수한 상황(수술·골절 등)이 있는 경우에 한정하여 가사지원서비스를 한시적으로 제공 가능(가사지원서비스 제공 필요가 길어지면 중점돌봄군으로 변경 필요)하다.

　구체적으로 대상자 선정기준은 사회·신체·정신영역의 지표·항목 및 영역별 점수를 집계하여, 각 영역별로 지원 필요도 기준표에 따라 '상', '중', '하'로 평가한다. 중점돌봄군은 신체적인 기능제한으로 일상생활지원 필요가 큰 대상으로 대상자 선정조사 결과, '신체' 영역이 '상'이면서 '사회' 영역 또는 '정신' 영역에서 '중' 또는 '상'이 1개 이상으로 판정된 대상자이다. 일반돌봄군은 사회적인 관계 단절 및 일상생활의 어려움으로 돌봄이 필요한 대상으로 대상자 선정조사 결과, '사회' 영역이 '중' 이상이면서, '신체' 영역 또는 '정신' 영역에서 '중' 또는 '상'이 1개 이상으로 판정된 대상자(중점돌봄군 제외)이다. 예외승인요청은 전담사회복지사가 선정조사 결과, 부적격이지만 일반돌봄군 또는 중점돌봄군으로 선정하여 서비스 제공이 필요한 경우 또는 선정조사 결과와 다르게 군을 분류한 경우는 이에 대한 의견을 작성하여 시·군·구에 승인요청을 할 수 있다.

　서비스 내용은 방문형, 통원형(집단 프로그램) 등 직접서비스와 연계서비스로 구성된다. 개인별 조사·상담에 따라 서비스 제공계획 수립을 통해 개인별 돌봄욕구와 필요 정도에 따라 서비스 내용, 제공시간, 제공주기 등이 결정된다. 안전지원서비스는 대상자의 전반적인 안전 여부를 점검하기 위하여 생활환경, 가구구조와 같은 환경여건뿐만 아니라 노인의 기본적인 신체적, 정신적, 사회적 안녕 여부 등을 점검 및 지원한다. 사회참여서비스는 대상자가 사회적 관계망을 형성·확장하여 사회적 교류와 활동을 유지하도록 지원한다. 생활교육서비스는 사회적, 신체적, 정신적 기능을 유지하거나 악화를 지연·예방하기 위한 교육과 프로그램을 제공한다. 일상생활지원서비스는 대상자의 일상생활을 지원하기 위하여 외출

표 11-1 노인맞춤돌봄서비스 사업내용

구분	대분류	중분류	소분류
직접 서비스 (방문 · 통원 등) ※ 4개 분야	안전지원	방문 안전지원	• 안전 · 안부확인 • 정보제공(사회 · 재난안전, 보건 · 복지 정보제공) • 생활안전점검(안전관리점검, 위생관리점검) • 말벗(정서지원)
		전화 안전지원	• 안전 · 안부확인 • 정보제공(사회 · 재난안전, 보건 · 복지 정보제공) • 말벗(정서지원)
		ICT 안전지원	• ICT 관리 · 교육 • ICT 안전 · 안부확인
	사회참여	사회관계 향상 프로그램	• 여가활동 • 평생교육활동 • 문화활동
		자조모임	• 자조모임
	생활교육	신체건강분야	• 영양교육 • 보건교육 • 건강교육
		정신건강분야	• 우울예방 프로그램 • 인지활동 프로그램
	일상생활 지원	이동활동지원	• 외출동행지원
		가사지원	• 식사관리 • 청소관리
연계서비스		생활지원연계	• 생활용품 지원 • 식료품 지원 • 후원금 지원
		주거개선연계	• 주거위생개선 지원 • 주거환경개선 지원
		건강지원연계	• 의료연계 지원 • 건강보조 지원
		기타서비스	• 기타 일상생활에 필요한 서비스 연계
특화서비스			• 개별 맞춤형 사례관리 • 집단활동 • 우울증 진단 및 투약 지원

출처: 보건복지부(2024e), p. 10.

동행, 가사지원을 제공한다. 연계서비스는 대상자의 안정적인 생활을 지원하기 위하여 지역사회 내 민간자원 등의 후원물품이나 서비스를 연계 지원한다. 노인맞춤돌봄서비스 수행기관은 물품후원, 자원봉사자 등 민간후원자원을 적극적으로 발굴하여 연계한다. 특화서비스는 고립, 우울, 자살생각 등이 높은 노인을 대상으로 개별 맞춤형 사례관리 및 집단활동을 제공한다. 사후관리가 필요한 대상자에게 정기적인 모니터링 및 자원연계를 제공한다(보건복지부, 2024e).

노인맞춤돌봄서비스 수행기관은 시·군·구에서 지역 내 노인인구, 접근성 등을 고려한 권역을 설정하여 직영 또는 수행기관을 선정하여 위탁한다. 수행기관에서 중간관리자, 전담사회복지사, 생활지원사 채용 및 사업운영을 한다. 중간관리자는 수행기관에서 자체인력으로 배치한다. 주요 역할은 노인맞춤돌봄서비스(특화서비스 포함) 업무 총괄, 서비스 제공계획 수립 및 제공 등에 대해 슈퍼비전 제시, 수행인력(전담사회복지사, 생활지원사) 복무관리 및 업무조정, 시·군·구 노인맞춤돌봄협의체 참석 및 안건보고, 시·군·구에 분기별 1회 방문요양급여 수급자 현황 보고(장기요양 방문요양급여를 제공하는 수행기관에 한함) 등이다.

전담사회복지사는 노인맞춤돌봄서비스 수행기관 사업계획 수립 및 추진, 생활지원사 교육·관리 및 업무 배정·조정, 업무분장, 노인맞춤돌봄서비스 대상자 관리(① 노인맞춤돌봄서비스 대상자 선정조사, 서비스 상담 및 서비스 제공계획 수립, ② 서비스 제공현황 모니터링 및 재사정·종결 등 업무처리, ③ 노인맞춤돌봄서비스 이용대기자 및 사후관리대상자 관리, ④ 대상자 혹한기, 혹서기 등 보호대책 이행), 집단프로그램 기획 및 운영, 지역자원 발굴·연계, 후원금품 모집·배분, 사업 추진실적 관리, 노인맞춤돌봄협의체 심의 참석 및 안건보고, 노인맞춤돌봄서비스 실무협의회 운영 및 참석, 직무상 노인학대를 알게 된 때에는 즉시 노인보호전문기관 또는 수사기관에 신고, 기타 시·군·구 지자체가 관련하여 필요하다고 인정하는 사업 등을 한다.

서비스 제공은 생활지원사와 지원인력(사회서비스형 노인일자리 등)이 담당한다. 생활지원사는 서비스 제공계획에 따라 서비스를 제공하고 노인맞춤돌봄시스템에 실적 상시 입력·관리, 서비스 제공과정 등에서 서비스 변경 또는 연계가 필요한 경우 전담사회복지사에게 서비스 제공계획 변경 등을 요청, 서비스 제공 시 이용자의 상태변화에 대한 모니터링, 이용자가 건강상태 악화 등으로 인해 장기요양서비스가 필요하다고 판단되는 경우, 이용자에게 장기요양인정조사 신청을 권고, 사망·사고 등 대상자 특이사항 발생 시 전담사회복지사에게 즉시 보고 등을 한다. 지원인력은 생활지원사와 동행하여 실시할 수 있는 업무와 생활지원사가 동행하지 않더라도 단독으로 서비스 제공이 가능한 업무(단독수행) 구분에 따라 서비스를 제공한다.

(3) 서비스 제공체계 및 기능

서비스 추진체계는 보건복지부, 지방자치단체, 중앙노인돌봄지원기관, 광역지원기관 및 수행기관, 노인맞춤돌봄서비스 수행기관, 한국사회보장정보원으로 구성되어 있다. 보건복지부 기능은 사업안내 지침 마련, 대상자 보호대책(혹한기·혹서기 등) 마련, 국고보조금 교부, 홍보 등 사업 총괄, 사업 관리·감독 및 평가, 정책연구, 중앙노인돌봄지원기관(독거노인종합지원센터) 운영·관리이다. 광역시도는 시·군·구별 사업량 및 예산 배정, 시·도 사업계획 수립 및 보건복지부에 제출, 대상자 보호 대책(혹한기·혹서기 등)(시·도) 마련, 광역지원기관 사업계획 승인, 광역지원기관 선정 및 운영 지원, 광역지원기관 관리·감독, 시·군·구 사업 관리, 교육·홍보 등 지원 등, 국고보조금 정산 보고, 사업추진 관련 시·군·구 자료 취합·제출 등의 역할을 한다.

시·군·구 기능은 시·군·구 사업계획 수립 및 시·도에 제출(매년 1월 중순), 대상자 보호 대책(혹한기·혹서기 등) 마련, 수행기관 사업계획 승인, 수행기관 선정 및 운영 지원, 수행기관 관리·감독, 지자체 자체사업 간 유사중복 여부 판단·결정, 서비스 대상자 선정 및 서비스 제공계획 승인 여부 등 결정, 시·군·구 노인맞춤돌봄협의체 구성·운영, 수행기관 간 실무협의회 운영 지원, 보건소·치매센터 등 유관기관 협력체계 구축, 수행기관 사업 관리, 교육·홍보 등 지원 등, 사업추진 관련 자료 취합·제출, 국고보조금 정산 보고 등이다. 읍·면·동은 노인맞춤돌봄서비스 교육 이수, 노인맞춤돌봄서비스 신청접수, 시·군·구 사업계획에 따라 노인맞춤돌봄서비스 신규 대상자 발굴, 수행기관 협조체계 구축 등이 주요 기능이다.

중앙노인돌봄지원기관(독거노인종합지원센터)은 광역지원기관, 수행기관 지원, 광역지원기관, 수행기관 수행인력 지원, 사업실적 및 통계관리, 사업 평가 지원, 사업 관련 시스템 운영관리, 사랑잇기사업 추진 등 후원금품 모집·배부, 중앙모니터링센터 운영, 기타 보건복지부가 사업과 관련하여 필요하다고 인정하는 사업 등을 한다. 노인맞춤돌봄서비스 광역지원기관 기능은 광역지원기관 사업계획 수립 및 시·도에 제출, 광역지원기관 사업계획에 따른 사업추진 및 운영, 광역지원기관 수행인력 채용·교육 및 관리, 광역자치단체(시·도) 사업추진 지원 등이다. 노인맞춤돌봄서비스 수행기관 기능은 수행기관 사업계획수립 및 시·군·구에 제출, 수행기관 사업계획에 따른 사업추진 및 운영, 수행인력 채용·교육 및 관리, 기초자치단체(시·군·구) 사업추진 지원, 기타 시·군·구가 관련하여 필요하다고 인정하

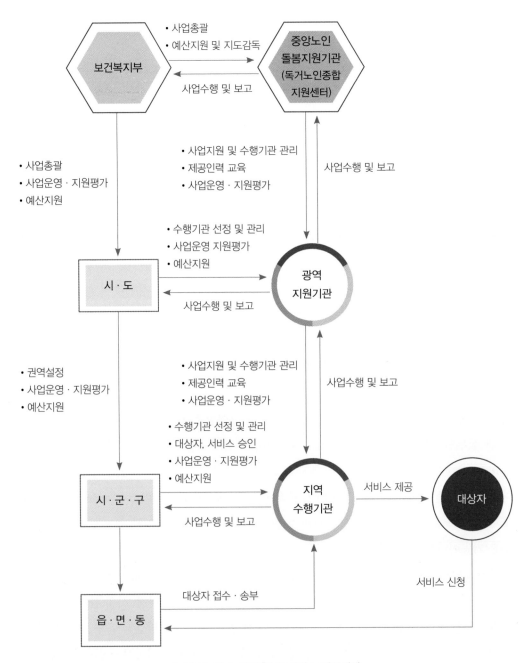

[그림 11-3] 노인맞춤돌봄서비스 제공체계

출처: 보건복지부(2024e), p. 11.

는 사업 등이다. 끝으로 한국사회보장정보원은 서버관리, 시스템 개·보수 등 시스템 운영
지원 및 시스템 사용자 교육을 한다.

(4) 특화서비스

노인맞춤돌봄서비스 중 특화서비스는 사회적 고립과 우울 위험이 높은 취약노인을 대상
으로 맞춤형 사례관리를 제공하여 고독사 및 자살예방을 목적으로 한다. 특화서비스 추진
방향은 지역 내 공공 및 민간네트워크를 활용한 고독사 및 자살위험군 발굴 체계 구축, 복지
관, 경로당, 보건소, 병원, 자살예방센터 등 지역사회자원과 연계, 믿고 의지할 수 있는 사회
적 관계 형성을 지원하여 지속가능한 상호돌봄체계 구축 등이다. 서비스 대상은 가족, 이웃
등과 접촉이 거의 없어 고독사 및 자살위험이 높은 65세 이상 노인이다. 단, 중앙노인돌봄지
원기관 승인을 통해서 고독사 및 자살위험이 크다고 판단되는 경우 60세 이상으로 하향 조
정할 수 있다.

서비스 유형은 은둔형과 우울형이 있다. 은둔형은 가족, 이웃 등과 관계가 단절되어 있으
면서, 민·관 복지지원이나 사회안전망과 연결되지 않은 65세 이상의 자이다. 행정등록상
동거 또는 가족과 함께 거주하나, 실제 1인 가구(독거)로 가족, 이웃 등과 관계가 단절(신청
자, 서비스에 의뢰된 자와의 초기상담을 통해 가족관계, 가족연락·왕래 빈도, 친구 및 이웃관계 등
을 파악하거나 지역 통·반장, 부녀회 등의 자생조직을 통한 가족, 이웃 등과의 사회관계 단절 여부
파악)되어 있으면서, 국민기초생활보장제도의 생계급여, 의료급여 수급 이외 공공·민간 서
비스를 이용하지 않는 노인이다. 은둔형 집단 목표는 ① 단절된 사회적 관계 회복, ② 생존
에 필요한 기본 욕구 충족이다. 서비스 제공은 1:1 사례관리를 핵심방법론으로 하여 개인별
상담(25회기 이상)을 진행한다. 사회관계망 형성을 위해 은둔형 집단 서비스 이용자도 자조
모임을 진행할 수 있으나, 참여도가 낮고 거부적 태도를 보일 수 있으므로 집단접근 방법 활
용 시 충분한 검토 과정을 거친다.

우울형은 정신건강 문제로 인해 일상생활 수행에 어려움을 겪거나, 가족·이웃 등과 관
계 축소 등으로 자살, 고독사 위험이 높은 65세 이상의 노인이다. 자살시도 후 생존자 또는
우울증 진단을 받고 자살시도 가능성이 큰 경우도 해당한다. 우울형 집단 이용자 선정 우선
순위는 (1순위) 자살시도 후 생존자, (2순위) 우울증 진단자, (3순위) 척도검사 결과 자살생각
척도 7점 이상인 자이다. 공통기준은 병의원(정신과, 정신건강의학과, 신경정신과, 신경과, 내
과, 가정의학과 등)에서 우울증 진단이 필수이다. 우울형 집단 목표는 ① 정신건강에 대한 인
식개선과 관리능력 향상을 통한 우울증 및 자살위험 경감, ② 사회관계 향상 등이다. 서비스

내용은 1:1 사례관리(최소 8회기 이상), 8인 이내의 집단활동(수행기관 자체개발 프로그램, 집단치료 또는 집단상담, 자조모임, 나들이 등)을 핵심방법론으로 한다. 단, 집단치료 또는 집단상담 진행이 어려운 수행기관의 경우 집단프로그램으로 대체할 수 있다.

2) 독거노인 응급안전돌봄서비스

이 서비스는 「노인복지법」 제27조의2(홀로 사는 노인에 대한 지원)와 「장애인복지법」 제24조(안전대책 강구)를 법적 근거로 한다. 지역사회 예방적 돌봄의 차원에서 상시 보호가 필요한 노인 가구 및 장애인 가구에 게이트웨이(GW), 화재감지기 등을 설치하여 화재, 질병 등 응급상황 발생 시 119에 자동으로 신고하고 응급관리요원에게 알려 대상자가 응급상황에 신속하게 대처하는 지원 체계를 구축하는 것이다. 서비스 내용은 댁내장비를 설치하여 게이트웨이 → 소방서로 응급상황을 자동 신고(댁내장비 응급호출, 화재감지 등 응급상황 발생 시 게이트웨이에서 119 안심콜 시스템을 통해 소방서로 자동 신고)하는 것이다. 독거노인 · 장애인 응급안전안심서비스 지역센터는 응급안전안심서비스 모니터링과 대상자 관리를 한다. 모니터링에서는 독거노인 활동 모니터링과 장비작동 및 상태 정보에 대한 모니터링 이상 징후 발견 시 또는 응급상황 시 응급관리요원이 가구 방문을 한다. 대상자 관리는 정기적인 안전 확인 및 안전사고 예방을 위한 교육 등의 조치와 대상자 가구실태를 확인하고 필요한 서비스 연계 조치를 한다.

응급안전안심서비스 대상자 선정기준은 노인가구와 장애인 가구로 나뉜다. 노인가구는 독거노인, 노인 2인가구, 조손가구가 해당한다. 독거노인은 주민등록상 거주지와 동거자 유무, 소득과 관계없이 실제로 혼자 살고 있는 65세 이상의 노인이다. 노인 2인 가구는 65세 이상 노인 2인으로 구성되며 ① 기초생활수급자, ② 차상위 또는 ③ 기초연금수급자인 가구 중 한 명이 질환(당뇨, 혈압, 뇌졸중 및 치매 등)을 앓고 있거나 거동이 불편한 경우, 모두 75세 이상인 경우이다. 조손가구는 노인(65세 이상)과 손 · 자녀(24세 이하)로만 구성된 가구 중 '노인 1인 및 손자녀'와 '노인 2인 및 손자녀'가 해당한다. '노인 1인 및 손자녀'는 독거노인 기준과 동일하고, '노인 2인 및 손자녀'는 노인 2인 가구 기준과 동일하게 적용된다.

서비스 제공은 지역센터 응급관리요원이 담당한다. 기초지방자치단체장이 공모를 통해 독거노인 · 장애인 응급안전안심서비스를 수행할 지역센터를 선정한다. 응급관리요원의 주요 업무는 대상자 관리, 댁내장비 관리, 기타(기관 운영, 행정 등)이다. 대상자 관리는 대상자 정기 안전확인(일반대상자, 중점관리대상자), 활동미감지 대상자 안전확인, 응급상황 발생 대

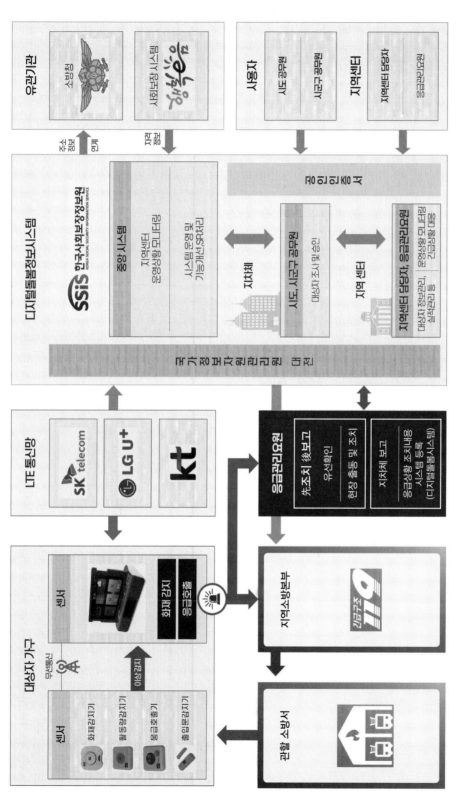

[그림 11-4] 응급안전안심서비스 흐름도

출처: 보건복지부(2024f), p. 6.

표 11-2   응급안전안심서비스 댁내장비 구성

장비	내용
게이트 웨이	• 전면부 레이더센서에 활동량 감지센서, 온도센서, 습도센서, 조도센서 포함 • 게이트웨이는 119 응급호출(빨간색), 센터(흰색), 통화(파란색), 취소(초록색) 버튼으로 구성 　-119: 119 상황실로 자동 신고 　-센터: 저장된 지역센터 전화번호로 전화 　-통화: 저장된 비상연락처(자녀 등 입력한 번호) 목록을 화면에 보여 주고, 수신자를 선택하여 전화 　-취소: 다른 버튼 사용에 대한 취소 • 레이더센서 감지각도 상하 30도, 좌우 110도, 감지거리 5미터 • 라디오, 동영상 기능 제공
활동량 감지기	• 대상자 활동 유무를 감지하여 게이트웨이로 활동량 감지 정보 전송 • 장시간 활동량이 없을 경우 활동미감지 이벤트 정보를 게이트웨이로 전송 • 활동량 감지기 감지 높이 2.2m, 감지 거리 7.62m
출입문 감지기	• 연기를 감지할 경우 게이트웨이에 정보를 전송, 119에 자동신고 • 화재감지 시 응급상황을 알리는 신호음 발생 　-게이트웨이에서 화재발생 안내 멘트 송출 　-화재감지기에서 신호음 송출 • 대상자 댁내 출입문의 개폐 여부를 감지 　-활동량 감지기에서 활동미감지 사유 확인(외출, 재실)
응급 호출기	• 응급 버튼(빨간색)을 누르면 게이트웨이에 정보를 전송하여 119에 자동 신고 • 취소(초록색)를 누르면 응급호출 취소 • 댁내 화장실에 설치

출처: 보건복지부(2024f), p. 75 수정.

상자 안전확인(응급호출, 화재 발생), 지역사회 응급안전망 구축, 재난상황 발생 시 대상자 안전관리 강화, 그 외 대상자 관리 등이 해당한다. 안전확인 방법은 전화와 영상통화를 통해서 대상자 안전 및 안부 확인, 활동미감지 발생 사유 확인, 장기간 활동미감지 발생 시 장비 점검 및 AS 요청을 한다. 댁내장비 관리는 댁내장비 모니터링(상시), 댁내장비 관리 운영, 댁내장비 설치 지원 등이 있다. 기타 기관운영 및 행정 업무는 응급관리요원 업무 일지 작성, 교육 이수, 기타 시·군·구가 응급안전안심서비스 사업 운영과 관련하여 필요하다고 인정하는 업무, 특이사항 등 보고 등이 있다. 특히 게이트웨이 119 응급버튼, 화재감지기 반응, 활동미감지 대상자 안전 확인 등의 상황별로 업무처리 절차를 활용해야 한다(보건복지부, 2024f).

4. 노인장기요양보험제도

1) 도입 및 발전과정

노인장기요양보험제도는 우리나라에서 건강보험, 국민연금, 고용보험, 산재보험에 이은 다섯 번째 사회보험제도이다(권중돈, 2022). 노인돌봄은 전통적으로 가족이 담당했지만, 사회경제적 변화로 가족이 돌봄을 감당할 수 없게 되었다. 이에 돌봄을 사회적 연대로 대응하고자 설계된 공적 체계가 노인장기요양보험제도이다. 건강보험이 질병을 치료하는 것에 초점을 두었다면, 노인장기요양보험제도는 일상생활을 독립적으로 수행하기 어려운 노인에 대한 돌봄을 제공해서 삶의 질을 향상하는 데 목적을 둔 제도이다.

노인장기요양보험제도는 2001년 8월 15일 대통령 경축사에서 도입을 시사했으며, 2002년 대통령 공약 사항에 포함되었다. 2003년 3월 공적노인요양보장추진기획단이 설치 운영되었으며, 2004년 3월에 공적노인요양보험제도실행위원회가 구성되었다. 2005년 1차 시범사업을 6개 시·군·구(광주 남구, 강릉, 수원, 부여, 안동, 북제주) 65세 이상 기초생활보장 수급 노인 대상으로 실시했다. 2005년 10월 19일 입법예고, 2006년 2월 16일 정부입법 국회 제출이 되었다. 2006년 2차 시범사업이 8개 시·군·구(1차 시범지역, 부산 북구, 전남 완도 추가) 65세 이상 노인 대상으로 진행되었으며, 2007년 4월 2일 국회를 통과했다. 2007년 3차 시범사업을 13개 시·군·구(1차 시범지역, 2차 시범지역, 인천 부평구, 대구 남구, 청주, 익산, 하동) 65세 이상 노인 대상으로 하였다. 2008년 7월 1일부터 노인장기요양보험제도가 시행되었다(국민건강보험공단, 2024a).

「노인장기요양보험법」의 대표적 개정은 2009년 5월 21일 농어촌지역거주 수급자 본인부담금 감경(50%) 도입, 2010년 3월 17일 보험자 직영 장기요양기관 설치·운영을 위한 법적 근거 마련(서울요양원 건립 추진), 2013년 5월 13일 장기요양 3등급 판정기준 완화(치매, 중풍 노인 등), 2014년 6월 25일 경증 치매환자에게 장기요양급여 제공할 수 있도록 장기요양 5등급 신설, 장기요양등급체계를 3등급에서 5등급으로 개편, 2015년 12월 31일 장기요양기관 평가결과 게시 의무화, 재가장기요양기관 시설 및 인력 기준 일원화, 2016년 7월 1일 치매전담형 장기요양기관 제도 도입, 2017년 12월 26일 경증치매 어르신에게 장기요양서비스 제공을 위한 인지지원등급 신설, 2018년 3월 27일 본인부담 감경 혜택을 중산층(건강보험료 순위 이하자 50%)까지 확대, 2021년 12월 21일 장기요양 설치 관리 의무화, 2022년 12월 20일

표 11-3   노인장기요양보험제도와 기존 노인복지서비스체계 비교표

구분	노인장기요양보험	기존 노인복지서비스 체계
관련법	「노인장기요양보험법」	「노인복지법」
서비스 대상	• 보편적 제도 • 장기요양이 필요한 65세 이상 노인 및 치매 등 노인성질병을 가진 65세 미만인 자	• 특정대상 한정(선택적) • 국민기초생활보장 수급자를 포함한 저소득층 위주
서비스 선택	• 수급자 및 부양가족 선택 서비스 제공	• 지방자치단체장 판단(공급자 위주)
재원	• 장기요양보험료+국가 및 지방자치단체 부담+이용자 본인 부담	• 정부 및 지방자치단체 부담

출처: 노인장기요양보험(www.longtermcare.or.kr).

노인성 질병 범위 3종 확대(척수성 근위축 및 관련 증후군, 달리 분류된 질환에서의 일차적으로 중추신경계통에 영향을 주는 계통성 위축 다발경화증), 2023년 8월 8일 요양보호사 보수교육 신설 등의 개정이 있었다(국민건강보험공단, 2024a). 개정을 통해서 장기요양 등급 체계 확대(3등급에서 5등급으로 개편, 인지지원등급 신설), 서비스 질 개선 제도화(평가 및 시설 정보 게시), 시설 및 인력 기준 표준화, 치매전담형 장기요양기관 도입, 본인부담금 경감, 보수교육 강화 등 제도가 발전하고 있다.

2) 목적 및 적용 대상

노인장기요양제도는 고령이나 노인성 질병 등의 사유로 일상생활을 혼자서 수행하기 어려운 노인에게 제공하는 신체활동 또는 가사활동 지원 등의 장기요양급여에 관한 사항을 규정하여 노후 건강증진 및 생활안정을 도모하고 그 가족 부담을 덜어 줌으로써 국민 삶의 질을 향상하도록 함을 목적으로 한다(「노인장기요양보험법」 제1조). 장기요양서비스를 통해서 일상생활을 독립적으로 수행하기 어려운 노인의 건강증진과 생활안정을 높이고자 한다. 또한 노인 가족이 부담을 낮추어서 국민 삶의 질 향상을 목적으로 제도를 설계하였다.

노인장기요양보험 적용대상은 전 국민이다. 노인장기요양보험 가입자는 국민건강보험 가입자(그 피부양자)와 동일하며, 의료급여수급권자를 포함한다. 장기요양보험료를 내야 하는 대상자는 국민건강보험료 납부대상자이다. 국민건강보험제도와 달리 장기요양보험료를 납부한다고 해서 장기요양 급여를 모두 받을 수 있는 것은 아니다. 장기요양인정 신청자격은 장기요양보험가입자 또는 그 피부양자, 의료급여수급권자 중에서 65세 이상 노인 또

표 11-4   노인장기요양보험제도 적용 대상

구분	적용 대상자 범위
노인장기요양보험 적용 대상자	전 국민[장기요양보험가입자 및 그 피부양자(건강보험과 동일) + 의료급여 수급권자]
보험료를 부담하는 자	국민건강보험의 가입자로 하며, 직장가입자와 지역가입자에 대한 개별보험료는 건강보험제도의 보험료 부과체계를 그대로 활용하여 산정
장기요양인정 신청자	노인장기요양보험 적용 대상자 중 65세 이상 노인 또는 노인성 질병을 가진 65세 미만인 자
장기요양 인정자	장기요양인정 신청인 중 6개월 이상 혼자서는 일상생활이 어려운 자로서 장기요양등급판정위원회에서 장기요양인정을 받은 자

출처: 국민건강보험공단(2024a).

는 노인성 질병이 있는 65세 미만의 자이다. 신청자격을 갖추더라도 장기요양인정 신청인 중 6개월 이상 혼자서는 일상생활이 어려운 자로서 장기요양등급판정위원회에서 장기요양 인정을 받은 자가 장기요양서비스를 이용할 수 있다.

3) 노인장기요양보험 이용 체계

노인장기요양보험 이용 체계는 1단계(인정 신청) 65세 이상 노인 또는 65세 미만의 노인성 질병이 있는 자로서 혼자서 일상생활이 어려운 자가 공단에 장기요양인정 신청 → 2단계(등급판정) 장기요양등급판정위원회에서 심의 및 판정: 공단직원이 조사한 인정조사 결과 및 의사소견서 등을 참고하여 심신상태 및 장기요양이 필요한 정도 등 등급판정기준에 따라 등급판정 → 3단계(장기요양 급여 이용) 장기요양 등급을 받은 자에게 장기요양 인정서 및 개인별 장기요양이용계획서 작성 · 송부: 수급자는 개인별 장기요양이용계획서를 고려하여 희망에 따라 장기요양기관을 선택하여 장기요양급여 계약을 체결하고 수급자의 가정에서 또는 요양시설에 입소하여 장기요양 급여를 받을 수 있음 → 4단계(비용 청구 및 지급) 수급자에게 장기요양급여를 제공한 장기요양기관은 공단에 비용 청구: 공단부담금(급여비용 중 본인부담금 및 비급여대상 금액 제외) 지급 → 5단계(이용지원) 장기요양급여에 관한 일반사항, 이용절차 및 방법 등을 안내하고 장기요양기관 정보제공 등 수급자를 위한 이용지원을 지속해서 실시 등으로 진행된다(국민건강보험공단, 2024a).

노인장기요양급여를 받기 위해서는 본인(65세 이상 또는 65세 미만으로 노인성 질병을 가진

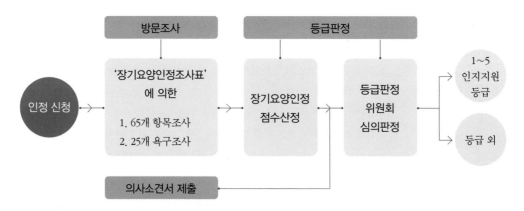

[그림 11-5] 장기요양인정 및 이용절차

출처: 노인장기요양보험(www.longtermcare.or.kr).

자)이나 대리인인 가족, 친족 또는 이해관계인, 사회복지전담공무원, 치매안심센터 장(신청인이 치매환자인 경우에 한정), 시장·군수·구청장이 지정하는 자가 장기요양인정신청서와 의사소견서를 전국 공단지사(노인장기요양보험운영센터) 방문, 우편, 팩스, 인터넷(외국인은 불가능), 'The 건강보험' 앱 등을 활용하여 제출해야 한다. 신청의 종류는 인정 신청, 갱신신청, 등급변경 신청, 급여종류·내용 변경 신청 등이 있다.

인정 신청을 하게 되면 간호사, 사회복지사, 물리치료사 등으로 구성된 공단 소속 장기요양 직원이 직접 방문하여 '장기요양인정조사표'를 활용해서 진단한다. 공단 직원은 노인장기요양 관련 전문가들에 의하여 연구된 조사표(장기요양인정 조사표)를 토대로 신청인의 신체기능(12개 항목), 인지기능(7개 항목), 행동변화(14개 항목), 간호처치(9개 항목), 재활영역(10개 항목), 환경적 상태, 서비스 욕구 등을 종합적으로 조사한다. 신체기능은 완전자립, 부분도움, 완전도움, 간호처치는 증상 유무, 재활은 운동장애 없음, 불완전 운동장애, 완전 운동장애 등으로 구분한다.

시·군·구 단위로 설치된 장기요양등급판정위원회는 보건·복지·의료에 관한 학식과 경험이 있는 자(의사, 교수, 소속 공무원 등)로 구성한다. 등급판정위원회는 방문조사 결과, 의사소견서, 특기사항 등을 기초로 신청인의 기능상태 및 장기요양이 필요한 정도 등을 등급판정 기준에 따라 요양필요상태에 해당하는지 여부, 요양필요상태인 경우 등급판정기준에 따라 등급을 판정, 필요에 따라서는 등급판정위원회의 의견을 첨부 등과 같이 심의 및 판정한다. 장기요양 등급판정은 신청인이 신청한 날로부터 30일 이내에 진행되어야 한다. 2024년 3월 말 기준 장기요양보험 인정자 수는 1,108,224명이고 노인인구 대비 인정률은 10.9%이

표 11-5   장기요양인정조사표

영역	항목		
신체기능 (12항목)	• 옷 벗고 입기 • 식사하기 • 일어나 앉기 • 화장실 사용하기	• 세수하기 • 목욕하기 • 옮겨 앉기 • 대변 조절하기	• 양치질하기 • 체위 변경하기 • 방 밖으로 나오기 • 소변 조절하기
인지기능 (7항목)	• 단기 기억장애 • 날짜 불인지 • 장소 불인지 • 나이/생년월일 불인지	• 지시 불인지 • 상황판단력 감퇴 • 의사소통/전달장애	
행동변화 (14항목)	• 망상 • 환청, 환각 • 슬픈 상태, 울기도 함 • 불규칙 수면, 주야 혼돈 • 도움에 저항	• 서성거림, 안절부절못함 • 길을 잃음 • 폭언, 위협행동 • 밖으로 나가려 함 • 의미가 없거나 부적절한 행동	• 물건 망가트리기 • 돈/물건 감추기 • 부적절한 옷 입기 • 대/소변 불결행위
간호처치 (9항목)	• 기관지절개관 간호 • 흡인 • 산소요법	• 경관영양 • 욕창간호 • 암성통증간호	• 도뇨관리 • 장루간호 • 투석간호
재활 (10항목)	운동장애(4항목)	관절제한(6항목)	
	• 우측상지 • 우측하지 • 좌측상지 • 좌측하지	• 어깨관절 • 팔꿈치관절 • 고관절 • 무릎관절	• 손목 및 수지관절 • 발목관절

출처: 노인장기요양보험(www.longtermcare.or.kr).

다(국민건강보험공단, 2024b).

장기요양인정 판정결과는 등급판정위원회에서 장기요양등급자로 결정된 수급자(1~5등급, 인지지원 등급)에게 장기요양등급, 유효기간, 장기요양급여 종류 등이 기재된 '장기요양인정서'와 '개인별 장기요양이용계획서'를 개별 통지한다. 개인별 장기요양이용계획서는 수급자가 월 한도액 범위 내에서 급여를 원활히 이용할 수 있도록 수급자 개인별 기능상태 및 욕구를 반영하여 작성한 장기요양 적정급여 이용계획서이다.

표 11-6 장기요양 등급별 대표적 상태

등급	수준	장기요양 인정점수
1등급	심신의 기능상태 장애로 일상생활에서 전적으로 다른 사람의 도움이 필요한 자	95점 이상
2등급	심신의 기능상태 장애로 일상생활에서 상당 부분 다른 사람의 도움이 필요한 자	75점 이상 95점 미만
3등급	심신의 기능상태 장애로 일상생활에서 부분적으로 다른 사람의 도움이 필요한 자	60점 이상 75점 미만
4등급	심신의 기능상태의 장애로 일상생활에서 일정 부분 다른 사람의 도움이 필요한 자	51점 이상 60점 미만
5등급	치매(「노인장기요양보험법 시행령」 제2조의 노인성질병에 한정) 환자	45점 이상 51점 미만
인지지원 등급	치매(「노인장기요양보험법 시행령」 제2조의 노인성질병에 한정) 환자	45점 미만인 자

출처: 국민건강보험공단(2024a), p. xxxiv.

4) 급여 및 재정

(1) 급여

장기요양급여 종류는 「노인장기요양보험법」 제23조에 근거하여 재가급여, 시설급여, 특별현금급여가 있다. 재가급여는 방문요양(장기요양요원이 수급자 가정 등을 방문하여 신체활동 및 가사활동 등을 지원하는 장기요양급여), 방문목욕(장기요양요원이 목욕설비를 갖춘 장비를 이용하여 수급자 가정 등을 방문하여 목욕을 제공하는 장기요양급여), 방문간호(장기요양요원인 간호사 등이 의사, 한의사 또는 치과의사 지시서에 따라 수급자 가정 등을 방문하여 간호, 진료 보조, 요양에 관한 상담 또는 구강위생 등을 제공하는 장기요양급여), 주·야간보호(수급자를 하루 중 일정한 시간 동안 장기요양기관에 보호하여 신체활동 지원 및 심신기능 유지·향상을 위한 교육·훈련 등을 제공하는 장기요양급여), 단기보호(일정 기간 장기요양기관에 보호하여 신체활동 지원 및 심신기능 유지·향상을 위한 교육·훈련 등을 제공하는 장기요양급여), 기타재가급여(수급자의 일상생활·신체활동 지원 및 인지기능 유지·향상에 필요한 용구를 제공하거나 가정을 방문하여 재활에 관한 지원 등을 제공하는 장기요양급여) 등이 있다.

장기요양인정자는 모두 재가급여를 이용할 수 있다. 가장 대표적인 방문요양 급여 서비스 내용은 신체활동지원서비스(세면 도움, 구강관리, 몸 청결, 머리 감기기, 몸단장, 옷 갈아입히기, 목욕 도움, 배설 도움, 식사 도움, 체위 변경, 이동 도움, 신체기능 유지·증진 등), 가사활동지원서비스(취사, 생활필수품 구매, 청소·세탁·주변정돈 등), 개인활동지원서비스(외출 시 동행·부축, 일상업무 대행 등), 정서지원서비스(말벗, 격려 및 위로, 생활상담, 의사소통 도움 등)가 있다. 주야간보호급여는 생활지도 및 일상동작훈련 등 심신 기능회복을 위한 서비스(취미·오락, 운동 등 여가생활 서비스, 이동, 체위 변경, 기능훈련), 급여 및 목욕서비스, 이동서비스, 노인가족에 대한 교육 및 상담 등이 있다(보건복지부, 2024e).

시설급여는 장기요양기관에 장기간 입소한 수급자에게 신체활동 지원 및 심신기능 유지·향상을 위한 교육·훈련 등을 제공한다. 재가급여와 달리 시설급여 자격은 장기요양 1, 2등급 수급자, 장기요양 3, 4등급자로 등급판정위원회로부터 시설급여를 인정받은 수급자(주돌봄자인 가족구성원이 돌보기 곤란한 경우, 주거환경이 열악하여 시설입소가 불가피한 경우, 치매 등에 따른 문제행동으로 재가급여를 이용할 수 없는 경우), 장기요양 5등급자로 등급판정위원회로부터 시설급여를 인정받은 수급자이다. 하지만 2008년 노인장기요양보험 시행 전에 시설에 입소한 노인인 기존 입소자는 보호한다(보건복지부, 2024e).

특별현금급여는 가족요양비, 특례요양비, 요양병원간병비가 있다. 가족요양비는 도서·벽지 등 장기요양기관이 현저히 부족한 지역으로서 보건복지부장관이 정하여 고시하는 지역에 거주하는 자, 천재지변이나 그 밖에 이와 유사한 사유로 인하여 장기요양기관이 제공하는 장기요양급여를 이용하기가 어렵다고 보건복지부장관이 인정하는 자, 신체·정신 또는 성격 등 대통령령으로 정하는 사유로 인하여 가족 등으로부터 장기요양을 받아야 하는 자에 해당하면 지급한다. 수급자가 가족 등으로부터 방문요양에 상당한 장기요양급여를 받을 때 현금으로 비용을 지급하는 급여로서, 장기요양등급에 관계없이 월 229,070원(2024. 1. 1. 기준)을 지급한다. 특례요양비는 수급자가 장기요양기관이 아닌 노인요양시설 등의 기관 또는 시설에서 재가급여 또는 시설급여에 상당한 장기요양급여를 받으면 대통령령으로 정하는 기준에 따라 해당 장기요양급여비용의 일부를 해당 수급자에게 특례요양비로 지급할 수 있다. 요양병원간병비는 수급자가 「의료법」 제3조 제2항 제3호에 따른 요양병원에 입원할 때 대통령령으로 정하는 기준에 따라 장기요양에 사용되는 비용 일부를 요양병원간병비로 지급할 수 있다(국민건강보험공단, 2024a).

「노인장기요양보험법」 제28조(장기요양급여의 월 한도액) 및 「노인장기요양보험법 시행규칙」 제22조(장기요양급여의 월 한도액)에 근거해서 장기요양급여는 월 한도액 범위 안에서 제공하여야 한다. 재가급여(복지용구 제외)의 월 한도액은 장기요양위원회 심의를 거쳐 등급별로 보건복지부장관이 정하여 고시한다. 예를 들어, 재가급여는 월 한도액에 장기요양인정 등급별 차등을 두고 있다. 재가급여(복지용구 제외)의 월 한도액은 2025년 1월 1일 기준으로 1등급 2,306,400원, 2등급 2,083,400원, 3등급 1,485,700원, 4등급 1,370,600원, 5등급 1,177,000원, 인지지원등급 657,400원이다. 시설급여의 월 한도액은 급여에 드는 장기요양기관의 각종 비용과 운영현황을 고려하여 등급별로 보건복지부장관이 정하여 고시한 1일당 급여비용에 월간 일수를 곱하여 산정한다. 요양시설을 이용할 경우 1일당 비용은 장기요양 1등급자 기준으로 90,450원으로 한 달 이용 시 총 급여비용은 271만 3,500원이다. 수급자의 본인부담금 비용은 54만 2,700원(본인부담률 20%)이 된다(보건복지부, 2024g).

(2) 재정

노인장기요양제도 급여와 운영을 위한 재정은 국가부담금, 장기요양보험료, 수급자 본인부담으로 구성된다. 사회보험방식이지만 일부는 공적부조방식이 더해져 조세가 투입된다. 「노인장기요양보험법」제8조, 제9조에 근거하여 「국민건강보험법」의 적용을 받는 건강보험 가입자에게 장기요양보험료를 징수한다. 장기요양보험 가입자는 건강보험 가입자와 동일하다. 장기요양보험료는 건강보험료액에 장기요양보험료율(2024년 현재: 12.95%)을 곱하여 산정한다. '장기요양보험료율'은 매년 재정 상황 등을 고려하여 보건복지부장관 소속 '장기요양위원회'의 심의를 거쳐 대통령령으로 정하고 있다(보건복지부, 2024a).

국가 부담은 「노인장기요양보험법」제58조를 법적 근거로 한다. 국고 지원금으로 국가는 매년 예산의 범위 안에서 해당 연도 장기요양보험료 예상 수입액의 100분의 20에 상당하는 금액을 공단에 지원한다. 국가와 지방자치단체는 의료급여수급권자에 대한 장기요양급여 비용, 의사소견서 발급 비용, 방문간호지시서 발급 비용 중 공단이 부담해야 할 비용 및 관리운영비의 전액을 부담한다.

본인부담금은 「노인장기요양보험법」제40조에 근거해서 재가급여는 당해 장기요양급여 비용의 100분의 15, 시설급여는 당해 장기요양급여 비용의 100분의 20이다. 「국민기초생활보장법」에 따른 의료급여 수급자는 본인부담금 전액 면제이다. 본인부담금의 60%를 감경하는 경우는 「의료급여법」제3조 제1항 제2호부터 제9호까지의 규정에 따른 수급권자, 「국민건강보험법 시행규칙」제15조에 따라 국민건강보험공단으로부터 건강보험 본인부담액 경감 인정을 받은 자, 천재지변 등 보건복지부령으로 정하는 사유로 인하여 생계가 곤란한 자, 「국민건강보험법」제69조 제4항 및 제5항의 월별 보험료액이 국민건강보험 가입자 종류별 및 가입자수별(직장가입자의 경우 당해 피부양자 포함) 보험료 순위가 0~25% 이하에 해당되며, 직장가입자는 재산이 일정기준 이하인 자이다. 본인부담금의 40%를 감경하는 자는 보험료액이 국민건강보험 가입자 종류별 및 가입자수별(직장가입자의 경우 당해 피부양자 포함) 보험료 순위 25% 초과~50% 이하에 해당되며, 직장가입자는 재산이 일정기준 이하인 자이다.

장기요양급여 범위에 포함되지 않는 사항을 비급여 대상이라고 한다. 식사재료비, 상급침실 이용에 따른 추가 비용(노인요양시설 또는 노인요양공동생활가정에서 본인이 원하여 1인실 또는 2인실을 이용하는 경우 장기요양에 소요된 총 비용에서 제1호·제3호 및 제4호의 비용과 장기요양급여 비용을 제외한 금액), 미·이용비, 그 외 일상생활에 통상 필요한 것과 관련된 비용으로 수급자에게 부담시키는 것이 적당하다고 보건복지부장관이 정하여 고시한 비용 등은 장기요양급여 수급권자가 부담해야 한다. 장기요양기관은 장기요양급여를 실시한 경우에는 장기요양급여제공기록지에 장기요양급여 실시내역 등을 기재하고 수급자에게 그 정보를 제공하여야 한다. 제공주기는 가정방문급여 주 1회(단, 재가급여전자관리 시스템으로 전송한 경우는 월 1회), 주·야간보호, 단기보호 및 시설급여 월 1회이며, 제공방법은 수급자 또는 보호자에게 직접 제공해야 한다(국민건강보험공단, 2024a).

5) 관리운영체계

노인장기요양보험 관리운영체계는 보건복지부, 지방자치단체(광역시·도 및 시·군·구 지자체), 국민건강보험공단(보험자), 장기요양기관(장기요양급여 제공)으로 구성된다. 관리운영 주체별 역할은「노인장기요양보험법」을 통해 규정되어 있다. 보건복지부는 장기요양보험사업 관장, 장기요양기본계획(연도별 장기요양급여 대상 인원 및 재원조달 계획, 연도별 장기요양기관 및 장기요양전문인력 관리 방안, 장기요양요원 처우에 관한 사항), 실태조사(장기요양인정, 장기요양판정위원회, 장기요양기관, 장기요양요원 근로조건, 처우 및 규모)를 한다.

지방자치단체는 ① 장기요양기본계획에 따른 세부시행계획 수립·시행, ② 노인성질환 예방사업, ③ 장기요양기관 설치, 지정, 감독 권한 등을 담당한다. 구체적으로 지방자치단체(특별자치시장·특별자치도지사·시장·군수·구청장)는 장기요양기관 지정·갱신·폐업, 장기요양기관의 시설·인력에 관한 변경, 장기요양기관 검사 및 시정명령, 장기요양기관 지정 취소, 과징금 부과, 위반시설 공표, 장기요양급여 제공 제한 등을 해야 한다.

국민건강보험공단은 장기요양보험사업의 보험자이다. 보험자로 공단은 ① 장기요양보험 가입자 및 그 피부양자와 의료급여수급권자 자격관리, ② 장기요양보험료 부과·징수와 재

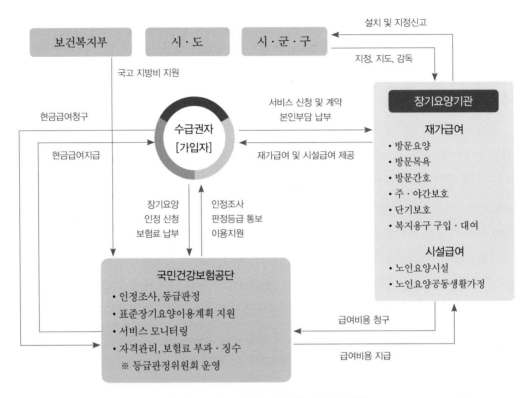

[그림 11-6] 노인장기요양보험 관리운영체계

출처: 국민건강보험공단(2024a), p. xlii.

정 운영, ③ 신청인에 대한 조사, ④ 등급판정위원회 운영 및 장기요양등급판정, ⑤ 장기요양인정서 작성 및 개인별 장기요양이용계획서 제공, ⑥ 장기요양급여 관리 및 평가, ⑦ 수급자 및 가족 정보제공 · 안내 · 상담 등 장기요양급여 관련 이용지원에 관한 사항, ⑧ 재가 및 시설급여비용 심사 및 지급과 특별현금급여 지급, ⑨ 장기요양급여 제공내용 확인, ⑩ 장기요양사업에 관한 조사 · 연구 및 홍보, ⑪ 노인성질환예방사업, ⑫ 이 법에 따른 부당이득금 부과 · 징수 등, ⑬ 장기요양급여 제공기준을 개발하고 장기요양급여비용 적정성을 검토하기 위한 장기요양기관 설치 및 운영, ⑭ 그 밖에 장기요양사업과 관련하여 보건복지부장관이 위탁한 업무 등을 한다.

장기요양기관은 장기요양급여를 제공한다. 장기요양기관은 ①「노인복지법」및「노인장기요양보험법」에 의거하여 설치 및 지정, ② 수급자와 계약을 체결하고 장기요양급여를 제공, ③ 수급자에게 제공한 장기요양급여에 대한 비용은 공단에 청구 등을 수행한다(국민건강보험공단, 2024a). 시설급여 제공기관은「노인복지법」상 노인요양시설 및 노인요양공동생활가정으로 특별자치시장·특별자치도지사·시장·군수·구청장 지정을 받은 장기요양기관이다. 재가급여제공기관은「노인복지법」상 재가노인복지시설이「노인장기요양보험법」에 의한 재가장기요양기관 시설·인력기준을 갖추어 특별자치시장·특별자치도지사·시장·군수·구청장의 지정을 받은 장기요양기관이다.

제**12**장

시설돌봄 및 생애말기돌봄

　우리나라에서 노인 시설돌봄 및 생애말기돌봄은 노인주거복지시설, 노인요양시설, 의료기관, 생애말기돌봄으로 구성된다. 돌봄 및 요양이 필요한 노인에게 서비스를 제공할 수 있는 기관으로「노인복지법」(「노인복지법」 제31조~제39조, 시행규칙 제30조의2, 제14조~제29조)에 근거한 노인요양시설,「의료법」(「의료법」 제3조,「의료법 시행규칙」 제36조)에 근거한 요양병원,「치매관리법」에 근거한 치매안심병원(치매전담병동 운영)이 있다. 생애말기돌봄은「호스피스 · 완화의료 및 임종과정에 있는 환자의 연명의료결정에 관한 법률」을 통해 말기환자로 진단을 받은 환자 또는 임종과정에 있는 환자와 그 가족에게 통증과 증상의 완화 등을 포함한 신체적, 심리사회적, 영적 영역에 대한 종합적인 평가와 치료를 목적으로 하는 의료를 제공한다.

표 12-1　시설돌봄 및 생애말기돌봄 구분

구분	주요 내용	법적 근거
노인주거복지시설	• 독거노인공동생활 홈서비스 • 양로시설 • 노인공동생활가정	「노인복지법」
노인요양시설	• 노인요양공동생활가정 • 노인요양시설(노인요양원)	「노인복지법」,「노인장기요양보험법」
의료기관	• 요양병원 • 치매안심병원	「의료법」
생애말기돌봄	• 호스피스 • 완화의료	「연명의료결정법」

1. 노인주거복지시설

1) 독거노인공동생활 홈서비스

이 사업의 목적은 공동생활공간 운영을 통한 독거노인 고독사·자살 예방 및 공동체 형성이다. 대상자는 소득, 건강, 주거, 사회적 접촉 등이 취약한 65세 이상 독거노인 중 자체 운영 기준에 따라 선정된 사람이다. 농림부 및 일부 지방자치단체(농촌지역 중심)에서 독거노인의 고독사 예방 및 취약한 주거환경 등 문제를 해소하기 위해 마을회관, 경로당, 폐교, 빈집 등 기존 시설을 개보수하거나 건물을 신축하여 독거노인공동생활 홈서비스를 제공하고 있다.

농촌형은 주로 지역의 마을회관 등 공동시설이나 유휴시설 개보수, 또는 신축한 건물에서 독거노인들이 공동으로 생활한다. 도시형은 주로 주거지가 없거나 주거환경이 열악한 기초생활수급자 등 저소득 독거노인들이 지역사회 내의 일반주택(다가구·다세대주택 등)에서 소규모로 모여 살 수 있도록 전세금(임대료)을 지원한다. 제공 기능 기준으로 주간운영형(주간 공동생활공간 중심으로 운영, 주거 기능 미제공), 공동거주형(주간 경로당, 야간 공동생활가정 활용), 독립거주형(개별 거주 공간 및 공용 공간 마련: 서비스 제공, 공동취사 등) 등이 있다.

제공서비스는 개별 공동생활홈의 유형 및 여건에 따라 탄력적으로 운영할 수 있다. 주로 안부 확인 및 각종 보건·복지서비스 연계, 밑반찬 배달 및 자원봉사·민간 후원 연계(예: 기업과 단체 연계 통해 선풍기, TV, 세탁기 등 지원), 건강·여가 프로그램 및 일자리 제공 등이 있다. 노인복지관, 보건소, 치매안심센터, 주민자치센터, 일자리 수행기관, 기업 등과 연계한 맞춤형 프로그램을 운영하기도 한다. 건강프로그램은 웃음치료, 건강체조, 방문간호, 요가, 우울증 검사 등, 여가 프로그램은 한글교실, 노래교실, 라인댄스, 공예, 원예교실 등이 있다. 일자리로는 쇼핑백 접기, 마스크팩 포장, 볼펜 만들기, 마늘 까기 등이 있다(보건복지부, 2024d).

2) 양로시설·노인공동생활가정

양로시설은 노인을 입소시켜 급식과 그 밖에 일상생활에 필요한 편의를 제공함을 목적으로 하는 입소정원 10명 이상의 시설이다. 노인공동생활가정은 노인들에게 가정과 같은 주거 여건과 급식, 그 밖에 일상생활에 필요한 편의를 제공함을 목적으로 하는 입소정원 5명 이상 9명 이하 시설이다. 양로시설 · 노인공동생활가정은 일반노인을 대상으로 급식, 주거 편의 등을 제공할 목적으로 민간사업자가 동 시설을 설치한다. 운영비는 입소 노인의 본인 부담으로 조달하여 운영하는 노인주거복지시설이다.

양로시설 입소자는 무료 입소대상자, 실비 입소대상자, 유료 입소대상자로 구분한다. 무료 입소대상자는 일상생활에 지장이 없는 65세 이상으로「국민기초생활 보장법」제7조 제1항 제1호에 따른 생계급여 수급자 또는 같은 항 제3호에 따른 의료급여 수급자(입소대상자 배우자는 65세 미만인 경우에도 입소대상자와 함께 입소 가능)와「국민기초생활 보장법」제7조 제1항 제1호에 따른 생계급여 수급자 또는 같은 항 제3호에 따른 의료급여 수급자가 아닌 자 중 생계를 같이하는 부양의무자로부터 적절한 부양을 받지 못하는 자(노인보호전문기관에서 학대피해노인으로 입소 의뢰받은 노인 및 긴급조치대상자 등)이어야 한다. 실비 입소대상자는 입소대상자의 당해 연도 월평균 소득액이 도시근로자 1인당 월평균 소득액 이하인 자 중에서 65세 이상이다. 유료 입소대상자는 입소자로부터 입소 비용 전부를 수납하여 운영하는 양로시설 또는 노인공동생활가정의 경우는 60세 이상, 입소대상자 배우자는 60세 미만인

표 12-2 양로시설 · 노인공동생활가정 시설 및 입소자 규정

구분	시설 규정	입소자 규정	동거인 규정
양로시설	노인을 입소시켜 급식과 그 밖에 일상생활에 필요한 편의를 제공함을 목적으로 하는 시설	(무료 입소대상자) 가. 생계급여 수급자 또는 같은 항 제3호에 따른 의료급여 수급자로서 65세 이상 나. 부양의무자로부터 적절한 부양을 받지 못하는 65세 이상	입소대상자 60세 미만인 배우자 입소 가능
노인공동생활가정	노인들에게 가정과 같은 주거 여건과 급식, 그 밖에 일상생활에 필요한 편의를 제공함을 목적으로 하는 시설	(실비 입소대상자) 가. 본인 및 본인과 생계를 같이하는 부양의무자의 월소득을 합산한 금액을 가구원수로 나누어 얻은 1인당 월평균 소득액이 도시근로자가구 월평균 소득을 전년도의 평균 가구원수로 나누어 얻은 1인당 월평균 소득액 이하인 자로서 65세 이상	
		(유료 입소대상자) 가. 입소자로부터 입소 비용 전부를 수납하여 운영하는 양로시설 또는 노인공동생활가정 경우는 60세 이상	입소대상자 65세 미만인 배우자 입소 가능

출처: 법제처(www.moleg.go.kr).「노인복지법 시행령」,「노인복지법 시행규칙」.

경우에도 입소대상자와 함께 입소할 수 있다(보건복지부, 2024d).

　요양시설은「노인복지법 시행규칙」[별표 2]의 제3조, 제4호에 근거해서 침실, 사무실, 요양보호사 및 자원봉사자실, 의료 및 간호사실, 체력단련실 및 프로그램실, 식당 및 조리실, 비상재해대비시설, 화장실, 세면장 및 목욕실, 세탁장 및 세탁물 건조장 등을 갖춰야 한다. 직원 자격 및 배치 기준은 시설장, 사무국장, 사회복지사, 의사 또는 촉탁의사, 사무원, 영양사(입소자 50명 이상 한함), 조리원 2명(입소자 100명 초과 시마다 1명 추가), 위생원(입소자 50명당 1명), 관리인 각각 1명이다. 간호사 또는 간호조무사(입소자 50명당 1명), 요양보호사(입소자 12.5명당 1명)를 배치해야 한다. 노인공동생활가정은 시설장 1명, 입소자 4.5명당 사회복지사, 간호사 · 간호조무사, 요양보호사 중 1명 이상을 채용해야 한다.

2. 노인요양시설

1) 노인요양시설 유형

　「노인장기요양보험법」에 근거한 시설급여는 장기요양기관에 장기간 입소한 수급자에게 신체활동 지원 및 심신기능 유지 · 향상을 위한 교육 · 훈련 등을 제공한다. 시설급여를 제공하는 장기요양기관은 노인요양시설과 노인요양공동생활가정이 있다. 노인요양시설과 노인요양공동생활가정이 지자체에 장기요양기관 지정신청을 하여 시설급여를 제공한다. 노인요양공동생활가정을 치매전담형으로 운영하거나 노인요양시설 내에 치매전담실을 두어서 운영한다.「노인복지법」상 노인요양시설, 노인요양공동생활가정 및 단기보호에서 전환한 노인요양시설은 시 · 군 · 구청장 지정을 받아 시설급여를 제공하는 장기요양기관이 될 수 있다(「노인장기요양보험법」제31조).

(1) 노인요양시설

　「노인복지법」제34조(노인의료복지시설)에 근거해 노인요양시설은 치매 · 중풍 등 노인성 질환 등으로 심신에 상당한 장애가 발생하여 도움을 필요로 하는 노인을 입소시켜 급식, 요양, 그 밖에 일상생활에 필요한 편의를 제공함을 목적으로 하는 장기요양기관이다. 입소정원은 10명 이상이며, 입소정원 1명당 연면적 23.6㎡ 이상의 공간을 확보해야 한다. 침실, 사무실, 요양보호시설, 자원봉사자실, 의료 및 간호사실, 물리(작업)치료실, 프로그램실, 식당 및 조리실, 비상재해 대비시설, 화장실, 세면장 및 목욕실, 세탁장 및 세탁물 건조장 등의 시설을 갖추고 있다.

(2) 노인요양공동생활가정

「노인복지법」 제34조(노인의료복지시설)에 따라 노인요양공동생활가정은 치매 · 중풍 등 노인성질환 등으로 심신에 상당한 장애가 발생하여 도움을 필요로 하는 노인에게 가정과 같은 주거 여건, 급식, 요양, 그 밖에 일상생활에 필요한 편의를 제공함을 목적으로 하는 시설이다. 입소정원은 5명 이상 9명 이하이며, 입소정원 1명당 연면적 20.5m² 이상의 공간을 확보해야 한다. 시설은 '침실', '사무실, 요양보호사실, 자원봉사자실, 의료 및 간호사실' 겸용, '프로그램실과 물리치료실' 겸용, '화장실, 세면 및 목욕실, 세탁장 및 세탁물 건조장' 겸용 등을 갖춰야 한다.

(3) 치매전담형 시설

「노인복지법」에 따르면 노인요양시설은 치매전담실을 둘 수 있으며, 치매전담실 1실당 정원을 16명 이하로 한다. 정원 1명당 면적이 1.65㎡ 이상인 공동거실을 갖출 것, 치매전담실 입구에 출입문을 두어 공간을 구분하되, 화재 등 비상시에 열 수 있도록 할 것, 공동으로 사용할 수 있는 화장실과 간이욕실(세면대 포함)을 갖출 것 등의 추가 조건을 갖춰야 한다. 치매전담형 노인요양공동생활가정은 1층에 설치할 것(단, 엘리베이터가 설치된 경우에는 2층 이상에도 설치), 정원 1명당 면적이 1.65㎡ 이상인 공동거실을 갖출 것 등의 요건으로 규정한다.

노인요양시설 내 치매전담실과 치매전담형 노인요양공동생활가정의 경우에는 보건복지부장관이 정하여 고시하는 자격을 갖춘 프로그램관리자를 두어야 한다. 노인요양시설 내 치매전담실과 치매전담형 노인요양공동생활가정의 경우에는 해당 시설 장, 요양보호사 및 프로그램관리자는 보건복지부장관이 정하여 고시하는 치매전문교육을 이수해야 한다(노인의료복지시설의 시설기준 및 직원배치기준 제22조 제1항). 또한 노인요양시설 내 치매전담실, 치매전담형 노인요양공동생활가정에서는 프로그램관리자의 지도로 치매노인의 기능 유지, 악화 방지를 위한 맞춤형 프로그램을 실시하여야 한다.

2) 시설인력 기준

노인의료복지시설의 시설기준 및 직원배치기준(제22조 제1항 관련)에서 노인요양시설 장은 「사회복지사업법」에 따른 사회복지사 자격증 소지자 또는 「의료법」 제2조에 따른 의료인이어야 한다. 사회복지사는 「사회복지사업법」에 따른 사회복지사 자격증 소지자이어야 한다. 물리치료사 및 작업치료사는 「의료기사 등에 관한 법률」에 따른 물리치료사 또는 작업치료사 면허 소지자이다. 요양보호사는 「노인복지법」에 따른 요양보호사 자격증을 소지하고 있어야 한다.

구체적으로 인력별 역할을 규정하고 있다. 사회복지사는 입소자에게 건강 유지, 여가선용 등 노인복지 제공계획을 수립하고, 복지증진에 관하여 상담·지도한다. 의사는 한의사를 포함하고, 계약 의사는 의사, 한의사 및 치과의사를 포함한다. 의료기관과 협약을 체결하여 의료연계 체계를 구축한 경우에는 의사 또는 계약 의사를 두지 않을 수 있다. 요양보호사는 요양서비스가 필요한 노인에게 신체활동지원 서비스와 그 밖의 일상생활지원 서비스를 제공해야 한다. 영양사 및 조리원이 소속되어 있는 업체에 급식을 위탁하는 경우에는 영양사 및 조리원을 두지 않을 수 있다.

3) 노인요양시설 제공서비스

노인요양시설과 노인공동생활가정은 「노인복지법 시행규칙」 노인의료복지시설의 운영기준(제22조 제2항 관련)에 근거한 노인의료복지시설로 건강관리, 급식 위생 관리, 요양 및 재활을 도울 수 있는 다양한 프로그램을 제공해야 한다.

(1) 건강관리
전담의사, 촉탁의사, 의료기관 협약 체결 등을 통해 의사는 매월 시설을 방문하여 입소자의 건강상태를 확인하고 건강상태가 악화된 입소자에 대하여 적절한 조치를 하여야 한다. 시설은 연 1회 이상 입소자 및 직원에 대하여 건강진단을 하고, 매월 입소자의 구강건강상태를 확인하여야 한다. 그 결과 건강이 좋지 않은 자에 대하여는 필요한 조치를 취한다. 입소자에 대하여 건강상태에 따라 적절한 훈련과 휴식을 하도록 하여야 한다. 시설의 환경을 항상 청결하게 하고 위생 관리에 유의하여야 한다.

(2) 급식 위생 관리
노인요양시설 및 노인요양공동생활가정 시설장은 입소자가 필요한 영양을 섭취할 수 있도록 영양사가 작성한 식단에 따라 급식을 제공하여야 한다. 다만, 영양사가 없는 시설의 경우에는 소재지를 관할하는 보건소장 또는 다른 시설 등의 영양사 지도를 받아 식단을 작성하고 이에 따라 급식하여야 한다. 전염성질환·화농성 창상 등이 있는 자는 입소자 식사를 조리하여서는 안 된다. 시설에서 사용되는 음용수(마시거나 요리를 만드는 데 쓰이는 물)의 경우에는 「수도법」 및 「먹는물관리법」이 정하는 바에 따라 수질검사를 받아야 한다. 또한 입소자의 식사를 조리하는 자는 항상 청결을 유지하여야 한다.

(3) 요양 및 재활 프로그램

노인요양시설의 시설장은 입소자의 요양 및 재활을 도울 수 있는 다양한 프로그램을 운영하여야 한다. 입소자에 대하여 적극적으로 필요한 생활지도를 하여야 하며, 입소자 연령·성별·성격·생활력·심신의 건강상태 등을 고려하여 수시로 입소자와 면담하거나 관찰·지도하고 특이 사항을 기록·유지하여 보호 정도에 따라 다른 노인복지시설로 전원 등 필요한 조치를 하여야 한다. 또한 시설 종사자(사무원·조리원·위생원·영양사·관리인을 제외한다)가 치매 및 중풍환자 간병요령 등 치매환자 보호에 필요한 교육을 받아야 한다. 요양 및 재활 프로그램 사업기준은 다음과 같다.

① 입소자 생활 의욕 증진 등을 도모하기 위하여 입소자 신체적·정신적 상태에 따라 그 기능을 회복하게 하거나 기능 감퇴를 방지하기 위한 훈련에 참여할 기회를 제공하여야 한다.
② 교양·오락설비 등을 갖추고 적절한 레크리에이션을 실시하여야 한다.
③ 입소자에 대한 상시 보호를 할 수 있도록 이에 적합한 직원의 근무체제를 갖춰야 한다. 특히 오후 10시부터 다음날 오전 6시까지 야간시간대에는 입소자 보호 및 안전 유지를 위하여 간호사, 간호조무사 또는 요양보호사 중 1명 이상의 인력을 배치하여야 한다. 시설 규모 및 근무방식 등에 따른 세부적인 배치기준은 보건복지부장관이 정한다.
④ 입소자 건강상태에 유의하여야 하며 건강 유지를 위하여 필요한 조치를 하여야 한다.
⑤ 입원치료를 필요로 하는 입소자를 위하여 진료기관을 정하는 등 인근 지역의 의료기관과 긴밀한 협조체계를 갖추어야 한다.
⑥ 거동할 수 없는 와상 노인의 욕창예방과 치료를 위하여 적절한 보호조치를 하여야 한다.
⑦ 치매노인은 치매의 정도에 따라 분리하여 보호하여야 한다.

3. 요양병원 및 치매전문병동

1) 요양병원

요양병원은 1994년 「의료법」 개정으로 요양병상 공급 부족과 장기요양 서비스 욕구로 설립되었다. 이는 1990년대 들어 장기요양서비스가 필요한 노인이나 만성질환자들이 급성기 병원을 점유하는 사례가 증가했기 때문이다. 불필요한 장기입원이 국민 의료비 증대를 가져오는 것에 효율적으로 대응하기 위해서이다(오영호 외, 1999).

요양병원은 「의료법」 제3조에 근거해서 의사나 한의사가 의료를 행하는 곳이다. 요양환자 30명 이상을 수용할 수 있는 시설을 갖추고 주로 장기요양이 필요한 입원환자에게 의료를 행할 목적으로 개설하는 의료기관을 말한다. 입원 또는 통원하게 하여 상담, 진단·판정, 치료 등 의료재활서비스를 제공하는 시설로 장기입원이 필요한 환자를 대상으로 의료행위를 하기 위하여 설치한 요양병상을 갖추고 있어야 한다.

「의료법 시행규칙」 별표 3(의료기관의 종류별 시설기준)에 의거하여 거동이 불편한 환자가 장기간 입원하는 데 불편함이 없도록 식당, 휴게실, 욕실, 화장실, 복도 및 계단과 엘리베이터(계단과 엘리베이터는 2층 이상인 건물만 해당하고, 층간 경사로가 있으면 엘리베이터를 갖추지 않을 수 있음)를 갖추어야 한다.

요양병원 입원 대상은 「의료법 시행규칙」 제36조(요양병원의 운영)에서 노인성 질환자, 만성질환자, 외과적 수술 후 또는 상해 후 회복기간에 있는 자 등으로 규정하고 있다. 단, 감염병환자, 감염병의사환자 또는 병원체보유자 등과 치매환자를 제외한 정신질환자는 입원 대상에 해당하지 않는다. 요양병원 기능은 노인성 질환자와 함께 수술 후 또는 상해 후 회복기 환자에 대한 재활의 이중적 목적을 보유한다.

국민건강보험 요양급여 기준에 관한 규칙에 근거해서 요양병원에서 받을 수 있는 급여는 진찰·검사, 처치·수술 기타 치료(처방·조제, 주사), 치료재료 지급, 예방·재활(재활 및 물리치료), 식사, 의료장비 등이다. 환자는 의료최고도, 의료고도, 의료중도, 의료경도, 선택입원군 등으로 분류한다. 요양병원 장기환자 주요증상은 치매, 편마비, 뇌경색증, 파킨슨병 등이다(이다희 외, 2021).

2) 치매전담병동(치매안심병원 운영)

「치매관리법」 제16조의4(치매안심병원의 지정)에 근거하여 보건복지부장관은 치매 진단과 치료·요양 등 치매 관련 의료서비스를 전문적이고 체계적으로 제공하는 데 필요한 인력·시설 및 장비를 갖추었거나 갖출 능력이 있다고 인정되는 의료기관을 치매안심병원으로 지정할 수 있다. 치매안심병원의 일반기준은 ①「의료법」 제36조 제1호에 따른 의료기관의 종류에 따른 시설기준 및 규격에 관한 사항과 같은 조 제2호에 따른 의료기관의 안전관리시설 기준에 관한 사항을 모두 갖출 것, ② 치매안심병동의 모든 병상, 목욕실 및 화장실에 간호사실로 연락할 수 있는 통신 장치 또는 간호사 호출 장치를 설치할 것, ③ 치매안심병동의 복도·계단·화장실 및 목욕실마다 안전손잡이를 설치할 것, ④ 치매안심병동에 휠체어, 보행보조기 등을 보관할 수 있는 공간을 확보할 것 등이 있다.

치매안심병원의 설치 목적은 치매의 진단과 치료, 요양 등 치매 관련 의료서비스를 전문적이고 체계적으로 제공과 가정에서 돌보기 어려운 행동심리증상을 보이는 환자를 집중치료할 수 있는 시설을 갖추고 양질의 치매 의료서비스 제공 및 지역사회 복귀 지원이다. 우선 입원 대상은 급성으로 치매증상이 악화되어 의학적 평가가 필요한 치매환자, 행동심리증상이 악화되어 전문적 약물 및 비약물적 치료가 필요한 치매환자(자신과 타인에 위해를 가할 가능성이 있는 상태), 섬망(급성 혼란상태)이 동반된 치매 환자 등이다.

치매안심병원 입원실의 특성은 ① 행동심리증상 집중치료를 위한 치매환자 전용의 병동일 것, ② 치매안심병동당 병상 수는 30개 이상 60개 이하일 것, ③ 일반병동과 구분되고 출입통제가 가능할 것, ④ 조명, 색채, 영상, 음향 등을 이용하여 행동심리증상을 완화하기 위한 환경을 구성할 것, ⑤ 환자의 안정성을 고려하여 공간을 구성할 것, ⑥ 4인실 이하의 입원병실을 둘 것, ⑦ 행동심리증상 집중치료를 위한 1인용 입원병실을 1개 이상 둘 것, ⑧ 입원병실의 벽과 바닥은 충격흡수가 가능한 소재로 마감할 것, ⑨ 치매안심병동의 입원병실마다 화장실을 둘 것, ⑩ 치매안심병동의 입원병실마다 흡인기(aspirators for medical use), 산소발생기 및 환기시설을 갖출 것 등이다.

주요 기능 및 역할은 환자 증상의 종합적 평가에 근거하여 필요한 전문적이고 체계적인 의료서비스 제공, 치매진단 및 정밀검사 외에 인지기능, 행동심리증상, 신경징후, 일상생활수행능력에 대한 전문적·종합적 평가를 토대로 맞춤형 치료전략 수립, 행동심리증상 치료 및 문제행동 개선을 위한 전문적 약물적·비약물적 개입, 입원 후 개인, 집단 및 소그룹 형태의 다양한 전문치료 프로그램 시행, 가족을 위한 치매 정보 및 프로그램 시행, 치매환자의

표 12–3 │ 치매안심병원 인력 기준

구분	기준
의사	• 신경과 전문의, 신경외과 전문의, 정신건강의학과 전문의 또는 한방신경정신과 전문의를 1명 이상 둘 것 • 보건복지부장관이 정하는 바에 따라 치매 관련 의사나 신경과 전문의, 신경외과 전문의 또는 정신건강의학과 전문의와의 협진체계를 갖출 것
간호인력	• 치매안심병동에서 치매환자를 전담하는 인력일 것 • 24시간 운영체계를 갖출 것 • 요양병원 외의 경우 신청일 직전 분기의 평균 병상 수가 평균 간호사 수의 2.5배 미만일 것 • 요양병원의 경우 신청일 직전 분기의 평균 입원환자 수가 간호사 · 간호조무사 수의 4.5배 미만일 것 • 정신건강간호사, 노인전문간호사 또는 보건복지부장관이 인정하는 치매전문교육과정을 이수(2013년 12월 이후)한 간호사를 1명 이상 둘 것
작업치료사	• 치매환자를 전담하는 작업치료사를 1명 이상 둘 것
임상심리사 또는 사회복지사	• 임상심리사 또는 정신건강사회복지사를 1명 이상 둘 것. 다만, 임상심리사의 경우 비상근으로 둘 수 있음(비상근 임상심리사: 주 8시간 이상 근무 원칙)

출처: 보건복지부(2024d), p. 194.

치료 · 보호 및 관리와 관련된 기관 · 법인 · 단체와의 협력 및 연계(퇴원 후 연계되어야 할 지역사회 기반 서비스와 프로그램 조사 · 의뢰 포함) 등이 있다. 프로그램으로는 개인, 집단 및 소그룹의 인지치료, 회상치료, 감각치료(음악, 스누젤렌 등), 운동요법, 인정요법 등 비약물 치료프로그램, 가족을 위한 프로그램을 제공한다(보건복지부, 2024d).

4. 생애말기돌봄: 호스피스 · 완화의료

생애말기돌봄(End-of-Life Care)은 회복할 수 없고 안정화될 가능성이 없어서 결국 사망하게 되는 진행형 질환을 앓고 있는 사람이 사망할 때까지 잘 지내다가 존엄하게 죽을 수 있도록 돕는다(황숙연, 2022). 우리나라는 생애말기돌봄을 위해서 「호스피스 · 완화의료 및 임종과정에 있는 환자의 연명의료결정에 관한 법률」(약칭: 연명의료결정법)을 제정하였다. 이 법을 통해 호스피스 · 완화의료와 임종과정에 있는 환자의 연명의료와 연명의료중단등결정 및 그 이행에 필요한 사항을 규정함으로써 환자의 최선의 이익을 보장하고 자기결정을 존중하여 인간으로서 존엄과 가치를 보호하는 것을 목적으로 한다.

임종과정은 회생 가능성이 없고, 치료에도 불구하고 회복되지 아니하며, 급속도로 증상이 악화하여 사망이 임박한 상태를 말한다. 말기환자(末期患者)는 적극적인 치료에도 불구하고 근원적인 회복 가능성이 없고 점차 증상이 악화해 전문의로부터 수개월 이내에 사망할 것으로 예상하는 진단을 받은 환자이다. 예를 들어, 암, 후천성면역결핍증, 만성 폐쇄성 호흡기 질환, 만성 간경화 등의 질병으로 인해서 말기환자로 진단을 받거나 임종과정에 있는 환자와 그 가족에게 통증과 증상의 완화 등을 포함한 신체적, 심리사회적, 영적 영역에 대한 종합적인 평가와 치료를 목적으로 하는 의료를 말한다(「연명의료결정법」 제2조).

표 12-4 호스피스전문기관 정의 및 인력기준

구분	정의	인력기준
입원형	보건복지부로부터 지정받은 전문기관의 호스피스 병동에 입원한 말기암 환자 및 가족들을 대상으로 호스피스 돌봄 및 전문완화의료서비스를 제공함. 이를 통해 환자와 가족들의 신체적, 심리 · 사회적, 영적 고통을 완화하여 삶의 질 향상에 기여함	1) 의사 또는 한의사: 호스피스 병동의 병상 20개당 전문의 1명 이상. 다만, 병상 20개당 기준으로 계산한 후 남은 병상이 20개 미만인 경우에는 1명 추가 2) 간호사: 호스피스 병동의 병상 10개당 간호사 1명 이상. 다만, 병상 10개당 병상 수를 계산한 후 남은 병상이 10개 미만인 경우에는 1명 추가 3) 사회복지사: 호스피스 병동당 1급 사회복지사 1명 이상
가정형	가정에서 지내기를 원하는 말기환자 및 가족을 대상으로 보건복지부로부터 지정받은 전문기관의 호스피스팀이 가정으로 방문하여 돌봄 및 전문완화 의료서비스를 제공함. 이를 통해 환자와 가족들의 신체적, 심리 · 사회적, 영적 고통을 완화하여 삶의 질 향상에 기여함	1) 의사 또는 한의사: 전문의 1명 이상 2) 간호사: 호스피스전문간호사, 가정전문간호사 또는 호스피스전문기관에서 2년 이상 호스피스 업무에 종사한 경력이 있는 간호사를 1명 이상 둘 것 3) 사회복지사: 1급 사회복지사 1명 이상
자문형	일반병동과 외래에서 진료를 받는 말기환자 및 가족을 대상으로 호스피스팀이 담당의사와 함께 전문완화의료서비스 및 호스피스 돌봄을 제공함. 이를 통해 환자와 가족들의 신체적, 심리 · 사회적, 영적 고통을 완화하여 삶의 질 향상에 기여함	1) 의사 또는 한의사: 전문의 1명 이상 2) 간호사: 호스피스전문간호사, 종양전문간호사 또는 호스피스전문기관에서 2년 이상 호스피스 업무에 종사한 경력이 있는 간호사를 1명 이상둘 것 3) 사회복지사: 1급 사회복지사 1명 이상

출처: 보건복지부(2024h).

우리나라 호스피스·완화의료 유형은 입원형 호스피스·완화의료, 가정형 호스피스·완화의료, 자문형 호스피스·완화의료, 소아청소년 완화의료 등으로 구분된다. 「연명의료결정법」 제25조에 따라 보건복지부령으로 정하는 시설·인력·장비 등의 기준을 충족해서 보건복지부로부터 지정받은 전문기관이어야 서비스를 제공할 수 있다. 입원형 호스피스전문기관은 호스피스 병동에 입원한 말기암 환자 및 가족들을 대상으로 호스피스 돌봄 및 전문완화의료서비스를 담당한다. 가정형 호스피스전문기관은 가정에서 지내기를 원하는 말기환자 및 가족을 대상으로 호스피스팀이 가정으로 방문하여 돌봄 및 전문완화의료서비스를 제공한다. 자문형 호스피스전문기관은 일반병동과 외래 및 응급실에서 진료를 받는 말기환자 및 가족을 대상으로 호스피스팀이 담당의사와 함께 서비스를 투입한다(보건복지부, 2024h). 다음은 국가생명윤리정책원 자료실에 첨부된 서울대학병원 사전의료지시서 양식이다(관련 링크: http://www.nibp.kr/xe/?module=file&a…11e5b42cd9).

사전의료지시서
(말기 환자 심폐소생술 및 연명치료 여부)

환자분은 현재 기존의 질환인(   )의 진행 및 합병증으로 인해 생명연장 및 증상완화 등을 위하여 조만간 다음과 같은 치료가 필요할 가능성이 높으며, 의식이 악화되어 자신의 상태에 대해서 현명하게 판단하고 치료에 대한 올바른 결정을 내리기 힘든 상태가 될 수 있습니다.

환자에게 시행되는 치료 중 일부는 큰 고통이나 부작용 없이 생명연장 및 증상완화의 목적을 이룰 수 있으나, 아래의 치료 중 일부 침습적인 시술의 경우 생명연장 및 증상완화의 목적을 달성할 가능성이 거의 없이 고통을 증가시킬 수 있습니다.

심폐소생술은 환자의 심장 박동과 호흡이 급격히 저하되어 정지할 것이 예상되거나 정지된 상태에서 강심제와 심장마사지, 제세동술, 기관삽관 및 인공호흡을 통해 인위적으로 심장 박동을 회복시키고자 하는 시술이며, 심폐소생술을 통해 말기 질환이 치료되지는 않습니다. 심폐소생술에 의해 정지된 심장 박동이 다시 회복될 수도 있으나, 심장 박동이 회복되어 회생하는 경우는 대개 건강하고 다른 질병이 없는 상태에서 심장기능이 갑자기 정지한 경우가 대부분입니다. 환자분의 상태처럼, 기존 질병의 진행과 이에 따른 합병증으로 인하여 신체의 기본적인 생명 유지 기능이 손상되어 있는 경우에는 심장 박동이 정지할 정도로 악화되면 심폐소생술을 시행하더라도 회생할 가능성은 극히 낮습니다.

그럼에도 불구하고 심폐소생술이 시행되는 경우 다음과 같은 문제점들이 있을 수 있습니다. 심폐소생술의 결과로 심장 박동은 회복되었으나 심장 박동이 정지된 기간 동안 뇌의 산소공급이 차단되면서 치명적인 손상을 입게 되어 의식이 회복되지 않거나 호흡기능이 유지되지 않을 수 있습니다. 이 경우 심장 박동은 유지되고 있으므로 사망으로 판정할 수 없으며 생명유지를 위해 중환자실 등의 집중관리시설에서 인공호흡기 및 약물 등의 생명유지장치에 의존해서 지내야 합니다. 심폐소생술 과정에서 호흡을 유지하기 위해 기관삽관을 해야 하며 심장마사지를 시행하는 도중에 갈비뼈가 부러질 수 있습니다. 이러한 과정 중 극심한 고통을 겪을 수도 있습니다.

심폐소생술 및 다른 연명치료 시행 여부는 환자분의 생명에 대한 가치관을 반영하여 결정되는 것이 적절합니다. 따라서 원하지 않는 경우, 이 같은 시술을 거부할 수 있습니다.

이에 앞으로 행해질 치료에 대해 미리 의사결정을 하기 위해 이 서식을 작성하시기를 권해 드립니다. 원하는 치료의 수준에 해당하는 곳에 서명해 주십시오. (**"결정하지 못했습니다."에 서명하시는 항목은 상황에 따라 평소 환자의 생명에 대한 가치관에 대해 충분히 알고 있는 가족과 상의하여 치료의 수준을 결정하게 됩니다. 각 세부항목에 대해 서명란과 다른 결정을 하였을 경우 해당란에 추가 서명해 주십시오.**)

작성된 사전의료지시서와 관련하여 환자분이 변경 혹은 철회를 요청할 수 있습니다.

	원합니다.	결정하지 못했습니다.	원하지 않습니다.
중환자실 입원이 필요한 침습(侵襲)적, 적극적 연명치료	서명:	서명:	서명:
1. 심폐소생술 (심장마사지, 강심제, 제세동, 인공호흡 등) (심폐소생술 후에는 중환자실 치료가 필요합니다.)			
2. 인공호흡기 (인공호흡기는 중환자실 치료가 필요합니다.)			
3. 혈액투석 (신기능 저하 시 필요한 혈액투석은 일부 환자의 경우 중환자실 치료가 필요합니다.)			
큰 고통이 따르지 않으나, 침습적인 검사 및 처치	서명:	서명:	서명:
고통을 경감시키기 위한 완화 처치	서명:	서명:	서명:

본인(**서명:**   )은 현재 환자의 의학적인 상태와 예후, 그리고 이 서식에 포함된 치료들의 효과와 부작용들에 대해(   )의사로부터 충분히 설명을 들었으며, 이상의 내용이 타인에 의해 변경되지 않고 표기한 대로 법적인 효력을 유지하기를 희망합니다.

만약, 환자 본인이 의사를 결정할 수 없는 상태에서는, 의료행위에 대한 의사결정을 할 수 있는 사람으로, 평소 환자의 생명에 대한 가치관에 대해 충분히 이해하고 있는 (   )가 환자의 결정을 대신합니다.

〈설명 의사〉 _____ 과 _____ (서명)
〈설명에 참여한 의료인〉 _____ 과 _____ (서명) _____ 과 _____ (서명)
〈설명받은 환자 가족〉 _____ (서명) _____ (서명) _____ (서명)
_____ (서명) _____ (서명) _____ (서명)
〈설명 시간〉 _____ 년 _____ 월 _____ 일 AM/PM ___:___ ～ AM/PM ___:___
〈설명 장소〉 _____
〈환자 또는 환자 대리인〉   〈보호자〉
(환자명:)의(관계:):   (서명)   (환자명:)의(관계:):   (서명)
주민등록번호: 주민등록번호:
주소: 주소:
전화: 전화:

〈환자가 직접 서명하지 못하는 사유〉
의사 기입: _____
_____ 의사: (서명)

제**13**장

해외 공식적 돌봄제도 사례: 일본, 미국, 스웨덴

일본, 미국, 스웨덴 등 국가별 노인돌봄서비스의 발전 경로와 현재 제공하는 공식적 돌봄 제도의 주요 내용을 살펴보았다. 노인돌봄정책 발전 경로로「노인복지법」,「장기요양보호법」과 같이 노인돌봄에 관련한 제도 수립과 운영을 통해 노출되는 문제점을 보완하거나 대응하기 위해서 제도 수정이나 새로운 제도 도입 사항을 제시하였다. 끝으로 현재 시점에서 공식적 돌봄제도의 주요 내용으로 서비스 내용, 서비스 이용 대상, 전달체계, 재정 등을 다루었다. 앞서 우리나라에서 노인돌봄의 사회화로 운영하고 있는 공식적 돌봄제도에 대해 제시하였다. 일본, 미국, 스웨덴과 한국의 사례를 비교함으로써 제도 개선이나 새로운 제도를 설계하는 데 활용할 수 있다.

1. 일본

1) 노인돌봄정책 발전

일본은 1963년에「노인복지법」을 제정하였다. 한국의「노인복지법」이 1981년에 제정된 것을 고려한다면 20년 정도 앞서서 고령화 대응을 위한 제도적 장치가 마련되었다. 1970년 고령화사회(65세 이상 노인 7% 이상), 1997년 고령사회(14% 이상), 2007년 초고령사회(20% 이상)로 진입하였다. 일본이 고령화사회에서 초고령사회로 변화하는 데 35년이 소요되었다. 2023년 노인 인구 비율은 29.1%로, 계속해서 전체 인구 중에서 노인 인구 비율이 증가하고 있다. 1973년에는 70세 이상 노인 의료비 전액을 무료화했다. 하지만 1, 2차 오일쇼크를 거치면서 1982년에 의료비 전액 지원제도를 폐지하고 본인 부담제도로 변경하였다.

일본의 노인돌봄정책은 골드플랜, 신골드플랜, 골드플랜21, 오렌지플랜, 신오렌지플랜 등 중앙정부 차원에서 고령사회의 돌봄에 대응하기 위해서 정책을 수립하여 실행하였다. 골드플랜은 재무성, 총무성, 후생동성 장관이 1989년 '고령자 보건복지 추진 10개년 전략'을 발표하면서 시행되었다. 주요 내용은 재가복지서비스 정비(홈헬퍼, 주간보호, 단기보호, 재택 개호지원센터, 살기 좋은 지역도시 조성 등), 와상 노인 발생 예방 사업, 재가복지 재정 안정화, 특별양호노인홈 정비, 고령자 사회참여 지원, 장수과학연구추진, 고령자 복지시설 정비, 지역별 맞춤형 고령자 보건복지 정책 지원 등이다(류건식, 손성동, 2023).

신골드플랜은 골드플랜이 5년 지난 시점에서 기대보다 빠르게 저출산 고령화 문제가 발생하여 골드플랜의 목표치를 상향 조정하는 방향으로 1995년 수립되었다. 주요 내용은 이용자 의사와 선택 존중 서비스 제공, 자립 지원 중심 서비스 제공, 보건·의료·복지 등 다양한 욕구를 대응하는 통합적 서비스 제공, 주민이 가까운 지역에서 필요한 서비스를 이용할 수 있도록 시·정·촌 중심의 복지체계 구축 등을 담고 있다. 재택서비스(홈헬퍼, 단기보호, 주간보호, 재택 개호지원 등), 시설서비스(특별양호노인홈, 노인보건시설, 고령자생활복지센터, 케어하우스), 돌봄인력(개호요원, 간호, 작업치료 등) 양성 등의 공급 목표를 설정하였다(문현상, 1997).

골드플랜21은 2000년 개호보험제도 도입 및 지자체 노인보건복지계획 수립의 상황 변화에 대응하고 노인 보건복지 정책 내실화와 개호서비스 기반 정비를 포함한 종합적 계획으로 수립되었다. 주요 내용은 활력 있는 고령사회 실현을 위한 ① 활력 있는 고령자상(images)의 구축, ② 고령자의 존엄성 확보와 자립 지원, ③ 서로 지지하는 지역사회 만들기, ④ 이용자로부터 신뢰받는 개호서비스의 내실화 등을 추진하였다(류건식, 손성동, 2023).

오렌지플랜은 골드플랜, 신골드플랜, 골드플랜21 이후로 치매(인지증) 환자가 급증하는 것에 대응하기 위해서 수립된 정책 추진 종합 전략이다. 오렌지플랜은 인지증 돌봄자가 손목에 착용하던 주황색 링에서 따온 것으로 '인지증 시책 추진 5개년 계획'을 통칭한다. 오렌지플랜은 병원이나 요양시설 중심의 돌봄에서 벗어나서 가능한 노인이 오랫동안 친숙한 지역사회에서 생활할 수 있도록 지원하는 전략이다. 주요 내용은 ① 표준적인 치매 케어방법의 작성 및 보급, ② 조기진단 및 조기대응, ③ 지역사회 생활을 지지하는 의료서비스 구축, ④ 개호서비스 구축, ⑤ 지역사회 일상생활 및 가족지원 강화, ⑥ 조기치매 정책 강화, ⑦ 의료 및 개호서비스 담당 인재 육성 등이다(김정림, 2019).

신오렌지플랜은 치매시책추진 5개년 계획의 오렌지플랜을 강화한 치매 관련 중장기 계획으로 2015년 수립되었다. '인지증 고령자를 위한 친화적인 지역사회 만들기'를 목표로 치매환자의 의사를 존중하고 가능한 자신이 친숙한 환경에서 계속해서 살아갈 수 있는 지원시스템을 구축하고자 하였다. ① 인지증에 대한 이해를 심화하기 위한 캠페인, 서포터즈 양성, 학교 교육 등의 보급·계발 추진, ② 인지증 상태에 따른 적합한 의료·개호 서비스 제공, ③ 청장년층 인지증 대책 강화, ④ 인지증 환자 돌봄자 지원, ⑤ 인지증 환자를 포함한 고령자 친화적인 지역 만들기 추진, ⑥ 인지증 예방법·진단법·치료법·재활모델·돌봄모델 등 연구개발 및 성과 보급 추진, ⑦ 인지증 환자 및 그 가족 관점 중시 등이다(류건식, 손성동, 2023).

최근 들어 2023년에는「공생사회를 실행하기 위한 인지증기본법(共生社會の實現を推進するための認知症基本法について)」을 제도화하였다. 목적은 인지증 노인이 존엄을 유지하면서 희망을 가지고 살 수 있도록 중앙정부와 지방정부의 책임으로 인지증 정책을 수립하고 실시해서 인지증 노인을 포함한 모든 국민이 상호 인격과 개성을 존중하고 서로 지지하며 공생하는 사회를 실현하는 것이다. 주요 내용은 ① 국민 이해 증진 등(치매 교육 추진 등), ② 배리어

표 13-1 일본 고령화율과 노인돌봄 정책

시기	고령화율	주요 정책
1960년대	5.7%(1960년)	1963년「노인복지법」제정 (특별양호노인홈 설립, 노인가정봉사원 제도화)
1970년대	7.1%(1970년)	1973년 노인 의료비 무료화
1980년대	9.1%(1980년)	1982년「노인보건법」제정(노인의료비 본인일부부담 도입) 1989년 골드플랜 수립(시설긴급정비와 재가복지 추진)
1990년대	12.0%(1990년) 14.5%(1995년)	1994년 신골드플랜 수립(재택 개호 충실) 1997년「개호보험법」제정
2000년대	17.3%(2000년) 21.5%(2007년)	2000년 개호보험 시행, 골드플랜21 수립 2005년「개호보험법」개정(개호예방, 지역밀착형서비스 도입)
2010년대	22.5%(2010년)	2011년「개호보험법」개정(지역포괄케어 시스템 중시) 2012년 오렌지플랜 2015년 신오렌지플랜 2019년 인지증시책추진대강(2019~2025년)
2020년대	28.9%(2020년) 29.1%(2023년)	2023년「인지증기본법」제정

출처: 全社協(2012); 原 勝則(2021) 등 자료 활용 작성.

프리(barrier-free) 추진(교통수단 확보, 이용하기 쉬운 제품 · 서비스 개발 등), ③ 사회참여 기회 확보 등(고용 계속, 원활한 취직 등), ④ 의사결정지원 및 권리이익보호(정보제공, 계발 등), ⑤ 보건의료 · 복지서비스 제공 체제의 정비 등(전문의료기관 정비, 의료 · 개호 인력 확보 등), ⑥ 상담 체제 정비 등(각종 상담 체제 정비, 가족 등 교류 활동 지원 등), ⑦ 연구 등 추진 등(치매 예방 · 치료 · 개호 방법 등 연구, 성과 활용 등)이다(厚生労働省, 2024).

2) 개호보험제도(공적 돌봄제도)

'개호(介護)'는 일본어로 간호, 병수발로 돌봄을 의미한다. 개호보험제도는 사회보험제도로 고령화, 핵가족화, 개호이직(가족 간병을 위해 직장을 그만둠) 등이 사회문제로 발생하면서 사회적 연대에 의해서 돌봄을 제공하기 위한 목적이다. 「개호보험법」이 1997년 제정되어 2000년부터 실시되었다. 개호보험 가입 대상자는 40세 이상이다. 40세부터 64세는 자신도 노화로 인해서 돌봄이 필요할 수 있다. 또한 자신의 부모님이 고령으로 인해 돌봄이 필요한 상태가 될 가능성이 높아 노후 불안의 원인인 돌봄을 사회적 연대로 지원하기 위해서 보험료를 부과하고 있다(厚生労働省, 2019). 개호보험 재원은 정부, 광역시 · 도(도도부현), 기초지자체(시정촌), 보험가입자 등이다. 지자체별로 납부 구성 비율의 차이가 있다. 예를 들어, 가와사키시의 개호보험급여 비용은 국가와 광역지자체 35.7%, 기초지자체 12.5%, 40~65세 미만 보험료 27.0%, 65세 이상 노인 보험료 24.8%로 구성되어 있다(川崎市, 2023).

(1) 개호서비스 등 이용 절차

일본 개호보험제도는 광역지자체(도도부현)와 기초지자체(시정촌)가 보험자이다. 이에 개호서비스를 이용하려면 시정촌 창구에서 개호(지원) 대상 인정 신청을 하게 된다. 본인 및 가족, 성년후견인 등이 신청할 수 있다. 또한 지역포괄지원센터, 거택 개호지원 사업자(케어플랜 작성 사업자), 개호보험 시설, 지역 밀착형 개호 노인복지시설 등에서 대리로 신청이 가능하다. 65세 이상이면 개호가 필요한 원인에 관계 없이 서비스 이용이 가능하다. 40세 이상 65세 미만은 특정 질병[예: 암, 관절 류마티스, 근위축성 측색경화증(루게릭병), 초로기치매, 뇌혈관질환, 당뇨병성 장애 등 16종류]으로 인해 개호 및 지원이 필요한 경우에 서비스를 이용할 수 있다. 시정촌 조사 결과와 주치의 소견서를 통해서 시정촌의 '개호인정심사회'에서 심사와 판정을 한다. 개호등급, 케어플랜 작성, 서비스 이용, 이용료 지불은 다음과 같다(服部 真治, 2023).

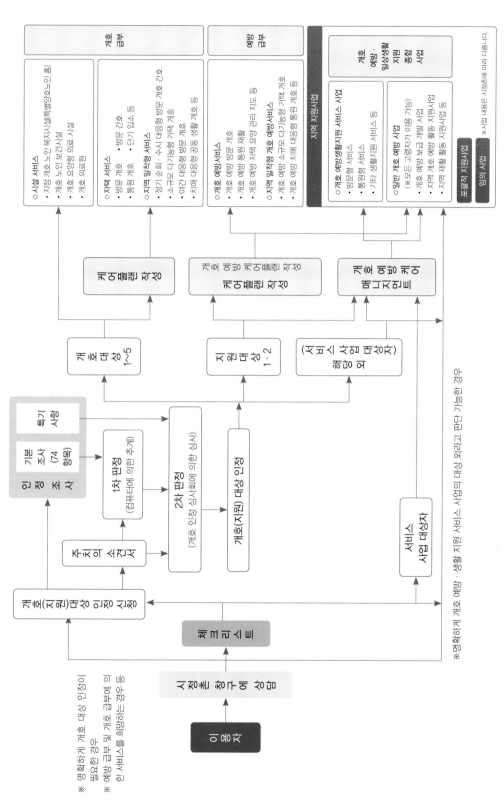

[그림 13-1] 개호서비스 이용 절차도: 오사카

출처: 大阪府(2021).

① 개호등급

개호인정심사를 통해 요개호, 요지원, 비해당으로 등급을 판정한다. 요개호는 일상생활에 대한 돌봄이 필요한 상태로 개호급부(예: 시설서비스, 재가서비스, 지역밀착형서비스)를 이용할 수 있다. 요지원은 일상생활을 하는 데 어려움을 경험할 수 있어서 현재 상태를 개선하거나 유지하기 위해서 예방급부(예: 개호 예방서비스, 지역밀착형 개호 예방서비스)에 해당한다. 요개호 인정 시간이 25분 미만으로 지역 지원사업(예: 개호 예방 생활지원서비스)을 이용할 수 있다.

표 13-2 요개호 상태 및 인정 기준 시간

구분	등급	요개호 인정 등 기준 시간	심신 상태
요개호: 1~5	요개호 5	110분 이상	일상생활 전반 도움 필요 및 의사소통 어려운 상태
	요개호 4	90분 이상 110분 미만	일상생활 전반 도움 필요 및 인지 현저한 저하
	요개호 3	70분 이상 90분 미만	일상생활 전반 도움 필요 및 인지 저하
	요개호 2	50분 이상 70분 미만	일상생활 도움 필요 및 인지 저하
	요개호 1	32분 이상 50분 미만	일상생활 일부 도움 필요 및 인지 저하
요지원: 1~2	요지원 2	32분 이상 50분 미만	걷거나 일어서기 불안정
	요지원 1	25분 이상 32분 미만	일부 동작 지켜보기나 도움 필요

② 케어플랜 작성

자택서비스를 이용하는 경우는 개호 지원 전문원(케어매니저)이 있는 거택 개호지원사업자(케어플랜 작성 사업자)에게 의뢰한다. 개호 예방서비스 및 개호 예방·일상 생활 지원 종합 사업을 이용하는 경우는 지역포괄지원센터에 의뢰한다. 자택서비스, 개호 예방서비스의 케어플랜은 본인이 작성하여 시정촌에 제출하는 것도 가능하다. 시설서비스를 이용하는 경우는 직접 시설에 신청한다. 또한 케어매니저 등도 시설 정보를 제공할 수 있다.

③ 서비스 이용

구체적인 내용과 이용일, 시간대, 이용료 등에 대하여 서비스 사업자와 충분히 상담을 한후에 계약한다. 서비스 내용 중 개선이 필요한 점 등이 있으면 케어매니저 및 지역포괄지원센터, 서비스 사업자 등에게 문의나 요청을 할 수 있다.

④ 이용료 지불

서비스의 이용자 부담액은 비용의 10%에서 30% 정도이다. 단, 거주비(체재비) · 식비 등의 실비가 필요한 경우가 있다. 각 서비스 종류의 비용은 개호 대상 정도에 따라 개호 보수로 정해져 있다.

(2) 개호급여

개호보험제도를 통해서 받을 수 있는 개호급여와 예방급여가 있다. 개호급여는 재택서비스, 지역밀착형 서비스, 시설서비스가 있다. 예방급여는 개호 예방서비스, 개호 예방 지원, 개호 예방 주택 개조 수리, 지역밀착형 개호 예방서비스 등이 있다. 방문목욕개호, 방문간호, 방문재활치료, 재택요양관리지도 등의 방문서비스는 요개호 등급과 요지원 등급이 모두 이용할 수 있다. 반면, 특정 요개호 등급이나 요지원 등급에 해당하여야만 일부 서비스(예: 방문개호)를 받을 수 있도록 한정된 것도 있다.

① 재택서비스: 요지원 1~2, 요개호 1~5

재택서비스는 요지원 1~2와 요개호 1~5로 등급 판정을 받는 노인이 이용할 수 있다. 재택서비스는 방문서비스, 통원서비스, 단기입소 서비스, 복지용구 · 주택개조 서비스 등이 있다. 방문서비스는 방문개호, 방문목욕, 방문간호, 방문재활, 재택요양관리지도가 해당한다. 통원서비스는 통원 개호와 통원 재활이 있다. 단기 입소해서 생활하는 서비스로 단기입소 생활 개호와 단기입소 요양 개호가 있다. 다음으로 복지용구 대여, 특정 복지용구 구입비

표 13-3 | 재택서비스 유형과 자격 기준

구분	서비스	등급
방문 서비스	• 방문 개호: 홈헬퍼 방문하여 신체 개호나 가사 도움	요개호 1~5
	• 방문목욕 개호: 욕조 입욕 차량으로 방문 목욕 개호	요지원 1~2 요개호 1~5
	• 방문간호: 주치의 지시에 따라 간호사 등이 방문하여 요양상 간호 등	요지원 1~2 요개호 1~5
	• 방문재활치료: 물리치료 등이 방문하여 재활치료	요지원 1~2 요개호 1~5
	• 재택요양관리지도: 의사, 치과의사, 약사 등이 방문하여 요양상 관리 · 지도 등	요지원 1~2 요개호 1~5

통원 서비스	• 통원 개호(주간보호): 주간보호센터에서 생활 기능 유지 또는 향상 목적으로 목욕 · 식사 등 지원 및 기능훈련	요개호 1~5
	• 통원 재활: 시설이나 병원 등에서 일상생활 자립을 돕기 위해 물리치료사, 작업치료사, 언어청각사 등이 재활치료 실시하여 이용자의 심신기능 유지 · 회복 서비스	요지원 1~2 요개호 1~5
단기 입소 서비스	• 단기입소 생활 개호: 특별양호노인홈 등 시설에 단기간 입소하여 일상생활 개호나 기능훈련	요지원 1~2 요개호 1~5
	• 단기입소 요양 개호: 개호노인보건시설, 개호요양형 의료시설 등 시설 단기간 입소 간호, 의료적 관리 개호와 기능훈련 및 기타 필요한 의료와 간호 서비스 등	요지원 1~2 요개호 1~5
복지용구 주택개조 서비스	• 복지용구 대여: 휠체어, 휠체어 부속품, 특수 침대, 특수 침대 부속품, 욕창 방지 용구, 체위 변환기, 인지증 노인 배회 감지 기기, 이동용 리프트, 난간, 슬로프, 보행기, 보행 보조 지팡이, 자동 배설 처리 장치 등	요지원 1~2 요개호 1~5
	• 특정 복지용구 구입비 지급: 수세식 변기, 자동 배설 처리 장치 교환 가능 부품, 배설 예측 지원 기기, 목욕 보조 용구, 간이 욕조, 이동용 리프트 받침대 부분	요지원 1~2 요개호 1~5
	• 주택 개수비 지급: 난간 설치, 단차나 통로 등 경사 해소, 미끄럼 방지 바닥재 변경, 미닫이문 교체, 좌변기 교체	요지원 1~2 요개호 1~5

출처: 川崎市(2023).

지급, 주택개조 및 수리 비용 지급 등이 재택서비스에 해당한다. 통원 개호서비스는 요개호 1~5등급에 한정해서 이용할 수 있다.

② 지역밀착형 서비스: 요지원 1~2, 요개호 1~5

지역밀착형 서비스는 돌봄이 필요한 상태에도 가능한 한 익숙한 지역에서 생활을 계속하도록 지원하기 위한 것이다. 정기 순회 및 수시 대응형 방문 개호, 야간 대응형 방문 개호, 지역밀착형 통원 개호, 치매 대응형 통원 개호, 소규모 다기능형 거택 개호, 간호 소규모 다기능형 재택 개호(복합형 서비스), 치매 대응형 공동생활 개호, 지역밀착형 노인복지시설 입소자 생활 개호 등이 있다. 치매 대응형 통원 개호, 소규모 다기능형 거택 개호, 치매 대응형 공동생활 개호(그룹홈)는 요개호 1~5등급에 한해서 제공한다.

표 13-4 지역 밀착형 서비스 유형과 이용 자격

서비스	등급
• 정기순회 · 수시 대응형 방문 개호 간호: 주야간 정기 순회 및 필요 수시방문, 개호와 간호 연계(목욕, 배설 개호, 간호 직원 돌봄 및 진료 보조)	요개호 1~5
• 야간 대응형 방문 개호: 야간 정기순회 및 긴급 시 등 통보시스템 통한 방문 개호 서비스	요개호 1~5
• 지역밀착형 통원 개호: 이용 정원 18명 이하인 주간보호센터에서 생활 기능 유지 또는 향상 목적으로 입욕 · 식사 등 지원 및 기능훈련	요개호 1~5
• 인지증(치매) 대응형 통원 개호: 데이서비스 센터에서 비교적 안정된 인지증노인 생활 기능 유지 또는 향상 목적 목욕 · 식사 등 지원 및 기능훈련 실시	요지원 1~2 요개호 1~5
• 소규모 다기능형 거택 개호: 통소 중심으로 이용자 상태 및 선호 기반 방문 및 숙박 조합 서비스	요지원 1~2 요개호 1~5
• 간호 소규모 다기능형 거택 개호: 의료 욕구 높은 이용자 방문간호와 소규모 다기능형 거택 개호 조합하여 이용자 욕구 맞춤 지원서비스	요개호 1~5
• 인지증(치매) 대응형 공동생활 개호(그룹홈): 비교적 안정된 인지증 노인 소수 인원 공동생활과 목욕 · 식사 등의 개호 및 기능훈련 등	요지원 1~2 요개호 1~5
• 지역밀착형 개호노인복지시설 입소자 생활 개호: 정원 29명 이하인 소규모 개호노인복지시설에서 목욕 · 식사 등 개호 및 일상생활 돌봄, 기능훈련 등	요개호 3~5

출처: 川崎市(2023).

③ 시설서비스: 요개호 1~5등급

시설서비스는 요개호 1~5등급만 이용할 수 있다. 개호노인복지시설, 개호노인보건시설, 개호요양형 의료시설(폐지 예정), 개호의료원 등이 있다. 개호노인복지시설(특별양호노인홈)은 요개호 3~5이지만, 특례입소로 1~2등급도 가능하다. 특례입소 요건은 다음과 같다.

가. 치매로 일상생활에 지장을 받는 증상, 행동이나 의사소통 곤란함이 빈번하게 보인다.

나. 지적장애 · 정신장애 등을 동반하며 일상생활에 지장을 받는 증상, 행동이나 의사소통 곤란함 등이 빈번하게 보인다.

다. 가족 등으로부터 심각한 학대가 우려되는 것 등으로 심신 안전 및 안심을 확보하기 어렵다.

라. 1인 가구이거나 동거 가족이 고령 또는 병약자 등으로 가족 등의 지원을 받기 어렵고 동시에 지역에서 개호서비스나 생활지원 공급이 불충분하다.

표 13-5 시설서비스 유형 및 이용 자격

서비스	등급
개호노인복지시설(특별양호노인홈): • 대상: 일상생활에서 항상 개호가 필요한 경우 • 서비스: 목욕, 식사 등 개호 및 일상생활 돌봄, 기능훈련, 건강관리	요개호 3~5
개호노인보건시설: • 대상: 급성기 치료가 끝나고 증상이 안정되어 재택 복귀를 위한 집중 재활치료가 필요한 경우 • 서비스: 간호, 의학적 관리 아래 개호, 기능훈련 및 그 밖의 필요한 의료 제공	요개호 1~5
개호요양형 의료시설(요양 병상): • 대상: 급성기 치료가 끝나고 증상 안정 후 장기간 걸친 요양이 필요한 경우 • 서비스: 요양 관리, 간호, 의학적 관리 아래 개호, 기능훈련 및 그 밖의 필요한 의료 제공	요개호 1~5
개호 의료원: • 대상: 장기간에 걸친 요양이 필요한 경우 • 서비스: 요양 관리, 간호, 의학적 관리 아래 개호, 기능훈련 및 그 밖의 필요한 의료 제공, 간병 개호 및 생애말기 케어 대응	요개호 1~5
기타: 특정시설입주자 생활 개호(개호형 유료 노인홈, 케어하우스, 양호노인홈 등)	요개호 1~2

출처: 川崎市(2023).

(3) 예방급여: 요지원 대상 1~2등급

예방급여는 기초자치단체가 개호 지원 대상이 되는 것을 예방하고 개호가 필요한 상태에도 최대한 지역사회에서 자립적 일상생활을 보낼 수 있도록 지원하는 서비스이다. 개호 예방·생활 지원서비스는 개호 예방 방문서비스, 개호 예방 통원서비스, 개호 예방 단시간 통원서비스가 있다. 단, 요지원 1~2등급을 받은 경우에 한정해서 이용할 수 있다. 일반 개호 예방 사업은 65세 이상 지역사회 거주 노인들을 대상으로 개호 예방 교육과 홍보, 개호 예방 자원봉사자 양성 등이 있다.

표 13-6 예방급여 서비스 유형

구분	서비스	등급
개호 예방·생활 지원 서비스 사업	개호 예방 방문서비스: 개호 사업소 홈헬퍼 및 가와사키 생활 서포터가 가정 방문하여 이용자와 협동하여 가사 보조	요지원 1~2
	개호 예방 통원서비스: 주간보호센터에서 목욕·식사, 생활 기능 유지 향상 체조 및 근력 트레이닝	요지원 1~2
	개호 예방 단시간 통원서비스: 주간보호센터에서 목욕·식사, 생활 기능 유지 향상 체조 및 근력 트레이닝	요지원 1~2
일반 개호 예방 사업	개호 예방 보급 계발 사업: 개호 예방 팸플릿 배포 및 건강 강좌·강연회 등을 통해 자립적 생활을 위한 개호 예방 활동 중요성 인식 확산 및 홍보	-
	지역 개호 예방 활동 지원사업: 지역주민 주체로 개호 예방 활동 지원 및 개호 예방 활동 지원 자원봉사자 양성	-

출처: 川崎市(2023).

3) 치매노인돌봄

(1) 지역에서 지원하는 치매 케어: 지역포괄센터

일본은 2007년 65세 이상 인구 비율이 20%가 되는 초고령사회에 진입하였다. 2020년 28.9%, 2030년 31.2%, 그리고 2040년 35.4%로 노인 비율이 증가할 것으로 예측된다(三井住友信託銀行, 2022). 한국의 노인장기요양보험제도와 같은 목적의 돌봄사회보험제도로 1997년 개호보험이 제정되었다. 치매가 가지는 부정적 이미지를 개선하고자 2004년부터는 치매라는 용어를 대신해서 '인지증'으로 변경하였다. 치매노인을 위한 국가 차원의 계획도 골드플랜(1989년), 신골드플랜(1994년), 오렌지플랜(2012년), 신오렌지플랜(2015년), 인지증시책추진대강(2019~2025년) 등을 수립하여 추진하고 있다(原勝則, 2021). 2023년 「공생사회를 실행하기 위한 인지증기본법(共生社会の実現を推進するための認知症基本法について)」을 제정하였다. 주요 목적은 치매노인이 한 국민으로 자신의 개성과 능력을 충분히 발휘하고 상호 인격과 개성을 존중하여 서로 지지하는 사회를 조성하기 위한 것이다. 특히 치매노인의 존엄, 희망, 인권, 자기다움, 지역사회 거주 등을 강조하고 있어서 인간중심돌봄과 연결된다.

일본의 치매정책은 국가에서 전략을 수립하고 지역에서 서비스를 제공하며 중추적 전달체계는 '지역포괄케어시스템'이다. 지역포괄케어시스템은 2005년 「개호보험법」 개정을 통

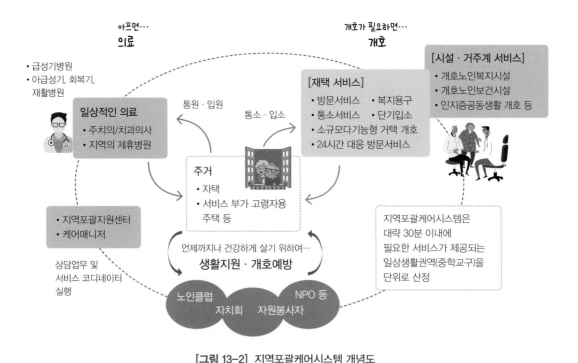

[그림 13-2] 지역포괄케어시스템 개념도

출처: 遠藤英俊(2022).

해 도입되었다. 지역포괄케어시스템을 통해서 주거, 의료, 간병, 예방, 생활지원 등이 종합적으로 연결된다. 치매로 인해 일상생활을 독립적으로 하기 어려운 상황에도 친숙한 지역사회에서 계속 살아갈 수 있다. 치매노인을 위한 지원체계로 의료, 요양, 지역사회 자원 연계 등을 활용해서 치매노인과 그 가족을 지원하는 복합서비스가 제공된다. 치매노인의 상태에 따라서 적절한 서비스를 언제, 어디서, 어떤 의료 및 돌봄 서비스를 받을 수 있는지 이해할 수 있도록 발굴 및 진단, 일상 홈케어, 급성 악화기 케어, 생활시설 케어 등을 지원한다(岡野明美 외, 2019).

지역포괄센터의 운영 주체는 시·읍·면 또는 시·읍·면에서 위탁한 법인(사회복지법인, 의료법인 등)이며, 2~3만 명 인구 기준으로 1개소를 설치하고 있다. 인력 구성은 간호사(개호예방), 사회복지사(재택의료·개호 연계, 생활지원 코디네이터), 주임 케어매니저(종합 지원, 개호예방 케어매니지먼트) 등이다. 노인이 치매 질환에도 지역사회에서 활력 있게 살 수 있도록 지원체계를 구축한다. 커뮤니티 케어 회의(의사, 치과의사, 약사, 간호사, 치위생사, 물리치료사, 작업치료사, 영양사, 요양보호사 등 의료 돌봄 전문직 참여)를 개최하여서 포괄케어 시스템이 작동할 수 있도록 한다(遠藤英俊, 2022). 〈표 13-7〉은 지역포괄센터를 통한 노인 이용 사례이다.

표 13-7 지역포괄센터 이용 사례

유형	지원 사례 내용
배회 노인	치매로 B 씨는 자주 길에 헤매게 되거나 자택을 찾지 못하는 경우가 늘어났다. 가족이 눈을 뗀 틈에 행방불명이 되었다. 가족은 지역포괄지원센터에 연락을 했다. 지역포괄지원센터는 시내 주요 네트워크 공공 및 민간 기관과 협력을 통해서 B 씨를 발견할 수 있었다. 센터는 배회가 걱정되는 노인을 위해서 GPS 대여 및 이용을 지원하고 있다.
적절 서비스 연결	건강하게 살고 있던 A 씨가 외출 중에 넘어져서 골절되었다. 응급차로 병원에 이송되어서 수술과 재활을 통해 집으로 퇴원했다. 하지만 스스로 가사활동을 하기가 어려워졌다. 지역포괄센터 상담을 통해서 방문돌봄서비스를 이용할 수 있게 되었다.
질병 조기 발견	남편을 돌보고 있는 부인(D 씨)은 왼손으로 잡은 물건을 잘 떨어뜨리는 것 같다고 지역포괄센터에서 남편에 대한 돌봄 상담 과정에서 이야기했다. 지역포괄센터 간호사의 종합의료센터 진찰 의뢰를 통해서 D 씨의 파킨슨병을 초기 발견하여 복약과 통원 치료를 받게 되었다.

출처: 坂入郁子(2023).

(2) 시설을 가정집처럼 소규모화: 유니트케어(ユニットケア)

일본에서는 1990년대 중반부터 입소자가 시설에서 단체로 식사하고 개별성이 없는 집단 생활에 대해 문제점이 지적되었다. 시설 종사자 관점에서 내가 사랑하는 부모님을 여기에 모시고 싶지 않고 나도 늙어서 이런 시설에 입소하는 것이 두렵다는 현장의 목소리가 나오기도 했다. 그러던 중 50명 정원 시설을 4개 그룹으로 나눠서 그룹별로 직원을 배치하여 일상생활을 지원하는 유니트케어가 시도되었다. 소규모로 함께 식사를 준비하고 먹는 변화를 통해 최대한 평범한 가정의 생활을 목표로 하였다. 노인요양시설의 자발적 서비스 질 개선 방안으로 출발했다가 2002년부터 유니트케어를 할 수 있는 환경조성에 대한 정부 지원을 통해 제도화되었다. 유니트케어 도입은 입소 노인에게 침대 체류 시간 감소, 거실 체류 시간 증가, 낮 수면 시간 감소, 낮 식사 시간 증가, 1인당 식사량 증가, 휴대용 화장실 설치 대수 감소 등 긍정적 생활상의 변화를 가져왔다(厚生労働省, 2023).

유니트케어는 가능한 가정과 같은 환경을 조성해 입소한 노인이 자기 개성과 신체리듬에 맞춰 생활할 수 있도록 지원한다. 서비스 제공자 중심의 편의성에서 입소자 중심으로 돌봄 제공 축을 이동한 것으로 인간중심돌봄의 실현 방법을 시설에 적용한 것이다. 주요 특성은 네 가지로 요약할 수 있다. 첫째, 개인실을 원칙으로 해서 기존에 4명 이상이 생활하는 다인실에서 1인 1실로 입소 노인의 사생활을 존중한다. 둘째, 생활단위를 대규모에서 소규모화한다. 기존에는 50~60명의 집단을 돌보는 형태에서 물리적 공간을 10~15인이 생활할 수 있도록 유니트화하여 소규모로 돌봄을 제공한다. 셋째, 유니트별로 돌봄인력을 고정해서 노인별로 전담 돌봄인력을 배치해 노인과 돌봄인력이 친밀한 관계를 형성할 수 있다. 넷째, 입소자 간에 교류할 수 있도록 공동생활실을 설치한다(장윤정, 2009).

표 13-8   **유니트 공간 구성**

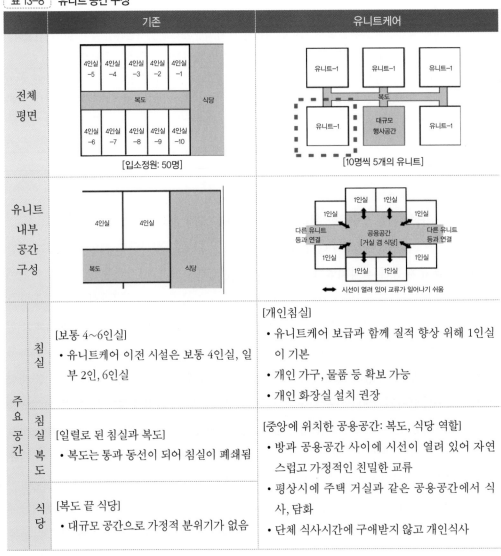

		기존	유니트케어
전체 평면		[입소정원: 50명]	[10명씩 5개의 유니트]
유니트 내부 공간 구성			시선이 열려 있어 교류가 일어나기 쉬움
주요 공간	침실	[보통 4~6인실] • 유니트케어 이전 시설은 보통 4인실, 일부 2인, 6인실	[개인침실] • 유니트케어 보급과 함께 질적 향상 위해 1인실이 기본 • 개인 가구, 물품 등 확보 가능 • 개인 화장실 설치 권장
	침실 복도	[일렬로 된 침실과 복도] • 복도는 통과 동선이 되어 침실이 폐쇄됨	[중앙에 위치한 공용공간: 복도, 식당 역할] • 방과 공용공간 사이에 시선이 열려 있어 자연스럽고 가정적인 친밀한 교류
	식당	[복도 끝 식당] • 대규모 공간으로 가정적 분위기가 없음	• 평상시에 주택 거실과 같은 공용공간에서 식사, 담화 • 단체 식사시간에 구애받지 않고 개인식사

생활방식	일정	• 시설 전체 스케줄 따름(특히 목욕)	• 정해진 스케줄 없이 자기 집처럼 자신의 신체 리듬에 따라 자유롭게 생활
	요양보호사 업무	• 전체 노인에게 서비스 제공(대집단 케어) • 일방적이고 강요하는 서비스로 개인 성향 무시	• 유니트 내 요양보호사는 개별적이고 지속적으로 케어 제공 • 유니트케어는 소집단 케어이지만 집과 같은 '개별케어' 목표 설정 • 개인 성향 파악: 친밀한 가족생활을 유도하고 있지만 간혹 다툼이 발생할 수 있어 요양보호사는 노인들의 성격, 심신상태, 생활습관 등을 파악해 두어야 하며, 특히 거실에서 노인들 간 인간관계가 원활할 수 있도록 신경쓰는 것이 중요 • 신체 케어가 줄어들고 여가 및 교류를 돕는 업무가 늘어남

출처: 남윤철(2012), p. 9 수정.

특히 유니트케어 노인생활시설은 치매노인에게 매우 적합하다. 유니트케어 시설에서는 익숙한 생활용품, 친숙한 가구류, 몸으로 익힌 생활 동작 등을 통해서 자신이 살아왔던 방식의 지속을 강조한다. 치매노인은 단기 기억을 거의 잃은 경우에도 경험이나 관습과 같은 장기 기억이나 신체적 기억은 보유하는 특성을 가진다. 익숙한 물건이나 몸으로 익힌 생활 동작을 통해 대화의 실마리를 만들고 행동을 끌어낼 수 있다. 집에서 사용하던 가구나 추억이 깃든 생활용품 등 친숙한 물건도 치매노인의 생활 안정에 도움을 준다. 집과 같은 환경의 주거적 공간 규모가 치매노인에게 안정감을 주며, 주방, 세탁실, 빨래건조대라는 환경적 요소가 노인의 잔존기능을 발휘하게 해 주기도 한다(全国個室ユニット型施設推進協議会, 2023).

2. 미국

1) 노인돌봄정책 발전

미국 65세 이상 노인 인구는 1950년 8.0%, 1980년 11.3%, 2000년 12.4%, 2020년 16.5%, 2022년 17.3%이었다. 2030년에는 20.6%로 초고령사회로 진입할 것이다. 2050년은 22.0%

로 완만하게 노인인구가 증가할 것으로 예측된다(Statista, 2024). 미국은 현재의 노인돌봄정책을 구축하기까지 오랜 시간이 소요되었다. 의료시스템(병원)이 19세기 중반에 고도로 체계화된 것과 비교해서 공식적 돌봄체계는 20세기에 시작되었다. 사회적으로도 노인돌봄에 대한 인식이 낮았으며 관심도 거의 없었다.

대부분의 노인돌봄이 19세기와 20세기 들어서기까지 가족, 친구, 종교기관, 자원봉사 등 비공식 돌봄자를 통해서 제공되었다. 가족이나 지역사회에서 돌봄을 제공하지 못한 경우에도 노숙자, 장애인 등과 시설에 함께 입소해서 같은 유형의 돌봄서비스를 받는 형태였다. 이러한 시설들도 공공보다는 종교기관이나 자선조직에 의해 운영되었다. 특히 지역사회 내에 위치하기보다는 지역사회에서 멀리 떨어진 장소에 대규모로 수용시설로 지어졌다(Pratt, 2016).

노인돌봄정책에 큰 변화를 가져온 것은 1930년대이다. 대공황(The Great Depression)은 많은 사람이 자기와 가족을 돌볼 수 없게 했으며, 자선이나 자발적 후원을 통해서 활용할 수 있는 자원도 급격하게 감소하는 결과를 가져왔다. 빈곤이나 돌봄에 개인이나 자선을 통해서 대응하기 어려워져 국가적 개입이 필요하다는 인식이 형성되었다. 그 결과로「사회보장법(Social Security Act)」이 1935년 제정되면서 연방정부가 노인, 장애인, 아동 등의 돌봄에 깊이 관여하게 되었다. 이에 노인요양시설과 다양한 형태의 돌봄서비스가 발전할 수 있었다. 1950년대는「사회보장법」개정을 통해서 연방정부가 빈곤한 경우나 일상생활을 독립적으로 하지 못해 지원이 필요한 사람을 위한 돌봄비용에 대한 책임을 높여 갔다(Goldsmith, 1994).

1965년 미국은「사회보장법」개정(Title XVIII, XIX)을 통해서 메디케어(Medicare: 저소득층 의료보험)와 메디케이드(Medicaid: 노인 건강보험)를 시작하였다. 메디케어와 메디케이드 도입으로 인해서 노인을 위한 의료치료에 대한 비용을 지원하게 되었다. 메디케이드와 메디케어는 노인이 의료서비스뿐만 아니라 시설돌봄서비스, 재가돌봄서비스를 이용할 수 있도록 비용을 지원한다. 메디케이드는 연방정부가 재원이고, 메디케어는 연방정부와 주정부가 공동으로 재정을 지원하다 보니 메디케이드의 돌봄서비스 재정지원과 관련해서 주별로 차이가 발생하였다(Pratt, 2016).

또한 미국「노인복지법(Older American Act)」이 1965년 통과되었다. 노인이 가능하면 오랫동안 존엄성과 독립성을 유지하면서 집과 지역사회에 살 수 있도록 지원하는 것을 목표로 한다.「노인복지법」은 지금까지 연방정부, 주정부 및 지방정부가 돌봄이 필요한 노인과 가족을 대상으로 가정과 지역사회 기반 서비스와 지원을 기획하고 제공하는 법적 토대가 되었다. 연방정부 내 노인복지청(Administration on Aging), 주정부 내 노인국(Devison of Aging services), 지방정부 내 노인지역사무소(Area Agencies on Aging) 등의 전달체계가 구축되었다. 이를 통해서 노인을 위한 영양, 재가지원, 지역사회기반서비스, 질병 예방 및 건강 증진 서비스, 노인권리 프로그램, 가정돌봄자 지원 프로그램 등을 위한 재정을 지원하고 있다(Colello & Napili, 2021).

보건복지부(Department of Health & Human Services)의 노인복지청(Administration on Aging)은 장애사무소(Office on Disability)와 발달장애실(Administration on Developmental Disabilities)을 통합해서 지역생활관리국(Administration for Community Living: ACL)을 설립했다. 메디케어 및 메디케이드 서비스센터에서 담당했던 건강보험지원 프로그램과 질병통제 예방센터(CDC)의 마비 및 척수 손상 환자지원센터(Paralysis Resource Center) 업무가 지역생활관리국(ACL)으로 이관되었다. 지역생활관리국(ACL)으로 조직 개편한 것은 모든 유형의 기능 제한이 있는 사람이 연령에 관계없이 가정 및 지역사회 기반 지원과 서비스에 접근할

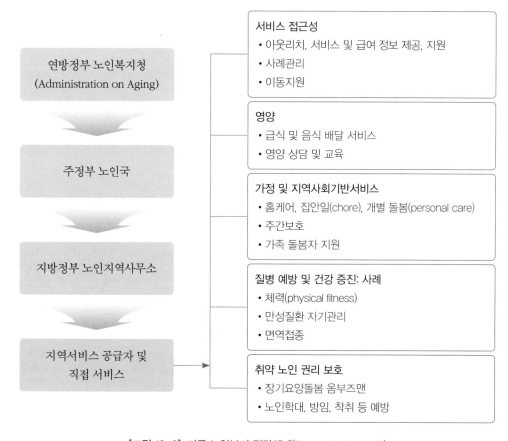

[그림 13-3] 미국 노인복지 전달체계(The Aging Network)

출처: Colello & Napili (2021), p. 3 수정.

수 있도록 하는 것이 공통 관심사이기 때문이었다(Dillingham, 2019).

미국에서 노인돌봄과 관련되어 제정된 법으로 1987년 「포괄예산조정법(Omnibus Budget Reconciliation Act: OBRA)」과 2010년 「부담적정보험법(Affordable Care Act: ACA)」이 있다. 「포괄예산조정법(OBRA)」은 장기요양시설에서 거주하는 노인의 삶의 질을 높이기 위해서 서비스 개선 노력을 규정하였다. 3개월마다 모든 시설 거주 노인의 기능평가 데이터(Minimum Data Set)를 통해서 노인요양시설 질 지표(Nursing Home Quality Indicator)를 개발해서 점검하고 있다. 이를 통해 시설규제, 서비스 질 향상, 이용자 및 보호자 시설정보 제공 등으로 서비스 품질을 점검하고 개선하고자 하였다(Pratt, 2016).

다음으로 「부담적정보험법」은 개인이 민간보험을 구매할 재정적 여유가 없으면서 메디케이드(의료급여) 대상자 선정 소득 기준보다 높은 경우에 연방정부가 보험료를 지원하는 의료보험이다. 이 법을 통해서 노인에게 재가서비스, 지역사회기반서비스, 요양시설의 서비스 범위 확대, 비용 절감, 서비스 질 개선 등 효과를 가져왔다(Bartels et al., 2015). 가장 최근 들어서는 재가서비스 지원법(Home and Community Based Services Access Act)을 제정하기 위해 상원(United States Senate)에서 심의 중에 있다(US Senate Committee On Aging, 2024). 이 법은 노인이 요양시설에 입소하기보다는 우선적으로 지역사회서비스를 이용할 수 있도록 지원하기 위한 것이다.

2) 노인돌봄서비스

미국의 노인돌봄서비스는 「사회보장법(Social Security Act)」의 메디케어 및 메디케이드와 「노인복지법(Older American Act)」의 노인청(Administration on Aging)이 중심으로 제공한다. 구체적으로, 연방정부 보건복지부(Department of Health and Human Services) 산하의 메디케어 및 메디케이드 서비스센터와 지역생활관리국(Administration for Community Living) 내 노인복지청(Administration on Aging)에서 제공한다. 노인돌봄서비스는 재가돌봄서비스와 시설돌봄서비스로 구성되어 있다. 재가돌봄서비스는 가족이 제공하는 비공식 돌봄, 돌봄인력이 파견되는 방문서비스, 주간보호서비스가 주를 이룬다. 시설돌봄서비스는 요양원과 전문요양시설(Skilled Nursing Facilities)이 있다(이윤경 외, 2020).

(1) 재가서비스

재가서비스(Home and Community-based Services: HBCS)는 가정과 지역사회에서 제공하

여 노인이 가능하면 오랫동안 친숙한 환경에서 살 수 있도록 지원하는 인간중심의 돌봄유형이다. 재가서비스(HBCS)는 옷 입기, 목욕과 같은 일상적인 활동에 도움이 필요한 기능적 제한이 있는 노인의 욕구에 대응하기 위한 의료(보건) 및 휴먼서비스이다. 이를 통해서 노인이 시설에 입소하지 않고 지속해서 자택에 머물 수 있도록 지원한다. 재가서비스(HBCS)는 크게 의료서비스와 휴먼서비스의 두 가지 범주로 나눌 수 있다. 노인 개인별 욕구에 따라서 의료서비스와 휴먼서비스를 조합해서 제공한다(CMS, 2024).

먼저, 의료 욕구에 대응하기 위한 재가의료서비스(Health Services)는 방문의료(Home health care), 의료장비지원(Durable medical equipment), 사례관리(Case management), 개별간호(Personal care), 돌봄자 및 서비스 이용자 교육(Caregiver and client training), 건강증진 및 질병 예방(Health promotion and disease prevention), 호스피스(Hospice care) 등이 있다. 방문의료는 전문간호, 작업치료, 언어치료, 물리치료, 영양사 식단관리, 약 등이 해당한다(CMS, 2024).

다음으로 일상생활을 지원하기 위한 재가 휴먼서비스가 있다. 시니어 센터(Senior centers), 주간보호(Adult day cares), 집단급식(Congregate meal sites), 음식 배달(Home-delivered meal programs), 일상생활돌봄(Personal Care: 옷 입기, 목욕, 화장실, 식사, 이동 등), 이동지원(Transportation and access), 집수리 및 개조(Home repairs and modifications), 가정안전진단(Home safety assessments), 집관리 및 집안일 서비스(Homemaker and chore services), 정보 및 의뢰(Information and referral services), 재정지원(Financial services), 법률지원(Legal services), 전화안심확인(Telephone reassurance) 등이 대표적이다(U.S. Centers for Medicare & Medicaid Services, 2024).

미국의 재가서비스는 비용 효율성(시설돌봄 비용의 절반 수준), 문화적 대응성(영적 및 문화적 활동과 지원 가능), 친숙함(노인이 친숙한 자기 집과 소규모 주거형태에서 편안함 누림), 사별 지원(사별을 지원할 수 있는 상담과 성직자 도움), 가족돌봄자 지원(가족이 유급돌봄자 허용) 등의 효과를 가져온다. 하지만 돌봄인력 부족, 돌봄인 소진, 휴일과 24시간 지원 가능 서비스 부족, 외딴 지역이나 겨울철 방문서비스 제한, 언어적 및 문화적 접근성 부족, 노인학대 발생 등이 한계점으로 드러나고 있다(CMS, 2024).

〈표 13-9〉는 미국의 재가서비스(HBCS)를 장기요양보호 측면에서 재분류해서 설명한 것이다(허준수, 2021).

표 13-9 │ 미국 장기요양 재가서비스

영역	서비스	내용
의료	가정방문간호	• 의사 정기적 검토와 케어계획을 통해 방문간호서비스
	물리치료	• 신체기능을 최적 수준으로 향상하기 위한 재활 및 기능회복 치료
	작업치료	• 자기돌봄(self-care) 향상 필요 장비와 사용 지침 등 포함한 작업치료서비스
	언어치료	• 효과적 의사소통 능력 회복 및 재활치료
	가정간호보조	• 만성적 건강문제 관리 의료 및 간호서비스(예: 약물관리, 당뇨 환자 관리)
	가사원조/ 개별간호	• 비전문 인력이나 친척, 이웃 등이 대상자 일상생활 유지 욕구 보조(예: 식사, 세탁, 청소, 개인위생 등)
	보장구 지원	• 휠체어, 보행기, 보조기, 지팡이, 침상 변기, 일상생활 독립성 지원 보장구 (식사, 의복 착용, 목욕, 세수, 이동 등 지원)
돌봄	주간보호	• 24시간 이내 시설 돌봄서비스
	위탁보호	• 허가된 위탁보호소 24시간 입소보호 제공
	단기보호	• 지역사회 재가 및 시설 돌봄 통해 가족돌봄자 휴식 제공
	호스피스	• 임종 및 생애말기 노인을 위한 의료 및 영적 지원서비스
영양	집단급식	• 식사, 교육, 여가 등 노인들이 모여 있는 장소에 영양식 제공
	가정식 배달	• 노인이 거주하는 장소에 영양식 배달
	식권 제공	• 저소득 노인과 가족 식품 바우처 제공
	응급식품 보급	• 개인과 가족에게 식품이나 부패하지 않는 보급품 제공
	영양상태 점검, 교육, 상담	• 영양 문제 있다고 판단되면 영양전문가 의뢰 • 문화, 신체 상태, 보건 정보 맞춤 건강 향상 영양교육

출처: 허준수(2021), p. 209.

(2) 전환적 돌봄서비스

미국은 재가서비스와 시설서비스 사이의 욕구를 가진 노인을 위한 전환적 돌봄서비스 (Transitional Care)가 발달하였다(Pratt, 2016). 전환적 돌봄서비스는 실버타운과 같은 서비스형 주거로 이해하면 된다. 대표적으로 노인주택(Independent Senior Housing), 생활 보조 시설(Assisted Living Facilities), 자연발생 은퇴자 주거공동체(Naturally Occurring Retirement Communities: NORC), 연속보호체계형 은퇴자 주거공동체(Continuing Care Retirement Communities: CCRC) 등이 대표적이다(이윤경 외, 2020). 일반 공동주거 단지(예: 아파트, 타운하우스 등)와 유사하지만 단지 내에 일상생활 지원, 여가, 건강 등 서비스를 이용할 수 있어서 노인이 자율성을 유지하면서 생활할 수 있다.

표 13-10	전환적 돌봄서비스
유형	주요 내용
노인 주택	• 연방정부 주택도시개발부 제공 공공임대주택 • 시설 내 공동 주방, 여가문화공간, 사회적 교류 공간, 공동 세탁소 등 거주민 간 공유 공간이 존재하고 일상생활 도움 필요 노인이나 장애인을 위한 가사도움이나 송영 서비스 등 다양한 지원 서비스 제공 • 노인주택 거주민 조기 요양시설 진입을 방지하기 위한 목적으로 연방정부 주택도시개발부 서비스 코디네이터 프로그램을 통해 거주민 다양한 사회복지서비스 제공
생활 보조 시설	• 노인주택에 거주하는 노인들보다 더 많은 일상생활 지원이 필요하고 의료서비스 욕구가 있는 노인들을 대상으로 주거 및 보건, 사회적 서비스를 제공하는 서비스 결합형 주거복지시설 • 기본적인 주거환경과 여가, 사회적 서비스에 더해 24시간 모니터링, 일상생활수행(ADL) 및 도구적 일상생활수행(IADL) 보조, 일부 보건의료서비스 제공 • 지방정부 제공 교통, 영양지원 서비스를 비롯한 돌봄서비스 제공 • 메디케이드 수급 거주민 경우 생활보조 시설 면제(Assisted Living Waivers) 프로그램을 통해 시설에서 제공하는 의료 및 사회적 서비스 비용 지원
은퇴자 주거 공동체	• 은퇴 이후 장년과 고령자 밀집도가 높은 주거지역 의미: 시설에 입소하여 노후를 보내지 않고 지역사회에서 노후를 보내기 위한 노인들이 주요 구성원 • 공공 및 민간 재원이 투입(주로 민간재원으로 운영, 일부 주 혹은 도시에는 공공재원 투입)되는 전환적 돌봄 모델로서 지역사회 내 자원을 활용하여 다양한 사회서비스, 보건의료서비스, 문화 및 교육 서비스 등 제공 • 노인들이 시설에 입소하지 않고도 지역사회에서 지낼 수 있도록 여러 자원 및 서비스 제공
연속 보호 체계형 노인 공동 주거단지	• 은퇴한 장년이나 노인을 대상으로 독립적 생활주택(Independent Living)부터 요양원(Nursing Home)에 이르기까지 거주민의 다양한 욕구 수준에 맞추어 여러 종류의 주거 옵션을 제공하는 연속형 돌봄 모델 • 재원은 대부분 거주민 자기 부담으로 구성 • 메디케어 급여 대상의 보건의료서비스(예: 입원, 물리치료, 전문요양서비스 등) 한정 공적 자금이 투입 가능

출처: 이윤경 외(2020), pp. 188-191 내용 요약.

(3) 시설돌봄서비스

미국에서는 노인이 재가돌봄서비스와 전환적 돌봄서비스를 통해 필요한 욕구를 충족하기 어려운 상황에서 요양시설에 입소하게 된다. 공공 의료보험(메디케이드, 메디케어)을 활용해서 비용의 상당 부분을 투입하고 있다. 전환적 돌봄서비스는 일부 메디케어 급여 대상만 한정해서 지급이 가능하다(이윤경 외, 2020). 시설돌봄서비스는 요양원(Nursing Home: NH)과 전문요양시설(Skilled Nursing Facilities: SNF)이 있다.

요양원(NH)은 다양한 노인돌봄서비스 중에서 가장 높은 수준의 돌봄욕구에 대응하기 위해 설계된 노인 생활시설이다. 지속적인 치료가 필요하고 목욕, 침대에 오르내리기 등 일상생활 활동(ADL)의 대부분 또는 전부에 도움이 필요한 노인을 보호한다. 전문간호서비스, 24시간 돌봄 제공, 물리치료, 작업치료, 언어치료 등 재활서비스 등을 제공한다. 노인은 단기 및 장기 거주형 시설에서 생활이 가능하다. 본인이나 돌보는 사람이 만성질환, 심각한 신체적 또는 인지적 기능 저하, 집에서 관리할 수 없는 복잡한 의료적 요구가 있는 경우 요양원이 적합하다(Van Dis, 2023).

전문요양시설(SNF)은 단기간 머무르면서 수술 후 퇴원하여 재활할 수 있는 전문보건의료서비스, 재활서비스, 24시간 돌봄을 받을 수 있다. 의사, 간호사, 작업 및 물리치료사, 언어치료사, 청력전문가 등의 전문인력이 거주자 질병에 대한 치료, 관리, 경과 모니터 및 평가 등을 수행한다. 예를 들어, 의료인력(간호사, 의사)이 제공하는 물리치료 및 정맥 주사가 있다. 안약, 산소 사용, 인공항문, 방광 카테터(방광에서 신체 밖으로 소변을 배출하게 하는 튜브) 관리 등을 제공한다. 또한 요양원과 같이 목욕이나 옷 입기와 같은 일상활동을 지원한다(CMS, 2022). 구글 제미나이(Google Gemini)가 제시한 요양원과 전문요양시설 차이는 〈표 13-11〉과 같다.

표 13-11 요양시설(NH)과 전문요양시설(SNF)의 주요 차이점

구분	요양시설	전문요양시설
돌봄 수준	• 기초적 생활지원	• 전문 간호 돌봄(skilled nursing care)
의료 인력	• 간호사(필수 인력 아님)	• 간호사 및 치료사 24시간 돌봄
서비스 제공	• 일상활동 지원	• 전문 의료 치료, 재활치료
거주자	• 만성질환이나 인지능력 저하로 일상생활에 도움이 필요한 경우	• 단기간 재활이나 의료 치료가 필요한 경우

출처: Google Bard (2024).

3. 스웨덴

1) 노인돌봄정책 발전

스웨덴 노인 인구는 1970년 13.8%, 1990년 17.8%, 2010년 18.5%, 2019년 20.0%, 2022년 20.4%로 점진적으로 증가했다. 향후 65세 이상 인구 비율은 2030년 21.8%, 2050년 24.7%로 예측되고 있다(Statista, 2024). 노인돌봄은 1913년 「노인연금법」이 제정되면서 65세 이상 노인에게 소득보장과 함께 의료서비스를 제공하기 시작했다. 1918년 노인돌봄과 빈민구호 개혁에서 시설보호를 개선하기 위해서 각 지자체는 요양시설을 운영하거나 비용 일부를 부담했다. 하지만 1920년 경기침체와 높은 실업률로 인해서 1930년대에 지자체가 요양시설을 운영하거나 지분을 보유하게 되었다. 대부분의 요양시설(care home)은 소규모였으며, 1938년 1,410개가 있었다. 하지만 소규모 시설은 다양한 전문성을 인력을 채용할 수 없었고, 휴일이나 직원 휴가 시 대체 인력을 구하기 어려운 문제점이 나타났다(Edebalk, 2009).

사회돌봄 위원회(Social Care Committee)는 1946년에 노인요양시설 개혁안을 발표했다. 정신질환자나 장애인도 노인과 동일하게 돌봄을 제공하는 것과 함께 경제상태에 관계없이 돌봄이 필요한 욕구에 근거해서 요양시설서비스를 제공할 수 있게 되었다. 즉, 기존에 빈곤한 노인만을 선별적으로 돌봄을 제공하는 정책에서 돌봄이 필요한 욕구를 기반으로 하는 보편적 돌봄으로 변환되었다. 이는 조세를 통해서 재원을 조달하는 스웨덴의 사회복지제도가 있었기에 가능했다. 특히 요양시설은 1인 1실로 해야 하며, 노인은 자신이 사용하던 가구를 가져오는 것도 가능하게 되었다. 요양시설 규모는 25명 미만으로 노인이 무엇이 필요한지 알고 질 좋은 돌봄서비스를 제공하여 시설 거주노인과 돌봄인력들 모두에게 매력적이었다(Edebalk, 2009).

1950년대 초반에는 '요양시설(care home)'에서 '가정돌봄(home care)'으로 노인돌봄 정책 방향성을 전환하였다. 지역사회 돌봄개혁(Community Care Reform)으로 공공 노인돌봄에서 가능한 노인이 지역사회에서 오랫동안 머무를 수 있도록 지원하는 지역사회 계속거주(AIP) 정책을 강조하였다. 이는 요양원 내에서 발생하는 학대나 의심쩍은 죽음에 대한 소식이 대중에게 알려지기 시작하면서이다. 이를 통해서 노인돌봄 탈중앙집중화 및 탈시설화가 추진되었다. 1960년대와 1970년대에도 가정에서 돌보는 서비스가 보편화되었다. 1980년 초반에 가정돌봄이 가장 크게 확대되었다(이윤경 외, 2020). 1970년대 교통서비스, 주간돌봄서비스, 1980년대 경보 시스템, 식사배달서비스, 저녁·야간 순찰 프로그램이 새롭게 등장하였다(Sundstrom, 2018).

1992년 시작한 '에델 개혁(ÄDEL reform)'은 고령자위원회(Äldredelegationen)의 Äldre에 쓰인 'A'와 delegationen의 'del'이 결합한 합성어로 노인돌봄을 위한 포괄적인 조직 개편을 수행하였다. 노인에 대한 모든 공공 돌봄을 지자체로 통합하고, 사회서비스 강화와 노인돌봄의 탈의료화를 목표로 하였다. 지자체 권한과 자율성을 강화하는 과정에서 지방정부가 노인돌봄을 민영화하여 영리조직의 서비스 제공이 늘어났다. 노인요양의 책임은 지방의회에서 지방정부로 이양되었다.

병원에서 '병상 점유자(bed blocker)'라 칭하는 사회적 입원을 하는 비용에 대해서 지자체가 재정적 부담을 해야 했다. 병원에서 퇴원하여 가정으로 돌아가야 하지만 가정에서 독립적으로 생활하기 어려운 경우에 지자체가 지원해야 효율적 운영이 가능하다고 보았다 (Trydegård, 2003). 이를 통해서 실제로 병원 응급실 및 노인병원 사회적 입원환자 감소, 노인돌봄 거버넌스 체계 구축, 노인요양시설 전문 간호사 증가 등의 효과를 가져왔다. 반면, 요양시설에서 생애말기 환자를 돌봐야 하는 부담 가중, 일반 노인의 가족돌봄부담 증가, 의료와 돌봄의 조정 부재 등의 문제점이 드러났다(고숙자, 2022).

2000년대 들어서는 이용자의 선택권을 보장해 주는 정책으로 변화하였다. 2009년에 「선택 자유법(Act on Freedom of Choice)」이 제정되어서 소비자 선택을 강화할 수 있게 되었다. '돌봄 선택(choice of care)' 또는 '자유 선택 모델(free choice model)'로 부르면서 이용자의 선택권을 강화하였다. 이를 통해 광역자치단체와 지방자치단체 책임 분산, 전문조직의 서비스 제공 효율성 증가, 서비스 품질 개선 등을 가져왔다(김철주, 2016). 현재 스웨덴 노인돌봄 체계는 노인의 독립적 삶을 지원하는 것을 목표로 가정과 같은 소규모 요양시설, 전환적 주거(senior housing), 가정방문서비스(home help), 이동지원서비스(transportation services) 등이 활성화되어 있다(Sweden Sverige, 2023).

2) 노인돌봄서비스

스웨덴의 노인돌봄서비스는 '장기요양(long-term care)'이라는 용어를 사용하지 않고, '노인돌봄(eldercare)'이 법제도에서 사용되고 있다. 모든 형태의 노인돌봄서비스는 「사회보장법(Social Security Act)」으로 재정이 부담된다. 모든 국민은 일상생활을 독립적으로 하지 못하는 경우에 국가에 공공 돌봄서비스를 요청할 권리를 가지고 있다. 또한 「건강 의료 서비스법

(Health and Medical Services Act)」에서도 모든 국민은 동등한 조건으로 좋은 건강을 유지하기 위해서 동등한 조건으로 치료를 제공해야 한다고 되어 있다. 노인돌봄서비스는 재가서비스(가정 및 지역사회)와 시설서비스(노인요양시설, 단기보호, 치매노인시설)로 구분된다(Barber et al., 2021).

구체적 노인돌봄서비스 내용은 스톡홀름시 시청(start.stockholm)에서 소개하는 내용을 중심으로 살펴보았다. 가정에서 이용할 수 있는 서비스는 안전 경보시스템(Trygghetslarm), 방문돌봄서비스(Hemtjänst), 단기보호서비스(Avlösning i hemmet)가 있다. 안전 경보시스템을 통해서 하루 중 언제든 도움을 요청할 수 있다. 알람시계를 누르면 스톡홀름시 담당 부서에서 방문돌봄자를 파견한다. 예를 들어, 넘어졌거나 아프거나 하는 등의 이유로 도움을 요청할 수 있다. 방문돌봄서비스는 옷 입기, 목욕하기, 설거지, 장 보기, 요리, 동행 등을 가정에서 이용할 수 있다. 단기보호서비스는 가족돌봄자를 위해서 월 16시간을 무료로 쉴 수 있도록 돌봄을 제공한다. 하지만 그 이상은 개인이 비용을 지불해야 한다.

지역사회에서 이용할 수 있는 서비스는 주간 활동(Dagverksamhet)과 동행(Välj dagverksamhet) 지원 프로그램이다. 주간 활동프로그램은 노인이 지역사회에서 사회적 관계를 형성할 수 있는 친교 활동(Social day activities)과 치매노인 주간 활동(Day activities for those with a dementia diagnosis)이 있다. 동행 지원은 이동을 혼자서 하기 어려운 노인이 사회 및 문화 활동에 참여할 수 있도록 한다. 동행 지원은 비용 없이 이용할 수 있다.

시설돌봄서비스는 단기요양(Korttidsvård), 서비스 하우스(Servicehus), 요양시설(Vård-och omsorgsboende) 등이 있다. 단기요양은 짧은 시간 동안 요양시설에 머무르면서 돌봄을 받을

표 13-12 스웨덴 스톡홀름시 노인돌봄서비스 안내

구분	주요 서비스 내용
재택	안전 경보시스템(Trygghetslarm): 언제든 도움 요청 방문돌봄서비스(Hemtjänst): 방문하여 일상생활 지원 단기보호서비스(Avlösning i hemmet): 가족돌봄자 휴식 지원
지역사회	주간 활동(Dagverksamhet): 사회활동 프로그램 동행(Välj dagverksamhet) 지원: 사회참여 지원
시설	단기요양(Korttidsvård): 짧은 기간 시설돌봄 제공 서비스 하우스(Servicehus): 서비스형 주거 지원 요양시설(Vård-och omsorgsboende): 24시간 돌봄 제공

출처: Stockholms Stad (2024). Äldreomsorg(노인돌봄) 안내. 홈페이지(aldreomsorg.stockholm).

수 있다. 이를 통해서 가족돌봄자가 휴식을 취하기도 하고 퇴원 후에 회복할 수 있는 돌봄을 받기도 한다. 서비스 하우스는 안전 경보장치, 방문 돌봄, 공공 보건의료서비스 센터 접근 등이 가능하다. 요양시설은 24시간 돌봄서비스를 받을 수 있다. 공동생활 공간에서 일상생활을 할 수 있는 모든 도움이 제공된다. 그뿐만 아니라 의사, 간호사, 작업치료사, 물리치료사 등의 의료보건 전문가로부터 서비스를 받을 수 있다.

3) 치매노인돌봄

(1) 치매노인 방문돌봄서비스

스웨덴의 65세 이상 노인인구는 1970년 13.6%에서 2021년 20.4%로 매년 평균 0.8% 증가율을 보이고 있으며, 2050년에는 23% 인구 비율로 예측된다(Statistics Sweden, 2023). 최근 들어 스웨덴 사망자 통계에서 치매나 알츠하이머로 인해서 사망하는 비율이 14.36%를 차지한 것으로 보고되었다(World Health Organization, 2020b). 스웨덴에는 치매노인에게 방문간호, 방문돌봄, 안전 확인, 음식 배달, 주간보호, 단기보호 등의 재가돌봄서비스를 제공한다. 치매노인의 과반수 이상이 방문돌봄서비스(home care services)를 이용하고 있으며, 대부분 시설 입소보다는 가능한 오랫동안 집에서 생활하는 것을 선호한다(Odzakovic et al., 2019). 집은 개인 물건, 친숙한 환경, 주변 친구 및 이웃 네트워크를 통해서 편안함, 자유, 독립 등을 누릴 수 있다. 하지만 치매 발병으로 인해 자신이 사는 집에서도 낯설고 혼란스러워질 수 있어서 시설에서 생활하는 경우보다 문제 행동이나 심리적 증상을 더 나타낼 수도 있다 (Elmståhl et al., 2018).

스웨덴 정부의 치매노인돌봄 방향은 인간중심접근을 강조한다. 치매노인이 가능한 오랫동안 정든 지역사회 거주할 수 있도록 Aging in Place(AIP)를 지원하며, 선택, 독립, 권리와 같이 인간중심돌봄 가치를 중요시한다. 인간중심 방문돌봄서비스를 제공하기 위해서 질병이 아닌 사람에 초점을 둔다. 치매노인의 삶, 견해, 선호를 이해하고 사회적 네트워크를 유지할 수 있도록 지원한다. 방문돌봄서비스를 이용하는 치매환자는 개인으로 인정받고, 참여하며, 돌봄인력과 관계를 유지하는 것이 돌봄의 핵심 특성이다. 조직 관점에서도 동일 직원이 서비스 제공, 상황에 따라 탄력적으로 제공하는 서비스 유연성, 다학제 전문가 협력으로 인간중심돌봄을 제공하는 것을 강조한다(Hedman et al., 2022). 〈표 13-13〉은 Marulappa 교수와 동료들이 스웨덴을 포함하여 유럽과 북미지역에서 2000~2020년까지 발표된 논문에 대한 체계적 리뷰를 통해서 치매노인을 위한 인간중심 지역사회 돌봄의 특성을 제시한

표 13-13   치매노인 인간중심돌봄 특성

영역	구성요소	연구결과
치유 관계 조성	• 역할과 책임에 대해 논의 • 정직하고 개방적 소통 • 돌봄인력 역량에 대한 신뢰 조성 • 표현적인 배려와 공감 • 라포 형성	• 파트너십 강조 • 존엄성과 존중 보장
정보 교환	• 요구사항과 선호 탐색 • 모든 당사자 정보 공유 • 추가정보 제공/참조 • 이해 평가 및 촉진	• 대화, 언어 및 행동 단서를 통해 개인 삶과 능력 인식 • 질문 시간 허용
감정 다루기	• 감정 탐색 및 식별 • 불안, 우울 평가 • 감정 확인 • 공감 표현 • 감정 대처 지원	• 치매를 인지 저하로 재구성 • 생리의학 및 심리사회적 문제 대처
불확실성 관리	• 예측, 관리, 결과 등 불확실성 제기 및 논의 • 기타 불확실성 탐색 및 평가 • 문제 중심(행동) 관리 전략 사용 • 감정 중심(정서적) 관리 전략 사용	• 루틴(일상생활)과 연속성 통해 안정성 확보
결정 공유	• 진료 또는 지원 대안 인지 및 논의 • 결정 과정, 요구사항 지원 논의 • 심의 및 결정 과정 참여 • 의사결정, 실행계획 공동 결정 및 실행 • 의사결정 질과 선택 평가	• 개인 필요와 선호 맞춤 돌봄 및 지원 • 가족 갈등 해결 및 완화
자기 관리 역량강화	• 후속 과정 설명 • 자기관리 및 모니터링 정보와 교육 제공 • 자기관리 우선순위 정하기 및 계획 수립 • 자기관리 구현 실질적인 조언과 지원 제공 • 기술, 자기관리 및 진행 상황 평가	• 독립성 최적화 • 의미 있는 활동 참여 • 돌봄자 지원 • 이용 가능한 가정, 지역사회 지원/서비스 정보 제공

출처: Marulappa et al. (2022), p. 541 수정.

것이다.

스웨덴에서는 노인이 치매가 발생하거나 노쇠로 인해서 일상생활을 독립적으로 수행하기 어려울 때 지자체에 방문돌봄서비스를 신청할 수 있다. 노인의 돌봄 필요도에 따라서 24시간

[그림 13-4] 스웨덴 노인이 재가 요양 서비스를 받고 있는 모습

출처: 정경민(2020). (사진=소피아사벨 노인돌봄서비스)

지원을 받을 수 있으므로 계속해서 집에서 생활할 수 있다. 지자체에서는 치매노인에게 자극과 재활을 위한 주간활동을 지원하고 있다. 주간활동은 치매가 있는 노인도 집에서 계속 생활하는 데 효과적이다. 노인과 장애인이 특수 개조 차량을 이용할 수 있도록 교통서비스도 제공한다. 또한 스웨덴 적십자와 같은 자원봉사 단체에서 노인의 집을 방문하여 말벗, 산책, 병원 동행 등을 지원하고 있다. 스웨덴의 노인돌봄서비스는 독립적인 삶을 살 수 있도록 지원하는 것이 목표이다(Sweden Sverige, 2023).

(2) 가정과 같은 인간중심돌봄 소규모 시설: 그룹홈

스웨덴의 치매노인 요양시설은 '시설'이 아니라 '가정집'과 같은 특성이 반영되어서 소규모형 주거가 일반적이다. 이를 통해 치매노인이 가능한 자율성과 존엄성을 존중받을 수 있는 사회적 환경과 친숙한 분위기에서 자신이 누려 왔던 삶의 방식을 유지할 수 있도록 지원한다(Rosendahl et al., 2016). 스웨덴은 1970년대 이후부터 치매노인을 돌보는 적절한 환경에 관한 연구가 활발했다. 특히 1992년 「사회서비스법(Social Service Act)」을 시행한 후에 치매노인 전문요양원, 치료시설, 병원에서 보호하는 정책에서 그룹홈(group home)의 소규모 집단에서 생활할 수 있도록 변경되었다. 집과 같은 환경을 제공하는 그룹홈은 일반 주택과 유사하게 설계되어서 6~8명의 거주자가 함께 생활한다. 방향감각 상실, 목적 없이 배회하는 치매노인이 친근감과 안전성을 최대한 보장할 수 있도록 가정적인 분위기로 설계되었다(최

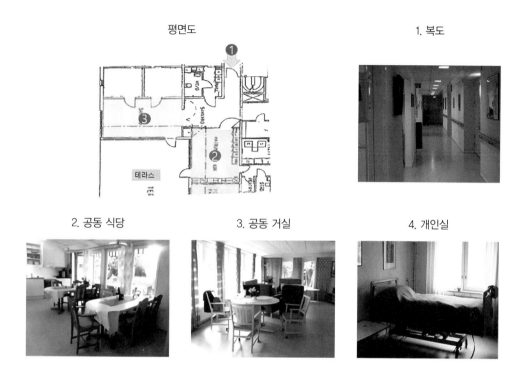

[그림 13-5] 스웨덴 치매노인 그룹홈 사례

출처: 정현원, 이숙영(2021), p. 221.

정신 외, 2000).

　스웨덴 스톡홀름에 위치한 치매노인 그룹홈 사례를 정현원과 이숙영(2021)이 현황조사를 통해 간략히 제시하였다. 한 유니트에 8명이 거주하고 침실은 1인 1실로 사용하고 있다. 개인실은 공동공간과 접근성이 좋도록 인접해 있다. 거실과 식당이 옥외 공간에 위치해서 자연환경을 접할 수 있도록 설계되어 있다. 개인실에서는 노인이 사용하던 침대를 제외한 가구, 사진, 그림, 소품을 가져오도록 하여 개인의 삶과 취향이 유지될 수 있는 분위기를 조성하고 있다.

제**5**부

인간중심돌봄과 돌봄정의

과거에 돌봄은 가정 내 일로 눈에 보이지 않는 비가시적 영역이었다. 현대는 돌봄 가시화로 인해서 공식 및 비공식 돌봄이 혼합하는 '돌봄사회'라고 할 수 있다. 돌봄사회는 AIP, 강점관점 돌봄, 예방적 돌봄, 돌봄권리 등을 통해서 노인 개별성, 자유, 존엄성, 선택성, 독립성을 강조하는 인간중심돌봄을 지향하고 있다. 좋은 돌봄은 노인을 한 인간으로서 존엄성을 보장한다는 맥락에서 인간중심돌봄을 뜻한다. 돌봄사회가 정의롭고 민주적 가치가 실현되기 위한 조건 중 하나가 노인 참여와 권한으로 인간중심돌봄이 실현되는 것이다.

특히 AIP 실현을 위한 인간중심돌봄 방향으로 자기돌봄, AIP를 위한 지역사회 돌봄제도 구축, 인간중심 지역사회 돌봄, 개별화된 돌봄과 집과 같은 환경을 제공하는 시설돌봄 패러다임 전환이 필요하다. 욕구중심의 전통적 실천모델에서 인간중심의 인권기반 실천모델을 현장에서 활용해야 한다. 노인은 자기 삶의 전문가이며, 자유권과 사회권의 권리보유자이다. 국가는 노인의 권리를 보장하는 권리의무자이다. 국가는 사회복지제도 및 전달체계를 통해서 노인 권리를 보장하려 노력한다. 결과적으로 사회복지사는 인간중심돌봄 실천으로 노인에게 권리를 실제로 보장해 주는 국가의 대리자 역할을 수행하게 된다.

끝으로 이 책의 마지막 장은 한국 사회가 돌봄정의를 실현하기 위한 방안에 대한 제언이다. 돌봄윤리 관점에서 돌봄부정의가 무엇인지 분석해서 돌봄정의를 설명했다. 한국의 정의로운 돌봄 사회화를 위한 대표적 학자들의 주장을 통해서 방법을 찾아보았다. 그리고 저자는 돌봄정의를 위해서 대한민국 국민의 돌봄권리와 돌봄의무 내재화, 돌봄권리와 돌봄의무의 법적 규정 마련, 돌봄의 사회적 가치 인정 문화 형성, 돌봄권리와 돌봄의무 통합적 관리체계 구축 등을 제언한다.

인간중심돌봄(좋은 돌봄) 실천

노인돌봄의 목적은 건강이 저하된 의존 상태의 보살핌보다는 노인의 독립성과 자율성을 높이는 것이다(우국희, 2014a). 독립성과 자율성은 노인이 자기 삶을 통제할 수 있음을 의미한다. 이는 자기 삶에 관한 사항들을 자기가 결정하는 자기결정권이 보장되어야 가능하다. 노인이 선택할 수 없다면 독립성이나 자율성이 사라져 인간으로서 존엄성을 잃게 된다. 돌봄 실천 패러다임도 노인의 독립성이나 자율성을 높이기 위한 방향이 주를 이룬다. 특히 노인 개인과 가족 욕구별 개별화된 돌봄 제공, 노인의 잔존 기능을 최대한 활용하도록 지원, 지불 가능한 서비스 비용, 이용자 및 제공자 간 수평적 협력 관계(co-production), 돌봄 제공자의 윤리 및 기술 전문성, 좋은 일자리로 돌봄, 서비스 운영 주체의 투명성 등으로 설명되는 좋은 돌봄은 인간중심돌봄을 의미한다(김정현, 변혜연, 2020; 이민홍, 2023). 이 장에서는 인간중심돌봄이 무엇이며, 좋은 돌봄 실천으로 현장에서 적용하는 방법을 다루고자 한다.

1. 인간중심돌봄[1]

1) 돌봄 실천 패러다임 이동과 인간중심돌봄

(1) 돌봄 실천 패러다임 이동과 인간중심돌봄 연관성

돌봄 실천 패러다임의 변화는 AIP, 강점관점 돌봄, 예방적 돌봄, 돌봄권리 등이 대표적이

---

1) 이민홍(2023a). 인간중심돌봄 실천 패러다임 전환을 통한 노년기 Aging in Place 모색. 원고 일부 내용 수정.

다. AIP는 자신이 살던 집과 지역사회에서 계속 사는 것을 의미하며, 불가피하게 시설에 입소하더라도 독립성, 사회적 관계, 집과 같은 환경의 제공을 강조한다. 강점관점은 노인에 대한 돌봄을 공식적 및 비공식적 돌봄 제공자에게 의존하기보다는 노인이 지역사회와 함께 협력함으로써 더욱 나은 삶을 살 수 있도록 접근한다. 예방적 돌봄은 노인 건강을 증진하고 허약함을 지연시키는 돌봄으로 신체적 · 정신적 · 사회적 건강의 유지 및 증진과 건강 저하 위험요인의 축소 및 제거를 의미한다. 돌봄권리는 인간이 존엄하고 인간다운 삶을 살기 위해 필요한 돌봄을 받을 권리가 있으며, 국가가 이를 보장해 주어야 한다는 것이다. 앞서 돌봄개념의 발달에서도 노인이 자기 삶에서 누군가의 의존자로 인식되는 것이 아니라 고용, 여가 등을 추구할 수 있는 한 시민으로서 완전한 권리를 가진다는 접근으로 변화된 것이다.

돌봄 실천 패러다임을 종합해 본다면 노인의 개별성, 자유, 존엄성, 선택성, 독립성 등의 단어로 요약해 볼 수 있다. 이는 칼 로저스와 매슬로의 인본주의 이론과 궤를 같이한다. 특히 칼 로저스는 개인적인 경험과 사람 자체가 그 어떤 것보다 우선하는 본질이라고 했다(Fazio et al., 2018). 노인복지실천이 원조관계에서 공동생산관계로 이동하는 것과도 연결된다. 즉, 노인돌봄인력이 클라이언트를 도와주는 원조자 위치에서 클라이언트와 함께 상호 협력하여 서비스를 공동생산하는 방식이다(김용득, 2018b).

돌봄을 공동생산 관점에서 노인돌봄인력과 클라이언트 관계로 설명할 수 있다(양난주, 2019). 노인돌봄인력은 '돌봄 전문가'로 전문지식과 기술을 보유하고 있다. 반면, 노인은 '자기 삶 전문가'로 고유의 독특한 경험과 삶의 이야기를 보유하고 있다. 돌봄 전문가와 자기 삶 전문가가 상호주의적 공동협력을 통해서 화학적 변화가 발생할 수 있다(Gitterman & Germain, 2008; 최혜지 외, 2020). 예를 들어, 치매노인에 대한 돌봄이 기존에는 치매라는 질병에 초점을 두고 의존적인 존재이자 돌봄을 받아야 하는 대상으로 접근했다. 하지만 인간중심에서는 치매노인이라고 불리기보다는 한 개인의 서사를 가진 사람으로서 존엄성과 개성

[그림 14-1] 돌봄인력과 노인 공동생산 관계

을 존중해야 할 주체로 본다(최희경, 2017). 치매노인이 친숙했던 환경을 조성하거나 과거 활동을 활용하여 공동생산의 돌봄을 제공할 수 있다.

인간중심돌봄의 핵심은 정체성, 가치와 신념 등의 자아이다. 자아는 기억 그 이상이며, 인지 능력 관점에서만 봐서는 안 된다. 인간중심돌봄이 자아를 인식하고 유지하는 것이 핵심이다. 자아나 개인적 정체성 구성이 완전한 기억으로만 성립하는 것이 아니라 인지장애가 상당한 상태에도 온전한 자아가 존재한다(Sabat & Collins, 1999). Sabat와 Harre(1992)는 사례연구를 통해 개인 정체성의 자아가 알츠하이머 말기까지 지속한다고 하였다. 알츠하이머 노인의 다양한 성격적 특성은 완전히 사라지기보다는 남아 있다. 이는 자아 상실이 알츠하이머라는 질병에서 국한한 것이 아니라 역기능적 사회적 상호작용의 부정적 결과임을 의미한다. 알츠하이머 노인이 다른 사람들과의 상호작용에서 드러나는 대화나 언어를 통해 알츠하이머 노인의 온전한 자아를 관찰할 수 있다.

(2) 인간중심돌봄개념

인간중심돌봄개념과 특성에 대한 논의는 노년병리학과 노인요양시설에서 시작하였다. 미국 노년병리학회에서는 인간중심돌봄은 개인 가치와 선호가 건강과 삶의 목표를 지원하기 위한 모든 치료 활동의 나침반 역할을 한다고 하였다(American Geriatrics Society, 2016). 인간중심돌봄은 개인과 그 개인에게 중요한 사람들을 포함하여 관련한 서비스 제공자들 간의 활발한 협력을 의미한다. 이러한 협력은 개인이 희망하는 범위 내에서 의사결정을 할 수 있도록 지원한다.

노년병리학이나 노년학에서 인간중심돌봄의 구성요인은 치매노인에 대한 치료나 돌봄에서 주로 다루어지고 있다. 대표적으로 Levy-Storms(2013)는 문헌검토를 실시하여 ① 관계 기반 돌봄 및 서비스로 자아와 자기다움 지원, ② 개별화된 활동과 의미 있는 사회참여 제공, ③ 돌봄 및 치료 제공 전문가 가이드 기능 등 세 가지 공통 사항을 제시하였다. Kogan 등(2016)은 인간중심돌봄의 가장 중요한 특성을 ① 전인적 또는 인간중심 돌봄, ② 존중과 가치, ③ 선택, ④ 존엄성, ⑤ 자기결정, ⑥ 목적 있는 삶 등이라고 하였다. 이수경과 최윤경(2021)은 인간중심돌봄에 대한 국내외 연구 자료를 토대로 자율성/선택, 편안함, 인식, 안전/보안, 다양한 공간, 사생활, 관계, 안녕, 직원 케어, 집과 같은 환경, 포괄적인 서비스 등의 11가지 구성요소를 제시하였다. 결국 인간중심돌봄은 노인의 질병이 아닌 한 개인을 중심으로 의료행위나 돌봄을 제공하는 가치나 철학을 의미한다.

또한 노인요양시설에서 인간중심돌봄은 미국을 중심으로 1980년대부터 시작하였다. 노인요양시설이 사회와 단절된 집단시설로 노인의 삶이 비인간화되고 시설 내에서 상당한 제약을 받는 문제점이 제기되었다. 구체적으로 노인요양시설에서 똑같은 옷을 입고 있는 노인들은 정해진 시간에 똑같은 음식으로 식사하고, 똑같은 TV 프로그램을 시청하거나 활동에 참여하고, 정해진 시간에 씻고, 정해진 시간에 소등되어서 잠자리에 든다. 거주노인의 개별욕구보다 시설 중심에서 돌봄을 효율적으로 달성하는 과정이 중요하게 나타났다. 노인요양시설 거주노인에게는 사회 교류가 결핍된 외로움, 자기 일상생활과 관련하여 의사결정하거나 수행할 수 있는 능력이 없다고 느끼는 무기력, 자신이 가치를 두는 활동을 하지 못하는 지루함이 가장 대표적인 고통이다. 시설 거주노인이 경험하는 외로움, 무기력, 지루함의 고통은 전통적인 의료모델 중심으로는 해결하는 것이 불가능하다(이민홍, 2017: 44-45 재인용).

인간중심돌봄은 시설에 거주하는 노인의 비인간성을 해결하기 위해 거주자중심케어 및 가정과 같은 환경 조성을 시설에 최대한 반영하는 것이다. 주로 Eden Alternative 모델, Green House 모델, Poineer Network 모델 등이 미국에서 개발되어 유럽 및 호주로 확산되었다. 또한 일본은 유니트케어(Unit Care) 모델을 통해 노인요양시설에서도 일반 가정처럼 생활할 수 있도록 환경을 조성하고 있다(이민홍, 2019).

예를 들어, 거주자중심케어는 거주자가 식사 시간을 스스로 결정, 거주자가 식사 메뉴와 양을 스스로 결정, 거주자가 목욕 방법(샤워, 욕조 이용, 침대 목욕 등)을 스스로 결정, 거주자의 요구에 근거하여 케어 계획, 늦잠을 잔 경우 늦은 시간에도 아침 식사 제공, 거주자가 취침 시간을 스스로 결정, 거주자 기억력 문제와 관련된 활동 제공, 거주자가 가능하다면 오래 걸리더라도 혼자 옷을 입음 등이다. 집과 같은 환경 조성은 거주자가 스스로 방을 꾸밈, 거주자가 자신의 방문자를 다른 거주자와 공유하는 공간(거실, 식당 등)에서 만날 수 있음, 적은 수의 그룹이 식당 공유, 실내에서 꽃과 식물을 키울 수 있음, 실내에서 애완동물을 키울 수 있음, 지역사회 아이들이 거주자 방문, 노인요양시설이 집처럼 보이고 느껴짐, 순간적인 기분에 따라 행동할 수 있음, 노인요양실 내·외부에 가족사진 등 거주자 개인 물건을 놓아둘 수 있음, 거주자가 원할 때마다 정원에 있을 수 있음 등이다(최재성, 2015).

2) AIP 실현을 위한 인간중심돌봄 방향 모색

(1) 자기돌봄

인간중심돌봄의 가장 중요한 실천 방안은 자기돌봄이다. 개인은 건강이나 웰빙의 수용 가능한 수준을 유지하고, 질병이나 부상을 예방하고, 건강을 증진하기 위해 자기돌봄 행동을 선택한다. 이러한 자기돌봄 행동은 생존 보장에서 자아실현에 이르기까지 다양한 작업을 수행하는 능력에 기여한다. 가족은 구성원이 자기돌봄을 하도록 지원하는 역할을 해야 하며, 연령, 질병 또는 기타 생활 사건으로 인해 필요한 활동을 스스로 완료할 수 없는 다른 구성원을 위한 돌봄을 제공한다. 지역사회도 개인과 가족이 그들에게 중요한 자기돌봄 활동을 수행할 수 있도록 하는 자원을 지원할 수 있도록 사회환경을 구축해야 한다 (McCormack, 2003).

　세계보건기구는 자기돌봄 개념을 "개인, 가족 및 지역사회가 건강관리 제공자의 지원 여부에 관계없이 건강을 증진하고, 질병을 예방하고, 건강을 유지하고, 질병과 장애에 대처할 수 있는 능력"으로 정의하였다(WHO, 2019: 9). 세계보건기구에서는 자기돌봄을 보건의료 시스템의 가장 기초적 단계로 중요한 기능을 수행한다고 판단하여, 국가별로 자기돌봄을 제대로 하고 있는지 평가도 실시하고 있다. 공식적 의료시스템이 구축되지 못한 저개발국가나 개발도상국에서는 자기돌봄이 국민 건강 유지 및 증진에 큰 영향을 미친다. 결과적으로 자기돌봄은 개인이 자신의 신체적, 정신적, 사회적 건강을 유지 및 증진, 질병 예방과 질병이나 허약한 상태에 있다면 악화되지 않거나 개선될 수 있도록 스스로 수행하는 모든 활동으로 정의할 수 있다.

(2) 지역사회 돌봄

① AIP를 위한 지역사회 돌봄제도 구축

　노인이 일상생활능력이 저하되어도 지역사회에서 거주할 수 있도록 통합적 돌봄제도를 구축하는 것이 필요하다. 이를 위해서, 첫째, 돌봄 사각지대 규명과 해소가 필요하다. 돌봄서비스 이용자격을 인정받았지만 서비스를 이용하지 못한 경우, 노인을 위한 돌봄서비스가 제공되고 있지만 내용과 양이 노인 욕구에 부합하지 않는 경우, 그리고 노인을 위한 돌봄서비스가 존재하지 않는 경우 등의 구조적 사각지대 문제를 해결해야 한다. 둘째, 노인장기요양제도, 지역사회 노인복지서비스(노인맞춤돌봄, 지역사회통합돌봄, 재가지원서비스), 지역사회 노인보건의료서비스 등 간 연계 강화가 필요하다. 돌봄이 필요한 노인은 보건의료와 사회복지 욕구가 통합적으로 발생하기 때문에 보건복지서비스의 연계가 부재한 상태에서는 이들의 욕구를 효과적으로 대응할 수 없다. 셋째, 지역사회에 거주하는 노인의 돌봄 필요도와 실제로 받는 돌봄서비스의 양이 균형 상태가 되도록 지원해야 한다. 넷째, 돌봄연속성이 가능할 수 있도록 매개자 역할이 필요하다. 돌봄이 필요한 노인의 경우 우선 집에서 서비스를 받게 되고, 이후 주야간보호서비스를 받고, 상태가 악화되었을 때에는 노인요양시설에 거주하게 되며, 마지막 단계에서 병원을 이용하는 것이 보호 연속성 개념에 부합한다(이민홍 외, 2015).

② 인간중심 지역사회 돌봄: 좋은 돌봄

인간중심돌봄은 노인의 특정 질병이나 욕구에 초점을 두기보다는 전인적 사람임을 강조한다. 인간중심돌봄은 노인병리학이나 노인생활시설(요양병원, 요양시설)에서 생성된 개념이지만, 이제는 지역사회 노인을 위한 돌봄을 위해 활용되고 있다. Feinberg(2014)는 인간중심 지역사회 돌봄의 중요한 요소를 다음과 같이 제시하였다.

가. 노인 및 가족 존엄성과 존중: 건강 및 돌봄 전문가는 개인과 가족의 필요, 가치, 선호도 및 치료 목표를 경청하고 존중하며 "당신에게 중요한 것은 무엇입니까?"라고 물어봐야 한다. 노인에게 일상생활과 삶의 질에서 중요하게 인식하는 목적과 의미가 있다. 예를 들어, 어떤 사람의 목표는 6개월 후 손자의 결혼식에 참석하거나 지역사회에서 매주 열리는 종교 행사에 참석하는 것이다. 확인된 목표와 선호도는 치료 환경 전체에서 서비스 및 지원의 계획, 전달 및 조정에 반영해야 한다.

나. 전인적 인간 이해: 돌봄 및 지원 서비스를 제공하는 과정에서 노인의 전인적 차원을 고려해야 한다. 특히 가족 및 친구와의 관계 맥락에서 그 노인을 이해한다. 또한 신체적, 정신적 건강, 정신적, 문화적 전통, 사회적 지원, 지역사회와의 관계를 고려하여 돌봄서비스를 제공한다.

다. 개인 및 가족 정보, 돌봄 경험 및 지원 욕구 이해: 노인과 가족 사정을 기반으로 하는 돌봄 계획은 개인과 가족의 목표, 가치 및 선호도를 반영한다. 이는 개인에게 의미 있는 욕구와 필요(예: 자신 일일 일정 관리) 및 가족이나 친구의 요구사항(예: 교육 및 훈련, 임시 간호)을 토대로 한다. 과도한 스트레스를 받지 않고 돌보는 역할, 가족의 필요와 우려 사항을 인식하고 경청하는 것은 좋은 돌봄 계획의 기본 원칙이다.

라. 의사소통, 의사결정과정 참여, 역량강화 증진: 돌봄 제공자가 노인과 가족을 지원할 수 있도록 의사결정과정에 노인과 가족이 참여할 수 있도록 해야 한다. 노인과 가족이 돌봄

서비스에 대한 정보를 정확하게 알 수 있게 충분히 제공해야 하며, 정보에 접근할 수 있도록 해야 한다.

마. 돌봄 제공기관 간 조정과 협업: 복잡하고 만성적인 돌봄이 필요하고 일상생활 능력이 저하된 노인을 돌보기 위해서는 보건 및 복지서비스가 통합적으로 개입할 수 있어야 한다. 보건 및 복지서비스는 노인과 가족이 접근할 수 있고 욕구를 포괄적으로 대응해야 한다. 특히 시간이 지남에 따라 지속해서 돌봄서비스 내용을 조정할 수 있고 욕구 변화에 탄력적 대응이 가능해야 한다.

한국에서 인간중심돌봄은 서울복지재단의 좋은 돌봄이 대표적이다. 노인 개인 및 가족 욕구별 개별화된 돌봄 제공, 노인의 잔존 기능을 최대한 활용하도록 지원, 지불 가능한 서비스 비용, 이용자 및 제공자 간 수평적 협력 관계, 돌봄 제공자의 윤리 및 기술 전문성, 좋은 일자리로 돌봄, 서비스 운영 주체의 투명성 등으로 설명되는 좋은 돌봄이 인간중심 지역사회 돌봄과 연결된다(김정현, 변혜연, 2020).

(3) 시설돌봄: 문화변화(개별화된 돌봄 및 집과 같은 환경 제공) 실행

문화변화는 개별화된 돌봄 및 집과 같은 환경을 제공하기 위한 모든 형태의 노력을 의미한다. 시설 문화변화 실행전략은 다음과 같다. 첫째, 거주자 중심: 케어 및 시설 생활에 관련된 활동들을 거주자가 선택하고 결정, 둘째, 가정과 같은 환경: 환경은 시설이기보다는 가정 집처럼 조성, 셋째, 친밀한 관계: 거주자, 가족, 직원, 그리고 지역사회가 서로 친밀한 관계를 형성, 넷째, 직원 임파워먼트: 직원들이 거주자의 욕구와 바람에 대응할 수 있는 역량 강화, 다섯째, 협동적 의사결정: 의사결정이 수평적으로 이루어지는 구조, 여섯째, 지속적 및 포괄적 노인 상태 모니터링: 포괄 측정도구를 적용하여 문화변화 활동을 모니터하고, 지원하고, 개선할 수 있도록 체계적 과정 운영 등이다(Koren, 2010).

한국 적용 문화변화 사례로는, 첫째, 거주자중심케어 방안으로 개별 공간 마련(개인냉장고, 개별조명, 분리 커튼 등), 기호도 간식 제공(복수 간식을 제공하고 어르신이 선택), 목욕 케어 자율화(횟수, 방법, 시간 등 노인이 결정) 등이다. 둘째, 직원-거주자 관계 개선 방안으로는 거주자 돌봄인력 전담제 운영(거주노인별 요양보호사 지정), 사례관리, 직원과 어르신 가족 맺기 등이다. 셋째, 직원역량강화 방안으로는 경력직별 교육 실시, 우수사례 공유 및 벤치마킹, 위기 상황 시 적절 대응 인력 인센티브 제공, 직원 동호회 및 문화 활동 지원 등이다. 넷째, 집과 같은 요양원 환경 개선을 위해서 일상복과 잠옷 구분 착용, 사적인 공간 마련, 집 물건 가져오기, 물건 본인 손에 쉽게 닿을 수 있도록 배치, 손자 손녀 만들기, 개인별 게시판 만들기 등이다. 다섯째, 소그룹별로 지역사회 교류, 지역사회 내 주민센터 및 도서관 이용, 아동시설과 결연사업, 동네 어르신과 교류, 음악연주회 개최, 중고등학생 자원봉사 및 재능 나눔, 지역주민과 함께 연계 프로그램 등을 통해 입소 노인이 지역사회와 지속적인 상호작용과 참여를 하게 한다(이민홍, 2019).

2. 인간중심돌봄 실천 현장 적용: 인권기반실천 모델 활용

인간중심돌봄이 개별성, 자유, 존엄성, 선택성, 독립성 등을 강조한다는 지점에서 사회복지실천 모델로 임파워먼트모델, 사회정의모델, 이용자참여모델, 인권기반모델 등과 연결된다. 임파워먼트모델은 개인 차원에서 자기 삶에 대한 통제감 강화, 주변 관계 차원에서 상호교환적 평등 관계 형성, 구조적 차원에서 문제를 일으키는 사회구조 변화가 핵심이다(양옥경 외, 2005). 사회정의모델은 사회정의를 실현하기 위한 투쟁과정으로 개인, 집단, 전체 인구, 전 지구 차원 등에서 개입을 한다(Wronka, 2016). 이용자참여모델은 서비스 이용자가 서비스 계획, 내용, 기간, 평가 등의 의사결정과정에 참여하는 것을 강조한다(김용득, 김미옥, 2007).

인권기반모델은 클라이언트가 자유권과 사회권 보유자로 이를 실현할 수 있도록 미시와 거시 차원에서 통합접근을 한다(Mcpherson, 2015). 특히 인권기반실천이 인간중심돌봄의 개념과 특성을 토대로 하므로 인간중심돌봄을 실천 현장에 적용하기 위한 모델로 제시하였다. 최근 들어 Beresford와 Slasberg(2023)는 『사회적 돌봄의 미래(The Future of Social Care)』라는 저서를 통해 인간중심돌봄을 위해서는 권리기반실천이 제공되어야 한다고 하였다.

1) 인권기반실천모델

인권기반실천은 욕구기반이 아닌 권리 보장에 입각하여 돌봄 전 과정이 진행되도록 노인 돌봄 실천 패러다임을 이동한 것이다. 인권기반실천은 다른 실천모델과 비교해서 두 가지 장점이 있다. 첫째, 인권은 시대, 문화, 국가 차원을 넘어 보편성을 가지므로 인권기반실천은 인간 존엄성 보장을 토대로 보편적 적용이 가능하다. 둘째, 노인복지서비스 이용자가 권리를 누릴 자격을 갖추고 있다고 전제하므로 서비스 이용자 권한을 증진한다. 특히 서비스 제공자와 이용자의 수평적 관계를 중요시한다. 노인돌봄인력은 지식, 가치, 기술을 갖춘 돌봄전문가이고, 클라이언트는 자기 삶에 대한 전문가이므로 사회복지실천 모든 과정에 노인돌봄인력과 클라이언트가 파트너 관계로 참여해야 한다(McPherson, 2015).

인권기반실천모델은 인권렌즈, 인권목적, 인권방법이라는 세 가지 축으로 구성된다. 인권렌즈는 ① 클라이언트를 권리보유자로, ② 욕구는 권리 보장이 결여된 것으로, ③ 사회문제는 권리 침해로 간주하는 것을 의미한다. 카메라 렌즈의 핵심 부품처럼, 인권렌즈의 세 가지 요소는 노인돌봄 전문가가 인권시각으로 클라이언트와 주변 환경을 볼 수 있도록 해 주는 장치이다. 돌봄 빈곤과 돌봄욕구는 인권 침해에 해당하며, 돌봄을 받아야 하는 권리로 접근한다. 이 렌즈를 통해서 노인돌봄인력은 클라이언트의 욕구보다는 권리에 집중한다. 클라이언트는 자선 수혜자가 아닌 권리보유자로 인식하게 된다. 즉, 문제는 클라이언트가 인권을 침해받아 발생한 것이지, 개인적 병리에서 비롯된 일이 아님을 볼 수 있게 한다.

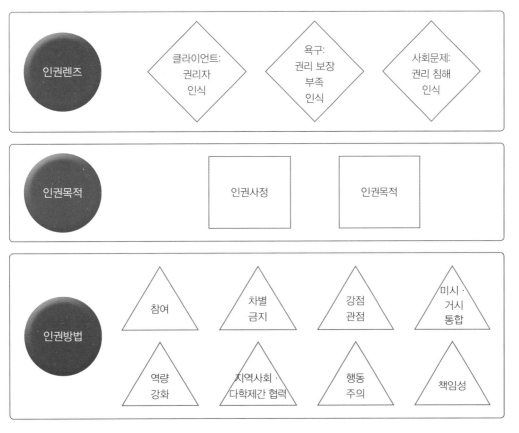

[그림 14-2] 인권기반 사회복지실천모델

출처: McPherson (2015), p. 228 수정.

인권목적은 클라이언트 사정과 목적 수립이 인간 권리 차원에서 설정해야 한다는 것이다. 노인에게 돌봄이나 장기요양에 대한 욕구가 있고 이를 충족하는 것이 아니라 건강권 침해와 보장으로 접근한다. 첫째, 인권사정은 클라이언트를 사정하는 초기 과정에서 클라이언트가 누리지 못하는 권리를 누리도록 하는 것을 목적으로 설정해야 한다. 안전, 교육, 주거, 영양 등은 기본적 권리에 해당하므로 클라이언트의 이러한 사항을 욕구기반에서 접근할 것이 아니라 권리에 기초한 사정을 해야 한다. 둘째, 인권목적은 노인돌봄 실천에서 인권과 관련된 목적을 설정해야 한다. 예를 들면, 음식, 안전한 주거, 교육 및 범죄에서 비차별 등이 그러한 목적에 해당한다. 인권관점 노인복지실천 틀은 돌봄 초점이 욕구에서 권리로 이동한다는 패러다임을 강조한다. 노인돌봄인력은 의료적·정신의학적 특성과 더불어 정치적·사회적 진단을 할 수 있는 역량을 갖추고 있어야 한다(최혜지 외, 2020: 440-442 재인용).

인권방법은 ① 참여(클라이언트가 자신이나 기관 업무에 동등한 파트너 또는 리더로 참여하는 실천 활동), ② 차별 금지(클라이언트에게 필요한 재화 및 서비스 접근성에 대한 차별을 찾아내고 개선하는 활동), ③ 강점관점(클라이언트의 개인, 가족, 지역사회 등 자원을 발견하고 활용하는 실천 활동), ④ 미시·거시 통합(클라이언트 욕구 충족이나 문제를 해결하기 위해서 미시적 및 거시적 차원에서 개입하는 실천 활동), ⑤ 역량강화(클라이언트 및 지역사회의 불공정한 상황을 찾고 변화하도록 클라이언트 참여), ⑥ 지역사회·다학제간 협력(클라이언트 및 지역사회 변화를 유도하기 위해서 다학제 간 전문가 관계망을 만드는 실천 활동), ⑦ 행동주의(클라이언트에게 도움이 되는 사회적 및 정치적 변화를 주장하는 실천 활동), ⑧ 책임성(실천 전 과정의 투명성과 실천을 통해서 클라이언트 존엄성이 증진했는지를 성찰 및 평가) 등의 인권 특성을 실천에 적용하는 것이다(이민홍, 2021).

2) 인간중심돌봄의 인권기반실천 사례

(1) 지역사회 노인돌봄

- '허원', 82세, 남
- 생활 특성: 세탁하지 않은 옷 입음, 결식, 사회적 관계 축소, 에너지 빈곤층(냉난방 문제), 집 냄새

노인돌봄인력은 인간중심돌봄을 제공하기 위해서 먼저 '허원' 노인복지관 회원을 자유권과 사회권(건강권, 사회참여권, 주거권 등)을 가진 권리보유자로 인식하는 것에서부터 출발한다. 욕구중심의 전통적 실천 패러다임에서는 세탁하지 않은 옷과 결식을 신체적 욕구로 보

고 일상생활 지원을 목표로 가사지원서비스를 제공하게 된다. 하지만 인간중심의 인권기반
실천에서는 세탁하지 않은 옷과 결식을 위생권과 영양권 침해로 인식하고 돌봄 목표를 미시
와 거시 차원에서 수립한다. 이 과정에서 노인은 자기 삶 전문가로, 노인돌봄인력과 파트너
로 참여하게 된다. 특히 노인돌봄 전문가는 노인이 고혈압과 당뇨 병력이 있음을 파악하고
다학제간 협력을 통해서 돌봄 목표 및 돌봄 방법을 노인과 함께 결정하였다. 〈표 14-1〉~
〈표 14-3〉은 전통적 욕구기반 실천과 인권기반 실천의 차이를 설명하기 위해 간략하게 표
로 제시한 것이다.

① '신체적 욕구'에서 '건강권'으로

'허원' 할아버지가 세탁하지 않은 옷을 입고, 건강이나 다이어트 목적이 아니라 식사를 준
비할 수 없어 어쩔 수 없이 하게 되는 결식에 대한 돌봄이다. 전통적 돌봄은 세탁하지 않은
옷이나 결식을 신체적 욕구가 충족되지 않은 문제로 접근했다. 이를 통해서 돌봄 목표는 세
탁이나 식사의 일상생활 지원이고 돌봄 방법으로 가사서비스를 제공한다. 반면, 인간중심

표 14-1 신체적 욕구 충족 → 건강권 보장

(욕구접근) 전통적 돌봄	욕구 영역	문제	돌봄 목표 및 방법
	• 신체적 욕구	• 세탁하지 않은 옷 입음, 결식	(돌봄 목표) 일상생활 지원 (돌봄 방법) 가사서비스

↓

(인권접근) 인간중심 돌봄	권리 영역	권리 침해	서비스 내용
	• 건강권	• 위생권 침해: 더러 운 옷 • 영양권 침해: 결식	○ (돌봄 목표) • 미시: 자기케어 기술 역량 강화 • 거시: 건강권 보장제도 마련(위생서비스, 영양 서비스 제도화) ○ (돌봄 방법) • 참여: 노인(고혈압 및 당뇨 병력 이야기)+노 인돌봄인력 공동생산 • 강점관점: 독립생활 의지 • 역량강화: 자기케어능력/외부 자원 활용능력 • 지역사회자원: 보건소 • 다학제간 협력: 간호사, 영양사 • 행동주의: 사회보장 캠페인 • 책임성: 과정 및 성과 평가

돌봄에서는 세탁하지 않은 옷은 건강권에서 위생권 침해이고 결식은 영양권 침해라고 본다. 기본적으로 국가는 노인의 건강권을 보장해 주어야 한다. 노인돌봄인력은 '허원' 할아버지의 건강권을 보장하기 위해서 돌봄을 제공하게 된다.

이 과정에서 가장 큰 차이는 '허원' 할아버지의 참여이다. 돌봄 제공자는 '허원' 할아버지 자신이 선호하는 방식과 건강상의 특성을 인정하고 함께 돌봄 목표와 돌봄 방법을 선택해야 한다. 돌봄 목표는 '허원' 할아버지가 할 수 있는 것과 함께 제도적으로 갖춰야 할 변화도 동시에 설정한다. '허원' 할아버지는 자기를 돌볼 수 있는 자기케어 기술 역량을 높이도록 강점관점과 역량강화를 돌봄 제공자와 공동으로 수행한다. 동시에 행동주의 차원에서 위생서비스와 영양서비스가 제도화될 수 있도록 제안한다.

② '사회적 욕구'에서 '사회참여권'으로

'허원' 할아버지는 사회적 관계가 축소되어서 사회적 고립 위험에 있다. 일반적 돌봄에서는 사회적 욕구 차원에서 사회참여를 통한 관계가 없는 것을 문제로 본다. 이에 할아버지의 사회참여를 돌봄 목표로 설정하고 여가활동지원을 돌봄 방법으로 활용한다. 인간중심돌봄

표 14-2 사회적 욕구 충족 → 사회참여권 보장

(욕구접근) 전통적 돌봄	욕구 영역	문제	돌봄 목표 및 방법
	• 사회적 욕구	• 사회참여 활동 없음	(돌봄 목표) 사회참여 (돌봄 방법) 여가활동지원

↓

(인권접근) 인간중심 돌봄	권리 영역	권리 침해	서비스 내용
	• 사회참여권	• 소통권 침해: 가족, 친구, 이웃과 교류 단절	○ (돌봄 목표) • 미시: 친구 만들기 및 말벗서비스 통한 교류 증가 • 거시: 세대통합 및 연령차별 인식개선<hr>○ (돌봄 방법) • 참여: 노인 • 강점관점: 친구 필요성 인지 • 역량강화: 권리 인식 • 지역사회자원: 정신건강지원센터 • 다학제간 협력: 보건소 협력 • 행동주의: 인식개선 캠페인 • 책임성: 과정 및 성과 평가

에서는 할아버지의 사회참여권 차원에서 소통권이 침해되었다고 인식한다. 가족, 친구, 이웃, 지역사회와 교류가 단절되어 소통권이 침해된 것이다.

돌봄 목표는 친구 만들기와 말벗서비스를 통한 교류 증가와 세대 통합과 연령차별 인식을 개선하는 것으로 설정한다. 돌봄 목표를 달성하기 위한 방법에서 가장 중요한 것은 '허원' 할아버지의 참여이다. '허원' 할아버지는 참여를 통해서 자기성향과 일치하는 친구 만들기 방법(예: 노인복지관 프로그램 참여, 이웃주민교류 등)을 선택할 수 있다. 이러한 사회적 관계를 형성할 수 있는 서비스를 통해서 사회참여권을 보장받을 수 있게 된다. 특히 노인돌봄인력은 인권 실천 방법으로 강점관점, 역량강화, 지역사회자원, 다학제간 협력, 행동주의, 책임성 등을 활용할 수 있는 역량을 갖춰야 한다.

③ '주거 욕구'에서 '주거권'으로

'허원' 할아버지 집은 냉난방이 잘되지 않으며 청소하지 않고 오래된 물건을 그대로 두거나 음식물을 제때 치우지 않아서 냄새가 심한 상태이다. 전통적 돌봄에서는 주거 욕구가 있으며, 냉난방 및 냄새 문제가 있다고 접근한다. 냉난방 및 냄새 문제를 해결하기 위해서 주

표 14-3 주거 욕구 충족 → 주거권 보장

(욕구접근) 전통적 돌봄	욕구 영역	문제	돌봄 목표 및 방법
	• 주거 욕구	• 냉난방 문제, 냄새	(돌봄 목표) 주거환경 개선 (돌봄 방법) 주거개선서비스

↓

(인권접근) 인간중심 돌봄	권리 영역	권리 침해	서비스 내용
	• 주거권	• 주거권 침해: 냉난방 문제, 냄새	○ (돌봄 목표) • 미시: 집안청소 및 관리 기술 강화 • 거시: 주거환경개선 및 냉난방비 지원 ○ (돌봄 방법) • 참여: 노인 • 강점관점: 위생 및 청결 의지 • 역량강화: 주거권 인권 인식 • 지역사회자원: 집 고치기 사회적 기업 • 다학제간 협력: 주택관리사 • 행동주의: 주거권 보장 주장 • 책임성: 과정과 성과 평가

거환경 개선을 돌봄 목표로 잡고 주거개선서비스를 제공하거나 의뢰하는 방식으로 하였다. 하지만 인간중심돌봄에서는 냉난방 문제 및 냄새를 주거권 침해로 본다. 단순한 주거문제가 아니라 한 인간으로서 존엄성을 해치는 권리의 침해로 인식하여 개입하게 된다.

인간중심돌봄에서의 '허원' 할아버지의 집안청소 및 관리 기술의 역량 강화와 주거환경개선 및 냉난방비 지원이 제도화되도록 목표를 설정한다. 인간중심돌봄에서 가장 중요한 것은 '허원' 할아버지의 참여이다. 노인돌봄인력은 할아버지와 함께 돌봄 목표를 달성하기 위해서 강점관점(할아버지의 위생 및 청결 의지), 역량강화(주거권 인권 인식), 지역사회자원 활용, 주택관리사 협력, 주거권 보장 제도화, 개입 과정 및 성과 평가 등을 수행해야 한다. 특히 냉난방비를 지급할 수 없는 빈곤 상태인 경우에는 공적 부조를 받을 수 있도록 공공기관에 의뢰해야 한다.

(2) 시설 거주 노인돌봄

> ─ '김사랑', 87세, 여
> ─ 생활 특성: 환자복 착용, 정해진 기상 및 취침 시간, 정해진 아침 · 점심 · 저녁 식사 시간, 4인 1실 사용

노인돌봄인력은 인간중심돌봄을 제공하기 위해서 '김사랑' 할머니(시설 입소자)가 자유권(사생활 자유권)과 사회권(건강권, 사회참여권, 주거권 등)을 가진 권리보유자로 인식하는 것에서 출발한다. 욕구중심의 전통적 실천 모델에서는 '김사랑' 할머니의 집단생활 불편함을 별난 요구나 초기 적응력 부족으로 볼 수 있다. 이에 시설 생활 지원을 목표로 초기 상담을 제공할 수 있다. 하지만 인간중심의 인권기반실천은 이를 사생활 자유권 침해로 본다. 사생활에 관련해서 자기결정권을 보장하기 위한 돌봄 목표 및 방법을 활용한다.

① '별난 요구'에서 '사생활 자유권'으로

'김사랑' 할머니는 요양시설에 입소한 이후에 적응하기가 어려웠다. 낮이나 밤이나 같은 환자복을 입고, 아침에 일어나는 시간과 자는 시간이 정해져 있었다. 식사 시간도 정해져 있어서 늦잠을 자고 싶어도 귀찮게 할까 봐 우려되어서 일어났다. 저녁을 5시에 먹기 때문에 자는 내내 배가 고플 때도 있었다. 전통적 돌봄에서는 '김사랑' 할머니가 시설에 입소해서 불편하다고 이야기하는 것을 초기 적응력 부족으로 별난 요구로 취급하는 경우가 많다. 이에 개인생활이 아니라 집단생활을 하므로 '김사랑' 할머니가 시설에 적응할 것을 요구한다.

표 14-4 별난 요구(초기 시설 부적응) 대응 → 사생활 자유권 보장

(욕구접근) 전통적 돌봄	욕구 영역	문제	돌봄 목표 및 방법
	• 요구/욕구 논란	• 초기 적응력 부족	(돌봄 목표) 시설 생활 지원 (돌봄 방법) 초기 상담 제공

↓

(인권접근) 인간중심 돌봄	권리 영역	권리 침해	서비스 내용
	• 자유권	• 사생활 자유권 침해: 일상생활(의복, 취침 및 기상 시간, 식사 시간 등) 자기결정권 침해	○ (돌봄 목표) • 미시: 의복, 취침 및 기상 시간, 식사 시간 등 노인 선택 존중 • 거시: 서비스 계획 작성 시 노인 참여 제도화/시설인력 기준 개선 ○ (돌봄 방법) • 참여: 노인+노인돌봄인력 공동생산 • 강점관점: 자기결정 의지 • 역량강화: 권리 인식 • 지역사회자원: 노인복지관 • 다학제간 협력: 영양사, 간호사, 의사 • 행동주의: 시설 거주노인 자기결정권 보호 강화, 시설인력 기준 개선(「노인복지법」 개정) • 책임성: 과정 및 성과 평가

인간중심돌봄에서는 '김사랑' 할머니의 초기 적응 부족이나 별난 요구로 보는 것이 아니라 인간으로서 자유권 차원에서 접근한다. 의복, 식사, 취침, 기상 등 자신의 일상생활과 관련해서 자율권이 침해되었다고 본다. 일상생활에서 '김사랑' 할머니는 자기결정권을 보장받아야 한다. 이에 인간중심돌봄을 적용해서 의복, 취침 및 기상 시간, 식사 시간 등 '김사랑' 할머니의 선택을 존중하고 할머니의 생활리듬을 시설에서 최대한 맞출 수 있도록 돌봄 목표를 설정한다. 돌봄서비스 계획을 작성할 때도 반드시 '김사랑' 할머니가 함께 참여해야 한다. 특히 개별화된 서비스를 제공하기 위해서 시설인력 기준도 높여 나가야 한다.

② '별난 요구'에서 '주거권'으로

'김사랑' 할머니는 시설에 입소해서 4명이 함께 방을 사용하고 있다. 기저귀 케어를 할 때는 다른 사람이 자신을 보는 것 같아서 수치심이 들기도 했다. 자신도 원하지 않는데 다른 할머니의 기저귀 케어하는 모습을 볼 수밖에 없었다. 특히 늦은 밤이나 새벽시간에 자고 있

는데 기저귀 케어나 욕창 방지를 위해 취침 자세를 변경하기 위해서 돌봄인력이 불을 켜서 종종 잠에서 깰 수밖에 없었다. 잠이 깬 후에는 쉽게 잠이 들지 못해서 불안하거나 초조하기도 하고 다음 날에 피곤하기 일쑤였다. 전통적 돌봄 관점에서 '김사랑' 할머니는 집단생활에 적응이 부족한 상태이다. 초기 상담을 통해 집단생활에서 발생하는 불편함에 대해 이해하고 시설생활에 적응해 가야 한다.

인간중심돌봄에서는 '김사랑' 할머니가 주거환경보장권을 침해받았다고 접근한다. 4명이 한 방에서 생활하는 과정에서 사생활을 보장받을 수 없는 주거환경이 주거권 침해라고 본다. 돌봄 목표로 분리커튼을 활용해서 최대한 사생활을 보호받을 수 있도록 하고 사생활 자유권과 보장을 위한 최저주거기준을 법제화해야 한다. 특히 최대한 가정과 같은 환경에서 생활할 수 있도록 소규모형 시설에서 1인 1실 사용을 지향해야 한다. 노인의 사생활 보장을 위해서 노인돌봄인력은 노인과 가족을 참여시켜서 접근해야 한다. 노인의 자기 의견 표시와 사생활 자유권을 인식하고 이를 토대로 시설환경이 노인의 사생활을 보호할 수 있도록 사회적 및 물리적 환경을 조성해야 한다.

표 14-5 별난 요구(집단생활 부적응) 대응 → 주거권 보장

(욕구접근) 전통적 돌봄	욕구 영역	문제	돌봄 목표 및 방법
	• 요구/욕구 논란	• 공동 생활 적응 부족	(돌봄 목표) 시설생활 지원 (돌봄 방법) 초기 상담 제공

↓

(인권접근) 인간중심 돌봄	권리 영역	권리 침해	서비스 내용
	• 주거권	• 주거환경보장권 침해: 4명 방 사용/사생활 보장받을 수 없는 주거환경	○ (돌봄 목표) • 미시: 분리커튼을 활용하여 사생활 보호 증진 • 거시: 사생활 자유권 보장 최저주거기준 법제화 ○ (돌봄 방법) • 참여: 노인 및 가족 • 강점관점: 자기 의견 표시 • 역량강화: 사생활 자유권 인식 • 지역사회자원: 집 고치기 사회적 기업, 노인복지관 • 다학제간 협력: 주택관리사 • 행동주의: 시설기준 개선(1인 최저 주거 기준) • 책임성: 과정과 성과 평가

3. 좋은 돌봄 제공기관 선택하기

1) 재가서비스 제공기관

방문요양과 주간보호시설은 서비스 이용 후에 옮기는 것에 큰 무리가 없다. 다음과 같은 단계를 거쳐서 서비스 제공기관을 선택한다.

(1) 노인이 필요한 서비스 종류와 제공량 파악하기

좋은 재가서비스를 선택하기 위해서는, 먼저 필요한 서비스 유형과 서비스 제공량을 파악해야 한다. 옷 입기, 세수, 머리 감기, 양치질, 목욕하기, 음식 먹기, 화장실 출입, 대소변 조절, 몸단장, 식사 준비, 빨래하기, 시장 보기, 외출하기 등 일상생활을 하는 데 필요한 서비스 종류가 무엇인지 파악해야 한다. 욕창, 약관리 등 의료서비스도 필요한지 확인한다. 다음으로 하루 평균 몇 시간, 주 몇 회, 24시간 등 서비스 제공량에 대해서도 알아야 한다.

(2) 재가서비스 유형 결정하기

재가서비스로 장기요양등급을 받은 경우에는 방문요양, 방문목욕, 방문간호, 주야간보호, 단기보호, 복지용구 등을 이용할 수 있다. 장기요양등급외자인 경우에는 노인맞춤돌봄서비스, 지역통합돌봄서비스를 통해 필요한 돌봄을 받을 수 있다. 노인이 필요한 서비스 종류와 제공량을 토대로 적합한 재가서비스 유형을 결정해야 한다.

(3) 재가서비스 제공기관 파악하기

지역사회에서 접근성 높은 재가서비스를 제공하는 장기요양기관, 노인맞춤돌봄서비스 수행기관, 지역통합돌봄서비스 제공기관 등 서비스 제공기관을 파악해야 한다. 재가서비스를 제공하는 장기요양기관은 국민건강보험공단 장기요양 홈페이지를 통해서 확인할 수 있다. 국민건강보험공단 홈페이지에서 공개하는 장기요양기관 평가결과도 참고하면 도움이 된다. 노인맞춤돌봄서비스와 지역통합돌봄서비스는 행정복지센터와 구청을 통해서 정보를 확인하거나 상담을 통해서 이용할 수 있다.

(4) 재가서비스 제공기관 상담 및 방문하기

재가서비스 제공기관을 최종적으로 확정하기 전에 전화상담이나 방문상담을 해야 한다. 이를 통해서 재가서비스 목적, 서비스 내용, 서비스 이용 효과, 서비스 이용의 불편함, 대안 등에 대해 설명을 들어야 한다. 재가서비스 유형과 서비스 제공기관을 결정하는 과정에서 노인이 반드시 참여해야 한다. 노인이 스스로 결정할 수 있도록 지원적 환경에서 정보를 자세하게 전달해야 한다. 의사결정능력이 부족한 경우에도 최대한 노인 중심으로 사고해서 최선의 선택이 될 수 있어야 한다. 의사결정이 노인의 권리와 자유를 최소한 제안하는 것을 추천한다.

만약 재가서비스 및 기관을 선택해 이용했지만, 기대한 서비스 내용이나 질이 다른 경우는 다른 기관을 선택해서 비교해 볼 필요가 있다.

2) 요양시설 선택하기

좋은 요양시설을 선택하는 방법에 대해서는 온라인 brunchstory 저널에 2021년 6월 20일 '소아'라는 필명으로 작성된 '종사자가 말하는 좋은 요양원 선택법'[2]을 추천한다. 내용을 토대로 저자의 생각을 더해서 작성했으므로 각주 링크를 통해 원문을 읽어 볼 필요가 있다.

(1) 자주 찾아갈 수 있는 시설

시설과 환경이 좋은 곳보다는 지리적으로 가까운 곳에 있는 요양시설을 추천한다. 가장 좋은 시설은 가족이나 친구가 자주 찾아볼 수 있는 위치가 좋다. 노인이 가장 행복해하는 순간도 가족이나 친구가 방문할 때이다. 자신이 친숙하게 지냈던 지역의 시설에서 생활하게 되면 정서적으로 안정감을 받는다. 특히 자신이 좋아하는 음식을 주문해서 먹을 수 있고 직접 방문할 수도 있다. 외부의 교류가 자주 있어야만 시설에서 고립되지 않고 사회적 관계를 유지할 수 있다.

(2) 객관적 정보 확인

시설에 대한 객관적 정보를 확인하여 지역사회 평판과 건강보험공단 평가에서 서비스 질이 검증된 곳을 추천한다. 시설에 대한 정보는 요양검색포털(carefind.co.kr/), 또하나의가족

---

2) 출처: https://brunch.co.kr/@happydaycare/21, '종사자가 말하는 좋은 요양원 선택법' 수정.

(ddoga.co.kr), 실버넷(silverneet.com) 등 시설정보를 제공하는 민간사이트와 국민건강보험 노인장기요양보험(longtermcare.or.kr) 사이트를 활용할 수 있다. 지자체별로도 요양시설에 대한 정보를 제공한다. 특히 국민건강보험공단에서는 요양시설을 3년 주기로 평가하여 A, B, C, D, E로 등급을 부여한다. 가급적 A, B시설을 활용하는 것이 안전하다. 또한 시설의 운영 주체(공공, 비영리, 영리 등), 인력 배치 기준, 지역사회 점검 결과 등에 대한 정보도 찾아봐야 한다.

(3) 사람보다 시스템

요양시설은 24시간 돌봄을 제공한다. 노인의 노쇠, 질병, 인지기능 저하 등으로 일상생활을 지원하기 위해서는 돌봄인력의 업무 부담이 매우 크다. 좋은 사람이고 선한 의지를 가지고 있더라도 업무 강도가 너무 높거나 인력 배치 기준이 낮을 때는 좋은 돌봄을 제공하기 어렵다. 시설에는 요양보호사, 사회복지사, 간호사(간호조무사), 물리치료사, 작업치료사, 조리사, 시설관리자 등 다양한 직종이 함께 일한다. 따라서 시스템이 잘 갖춰진 시설이 근무 교대가 안정적이고 직원 역량 강화 교육과 지원을 통해서 노인에게 좋은 서비스를 제공할 수 있다. 업무 과다로 발생할 수 있는 안전사고나 학대도 발생할 확률이 낮다.

(4) 새로운 시도와 이벤트

요양시설의 삶은 매우 지루하다. 노인요양시설 실천 현장에서 노인에게 가장 큰 고통이 외로움, 무기력, 무료함이라고 흔히들 말한다. 같은 시간에 일어나서, 같은 시간에 같은 반찬과 국을 먹고, 같은 TV 프로그램을 보거나, 같은 집단활동을 하거나, 같은 시간에 저녁을 먹고, 같은 옷을 입고, 같은 시간에 잠을 잔다. 인간으로서 개별성과 집단생활을 통한 사생활을 보장받지 못하는 경우가 많다. 거주하는 노인에게 새로운 자극을 줄 수 있는 시도나 노력이 있는지 확인해야 한다. 1 대 1로 개별화된 서비스를 제공하고 있는지, 시설 내부가 아니라 외부에서 강사가 와서 프로그램을 제공하는지, 지역사회 주민은 시설을 방문할 수 있는지, 거주 노인은 종교활동이나 문화여가활동을 위해서 외부에 나갈 수 있는지 등을 살펴봐야 한다. 그리고 시설 내에서도 노인이 개별적으로 시간을 보내거나 흥미 있는 것을 할 수 있게 하는지도 중요하다.

(5) 노인 시설입소 의사결정과정 참여

요양원 입소는 이사와 같다. 한 번 이사 가면 다시 집을 구해서 이사 가는 것이 쉽지 않다. 이에 시간을 두고 신중하게 선택해야 한다. 요양시설을 선정하는 의사결정과정에 당사자 노인을 반드시 참여시켜야 한다. 본인이 결정하였을 때 시설에 적응하기도 쉽고 가족에게 버림받았다는 좌절감이나 상처도 줄어든다. 시설의 장점, 단점, 같이 생활하는 노인, 식단, 시설에서 하루, 종교 및 외부활동 지원, 서비스 질 개선 노력 등 시설에 대한 정보를 충분히 제공해야 한다. 의사결정능력이 부족한 노인에게도 최대한 설명을 해야 한다.

3) 요양원과 요양병원 차이

흔히들 요양원과 요양병원을 혼돈하는 경우가 많다. 요양원과 요양병원은 운영 목적과 서비스 내용에 있어서 차이가 있다. 이에 저자가 『월간요양』 저널을 통해서 작성한 '요양원 과 요양병원 바로 알기' 기고문 일부를 다음과 같이 제시하였다(이민홍, 2023b).

(1) 요양원 입소, 요양병원 입원은 단순한 이사가 아니다

혼자서 식사도 하기 어렵고 씻지도 못해 일상생활을 하기 어려우면 본인이나 부모님의 상황에 따라 요양원이나 요양병원을 선택해야 한다. 필자가 논문을 통해서 발표했듯이 '노인에게 요양원이나 요양병원은 자신의 일상생활을 스스로 돌볼 수 있는 능력이 없어서 집에서 혼자 또는 가족과 생활하기 어려움을 인정하는 것, 일부는 자식이나 배우자에게 버림받았다고 생각할 수 있다는 것, 이전부터 집에서 누렸던 일생에 걸친 추억을 유지할 수 없다는 것, 익숙한 자신의 공간에서 새로운 공간으로 이동해야 하는 것, 사회적 관계에도 변화가 온다는 것, 물리적 환경은 물론이고 식사·목욕·의복·돌봄·활동 등에도 개별적이기보다는 집단적 특성이 강해진다는 것, 자신이 죽기를 희망했던 장소로부터 멀어지는 것 등'의 변화가 발생할 수 있다.

(2) 요양원과 요양병원 차이를 알아야 노인(본인, 배우자, 부모)을 위한 좋은 선택이 가능하다

심지어 우리가 이사 갈 때도 주거환경이 좋은지 매우 까다롭게 살펴본다. 어디로 이사 갈까를 결정할 때 가장 중요한 기준은 이사 가는 당사자 중심에서 원하는 주거환경과 일치하는 정도이다. 마찬가지이다. 요양원에서 생활할 것인지 아니면 요양병원에 입원할 것인지 결정할 때도 누가 왜 필요한지가 핵심이다. 단순하게 요양원이 더 좋다, 요양병원이 더 좋다고 이야기하는 것이 아니다. 현재 집에서 살기 어려운 당사자의 상황이나 성향을 토대로 어디로 가는 것이 더 적절한 선택인지를 고민해야 한다.

그렇다면 요양원과 요양병원은 무엇이 다른지 차이점을 분명하게 알아야 한다. 사람은 누구나 자신과 관련해서 자유롭게 결정할 수 있는 자기결정권이 있다. 자기결정권을 보장받기 위해서는 기본적으로 충분한 정보제공을 전제로 한다. 물건을 살 때 물건에 대한 정보를 알아야 구매할지를 결정할 수 있다. 요양원과 요양병원 차이에 대한 정보를 충분히 파악한 후에 자신의 상황을 고려해서 의사결정을 해야 한다.

(3) 요양원은 돌봄서비스를 통해서 자율성과 인간다운 삶을 지원, 요양병원은 의료서비스를 통해서 질병 치료와 재활을 목적으로 한다

내가 또는 내 배우자, 부모님이 왜 요양원이나 요양병원에 가야 하는지에 따라 결정하면 된다. 당사자가 혼자서 식사, 옷 갈아입기, 이동하기, 화장실 이용하기, 목욕하기 등 일상생활을 하기 어려운 상태여서 전문돌봄가 지원이 필요한 상황이면 요양원이 좋은 선택지이다. 반면, 뇌졸중, 치매, 파킨슨병 등 노인성 질환이나 수술 및 상해 후 회복을 위해 의료서비스와 함께 장기요양이 필요한 상황이라면 요양병원이 좋은 선택지이다. 노인성 질환이나 질병을 치료할 수 없는 경우에는 요양병원보다는 요양원이 더 적합할 수 있다. 요양원과 요양병원의 제도적 차이점에 대해 이해하면 도움이 된다.

요양원은 「노인복지법」과 「노인장기요양보험법」이 법적 근거로 하는 노인의료복지시설에 해당한다. 요양원에 입소하기 위해서는 국민건강보험공단 장기요양등급 판정을 통해 시설급여를 받아야 가능하다. 의사는 비상주이며 돌봄 전문가로 요양보호사가 노인 2.3명당 1명이 배치되어 있다. 요양보호사는 국가 요양보호사 자격을 취득해야 한다. 또한 사회복지사, 간호사(간호조무사), 물리치료사(작업치료사) 등 보건복지 전문인력이 함께 근무하고 있다. 급여비용은 장기요양보험료로 80%를 지원하며, 본인은 20%를 부담해야 한다. 단, 식비, 이·미용, 외출비용 등은 본인이 지급한다. 국민건강보험 본인부담상한제를 적용받지 않는다. 관련 정보는 국민건강보험공단 노인장기요양보험 홈페이지에서 찾아볼 수 있다.

요양병원은 「의료법」을 법적 근거로 하는 노인의료기관이다. 요양병원은 누구나 입원할 수 있다. 의사 또는 한의사가 상주하며, 건강보험료 80%, 본인 부담 20%로 입원비를 내야 한다. 간병비는 100% 자부담해야 한다. 개인간병인 또는 공동간병인을 고용하는지에 따라 비용이 달라진다. 간병인에 대한 자격 기준은 없다. 간호사, 임상병리, 물리치료사, 작업치료사, 사회복지사 등의 보건복지 인력들이 함께 근무한다. 식비는 50% 본인 부담이다. 의

표 14-6 │ 요양원과 요양병원 비교

구분	요양원(생활시설)	요양병원(의료시설)
법적근거	• 「노인복지법」, 「노인장기요양보험법」	• 「의료법」, 「국민건강보험법」
재원	• 노인장기요양보험	• 건강보험
목적	• 요양 및 케어 등 일상생활 지원	• 치료 등 의료서비스 제공
대상	• 장기요양 등급(시설급여)을 받은 자	• 필요에 따라 누구나
인력기준	• 요양보호사, 사회복지사, 간호(조무)사, 물리치료사 등 • 의사: 비상주, 촉탁의(월 2회 방문) • 요양보호사: 입소자 2.3명당 1인 • 간호사: 입소자 25명당 1인	• 의료인(의사, 간호사, 약사 등) 의사 • 환자 40명당 1인으로 상주 • 간호사: 환자 6명당 1인
돌봄인력	• 요양보호사(국가자격증 취득자)	• 간병인(자격 기준 없음) • 간병비 100% 자부담
급여비용	• 장기요양보험료 80%, 본인부담금 20%	• 건강보험료 80%, 본인부담금 20%

료비 본인부담상한제가 적용되어서 소득 분위별로 초과 부담한 의료비를 돌려받는다. 관련 정보는 건강보험심사평가원 홈페이지를 통해 확인할 수 있다.

(4) 치료가 목적이 아닌 경우 삶을 위해 어떤 요양원을 선택해야 하는가

질병 치료와 재활 목적이 아니라 자신이 살아왔던 방식을 최대한 유지하기 위해서 요양원에 입소해야 한다면 어떤 요양원을 선택해야 할지 고민이 될 것이다. 어떤 요양원을 선택해야 하는지에 대한 기준은 요양원에 입소하는 노인을 위해 어떠한 서비스를 제공해야 하는지와 연결된다.

미국의 사례이지만 1990년대 초 빌 토마스라는 하버드 의대 의사가 요양시설 노인에게 자신의 의학지식이 도움이 되지 않음을 인정하였다. 오히려 노인의 무료함, 외로움, 무력감이 요양시설 노인에게 가장 위험한 질병이라고 하였다. 이에 대응하는 방법으로 노인은 채소밭이나 꽃밭 정원을 만들 수 있고, 직원 자녀들은 하교 후 요양원에서 방과후 프로그램을 이용할 수 있게 했다. 지역주민이나 가족에게도 시설을 개방했다. 이를 통해 사망률이 감소하였고 노인의 삶의 질 및 지역사회 내 평판이 향상되어서 미국 전역은 물론 유럽, 호주, 뉴질랜드 등에도 확산하고 있다.

여기서 가장 중요한 방향성은 거주자중심돌봄과 가정과 같은 환경을 제공하기 위해 요양원이 노력하는 것이다. 특히 좋은 요양원은 노인이 선택할 수 있는 것이 많아야 한다. 돌봄의 목적은 사실 돌봄받는 사람의 자율성을 높이기 위해서이다. 자율성이 없으면 인간으로 존엄성을 상실하게 된다. 노인이 식사 시간, 식사 메뉴와 양, 목욕 방법, 취침 시간, 일상생활 활동 등 자신과 관련해서 최대한 선택할 수 있도록 지원해야 한다. 또한 자신이 살았던 방식으로 방을 꾸미기, 식물 키우기, 외출하기 등 집과 같은 환경을 조성해 가야 한다.

결론: 돌봄정의를 위하여

이 책의 마무리는 우리 사회에서 돌봄정의를 실현할 수 있는 방법에 대해 다루고자 한다. 정의로운 돌봄 사회화를 위해서 돌봄윤리 관점에서 돌봄부정의가 무엇인지 먼저 살펴보았다. 돌봄정의 개념은 Nancy Fraser가 정치철학적으로 제시한 삼차원 정의론인 문화적 인정, 사회경제적 재분배, 정치적 대표성으로 설명하였다. 인문사회학에서 가장 자주 활용되는 Rawls의 정의론을 적용해서 돌봄정의를 설명하기에 한계가 있기 때문이다. 끝으로 과연 어떻게 한국 사회에서 돌봄정의가 구현할 수 있는지에 대해 한국의 돌봄정의를 연구한 학자들의 글을 통해서 방법을 찾아보았다. 돌봄이 사회구성원들에게 공정하게 분담되는 정의로운 사회가 되길 희망한다.

1. 돌봄정의

1) 돌봄정의 대두 배경

전통적 사회위험은 질병, 실업, 장애, 노령, 재해의 발생으로 가구소득이 중단되어 발생하는 빈곤에 대처하는 것이다. 이와 달리 돌봄은 저출산과 초고령화, 가구 소규모화, 가족 기능 변화, 여성 경제활동 참여 증가 등 후기산업사회에서 발생한 신사회적 위험이다. 사실 돌봄이 과거에 없던 문제이거나 현상은 아니다. 인간은 태어나서 바로 혼자서 먹을 것을 구하거나 소득이 발생되는 일을 할 수 없다. 고령에 노쇠하여 움직이기 어려울 때 스스로 일상생활을 하거나 장례를 치르고 무덤으로 들어갈 수도 없다(마경희, 2010). 다시 말해 인간이 생존할 수 있었던 것은 타인에 대한 의존이 있었기 때문이고 이를 포괄해서 돌봄이라 할 수 있다.

돌봄이 전통적 사회위험이 되지 않았던 것은 사회적으로 보이지 않는 가정 내에서 담당했기 때문이다. 가정 내에서 이루어지는 돌봄을 비공식적 돌봄이라고 한다. 돌봄이 보이지 않는 비가시적 영역에서 사회적으로 보이는 가시적 영역으로 이동하게 되는 계기가 돌봄 제도화이다(석재은, 2018). 후기산업사회에서는 구조적으로 노인돌봄을 더 이상 가족이 담당하지 못하게 되면서 돌봄을 사회적 연대로 대응하기 위한 논의가 시작되었다. 사회적 연대로 돌봄을 제공하기 위해서 조세와 사회보험방식으로 운영되는 돌봄이 등장했으며 이를 공식적 돌봄이라고 한다.

노인돌봄의 제도화로 가정에서 충족할 수 없는 노인의 돌봄욕구에 대응할 수 있는 서비스를 제공한다는 지점에서 돌봄이 발전했다고 할 수 있다. 하지만 제도화된 돌봄은 돌봄받는 노인에게 돌봄 공백과 돌봄욕구 미충족 문제를 나타냈다. 또한 돌봄을 제공하는 인력은 저임금, 열악한 업무환경, 높은 업무 강도, 낮은 사회적 평판 등으로 돌봄 노동에 대한 사회적 가치가 낮다.

돌봄 제도화로 가시적 영역으로 이동했지만 돌봄 이용자와 돌봄 제공자에서 발생하는 이러한 문제의 근원이 돌봄을 둘러싸고 있는 우리 사회의 구조적 부정의에 있다고 본다(송다영, 2022). 돌봄정의(caring justice)는 돌봄의 부정의가 무엇인지 밝힘으로써 이를 개선하고자 하는 노력에서 출발하였다. 돌봄부정의(injustice)는 돌봄윤리(care ethics)가 부재한 사회에서 돌봄을 제공하거나 받는 사람에게 노출되는 불평등을 의미한다(Tronto, 2013).

2) 돌봄윤리와 돌봄부정의

돌봄윤리 의미는 노인돌봄과 관련해서 발생하는 이슈나 문제를 바람직하게 해결하는 수단에 관한 도덕이론이다. 인간 생활에서 관계와 의존은 가장 기본적 요소로 도덕적으로 중요하다. 인간은 태생적으로 취약하다. 타인의 돌봄 없이 생존하기란 불가능하므로 관계와 상호의존을 해야 하는 실존적 존재이다. 돌봄윤리는 사회적 관계망에서 돌봄 제공자와 돌봄 수혜자의 웰빙을 맥락적으로 이해하고 증진함으로써 관계를 유지하는 것을 추구한다.

돌봄은 이론이기보다 실천이자 도덕으로 정의하며, 자신과 타인의 삶을 유지하고 욕구를 충족하는 것을 포괄한다. 돌봄윤리는 1980년대 심리학자 Carol Gilligan과 철학자 Nel Noddings의 연구를 통해서 시작했다. 이들은 돌봄에 대한 접근이 남성중심적으로 편파적 양상을 보였다고 비판했다. 이에 돌봄을 자유주의적 인권 이론을 토대로 정의 관점(justice perspective)에서 이해해야 한다고 주장했다(Sander-Staudt, 2019).

돌봄윤리는 기존의 공리주의, 칸트주의, 자유주의 도덕이론과 특성이 다르다. 첫째, 모든 인간은 취약하고 의존적으로 필요한 욕구를 충족하지 못하므로 욕구를 충족하기 위한 돌봄은 도덕적 의무에 해당한다. 둘째, 이성과 합리성보다는 공감, 배려, 민감과 같은 감정에 기초하고 있다. 셋째, 추상적 논의나 보편적 원칙을 적용하기보다는 개별적이고 특수화된 관계나 맥락에 초점을 둔다. 넷째, 주류 도덕이론이 가족이나 친구와 같은 사적 관계에서 발생하는 불평등을 경시한다고 비판한다. 다섯째, 인간은 관계를 맺고 서로 의존적일 수밖에 없는 존재로 본다. 즉, 기존 이론이 인간의 자율성, 합리성, 독립성, 자기이해 등에 주목하는 것과 달리 인간 사이에 상호의존적 관계나 사회적 유대로 개인 정체성이 형성한다고 본다(Held, 2006).

이와 같이 돌봄윤리는 모든 인간이 자율적이고 독립적인 개인으로 성장하기 위해서 돌봄 관계가 선행되어야 한다고 본다. 하지만 자유주의 도덕이론에서는 이러한 필수 사항을 간과하고 있음을 비판한다. 노년기도 같은 맥락에서 건강 상태가 나빠져 타인의 돌봄을 받는 의존이 자연스러우며 사회는 당연히 돌봄을 제공해야만 한다. 계속해서 독립성만을 강조하는 것은 돌봄윤리에 적합하지 않다(Nussbaum, 2002). 노인을 비의존적이 아니라 관계적 존재로 보며, 돌봄, 신뢰, 욕구에 대한 대응성, 개별적 삶, 돌봄 관계 형성 등을 강조한다.

'돌봄부정의'는 사회구조 속에서 돌봄 가치나 윤리가 배제되어서 돌봄 제공자와 돌봄 수혜자가 경험하는 불평등으로 다면적이고 체계화되어 있다(Engster, 2007; 김희강, 2022). 인간은 합리성과 독립성을 가지고 있다고 전제한다. 돌봄노동을 바라보는 시장제도와 이를 통해 돌봄노동을 활용하는 복지제도에서 돌봄 가치와 돌봄을 주고받는 관계는 중요한 고려 사항이 안 된다. 심지어 돌봄을 사회적으로 부담을 주는 문제로 바라보기도 한다. 모든 인간은 다른 사람의 돌봄을 통해서 존재할 수 있으므로 사회적으로 주변화하거나 배제하기보다는 사회 및 정치적으로 중요한 공동체 가치라 할 수 있다(Tronto, 2020).

현재까지 돌봄은 제대로 인정이나 평가를 받지 못하고 민주적 과정을 통해 제공되어야 한다는 논의도 이뤄지지 않고 있다. 돌봄은 사회적으로 담당해야 하는 책임이며, 각 사회구성원이 그 책임을 균등하게 나눠야 한다(김희강, 2022). 노인돌봄은 가정 내에서 여성의 희생이나 책임이라는 사적 업무로 인식하고 있다. 시장이나 복지제도를 통해서 제공하는 공적 돌봄도 가정 내 돌봄의 연장선에서 돌봄 제공자의 희생, 저임금, 낮은 사회적 평판 등을 통해 드러나는 평가절하로 이어진다(석재은, 2018). 돌봄을 받는 노인도 독립성을 가지지 못하는 의존적인 대상으로 차별, 배제, 낙인, 동정, 혐오, 부담의 존재로 취급되기 쉽다.

돌봄부정의가 돌봄 제공자와 돌봄 수혜자에게 동일한 특성이나 경험을 통해서 나타나는 것은 아니다. 돌봄 제공자와 수혜자가 특정한 형태의 정체성을 가지고 있다고 보기 어렵다. 하지만 사회제도와 규범 속에서 돌봄을 제공하는 사람과 받는 사람은 유사한 사회적 지위를 갖게 된다. 돌봄을 제공하거나 받지 않는 사람들과 비교해서 합리성, 독립성, 생산성이 낮다고 평가되는 불평등을 경험한다. 이러한 이유로 빈곤문제를 다루는 옥스팜(국제 NGO)이나 UN(국제연합) 또는 ILO(세계노동기구)와 같은 국제기구에서 여성, 아동, 노인의 빈곤 원인을 돌봄과 연결해서 구조적 불평등을 지적하고 이를 교정하는 정책개발에 집중하고 있다(김희강, 2022).

돌봄은 인간이 생존하기 위한 필수적이고 중심적 기능이다. 하지만 돌봄에 대한 이해는 주변화되고 분절적이다. 돌봄욕구에 대응하기 위해 사회적 자원을 배분하는 것을 수용하지만 여전히 남성중심적 시민권 관점에 있다. 여성이 편향해서 돌봄노동을 하게 되고 가정 내 돌봄처럼 돌봄 가치는 낮게 인식된다. 이는 돌봄이 주변화되어서 권력과 특권을 가진 사람이 기존의 사회구조 속에서 정당한 가치를 지불하지 않으면서 돌봄을 누리게 된다(Tronto, 2013; 석재은, 2018). 결과적으로 관점 전환을 통해서 돌봄부정의를 줄여 나가거나 해소하는 것이 필요하다(송다영, 2022).

3) 돌봄정의 이론

Rawls의 『정의론(A Theory of Justice)』 첫 문장은 '사상체계의 제일 덕목을 진리라고 한다면 정의는 사회제도의 제일 덕목이다.'로 시작한다. 정의를 사회제도에서 가장 먼저 배치시키고 그다음에 자유, 평등, 효율, 평등 간 균형을 탐색했다(Rawls, 1971). 1990년대에 이르기까지 정의, 자유, 평등, 교육, 복지 등에 관련한 논의는 사실상 Rawls의 정의론에 대한 적용, 비판, 옹호, 재해석이라고 할 수 있을 만큼 활용되었다. Rawls의 정의론은 공리주의에 기초한 권리이론에 대한 반격이라고 할 수 있다. 전체 사회복지를 명목으로 소수 자유를 뺏을 수 있다는 공리주의에 비판한다. 정의는 다수가 누릴 수 있는 행복을 위해서 소수가 희생을 강요하지 못한다고 주장하였다(오창진 외, 2011).

사회제도는 권리와 의무를 분배하기 위해서 정의의 관점에서 설계되어야 한다. 사회구성원 모두가 동일한 정의의 원칙을 수용하고 인정하여 사회의 기본제도가 이러한 원칙을 충족하고 있어야 한다. Rawls는 Locke, Rousseau, Kant의 사회계약론을 계승했다. 사회계약론은 정부와 국가를 세우는 데 직접적인 계약을 맺었다고 본다. 단, 사회계약이 이뤄지는 합의의 대상이 제도에 대한 합의 이전에 사회구성원 모두가 동의해야 하는 기본 조건이어야 한다고 보았다(Rawls, 1971). 쉽게 말한다면 사회의 기본구조에 적용하기 위한 정의의 원칙들을 처음에 합의하는 것이다. 이때 개인은 자신의 이익을 증대하려는 합리적이고 자유롭게 평등한 최초 입장에서 기본조건에 계약을 맺게 된다.

Rawls의 정의를 토대로 맺어진 사회계약론은 법, 사회과학, 국가「헌법」설계에도 가장 크게 영향을 미쳤다. 하지만 과연 사회계약론에 기초한 Rawls의 사회정의를 돌봄에도 동일하게 적용하는 것이 정의로운지에 대한 의문이 제기되었다(WHO, 2002). 돌봄영역에서 윤리적 쟁점은 사회가 혜택과 부담/의무를 분배하는 방식이 사회정의에 입각하는지를 의미한다. 예를 들어, 사회정의 관점에서 논란이 되는 윤리적 쟁점은 한정된 자원을 어떠한 방식으로 분배하는 것이 합리적인지에 관한 문제, 돌봄이 과도하게 여성에 편중해서 제공되는 책임으로 할당된 문제, 장애인이 배제될 수 있는 문제, 생산성이 있어야 자원이 배분되는 관행 등이 대표적이다(석재은, 2018).

Rawls의 사회정의는 인간의 합리적, 이성적, 자율적 인간관을 기본가정으로 한다. 하지만 현실에서 인간은 정치적 및 경제적 자원이 부족하거나 불균형해서 자율적이고 합리적 결정을 하기 어렵다(김기덕, 2005). 실제로 인간은 사고하고 협상할 수 있는 충분한 역량도 있다. 동시에 약해지고, 병들고, 장애인이 될 수 있어서 타인의 돌봄 없이는 생존할 수 없는 존재이다.

결과적으로 다른 사람에게 의존할 수밖에 없어서 평등한 관계를 맺기 어렵거나 역량이 부족하게 된다. 다른 사람과 협상의 대상자가 되지 못하는 경우는 소외될 수밖에 없다. 이러한 사람들을 누가 대변해야 하며, 상황에 따라서는 국가가 돌봄을 보장하기 위한 자원을 어떻게 마련할 수 있는지 문제점이 노출된다(Nussbaum, 2002). 사회를 상호 이익을 위해 협력하는 합리적 개인들의 집단으로 이상화하는 사회계약 이론은 한계를 내재하고 있다.

Nussbaum(2002)은 우리가 대안을 찾거나 최소한 삶의 어느 시점에서 우리의 연약함과 의존 가능성을 인식하도록 사회계약을 조정할 방법을 찾을 필요가 있다고 주장했다. 또한 사회계약이 참여자들에게 할당하는 필수적이고 핵심적 재화의 최우선 순위에 돌봄이 있어야 한다고 보았다. 모든 인간은 예외 없이 취약하다. 따라서 사회는 각 사람마다 필요한 돌봄을 받을 수 있는 환경을 조성하는 것이 필요하다.

인간은 서로 의존하지 않고는 생존할 수 없다. 함께 살아가고, 함께 일하고, 서로 돌봄을 제공할 수 있는 기본적 사회 및 정치 제도를 만드는 것이 중요하다. 특히 사회 및 정치 제도에서 돌봄을 어떻게 제공하는지가 사회정의 문제로 연결된다(Kittay, 2015). 구체적으로 누가 돌봄에 대한 책임을 지는지, 누가 돌봄을 직접 제공할 것인지, 누가 돌봄 제공자와 돌봄 수혜자 관계를 지원할 것인지가 중요한 사회적 및 정치적 문제로 사회적 책임과 정치적 의지를 가져야 한다. 예를 들어, 여성이 돌봄을 주로 제공하고 남성은 돌봄책임을 공유하지 않는다면 모든 사람에게 돌봄정의가 적용되지 않는다(Kittay, 2015; 석재은, 2018). 따라서 모든 사람은 의존을 기본 전제로 하므로 사회구성원은 돌봄권리와 책임을 공유하는 것이 돌봄정의이다.

4) 돌봄정의 구성

돌봄정의의 개념은 주로 Nancy Fraser(2008)가 정치철학적으로 제시한 삼차원적 정의론을 적용하여 일반적으로 설명한다(Lynch et al., 2021). Fraser(2008)는 사회집단이 문화적(상징적), 사회경제적, 정치적 불의를 경험한다고 하였다. 이에 문화적 불의는 인정(recognition), 사회경제적 불의는 재분배(redistribution), 정치적 불의는 대표(representation)를 정의의 구성요소로 제시하였다. 국내에서는 석재은(2018)이 한국의 공식적 돌봄제도 노인장기요양보험의 돌봄정의를 설명하기 위한 틀로 처음 활용했다. 강민희(2023)는 비공식 돌

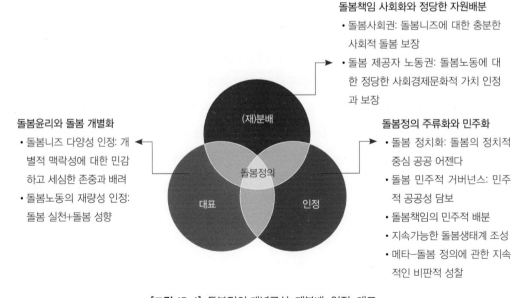

[그림 15-1] 돌봄정의 개념구성: 재분배-인정-대표

출처: 석재은(2018), p. 71 수정.

봄으로 어머니의 발달장애자녀 돌봄을 Fraser(2008)의 돌봄정의적 관점으로 분석하였다.

구체적으로 Fraser(2008)의 삼차원적 정의기준(분배, 인정, 대표)을 활용해서 돌봄정의를 설명하고자 한다.

첫째, 사회경제적 차원에서 공정하고 정의로운 재분배는 재화나 제도에 대한 제약이 없거나 접근가능한 것부터 실질적인 기회를 개인에게 부여하는 것까지 다양하다(Knijn et al., 2020). 돌봄 사회화와 돌봄 행위에 대한 정당한 사회적 자원할당과 연결된다. 돌봄 사회화는 돌봄에 대한 사회적 책임을 어느 범위까지 포괄하고, 어느 수준까지 인정하는지를 의미한다. 돌봄이 필요한 사람의 욕구가 사회적으로 인정되고 보장되는 것이다. 돌봄 행위에 대한 정당한 사회적 자원할당은 돌봄 제공자의 돌봄노동에 대한 사회적 보상이 충분하고 정당한 정도로 이해한다(석재은, 2018). 돌봄을 받는 노인에게는 사회권으로, 그리고 돌봄을 제공하는 사람에게는 노동권으로 재분배가 정당한지를 본다.

둘째, 문화적 차원에서 정의로 인정은 개인이 존중과 존경을 받으며, 사회적 기여나 역할에 대해 적절한 사회적 평가를 받는 것이다. 모든 인간이 동등한 존엄성, 독특한 문화나 생활방식에 대한 차이, 필요한 사항에 대한 개별성 등을 인정해야 한다(Knijn et al., 2020). 돌봄에서는 사람이 의존성을 갖는 것은 정상적이고 보편적이라고 전제한다. 각 개인마다 다른 건강 상태와 삶의 맥락이 존재하므로 이에 따른 욕구 차이를 인정하는 것이다. 돌봄을 제공하는 사람에게는 돌봄 제공의 재량권으로 돌봄 기술, 돌봄 성향, 판단력 등을 인정한다(석재은, 2018). 돌봄 수혜자의 돌봄욕구 개별성과 돌봄 제공자의 돌봄 제공 재량을 얼마나 정당하게 인정하고 있는지를 의미한다.

셋째, 정치적 차원에서의 정의로 대표는 정치권 내에서 특정 목소리가 부당하게 배제되거나 발언권이 없는 구조가 아니라 동등한 참여를 제도화한 것이다(정훈, 2017). 인정과 재분배는 대표와 밀접하게 연결되어 있다. 대표는 인정과 재분배에서 발생한 불공정을 해결하기 위한 방법으로 피해를 받은 집단이 사회적 및 정치적 영향력을 행사할 수 있다(강민희, 2023). 돌봄 정치화와 돌봄 정치 거버넌스에서 돌봄 제공자와 돌봄 수혜자가 돌봄 당사자로 배제되지 않고 참여하는 것을 의미한다. 돌봄책임을 민주적으로 분담하기 위해서 돌봄의 사회적 책임과 자원배분을 공공 어젠다로 설정하고 논의하는 과정을 거쳐야 한다. 이 과정에서 돌봄 제공자와 돌봄 수혜자의 목소리가 소외되지 않고 돌봄 정책 결정에 반영되어야 한다(석재은, 2018). 돌봄 정치에도 민주주의가 작동하는지가 중요하다. 〈표 15-1〉은 석재은(2018)이 Fraser(2008)의 삼차원적 정의론을 활용해서 한국의 노인장기요양정책을 평가한 결과를 요약·정리한 것이다.

표 15-1 돌봄 3차원 정의와 돌봄 정책: 돌봄 수혜자와 돌봄 제공자 포괄적 적용

구분	(재)분배	인정	대표
구분	돌봄책임 사회화 정당한 자원배분	돌봄윤리 돌봄 개별화	돌봄 정치 주류화와 민주화
돌봄 수혜자	돌봄사회권	돌봄욕구 개별성 인정	돌봄욕구 정치 어젠다화 돌봄 수혜자 거버넌스 참여
돌봄 수혜자	• 돌봄욕구 사회화: 돌봄욕구 사회적 인정 • 돌봄욕구의 정당한 사회적 자원배분: 돌봄대상 포괄성, 돌봄(급여) 제공 적절성, 돌봄비용 사회화	• 돌봄욕구 고유 맥락성 인정: 세심한 배려 • 돌봄욕구 개별화 맞춤 대응: 반응성	• 돌봄 중심적인 공공 어젠다화 • 의사결정거버넌스 참여 • 돌봄욕구 사회적 프레이밍
돌봄 제공자	돌봄 노동권	돌봄 제공 재량 인정	돌봄제공 정치 어젠다화 돌봄 제공자 거버넌스 참여
돌봄 제공자	• 돌봄노동 사회적 인정: 돌봄노동 가시화, 공식화와 사회적 인정 • 돌봄노동의 정당한 사회적 자원배분: 돌봄노동의 정당한 경제적 가치 인정과 노동권 보장, 돌봄노동 정당한 사회문화적 가치 인정	• 돌봄노동 전문성 인정: 돌봄 기술 능숙성 + 돌봄 성향 세심한 배려 • 돌봄노동 재량성 인정: 종합 판단력, 재량적 돌봄	• 돌봄 제공 중심적인 공공 어젠다화 • 돌봄책임 민주적인 배분(돌봄 민주주의): 성별, 계층별, 인종별 편향 없는 사회적 돌봄책임 민주적 배분 • 의사결정거버넌스 참여 • 돌봄 제공자 사회적 프레이밍

출처: 석재은(2018), p. 74 수정.

2. 한국의 정의로운 돌봄 사회화를 위한 제언

돌봄정의를 토대로 한국 노인돌봄 사회화의 바람직한 가치와 방향성에 대해 논의하고자 한다. 한국은 사례를 세계적으로 찾아볼 수 없을 만큼 빠르게 고령화가 진행되고 있다. 노인인구의 증가와 함께 사회적 돌봄은 양적으로 팽창하고 있다. 하지만 돌봄윤리와 정의 관점에서 개선되어야 할 과제가 많다. 한국에서 바람직한 미래 돌봄사회를 만들기 위해 과제를 제시한 대표적 학자로는 석재은(2018), 최희경(2018), 송다영(2022), 김희강(2022) 등이 있다. 공통적으로 모두 여성이고, 돌봄윤리와 돌봄정의 관점에서 접근하였다. 먼저, 이들이 주장하는 정의로운 돌봄 사회화를 위한 방향성을 살펴본 후에 종합하고자 한다.

1) 한국 노인돌봄 주류화와 돌봄민주화: 석재은

한림대학교 사회복지학과에 재직하고 있는 석재은 교수의 주요 연구 분야는 소득보장(연금, 기본소득), 돌봄정책과 장기요양, 젠더와 복지, 복지정책 등이다. 노인돌봄 관련해서 돌봄정의, 좋은 돌봄, 장기요양서비스 공공성, 장기요양서비스 질, 돌봄인력, 돌봄 사회화, 돌봄 제도화 등의 학술연구, 정책과제, 중앙정부 및 지자체 위원회 활동 등을 통해서 한국 돌봄정책 및 서비스의 개선과 바람직한 방향성에 큰 영향을 주었다. 특히 2018년 한국사회정책 학술지에 발표한 「돌봄정의(Caring Justice) 개념구성과 한국 장기요양 정책 평가」 논문을 통해서 돌봄정의 개념과 한국 노인장기요양 정책의 돌봄정의 실현을 위한 방안을 제시하였다.

석재은 교수는 Nancy Fraser(2008)의 돌봄정의 개념구성 틀을 토대로 한국의 장기요양 정책을 평가하여 돌봄정의를 위한 방향성을 도출하였다. "돌봄 정치화로 돌봄의 주류화 (mainstreaming of care)가 이루어지는 것은 돌봄책임의 민주적 배분, 정당한 자원배분, 돌봄 윤리 등 돌봄정의(Caring Justice)가 실현되는 돌봄 사회화(Caring Society)로 가는 중요한 열쇠가 될 것이다."(p. 82)라고 쓴 논문의 마지막 문장이 그 방향성을 압축적으로 보여 준다. 노인장기요양 정책 차원에서는 돌봄정의를 위해 세 가지 개선안을 주장하였다. 첫째, 돌봄책임을 사회화하고 사회적 자원의 정당한 분배를 위해서 돌봄 제공자의 노동권을 강화해야 한다. 둘째, 돌봄윤리와 돌봄 개별화를 위해서는 돌봄 수혜자와 돌봄 제공자의 관계적 자율성을 보장할 수 있는 돌봄 제도와 문화가 필요하다. 셋째, 돌봄책임을 정치적 중심 어젠다로 다루어서 민주적 배분과 정당한 자원배분이 가능하도록 돌봄 주변화에서 돌봄 주류화로 패러다임 전환을 해야 한다.

2) 한국 노인돌봄부정의 극복 방안: 최희경

신라대학교 상담심리복지학과에 재직하고 있는 최희경 교수는 노인복지와 가족복지를 주요 연구분야로 한다. 노인돌봄과 관련해서 『노인에 대한 사회적 돌봄과 돌봄서비스의 질 보장』(2009)이라는 저서를 통해서 돌봄개념, 노인돌봄 노동의 정책화와 젠더, 가족돌봄과 사회적 돌봄, 전문적 노인돌봄 방식, 노인돌봄인력, 노인돌봄의 질 보장, 좋은 돌봄, 새로운 사회적 위험과 노인돌봄 방향성 등에 대한 지식을 학문적으로 체계화하였다. 특히 좋은 돌봄의 개념, 질 좋은 돌봄을 제공하기 위해서 돌봄노동이 괜찮은 일자리(decent job)가 되어야 하는 이유, 돌봄의 감정노동, 인권중심 돌봄 등의 논문은 한국의 돌봄 연구자와 실천가가 반드시 숙지해야 하는 돌봄 실천 및 학술 지식을 담고 있다.

최희경 교수는 돌봄책임과 권리의 공정한 배분이라는 돌봄정의 관점에서 한국의 노인장기요양보험제도를 분석해서 돌봄정의 실현을 위한 제도적 방안을 도출하였다. 이는『한국사회정책』학술지 25권 3호에 게재된「노인장기요양보험제도와 돌봄정의」를 통해 발표하였다. 특히 돌봄정의를 탈상품화(서비스 공급의 공공성 수준, 민간 영리 돌봄서비스 이용, 이용료 자기 부담 수준), 탈가족화(인정자 보장 수준, 가족돌봄 비중, 가족요양비, 가족요양보호사), 탈젠더화(가족돌봄의 젠더화 비중, 돌봄 노동의 젠더화 정도), 노인의 참여와 권한(제도 수립 과정 참여, 제도 운영 참여, 서비스 선택권과 만족도)으로 접근하였다. 돌봄정의를 위한 방안으로, 첫째, 돌봄 노동의 사회적 위상을 높이기 위해서 돌봄서비스 비용의 적정화 및 공공화를 해야 한다. 둘째, 돌봄 방식의 재조직화를 통해서 생애주기별로 아동, 성인, 노인을 통합적으로 포괄할 수 있어야 한다. 셋째, 돌봄의 조직화와 결정 과정에 노인과 돌봄 관계 당사자들이 참여하고 선택권과 결정권을 행사하는 제도적 변화를 주장하였다. 돌봄정의는 목표라기보다는 과정으로 돌봄에 관련된 민주적 방식을 강조한다.

3) 돌봄정의를 위한 돌봄 정책 새판짜기: 송다영

인천대학교 사회복지학과에 재직하고 있는 송다영 교수는 가족복지정책, 여성복지정책, 탈빈곤 및 자립 등이 주요 연구분야이다. 노인돌봄뿐만 아니라 아동돌봄까지 가정 내 돌봄과 돌봄 정책에 대한 학술논문, 저서, 정부 정책 연구를 성평등과 돌봄민주주의 관점에서 문제점을 분석함으로써 이를 해결할 수 있는 정책개발과 적용에 크게 기여하고 있다. 한국 사회의 비공식적 돌봄과 공식적 돌봄에서 지속해서 쌓여 온 부정의를 교정하기 위한 구조적 불평등에 끊임없이 문제를 제기하고 대안적 정책 방향을 제시하였다. 특히 모든 인간은 돌봄 없이 존재할 수 없으므로 사회를 돌봄 중심으로 재편하고 재구성할 수 있는 정치로 인식해야 한다고 보았다.

송다영 교수는 2022년『비판사회정책』학술지를 통해서「돌봄정책의 새판짜기는 어떻게 가능한가?」논문을 발표하여 돌봄윤리 관점에서 돌봄 정책을 비판적으로 분석해서 한국 돌봄 정책 원칙과 방향성을 제안하였다. 돌봄 정책 원칙으로 돌봄 문제가 사적 문제가 아니라 공적 의제라는 것, 돌봄 수혜자는 특수한 집단이 아니라 보편적 시민이라는 것, 돌봄 제공자는 사회경제적 의존자가 아닌 온전한 시민이라는 것, 돌봄 실천은 타자화된 행위(노동)가 아니라 시민 모두의 책임이라는 것 등을 논리적 근거와 함께 강조하였다. 또한 한국 사회의 돌봄부정의를 넘어서기 위한 세 가지 제안을 하였다. 첫째, 돌봄은 가족이 우선 책임지는 것이라는 기본 전제에서 벗어나 국가적 책임으로 정책 방향을 변경해야 한다. 둘째, 돌봄은 여성이 잘하고 적합하므로 여성에 역할을 전담하게 하기보다 함께 돌봄으로 성별화를 넘어서야 한다는 것이다. 셋째, 돌봄을 '그냥 그저 그런 돌봄'이라는 단순노동으로 인식하는 것이 아니라 학습과 경험을 통해서 고도의 돌봄이 제공될 수 있도록 해야 한다.

4) 돌봄민주국가를 위하여: 김희강

고려대학교 행정학과에 재직하고 있는 김희강 교수의 주요 관심 분야는 공공철학(사회정의, 글로벌 정의), 돌봄윤리 및 정책, 규범적 정책분석, 여성주의 이론과 정책, 소수자 정치와 정책, 이민 등이다. 돌봄의 관점에서 사회정의와 국가 역할을 재정립하는 연구에 초점을 두고 있다. 돌봄 관련 저명 외국 도서(예: 돌봄지원국가, 돌봄민주주의, 포용과 민주주의, 돌봄: 돌봄윤리, 돌봄: 정의의 심장, 돌봄: 사랑의 노동)를 번역해서 한국 독자들에게 전달했다. 국내 및 국제 학술지를 통해서도 돌봄국가, 돌봄민주주의, 돌봄 정치이론, 돌봄윤리, 복지와 돌봄, 사회정의 등을 주제로 발표하였다. 돌봄윤리 연구 국제네트워크(Care Ethics Research Consortium)의 운영위원과 피터스 출판사(Peeters Publishers)의 돌봄윤리 저서 발행 자문위원으로 글로벌 시각에서 돌봄윤리 이해와 지식을 갖추고 있다(김희강, 2022).

돌봄, 돌봄 패러다임, 돌봄윤리, 돌봄과 공정, 케어리즘, 돌봄정의, 돌봄 정치, 돌봄과 복지, 돌봄민주주의와 같은 내용을 이해하기 위해서 김희강 교수의 책이나 논문 없이는 불가능하다고 단언한다. 특히 2022년 출판된 『돌봄 민주국가: 돌봄민국을 향하여』라는 저서는 돌봄 국가의 철학적 배경과 규범적 정당성, 정책과 제도를 이해하기 쉽게 독자들에게 전달하고 있다. 김희강 교수는 이 책의 목적이 "사회에서 억눌린 돌봄을 가시화하고, 이제껏 간과되어 온 돌봄에 대한 성찰을 추구하며, 돌봄이 배제된 부당한 사회구조를 함께 교정함으로써 더 정의로운 사회와 국가를 앞당기기 위함이다."라고 프롤로그(p. iii)에서 밝히고 있다. 돌봄민주주의는 결과적으로 개인과 사회는 돌봄 없이 존재할 수 없으므로 돌봄의 가치를 공적으로 제대로 인정하고 그 가치에 적합한 대우를 하는 국가를 의미한다. 돌봄은 사회구성원 모두가 책임을 나누는 것으로 면제될 수 없으며, 돌봄책임을 하지 않은 무임승차가 없는 국가를 지향한다.

돌봄 민주국가는 기존 돌봄 정책의 한계와 부정의를 해결하기 위해 '함께 돌봄책임' 제도가 작동함을 의미한다. '함께 돌봄책임'의 제도화는 돌봄 헌법, 돌봄부, 돌봄책임 복무제, 돌봄교육, 돌봄 연금 등으로 실제화할 수 있다고 제안하였다. 첫째, 「대한민국 헌법」에 돌봄을 명문화하여 국민 개인 삶과 사회를 유지하고 이끄는 가치로 돌봄을 인정하는 것이다. 둘째, 돌봄을 주재하는 정부의 중앙부처로 돌봄부(Department of Care)를 신설한다. 모든 국민의 권리이면서 의무에 해당하는 돌봄을 중앙정부 차원에서 추진하고 지원할 수 있는 중추 전달 체계를 구축하는 것이다. 셋째, 사회구성원의 돌봄책임 복무를 제도화하여 모든 시민이 성인 나이에 일정 기간 아동, 장애인, 노인 등 돌봄이 필요한 다른 시민을 돌보는 것이다. 넷째, 초중등 의무교육 과정에 돌봄교육을 포함하는 것이다. 시민교육에 돌봄이 포함되어 모든 시민은 돌봄이 권리이자 동시에 의무에 해당하며 공동체적 가치임을 인식하게 된다. 이를 통해서 배우자, 부모, 자녀, 친구, 이웃으로 서로 관계를 맺고 같이 살 수 있는 민주적 시민이 된다. 다섯째, 연금제도에서 돌봄을 공무로 인정하는 것이다. 연금제도가 노동시장의 근로소득에 기초하여 아이나 아픈 가족을 돌보는 일은 무보수이기 때문에 차후 연금으로 대체하지 못한다. 돌봄을 하여 경제활동을 하지 못할 수 있다. 이때 국가가 연금을 납부하거나 크레딧 제도를 활용해서 가족돌봄자의 연금 수급권을 강화해야 한다.

5) 한국의 정의로운 돌봄사회를 위한 제언: 돌봄민주주의

모든 인간은 돌봄 없이 존재할 수 없다. 어린 시절 과거 누군가의 돌봄을 받았기에 건강한 성인으로 살 수 있다. 사고나 질병이 발생한 성년기나 나이가 들어 일상생활을 독립적으로 하기 어려운 노년기에도 타인의 돌봄이 필요하다. 모든 인간은 의존성과 취약성을 부정할 수 없다. 각 개인은 의존성과 취약성 한계를 내재하고 있어서 돌봄이 전제되어야 함을 의미한다.

돌봄윤리와 돌봄정의는 돌봄이 인간으로서 받아야 할 권리이면서 동시에 제공해야 할 의무가 있음을 말한다. 돌봄이 사회구성원들에게 공정하게 분담되는 정의로운 사회를 만들어야 한다. Tronto(2013)는 정의로운 돌봄사회를 돌봄민주주의가 작동하는 사회를 뜻하는 '돌봄민주주의사회'라고 표현하였다. 민주주의의 본질은 사회구성원 모두가 평등하게 대우하고 의사결정 과정에 참여하는 것을 원칙으로 한다. 사회구성원 모두가 '함께돌봄'으로 동등하게 돌봄책임을 분배하는 것이 돌봄민주주의를 실현하는 것이다.

정의로운 돌봄사회를 위한 제언을 이 저서의 마지막 결론으로 하며 마무리하고자 한다.

(1) 대한민국 국민의 돌봄권리와 돌봄의무 내재화

한국의 정의로운 돌봄 사회화를 위해서는 모든 국민이 돌봄권리와 돌봄의무가 있음을 명확하게 인지하는 것에서부터 출발한다. 인간이 돌봄을 받을 권리가 있음을 의미하는 것을 돌봄권리라고 한다. 돌봄정의는 인간이 돌봄을 받을 권리가 있음과 동시에 타인에게 돌봄을 제공할 의무도 있음이 동시에 병립해야만 가능하다. 돌봄권리와 돌봄의무가 동일하게 사회적으로 중요하다고 인식하도록 해야 한다. 돌봄권리만 강조하고 돌봄의무를 등한시하는 가치관은 돌봄부정의를 지속하게 할 것이다. 누군가는 돌봄책임을 분담하지만 누군가는 돌봄책임에서 자유로운 무임승차를 하게 된다.

대한민국 국민에게 돌봄권리와 돌봄의무를 내재화하기 위해서 정의로운 돌봄에 대한 교육이 필요하다. 돌봄교육은 생애주기별로 필요하다. 정규교육 과정이라 할 수 있는 초등학교, 중학교, 고등학교, 대학교 교육과정에서 정의로운 돌봄사회 시민으로 성장하기 위한 내용을 포함해야 한다. 한국 사회가 지속할 수 있고, 살기 좋은 민주자유주의 국가로 발전할 수 있는 필수조건으로서 돌봄의 가치와 지식을 시민이 내재화해야 할 것이다. 평생교육 차원에서도 돌봄권리와 돌봄의무를 계속해서 다루어야 한다. 우리 모두는 돌봄권리가 있는 동시에 돌봄의무가 있음을 인식해야 한다. 각 개인은 돌봄민주시민으로서 돌봄의무를 공평하게 분담해서 수행할 수 있어야 한다.

(2) 돌봄권리와 돌봄의무의 법적 규정 마련

인간은 상호 의존 없이 생존할 수 없다. 인간이 생존하기 위해서 적절한 돌봄이 필요하므로 돌봄권리를 법으로 정하고 있다. 돌봄책임은 과거 가정 내 역할에서 점차 돌봄 사회화를 통한 제도적 장치를 마련하고 있다. 돌봄책임을 뜻하는 돌봄의무는 일부 국민으로 여성이나 돌봄인력의 노동에 의존하고 있는 상태이다. 가정 내에서 제공하는 돌봄을 사회적으로 인정하지 않고 그 가정의 일로만 돌려 왔다. 돌봄인력을 통해서 노인에게 필요한 돌봄을 제공하고 있지만 사회적으로 돌봄 노동에 대한 가치나 인식은 매우 낮은 상황이다. 돌봄의무도 돌봄권리와 동일하게 법적 토대를 명확하게 갖도록 법의 제정이나 개정이 필요하다.

현재 우리나라의 돌봄의 법적 규정은 국가로부터 돌봄을 받을 권리 중심으로만 기술되어 있다. 대표적으로 노인의 돌봄권리는 인권(사회권), 국제법(국제규약), 대한민국「헌법」,「노인복지법」등을 통해서 규정하고 있다. 한국은 1990년 7월 10일 경제적, 사회적 및 문화적 권리에 관한 국제규약(사회권규약, A 규약)을 승인하였다. 노인돌봄을 직접적으로 기술하지 않았다. 하지만 노인이 인간으로 사회권을 보장하는 데 있어 건강 수준에 따른 적합한 돌봄을 받는 것이 해당한다. 대한민국「헌법」제34조 제5항(신체장애자 및 질병·노령 기타의 사유로 생활능력이 없는 국민은 법률이 정하는 바에 의하여 국가의 보호를 받는다)과「노인복지법」제1조(노인의 질환을 사전예방 또는 조기발견하고 질환상태에 따른 적절한 치료·요양으로 심신의 건강을 유지하고, 노후의 생활안정을 위하여 필요한 조치)도 노인돌봄권리를 규정하고 있다.

노인의 돌봄권리 보장이 인권, 국제규약,「헌법」,「노인복지법」등을 통해 명확하게 규정되어 있는 것처럼 돌봄의무도 같은 맥락에서 규정해야 한다. 인권과 국제규약에서도 인간의 사회권을 보장하기 위해서는 타인의 사회권을 보장해야 하는 의무가 있음을 명시해야 한다. 대한민국「헌법」에서 국방의 의무, 납세의 의무, 교육의 의무, 근로의 의무에 더해서 돌봄의 의무를 추가해야 한다. 예를 들어, 김희강(2022)이 제안한 것과 같이「헌법」개정을 통해서 모든 국민이 돌봄이 필요한 이들에게 돌봄을 제공해야 할 의무가 있음을 규정해야 한다.「노인복지법」에서도 국가와 지방자치단체가 노인 돌봄(보건복지증진)의 책임이 있다고 하였다. 하지만 국가와 지방자치단체에만 한정하기보다 모든 국민이 국가와 지방자치단체와 함께 노인 돌봄의무가 있으므로 개정해야 한다.

(3) 돌봄의 사회적 가치 인정 문화 형성

돌봄의 가치와 중요성을 자각하고 사회적으로 돌봄을 정당하게 평가받을 수 있도록 사회적 문화 형성이 필요하다. 한국에서 노인돌봄의 가치와 중요성에 대한 사회적 평가는 매우 낮다. 일상생활을 독립적으로 수행하기 어려운 노인에게 돌봄을 제공하는 가족돌봄자에 대한 사회적 인식이 부족하다. 석재은(2018)은 가족돌봄자의 돌봄노동이 사회적으로 인정받지 못함을 '비가시화된 비공식적 돌봄'이라고 비판하였다. 가족에 대한 경제적 지원, 서비스 지원, 시간 지원 등이 부족한 상태가 이를 잘 보여 주고 있는 현실이다. 또한 돌봄노동 비용의 낮은 인건비와 사회적으로 좋지 못한 일자리로 인식하는 것도 돌봄의 사회적 낮은 사회적 가치를 보여 준다.

가족의 보이지 않는 노인 돌봄을 사회적으로 보이는 영역으로 이동해야 돌봄의 사회적 가치 인정의 문화 형성이 가능하다. 가족돌봄자를 현실적으로 지원할 수 있는 제도를 활성화해야 한다. 가족돌봄의 사회적 인정은 경제적 지원(돌봄수당 급여), 시간 지원(돌봄휴가 및 휴직, 노동시간 탄력근무), 서비스 지원(가족돌봄휴가제) 등이 대표적이다. 특히 가족을 돌보는 과정에서 경제활동을 하지 못하는 경우에 자신의 국민연금을 납부하지 못하거나 빈곤에 빠질 수 있는 기회비용이 발생하게 된다. 가족돌봄자의 빈곤이나 어려움을 사회적으로 공동 대응해야 하는 위험으로 인식해야 한다. 가족돌봄으로 경제활동에서 이탈하는 상황에서 국민연금을 대납해 주고 생활비를 지원해 주는 제도가 필요하다.

돌봄노동의 가치 인식과 노동권 강화가 돌봄의 사회적 가치 인정의 문화를 조성하기 위해 선행되어야 한다. 돌봄노동 업무는 사회적으로 좋은 일자리가 아니라고 평가한다. 돌봄노동자는 일반적으로 낮은 급여와 높은 업무 강도로 소진과 이직률이 매우 높다. 심지어 안전사고나 업무위험이 가장 큰 직종에 속한다. 돌봄이 누구나 할 수 있는 하찮은 일이라고 사회적으로 인식하는 경향도 보인다. 돌봄인력은 노동자로 적정 급여, 노동시간 합리적 제한, 일과 개인 삶 병행, 일자리 안정성, 정기 유급휴가, 휴식 및 여가 권리, 안전한 근무환경 등을 보장받아야 한다. 우리 사회에서 돌봄노동이 '좋은', '괜찮은', '품위 있는', '자랑스러운', '가치 있는' 일자리로 격상할 수 있도록 사회적 및 제도적 변화를 만들어 가야 한다.

(4) 돌봄권리와 돌봄의무 통합적 관리체계 구축

노인돌봄권리와 돌봄의무를 통합적으로 관리할 수 있는 전달체계 구축이 필요하다. 현재 보건복지부의 인구정책실 노인정책관 부서에서 노인돌봄을 담당하고 있다. 현재 주요 업무는 노인의 돌봄권리를 보장하기 위한 제도 설계와 운영을 하고 있다. 돌봄의무 관련한 업무에 대해서는 법적 근거가 없으므로 추진하지 않고 있다. 「헌법」이나 「노인복지법」 등 개정을 통해서 모든 국민이 돌봄권리와 돌봄의무를 갖는다는 것을 법적으로 명확하게 규정하는 것이 선행되어야 한다.

한국에서는 사회부(1948년), 보건부(1949년), 보건사회부(1955년), 보건복지부(1994년), 보건복지가족부(2008년), 보건복지부(2020년~현재) 등 중앙정부의 한 부처로 발전 및 유지되었다. 주로 보건위생·방역·의정·약정·생활보호·자활지원·여성복지·아동(영유아보육 제외)·노인·장애인 및 사회보장 등의 업무를 관할하고 있다. 사회보험과 조세를 재원으로 돌봄서비스를 제공하고 있어서 중앙정부와 지방정부 역할이 크다. 노인 수명연장, 장애 및 치매노인 증가, 초고령 노인 증가, 1인 가구 증가, 여성 경제 참여 증가, 가족돌봄 기능 약화 등으로 인해서 돌봄욕구가 사회적으로 급격하게 증가하고 있다. 국가는 노인의 돌봄욕구에 대응하기 위해서 돌봄 재원과 서비스 공급을 확대하고 있다. 초기 보건복지부가 설립된 시기와는 다르게 상대적 돌봄 업무 비중이 계속해서 높아지고 있다.

결과적으로 현재 돌봄제도 및 운영을 위해서 보건복지부의 인구정책실 노인정책관 부서로는 한계가 크다. 특히 정의로운 돌봄사회를 위해서는 돌봄권리와 함께 돌봄의무도 국민이 함께 담당해야 한다. 돌봄권리와 돌봄의무를 통합적으로 관리하기 위해서 새로운 정부 부처의 설립하는 것이 현실적으로 필요하다. 예를 들어, 김희강(2022)은 시민의 '함께돌봄책임'을 중추적으로 담당할 수 있는 전달체계로 '돌봄부(Department of Care)'를 설립해야 한다고 주장했다. 이를 통해서 돌봄 정책 및 제도의 설계 및 운영과 국민의 돌봄의무를 고양하고 제도화할 수 있는 책임 주체 기능을 할 수 있다.

(5) 책을 마치며

민주주의 국가는 주권이나 권력이 한 개인이나 집단이 아닌 모든 국민에게 평등하게 있음을 기본 원칙으로 한다. 만약에 인종, 성별, 연령, 재산 등의 조건에 따라 다르게 대우한다면 민주주의는 성립할 수 없다. 같은 맥락에서 돌봄민주주의는 돌봄권리와 돌봄의무가 모든 국민에게 평등하게 있음을 의미한다. 모든 인간은 혼자서 생존할 수 없는 허약하고 취약한 유기체이다. 우리 모두는 돌봄의 수혜자이고 돌봄의 제공자이다. 돌봄책임에서 제외하거나 특혜를 준다면 돌봄민주주의는 실현될 수 없다. 모든 국민은 돌봄을 받을 자격이 있다. 동시에 모든 국민은 돌봄에 참여할 의무를 지닌다. 결과적으로 대한민국 국민은 서로를 돌보는 책임을 국민의 권리와 의무로 함께할 때 돌봄민주주의사회로 진입할 수 있다.

참고문헌

강민희(2023). Fraser의 돌봄정의적 관점에서 본 어머니의 발달장애자녀 돌봄−젠더편중성과 불평등을 중심으로. 장애인복지연구, 14(2), 210-238.

강은나 외(2023). 2023년도 노인실태조사. 한국보건사회연구원, 보건복지부.

고숙자(2022). 스웨덴의 보건의료 · 장기요양 재정 지출 효율화 사례. 국제사회보장리뷰, 2022(여름), 67-82.

고양일보(2018. 9. 5.). 셀프케어 내몸 주치의 프로그램이 시작된다.

고용노동부(2023). 가족돌봄휴가제도 안내.

고용노동부(2024). 카드 뉴스: 가족돌봄휴가.

국가인권위원회(2024). 국제인권규범: 세계인권선언. www.humanrights.go.kr

국립국어원(2024). 표준국어대사전: 보살피다. stdict.korean.go.kr

국민건강보험공단(2024a). 2023 노인장기요양보험 통계연보.

국민건강보험공단(2024b). 자율공시: 장기요양 등급 판정 현황(2024년 1분기).

권정화, 홍(손)귀령(2021). 치매노인 주 돌봄제공자의 자기돌봄이 소진에 미치는 영향. *Journal of Korean Academy of Nursing, 51*(2), 217-231.

권중돈(2012). 인권과 노인복지실천. 학지사.

권중돈(2022). 노인복지론. 학지사.

권중돈(2024). 치매와 가족: 다학제적 접근(3판). 학지사.

권중돈 외(2014). 노인인권길라잡이. 국가인권위원회.

기백석(1999). 노인 우울증. 노인병, 3(3), 61-71.

김가원, 허준수(2021). 노인 1인가구의 자기돌봄유형화 및 예측요인에 관한 연구. 노인복지연구, 76(2), 159-188.

김기덕(2005). 롤즈의 정의론에 관한 철학적 고찰: 윤리적 측면과 인식론적 측면을 중심으로. 사회복지연구, 26, 67-90.

김수영, 오찬옥, 문경주(2017). 거주 지역의 물리적 환경 특성에 대한 인식이 고령자의 정주의식에 미치는 영향에서의 삶의 만족도의 매개효과. 한국주거학회논문집, 28(3), 35-43.

김수영, 이재정(2010). 장기요양보호 사각지대 노인을 위한 보호방안. 부산복지개발원.

김용득(2018a). 커뮤니티 케어, 무엇을 어떻게 해야 할까? 월간 복지동향, (238), 5-10.

김용득(2018b). 탈시설과 지역사회중심 복지서비스 구축, 어떻게 할 것인가?: 자립과 상호의존을 융합하는 커뮤니티 케어. 보건사회연구, 38(3), 492-520.

김용득, 김미옥(2007). 이용자 참여의 개념 구조: 한국장애인복지에 대한 함의. 한국사회복지학, 59(2), 39-64.

김유진, 김현미, 장서영, 임아정, 옥세윤(2020). 노인맞춤돌봄서비스 내 정서적 개입 지원 강화 방안 연구. 보건복지부·경북대학교 산학협력단.

김유진, 박순미, 박소정(2019). 고령자의 에이징 인 플레이스(Aging in Place)를 위한 서비스 지원 주거 모델 개발 연구. 보건사회연구, 39(2), 65-102.

김윤경, 최혜경(1993). 치매노인의 장애기간과 부양자의 대처자원이 부양자의 부담 및 부양만족감에 미치는 영향. 한국노년학, 13(2), 63-83.

김정림(2019). 일본의 고령화 대응 정책의 흐름. 정책동향, 13(3), 98-110.

김정순(1994). Orem의 자기간호 모델을 적용한 병동의 운영관리. 기본간호학회지, 1(2), 165-171.

김정현, 변혜연(2020). 좋은돌봄 인증시설 품질향상 모니터링 개편 연구. 서울시복지재단.

김지미(2018). 한일 복지체제 재편과 가족의 위상 변화: 노인돌봄의 사회화를 중심으로. 사회보장연구, 34(4), 61-91.

김진선(2000). 여성 가족부양자의 건강상태 및 가족부양의 부정적·긍정적인 영향. 대한간호학회지, 30(3), 632-646.

김철, 이재훈(2015). 사회서비스 전달체계 개편방안: 사회적 돌봄서비스를 중심으로. 사회공공연구원.

김철주(2016). 1969년 스웨덴 헌법 개정이후 의료체계의 민영화에 관한 연구. 유럽헌법연구, (21), 41-81.

김춘남, 박승남, 박승희, 김서인(2018). 사회적 고립의 유형분석 및 지원방안. 경기복지재단.

김춘남, 전용호, 박지환, 이사라, 김광현, 이민지(2020). 언택트 시대 노년과 셀프케어의 활용방안 연구. 경기복지재단.

김춘미(2002). 치매노인을 돌보는 가족원의 대처전략. 노인간호학회지, 4(1), 49-58.

김현철(2015). 자기결정권에 대한 법철학적 고찰. 법학논집, 19(4), 357-372.

김희강(2022). 돌봄민주국가: 돌봄민국을 향하여. 박영사.

남석인, 이예진, 김보미, 이은경(2016). 돌봄서비스 이용 독거노인의 우울이 자기방임에 미치는 영향: 사회적 지지 경험의 조절효과 검증. 정신건강과 사회복지, 44(1), 161-187.

남윤철(2012). 한옥의 공간을 적용한 노인복지시설 유니트케어의 평면 유형. 한국 디지털 건축. 인테리어학회 논문집, 12(2), 5-13.

노용균(2017). 노인장기요양제도의 나아갈 방향: 건강관리를 중심으로. 의료정책포럼, 15(2), 37-43.

노인장기요양보험. www.longtermcare.or.kr

노혜련, 김경희(2011). 강점관점 사례관리의 적용과 성과경험-기관사례를 중심으로. 한국사회복지학회 학술대회 자료집, 487-505.

대한치매학회(2023). 99가기 치매이야기: 성년후견인제도.

류건식, 손성동(2023). 일본 치매정책의 현황과 평가. 보험연구원.

류연규(2012). 가족의 돌봄 공백에 대응하는 돌봄의 사회화 정책의 성격 규명. 비판사회정책, (37), 113-153.

마경희(2010). 돌봄의 정치적 윤리: 돌봄과 정의의 이원론을 넘어: 돌봄과 정의의 이원론을 넘어. 한국사회정책, 17(3), 319-348.

문현상(1997). 일본의 신 골드 플랜과 그 시사점. 보건복지포럼, 1997(7), 86-95.

박선영(2011). 강점관점 사회복지실천 모델에 대한 시론적 연구: 성인 클라이언트를 중심으로. 한국사회과학연구, 30(1), 89-113.

법제처(2019). 2020년 상반기 시행되는 주요 법령을 소개합니다. -'남녀고용평등법' 등 총 456개 법령 시행-. 국가법령정보센터.

법체처(2021). 대한민국 헌법. www.moleg.go.kr

법제처(2023). 찾기쉬운 생활법령제도: 성년후견제도를 아시나요?

백옥미(2016). 노년기 거주지의 경험과 의미: 노인복지주택 거주자와 지역사회 거주자의 비교를 중심으로. 노인복지연구, 71(4), 267-301.

보건복지부(2000). 고령화 관련 국제행동계획과 노인을 위한 유엔원칙.

보건복지부(2024a). 본인부담상한액 초과 의료비 지급절차 개시, 201만 명에게 2조 6,278억 원 지급. 국민건강보험공단.

보건복지부(2024b). 2024 지역사회서비스 투자사업 안내.

보건복지부(2024c). 2024년 치매정책 사업안내.

보건복지부(2024d). 2024년 노인 보건복지 사업안내.

보건복지부(2024e). 2024년 노인맞춤돌봄서비스 사업안내.

보건복지부(2024f). 2024 독거노인·당애인 응급안전안심서비스 사업안내.

보건복지부(2024g). 2025년도 장기요양보험료율 동결(2024. 10. 29. 보도자료). 요양보험제도과.

보건복지부(2024h). 2024 호스피스·완화의료 사업안내.

석재은(2011). 좋은 돌봄의 정책 원리: 돌봄의 상품화를 넘어서. 김혜경 편. 노인돌봄, 49-80.

석재은(2018). 돌봄정의(Caring Justice) 개념구성과 한국 장기요양정책의 평가. 한국사회정책, 25(2), 57-91.

선우덕, 강은나, 이윤경, 김지미, 최인덕, 양찬미(2015). 노인돌봄(케어)서비스의 제공주체간 역할정립과 연계체계 구축. 한국보건사회연구원.

송다영(2022). 돌봄정책의 새판짜기는 어떻게 가능한가?: 돌봄윤리 관점에서의 돌봄정책에 관한 비판적 고찰. 비판사회정책, (77), 197-226.

양난주(2019). 한국 노인돌봄의 제도적 배열: 돌봄의 공식화를 중심으로. 동향과 전망, 106, 268-302.

양옥경(2017). 사회복지 윤리와 인권. 공동체.

엄기욱, 전용호, 이민홍, 박인아, 신중일, 김경숙(2015). 노인질환예방사업 정립 및 모형개발. 보건복지부.

오영란(2013). 일본에서의 돌봄노동의 사회화 성격 고찰: 개호보험의 노인돌봄을 중심으로. 노인복지
　　연구, 61, 215-239.

오영호, 한지숙, 오진주(1999). 요양병원의 수급현황과 정책과제. 한국보건사회연구원.

오창진, 김상현, 박선영, 김회용(2011). 롤즈(Rawls)의 도덕이론에 대한 비판적 고찰. 교육사상연구,
　　25(2), 123-151.

우국희(2008). 노인학대 유형으로서 자기방임에 대한 탐색적 연구: 전문가 관점을 중심으로. 노인복
　　지연구, 40, 195-224.

우국희(2014a). 노인의 자기방임: 위험과 권리 사이. 공동체.

우국희(2014b). 자기방임을 이해하는 대안적 관점에 대한 고찰. 비판사회정책, (42), 177-211.

우에노 지즈코(2024). 돌봄의 사회학. 조승미, 이혜진, 공영주 공역. 오월의봄. (원전은 2011년 출간).

위키백과(2021). 헌법. ko.wikipedia.org

윤자영, 김경희, 최영미, 김양지(2011). 돌봄서비스 분야 근로조건에 관한 연구(I)-돌봄서비스 일자
　　리 근로조건 실태와 정책과제. 한국노동연구원.

윤지영(2010). 요양보호사의 노동권확보를 위한 법률 개정안, 고령화 사회의 돌봄노동에 대한 진단
　　과 전망. 전국여성노동조합.

이강수, 황명진(2021). 커뮤니티 케어 담론으로서의 강점관점 연구. 공공사회연구, 11(1), 41-61.

이경아, 하경희(2012). 정신보건사회복지사들의 강점기반실천 경험에 관한 연구. 정신건강과 사회복
　　지, 40(2), 63-90.

이다희, 전인혜, 김명화, 김록영(2021). 요양병원 입원환자 분류체계 및 수가수준 정기적 조정기전
　　마련을 위한 기초연구. 건강보험심사평가원.

이미진, 김혜련, 장고운(2018). 자기방임은 방임 및 타학대유형과 어떤 차이가 있는가?: 노인보호전
　　문기관 노인학대 사례 비교. 노인복지연구, 73(1), 259-291.

이민홍(2009a). 한국노인의 연구참여를 위한 동의능력평가척도의 타당성 연구. 한국사회복지학,
　　61(3), 55-76.

이민홍(2009b). 한국형 부양자반응척도(Caregiver Reaction Assessment)의 구성타당화 연구. 한국노
　　년학, 29(2), 407-424.

이민홍(2017). 노인요양시설 인력의 문화변화 역량강화 프로그램 효과성 연구. 보건사회연구, 37(4),
　　5-42.

이민홍(2018). 독거노인의 사회자본이 자기방임에 미치는 영향 연구. 한국사회복지조사연구, 57, 81-
　　107.

이민홍(2019). 노인요양시설 문화변화 모델 적용의 효과성 연구: 거주노인의 삶의 질, 인간중심환경,
　　고독 및 우울 변화를 중심으로. 한국사회복지조사연구, 61, 79-98.

이민홍(2021). 인권관점 사회복지실천 역량 강화 프로그램 효과성 연구: 노인복지관 사회복지사를
　　중심으로. 보건사회연구, 41(4), 334-348.

이민홍(2023a). 인간중심돌봄 실천 패러다임 전환을 통한 노년기 Aging in Place 모색. 한국사회복지
　　학회 학술대회 자료집, 81-100.

이민홍(2023b). [연중기획, 노인복지 이슈광장] 요양원과 요양병원 바로 알기. 월간요양.

이민홍, 강은나(2013). 노인요양시설의 입소과정에서 제공해야 하는 정보는 무엇인가? 한국사회복지
　　행정학, 15(2), 23-44.

이민홍, 박미은(2014). 한국 고령 독거노인의 자기방임에 관한 연구. 사회복지정책, 41(1), 123-142.

이민홍, 윤은경(2008). 요보호노인 가족수발자의 대처기술이 수발부담에 미치는 영향 분석. 한국사회
　　복지조사연구, 19, 31-54.

이민홍, 이재정(2012). 부산시 고령친화도 평가 연구. 부산복지개발원.

이민홍, 이재정, 서보경(2014). 부산시 노인통합지원센터 설치 운영 방안 연구. 부산복지개발원.

이민홍, 이재정, 서보경(2015). 노인돌봄을 위한 재가복지서비스의 전달체계 개선 연구: Aging in
　　Place 지원 체계 수립을 중심으로. 장기요양연구, 3(1), 30-56.

이민홍, 전용호, 서동민, 윤현주(2020). 노인맞춤돌봄서비스 제공 현황 진단 및 품질 제고 방안 연구.
　　보건복지부 · 동의대학교 산학협력단.

이민홍, 한지나, 정주영, 최재원, 김은경(2023). 부산형 통합돌봄 기본계획: 2024~2026. 부산광역시
　　사회서비스원.

이병숙(1996). 돌봄의 개념분석. 대한간호학회지, 26(2), 337-344.

이석환(2021). 공식 돌봄과 비공식 돌봄 수혜 노인의 삶의 질 비교 연구. 한국사회복지학, 73(4), 87-
　　111.

이수경, 최윤경(2021). '인간중심 돌봄'적인 측면에서의 치매친화환경지침 비교검토. KIEAE Journal,
　　21(1), 81-87.

이승민, 이준영(2020). 자기결정권의 의미와 판단기준 탐색: 성년후견제도를 중심으로. 한국케어매니
　　지먼트 연구, (34), 139-164.

이승훈(2017). AIP(Aging in Place)에 대한 주관적 기대와 의미. 공공사회연구, 7(1), 135-163.

이용호(2019). 남성독거노인 사회적 관계망 활용 셀프-케어 교육. 한국노년교육학회 추계학술대회.

이윤경, 강은나, 김세진, 변재관(2017). 노인의 지역사회 계속 거주(Aging in plce)를 위한 장기요양
　　제도 개편 방안. 한국보건사회연구원.

이윤경, 김지수, 문승현, 강은나, 변수정, 김현경, 박소정, 신어진, 조민경 외(2020). 국제협력 연구 및
　　국제심포지움: COVID-19와 국가별 노인돌봄. 한국보건사회연구원.

장민선(2017). 사회적 돌봄서비스 강화를 위한 법제 연구. 한국법제연구원.

장수지, 김수영(2017). 부산지역 거주 독거노인의 사회적 관계망 유형과 우울 및 자기방임 간의 관
　　계. 노인복지연구, 72(2), 245-273.

장윤정(2009). 일본 노인입소시설의 유니트케어 실시에 따른 케어워커의 소진과 케어업무 및 케어환
　　경에 관한 연구. 보건사회연구, 29(2), 77-97.

장지연(2011). 돌봄노동의 사회화 유형과 여성노동권. 페미니즘 연구, 11(2), 1-47.

전용호(2018). 노인 돌봄의 연속성 측면에서 바라본 의료·보건·복지 서비스의 이용과 연계. 보건사
　　회연구, 38(4), 10-39.

전용호(2020). 노인맞춤돌봄서비스의 도입 의미와 과제. 한국노년학, 40, 599-616.

전용호, 서동민, 김유진, 김지영, 김한나, 김광현(2019). 노인통합지원서비스 모형 개발 연구. 보건복
　　지부, 인천대학교 산학협력단.

정경민(2020). 자기집 요양이 스웨덴 노인 복지 개혁의 최대 성과. 중앙일보(2020. 11. 9.).

정경희, 강은나, 이윤경, 황남희, 양찬미(2016). 노인복지정책 진단과 발전 전략 모색. 한국보건사회
　　연구원.

정경희, 정은지, 남현주, 최혜지(2012). 고령화에 관한 마드리드 국제행동계획(MIPAA) 이행실태 및
　　평가. 한국보건사회연구원.

정현원, 이숙영(2021). Salutogenic 모델을 통한 치매요양시설 사례 분석-캐나다과 스웨덴을 중심으
　　로. 한국실내디자인학회 학술대회논문집, 23(3), 219-222.

정훈(2017). 교육 정의의 내용에 대한 시론적 고찰: Fraser를 중심으로. 교육사상연구, 31(1), 137-158.

제철웅, 김현철, 박승호, 이정은, 이민홍, 박은혜, 연석정(2023). 노년기, 자기결정권. 나남.

조효제(2007). 인권의 문법. 후마니타스.

중앙노인보호전문기관(2024). 노인학대알기 및 연도별 노인학대 현황.

중앙치매센터(2024). 치매공공후견사업 안내.

질병관리청(2023). 2022년 국민건강영양조사. 통계청.

최인희, 김영란, 염지혜(2012). 100세 시대 대비 여성노인의 가족돌봄과 지원방안 연구. 한국여성정
　　책연구원.

최재성(2015). 노인요양원 문화변화. 집문당.

최정신, 김대년, 조명희, 권오정(2000). 치매노인을 위한 스웨덴 그룹홈의 우리나라 적용가능성 연
　　구. 대한가정학회지, 38(5), 153-166.

최혜지, 이미진, 전용호, 이민홍, 이은주(2020). 노인복지론. 사회비평.

최희경(2009). 노인에 대한 사회적 돌봄과 돌봄 서비스의 질 보장. 집문당.

최희경(2011). 노인 돌봄과 노동의 양립을 위한 가족 지원 정책 연구. 한국사회정책, 18(4), 271-298.

최희경(2017). 치매인을 위한 인권중심 사회복지실천의 방향과 방안에 대한 연구. 노인복지연구,
　　72(1), 69-91.

최희경(2018). 노인장기요양보험제도와 돌봄정의. 한국사회정책, 25(3), 103-130.

한국건강증진개발원(2023). 한국인을 위한 신체활동 지침서.

한국건강증진개발원(2024). 2024년 지역사회통합건강증진사업 안내서(총괄). 보건복지부.

한국노인복지관협회(2020). 노인복지관 6대 사업 기초 가이드. 보건복지부.

한국사회보장정보원(2024). 사회서비스 전자바우처 소개.

함선유, 홍백의(2017). 공식 돌봄과 비공식 돌봄의 관계: 재가 노인 돌봄을 중심으로. 한국사회복지학,
　　69(4), 203-225.

허준수(2021). 초고령사회 노인복지학. 신정.

홍송이(2017). Aging-in-Place를 위한 노인복지정책의 비판적 이해: 싱가포르 사례연구. 사회과학연구, 43(1), 227-254.

황숙연(2022). 지역사회 노인 생애말기케어 정책에 관한 탐색적 고찰. 사회과학연구, 33(4), 259-282.

AARP(2020). Caregiving in the US 2020: A Focused Look at Family Caregivers of Adults Age 50+.

Abrams, R. C., Lachs, M., McAvay, G., Keohane, D. J., & Bruce, M. L. (2002). Predictors of self-neglect in community-dwelling elders. *American Journal of Psychiatry*, *159*(10), 1724-1730.

Abery, B., & Stancliffe, R. (1996). The ecology of self-determination. *Self-determination Across the Life Span: Independence and Choice for People with Disabilities*, 111-145.

Ajzen, I. (2011). The theory of planned behaviour: Reactions and reflections. *Psychology & Health*, *26*(9), 1113-1127.

Alzheimer's Association(2023). 10 Early Signs and Symptoms of Alzheimer's. https://www.alz.org/alzheimers-dementia/10_signs.

Amanullah, S., Oomman, S., & Datta, S. S . (2009). "Diogenes syndrome" revisited. *The German Journal of Psychiatry*, *12*, 38-44.

Amaral, A. S., Afonso, R. M., Simões, M. R., & Freitas, S. (2022). Decision-making capacity in healthcare: Instruments review and reflections about its assessment in the elderly with cognitive impairment and dementia. *Psychiatric Quarterly*, *93*(1), 35-53.

American Geriatrics Society Expert Panel on Person-Centered Care(2016). Person-centered care: A definition and essential elements. *Journal of the American Geriatrics Society*, *64*(1), 15-18.

American Psychiatric Association(APA)(2015). 정신질환의 진단 및 통계편람(5판). 권준수 외 공역. 학지사. (원전은 2013년 출간).

Amirkhanyan, A. A., & Wolf, D. A. (2006). Parent care and the stress process: Findings from panel data. *The Journals of Gerontology Series B: Psychological Sciences and Social Sciences*, *61*(5), S248-S255.

Aneshensel, C. S., Pearlin, L. I., Mullan, J. T., Zarit, S. H., & Whitlatch, C. J. (1995). *Profiles in caregiving: The unexpected career.* Elsevier.

Arkesey, H., & Kemp, P. (2006). Carers and Employment in a Work-focused Welfare State. In C. Glendinning & P. Kemp (Eds.), *Cash and care: Policy challenges in the welfare state, bristol: The policy press*, 111-124.

Arcury, T. A., Quandt, S. A., McDonald, J., & Bell, R. A. (2000). Faith and health self-management of rural older adults. *Journal of Cross-Cultural Gerontology*, *15*(1), 55-74.

Backman, K., & Hentinen, M. (1999). Model for the self-care of home-dwelling elderly. *Journal of Advanced Nursing*, *30*(3), 564-572.

Bandura, A. (1986). *Social foundations of thought and action: A Social cognitive theory*. Prentice Hall.

Band-Winterstein, T., Doron, I. I., & Naim, S. (2012). Elder self neglect: A geriatric syndrome or a life course story? *Journal of Aging Studies*, 26(2), 109-118.

Barber, S. L., et al. (2021). *Pricing long-term care for older persons*. World Health Organization.

Barnes, M. (2012). *Care in everyday life: An ethic of care in practice*. Policy Press.

Bartels, S. J., Gill, L., & Naslund, J. A. (2015). The Affordable Care Act, accountable care organizations, and mental health care for older adults: Implications and opportunities. *Harvard Review of Psychiatry, 23*(5), 304.

Beresford, P., & Slasberg, C. (2023). Blueprint for a person-centred system to deliver the rights-based paradigm. In *The future of social care* (pp. 123-134). Edward Elgar Publishing.

Berglund, H., Hasson, H., Kjellgren, K., & Wilhelmson, K. (2015). Effects of a continuum of care intervention on frail older persons' life satisfaction: A randomized controlled study. *Journal of Clinical Nursing, 24*(7-8), 1079-1090.

Bom, J., Bakx, P., Schut, F., & Van Doorslaer, E. (2019). The impact of informal caregiving for older adults on the health of various types of caregivers: A systematic review. *The Gerontologist, 59*(5), e629-e642.

Brechin, A. (1998). What makes for good care. *Care matters: Concepts, practice and research in health and social care*, 170-187.

British Columbia Law Institute (2011). *A practical guide to elder abuse and neglect law in Canada*. Canadian Centre for Elder Law.

Burnett, J., Dyer, C. B., Halphen, J. M., Achenbaum, W. A., Green, C. E., Booker, J. G., & Diamond, P. M. (2014). Four subtypes of self-neglect in older adults: Results of a latent class analysis. *Journal of the American Geriatrics Society, 62*(6), 1127-1132.

Burston, G. R. (1975). Granny-battering. *British Medical Journal, 3*, 592.

Cahill, E., Lewis, L. M., Barg, F. K., & Bogner, H. R. (2009). "You Don't Want to Burden Them" Older Adults' Views on Family Involvement in Care. *Journal of Family Nursing, 15*(3), 295-317.

Callahan, J. J. (1993). *Aging in place*. Baywood.

Cambridge Dictionary(2024). *Care*. dictionary.cambridge.org

Cameron C., & Moss, P. (2001). *Care Work: Current understandings and future directions in Europe National Report-United Kingdom*.

Capistrant, B. D. (2016). Caregiving for older adults and the caregivers' health: An epidemiologic review. *Current Epidemiology Reports, 3*(1), 72-80.

Carcary, L. (2017). *Is self-nglect an adult safeguarding issue?* 2017 AEA Scotland conference.

Cavaye, J. E. (2008). *From dawn to dusk: A temporal model of caregiving: Adult carers of frail parents*.

Chang, H. J., Burke, A. E., & Glass, R. M. (2009). Preventive care for older adults. *JAMA, 302*(24), 2722-2722.

Chang, S. H., Crogan, N. L., & Wung, S. F. (2007). The self-care self-efficacy enhancement program for Chinese nursing home elders. *Geriatric Nursing, 28*(1), 31-36.

Chien, L. Y., Chu, H., Guo, J. L., Liao, Y. M., Chang, L. I., Chen, C. H., & Chou, K. R. (2011). Caregiver support groups in patients with dementia: A meta-analysis. *International Journal of Geriatric Psychiatry, 26*(10), 1089-1098.

Chipu, M. G., & Downing, C. (2022). The development and implementation of a model to facilitate self-care of the professional nurses caring for critically ill patients. *International Journal of Nursing Sciences, 9*(1), 26-35.

Cipriani, G., Lucetti, C., Vedovello, M., & Nuti, A. (2012). Diogenes syndrome in patients suffering from dementia. *Dialogues in Clinical Neuroscience, 14*(4), 455-460.

Clark, C. C. (1998). Wellness self-care by healthy older adults. *Image: The Journal of Nursing Scholarship, 30*(4), 351-355.

Clark, A. N. G., Mankikar, G. D., & Gray, I. (1975). Diogenes syndrome: A clinical study of gross neglect in old age. *The Lancet, 305*(7903), 366-368.

Clark, N. M., Becker, M. H., Janz, N. K., Lorig, K., Rakowski, W., & Anderson, L. (1991). Self-management of chronic disease by older adults: A review and questions for research. *Journal of Aging and Health, 3*(1), 3-27.

Cohen-Mansfield, J., & Jensen, B. (2007). Adequacy of spouses as informants regarding older persons' self-care practices and their perceived importance. *Families, Systems, & Health, 25*(1), 53.

Cole, J., & Dawe, N. (2011). *Assessing capacity for admission to long-term care homes*. Community Care Access Centres.

Colello, K. J., & Napili, A. (2021). *Older Americans act: Overview and funding*. Congressional Research Service.

Collins, R. N., & Kishita, N. (2019). The effectiveness of mindfulness-and acceptance-based interventions for informal caregivers of people with dementia: A meta-analysis. *The Gerontologist, 59*(4), e363-e379.

Cuthbert, C. A., King-Shier, K., Ruether, D., Tapp, D. M., & Culos-Reed, S. N. (2017). What is the state of the science on physical activity interventions for family caregivers? A systematic review and RE-AIM evaluation. *Journal of Physical Activity and Health, 14*(7), 578-595.

Coontz, S. (2000). Historical perspectives on family studies. *Journal of Marriage and Family, 62*(2), 283-297.

Czaja, S. J., Loewenstein, D., Schulz, R., Nair, S. N., & Perdomo, D. (2013). A videophone psychosocial intervention for dementia caregivers. *The American Journal of Geriatric Psychiatry, 21*(11), 1071-1081.

Daly, M. (2021). The concept of care: Insights, challenges and research avenues in COVID-19 times. *Journal of European Social Policy, 31*(1), 108-118.

Daly, M., & Lewis, J. (2000). The concept of social care and the analysis of contemporary welfare states. *The British Journal of Sociology, 51*(2), 281-298.

Davey, J., Nana, G., de Joux, V., & Arcus, M. (2004). Accommodation options for older people in Aotearoa/New Zealand. Wellington, New Zealand: NZ Institute for Research on Ageing/ Business & Economic Research Ltd, for Centre for Housing Research Aotearoa/New Zealand.

Day, M. R., & Leahy-Warren, P. (2008). Self-neglect 1: Recognizing features and risk factors. *Nursing Times, 104*(24), 26-27.

Day, M. R., McCarthy, G., & Fitzpatrick, J. J. (2017). *Self-Neglect in older adults: A global, evidence-based resource for nurses and other healthcare providers.* Springer Publishing Company.

Deci, E. L., Ryan, & R. M. (1985). The general causality orientations scale: Self-determination in personality. J. Res. *Pers, 19*(2), 109-134.

de Silva, D. (2011). *Helping people help themselves: A review of the evidence considering whether it is worthwhile to support self-management.* Health Foundation.

Denton, M. (1997). The linkages between informal and formal care of the elderly. *Canadian Journal on Aging/La Revue Canadienne du Vieillissement, 16*(1), 30-50.

Dharmawardene, M., Givens, J., Wachholtz, A., Makowski, S., & Tjia, J. (2016). A systematic review and meta-analysis of meditative interventions for informal caregivers and health professionals. *BMJ Supportive & Palliative Care, 6*(2), 160-169.

Dijkman, B. L., Mikkonen, I., & Roodbol, P. F. (2019). *Older people: Improving health and social care.* Spinger.

Dillingham, E. (2019). *Aging in America.*

Dong, X. (2014). Self-neglect in an elderly community-dwelling US Chinese population: Findings from the population study of Chinese elderly in Chicago study. *Journal of the American Geriatrics Society, 62*(12), 2391-2397.

Dong, X. (2017). Elder self-neglect: Research and practice. *Clinical Interventions in Aging, 12,* 949.

Dong, X., & Gorbien, M. (2005). Decision-making capacity: The core of self-neglect. *Journal of Elder Abuse & Neglect, 17*(3), 19-36.

Dong, X., & Simon, M. A. (2013). Association between elder self-neglect and hospice utilization in a community population. *Archives of Gerontology and Geriatrics, 56*(1), 192-198.

Dong, X., Simon, M. A., & Evans, D. A. (2012). Prevalence of self-neglect across gender, race, and socioeconomic status: Findings from the Chicago Health and Aging Project. *Gerontology, 58*(3), 258-268.

Dong, X., Simon, M., De Leon, C. M., Fulmer, T., Beck, T., Hebert, L., ... & Evans, D. (2009). Elder self-neglect and abuse and mortality risk in a community-dwelling population. *Jama, 302*(5), 517-526.

Dong, X., Wilson, R. S., Mendes de Leon, C. F., & Evans, D. A. (2010). Self-neglect and cognitive function among community-dwelling older persons. *International Journal of Geriatric Psychiatry, 25*(8), 798-806.

Donahue, M. O., Piazza, I. M., Griffin, M. Q., Dykes, P. C., & Fitzpatrick, J. J. (2008). The relationship between nurses' perceptions of empowerment and patient satisfaction. *Applied Nursing Research, 21*(1), 2-7.

Drewett, A. Y. (1999). Social rights and disability: The language of 'rights' in community care policies. *Disability & Society, 14*(1), 115-128.

Dunér, A., Blomberg, S., & Hasson, H. (2011). Implementing a continuum of care model for older people-results from a Swedish case study. *International Journal of Integrated care, 11*, 1-11.

Dyer, C. B., & Goins, A. M. (2000). The role of the interdisciplinary geriatric assessment in addressing self-neglect of the elderly. *Generations, 24*(2), 23, 23-27.

Dyer, C. B., Pickens, S., & Burnett, J. (2007). Vulnerable elders: When it is no longer safe to live alone. *JAMA, 298*(12), 1448-1450.

Edebalk, P. G. (2009). From poor relief to universal rights-On the development of Swedish old-age care 1900-1950. *School of Social Work: Lund, Work Paper Series, 3*, 2-12.

Elmståhl, S., Dahlrup, B., Ekström, H., & Nordell, E. (2018). The association between medical diagnosis and caregiver burden: A cross-sectional study of recipients of informal support and caregivers from the general population study 'Good Aging in Skåne', Sweden. *Aging Clinical and Experimental Research, 30*, 1023-1032.

Elwood, P., Galante, J., Pickering, J., Palmer, S., Bayer, A., Ben-Shlomo, Y., ... & Gallacher, J. (2013). Healthy lifestyles reduce the incidence of chronic diseases and dementia: Evidence from the Caerphilly cohort study. *PloS One, 8*(12), e81877.

Engster, D. (2005). Rethinking care theory: The practice of caring and the obligation to care. *Hypatia, 20*(3), 50-74.

Engster, D. (2007). *The heart of justice: Care ethics and political theory.* OUP Oxford.

Evers, A., Pijl, M., & Ungerson, C. (1994). *Payment for care.* A Comparative Overview. Avebury, Aldershot.

Fazio, S., Pace, D., Flinner, J., & Kallmyer, B. (2018). The fundamentals of person-centered care for individuals with dementia. *The Gerontologist, 58*(suppl_1), S10–S19.

Feinberg, L. F. (2014). Moving toward person-and family-centered care. *Public Policy & Aging Report, 24*(3), 97–101.

Fernández-Ballesteros, R., Robine, J. M., Walker, A., & Kalache, A. (2013). *Active aging: A global goal.* Current gerontology and geriatrics research.

Finch, J., & Groves, D. (1983). *A labor of love: Women, work and caring.* Routledge and Kegan Paul.

Folbre, N. (2001). *The invisible heart.* New Press.

Forsyth, A., & Molinsky, J. (2021). What is aging in place? Confusions and contradictions. *Housing Policy Debate, 31*(2), 181–196.

Fox, A. (2013). *The new social care: Strength-based approaches.* RSA.

Franklin, M., Lewis, S., Willis, K., Bourke-Taylor, H., & Smith, L. (2018). Patients' and healthcare professionals' perceptions of self-management support interactions: Systematic review and qualitative synthesis. *Chronic Illness, 14*(2), 79–103.

Fraser, N. (2008). Abnormal justice. *Critical Inquiry, 34*(3), 393–422.

Frost, R., Kharicha, K., Jovicic, A., Liljas, A. E., Iliffe, S., Manthorpe, J., ... & Walters, K. (2018). Identifying acceptable components for home-based health promotion services for older people with mild frailty: A qualitative study. *Health & Social Care in the community, 26*(3), 393–403.

Gantz, S. B. (1990). Self-care: Perspectives from six disciplines. *Holistic Nursing Practice, 4*(2), 1–12.

Gerber, B. S., Brodsky, I. G., Lawless, K. A., Smolin, L. I., Arozullah, A. M., Smith, E. V., ... & Eiser, A. R. (2005). Implementation and evaluation of a low-literacy diabetes education computer multimedia application. *Diabetes Care, 28*(7), 1574–1580.

Gérain, P., & Zech, E. (2019). Informal caregiver burnout? Development of a theoretical framework to understand the impact of caregiving. *Frontiers in Psychology, 10,* 1748.

Gibbons, S. W., Ross, A., & Bevans, M. (2014). Liminality as a conceptual frame for understanding the family caregiving rite of passage: An integrative review. *Research in Nursing & Health, 37*(5), 423–436.

Gitlin, L. N., & Wolff, J. (2011). Family involvement in care transitions of older adults: What do we know and where do we go from here? *Annual Review of Gerontology & Geriatrics, 31*(1), 31.

Gitlin, L. N., & Schulz, R. (2012). Family caregiving of older adults. *Public Health for an Aging Society,* 181–204.

Gitterman, A., & Germain, C. B. (2008). *The life model of social work practice: Advances in theory and practice.* Columbia University Press.

Goldsmith, S. B. (Ed.). (1994). *Essentials of long-term care administration*. Jones & Bartlett Learning.

Google Bard(2024). Nursing homes and skilled nursing homes in the USA.

Graham, H. (1983). Caring: A labour of love. In J. Finch & D. Groves (Eds.), *A labour of love: Women, work and caring* (pp. 13-30). Routledge & Kegan Paul.

Greaney, A. M., & Flaherty, S. (2020). Self-care as care left undone? The ethics of the self-care agenda in contemporary healthcare policy. *Nursing Philosophy, 21*(1), e12291.

Grisso, T., & Appelbaum, P. S. (1998). *Assessing competence to consent to treatment: A guide for physicians and other health professionals*. Oxford University Press.

Gruenberg, E. M., Brandon, S., & Kasius, R. V. (1966). Identifying cases of the social breakdown syndrome. *The Milbank Memorial Fund Quarterly, 44*(1), 150-155.

Gunn, M. (1995). Mental incapacity-the Law Commission's report. *Child & Fam. LQ, 7*, 209.

Hartweg, D. L. (1990). Health promotion self-care within Orem's general theory of nursing. *Journal of Advanced Nursing, 15*(1), 35-41.

Hawkins, J., & Charland, L. C. (2008). *Decision-making capacity*.

Hedman, R., Sandman, P. O., & Edvardsson, D. (2022). Enacting person-centred care in home care services for people with dementia. *Journal of Clinical Nursing, 31*(11-12), 1519-1530.

Heitmueller, A., & Inglis, K. (2007). The earnings of informal carers: Wage differentials and opportunity costs. *Journal of Health Economics, 26*(4), 821-841.

Held, V. (2006). *The ethics of care: Personal, political, and global*. Oxford university press.

Hevey, D., Wilson O'Raghallaigh, J., O'Doherty, V., Lonergan, K., & Marese Heffernan; Victoria Lunt; SineadMulhern; Damien Lowry; Niamh Larkin; Kathy McSharry; David Evans; Jackie Morris Roe; Mike Kelly; Peter Pardoe, Harry Ward; Sean Kinsella(2020). Pre-post effectiveness evaluation of Chronic Disease Self-Management Program(CDSMP) participation on health, well-being and health service utilization. *Chronic Illness, 16*(2), 146-158.

Hinton, L. (2002). Improving care for ethnic minority elderly and their family caregivers across the spectrum of dementia severity. *Alzheimer Disease & Associated Disorders, 16*, S50-S55.

Hobson, B., Lewis, J., & Siim, B. (Eds.). (2002). *Contested concepts in gender and social politics*. Edward Elgar Publishing.

Hooks, B. (1981). *Ain't I a Woman: Black women and feminism*. Pluto Press.

Hooyman, N. R., & Kiyak, H. A. (2008). *Social gerontology: A multidisciplinary perspective*. Pearson Education.

Høy, B., Wagner, L., & Hall, E. O. (2007). Self-care as a health resource of elders: An integrative review of the concept. *Scandinavian Journal of Caring Sciences, 21*(4), 456-466.

Huber, M., & Hennessy, P. (2005). *Long-term care for older people*. OECD Publishing.

Hughes, S., Lewis, S., Willis, K., Rogers, A., Wyke, S., & Smith, L. (2021). Participants' experiences of and perceived value regarding different support types for long-term condition self-management programmes. *Chronic Illness, 17*(3), 242-256.

International Self-Care Foundation(2022). *The 7 pillars of self-care.* UK.

Janlöv, A. C., Hallberg, I. R., & Petersson, K. (2011). Care managers' view of family influence on needs assessment of older people. *Scandinavian Journal of Caring Sciences, 25*(2), 243-252.

Karlawish, J. (2017). Assessment of decision-making capacity in adults. UpToDate. Retrieved March, 3, 2019.

Keeling, S. (1999). Ageing in(a New Zealand) place: Ethnography, policy and practice. *Social Policy Journal of New Zealand, 13,* 95-114.

Kittay, E. F. (2015). A theory of justice as fair terms of social life given our inevitable dependency and our inextricable interdependency. *Care Ethics and Political Theory,* 51-71.

Kyle, T. V. (1995). The concept of caring: A review of the literature. *Journal of Advanced Nursing, 21*(3), 506-514.

Knijn, T., Theuns, T., & Zala, M. (2020). 4. Redistribution, recognition and representation: Understanding justice across academic disciplines. *Justice and vulnerability in Europe,* 54-72.

Kogan, A. C., Wilber, K., & Mosqueda, L. (2016). Person-centered care for older adults with chronic conditions and functional impairment: A systematic literature review. *Journal of the American Geriatrics Society, 64,* e1-7.

Koren, M. J. (2010). Person-centered care for nursing home residents: The culture-change movement. *Health Affairs, 29*(2), 312-317.

Kremer, M. (2007). *How welfare states care: Culture, gender and parenting in Europe.* Amsterdam University Press.

Kwan, Y. H. A., Cheung, C. K. J., Ng, S. H., Ngan, M. H. R., Lau, A., Leung, M. F. E., ... & Chan, K. K. (2006). Effectiveness of the continuum of care to promote older people's quality of life in Hong Kong. *Asian Journal of Gerontology and Geriatrics.*

Kwon, O. Y., Ahn, H. S., Kim, H. J., & Park, K. W. (2017). Effectiveness of cognitive behavioral therapy for caregivers of people with dementia: A systematic review and meta-analysis. *Journal of Clinical Neurology, 13*(4), 394-404.

Lachs, M. S., Williams, C. S., O'brien, S., Pillemer, K. A., & Charlson, M. E. (1998). The mortality of elder mistreatment. *Jama, 280*(5), 428-432.

Land, H. (1991). Time to care. *Women's Issues in Social Policy,* 7-19.

Lauder, W., Anderson, I., & Barclay, A. (2002). Sociological and psychological theories of self-neglect. *Journal of Advanced Nursing, 40*(3), 331-338.

Lauder, W., & Roxburgh, M. (2012). Self-neglect consultation rates and comorbidities in primary care. *International Journal of Nursing Practice, 18*(5), 454-461.

Lauder, W., Roxburgh, M., Harris, J., & Law, J. (2009). Developing self-neglect theory: Analysis of related and atypical cases of people identified as self-neglecting. *Journal of Psychiatric and Mental Health Nursing, 16*(5), 447-454.

Lawler, K. (2001). *Aging in place: Coordinating housing and health care provision for America's growing elderly population.* Joint Center for Housing Studies of Harvard University & Neighbourhood Reinvestment Corporation.

Lawless, M. T., Tieu, M., Feo, R., & Kitson, A. L. (2021). Theories of self-care and self-management of long-term conditions by community-dwelling older adults: A systematic review and meta-ethnography. *Social Science & Medicine, 287*, 114393.

Lawton, M. P., & Nahemow, L. (1973). Ecology and the aging process. In C. Eisdorfer & M. P. Lawton (Eds.), *The psychology of adult development and aging* (pp. 619-674). American Psychological Association.

Lee, M. (2009). A path analysis on elder abuse by family caregivers: Applying the ABCX model. *Journal of Family Violence, 24*(1), 1-9.

Lee, M. (2010). The capacity to consent to research among older adults. *Educational Gerontology, 36*(7), 592-603.

Lee, M., & Kim, K. (2017). Older adults' perceptions of age-friendliness in Busan Metropolitan City. *Urban Policy and Research, 35*(2), 199-209.

Lee, M., Yoon, E., & Kropf, N. P. (2007). Factors affecting burden of South Koreans providing care to disabled older family members. *The International Journal of Aging and Human Development, 64*(3), 245-262.

Leenerts, M. H., Teel, C. S., & Pendleton, M. K. (2002). Building a model of self-care for health promotion in aging. *Journal of Nursing Scholarship, 34*(4), 355-361.

Leininger, M. (1981). The phenomenon of carging: Importance, research questions and theorical considerations. Charles B. Slack, Inc.

Leininger, M. M. (Ed.). (1988). *Care: The essence of nursing and health.* Wayne State University Press.

Levy-Storms, L. (2013). *Dementia care: The quality chasm. Dementia Initiative.* White paper.

Linden, A., Butterworth, S. W., & Prochaska, J. O. (2010). Motivational interviewing-based health coaching as a chronic care intervention. *Journal of Evaluation in Clinical Practice, 16*(1), 166-174.

Litwak, E. (1985). Complementary roles for formal and informal support groups: A study of nursing homes and mortality rates. *Journal of Applied Behavioral Sciences, 21*, 407-425.

Litwin, H., & Auslander, G. K. (1990). Evaluating informal support. *Evaluation Review, 14*(1), 42-

56.

Lorig, K. R., & Holman, H. R. (2003). Self-management education: History, definition, outcomes, and mechanisms. *Annals of Behavioral Medicine, 26*(1), 1-7.

Lubben, J., Blozik, E., Gillmann, G., Iliffe, S., Kruse, W., Beck, J. C., & Stuck, A. E. (2006). Performance of an abbreviated version of the Lubben social network scale among three European community-dwelling older adult population. *The Gerontologist, 46*(4), 503-513.

Lutz, H. (2018). Care migration: The connectivity between care chains, care circulation and transnational social inequality. *Current Sociology, 66*(4), 577-589.

Lynch, K., Kalaitzake, M., & Crean, M. (2021). Care and affective relations: Social justice and sociology. *The Sociological Review, 69*(1), 53-71.

Lyon, D., & Glucksmann, M. (2008). Comparative configurations of care work across Europe. *Sociology, 42*(1), 101-118.

Lyons, K. S., & Zarit, S. H. (1999). Formal and informal support: The great divide. *International Journal of Geriatric Psychiatry, 14*(3), 183-192.

MacLeod, M. Z. K., & Douthit, K. Z. (2015). Etiology and manage ment of elder self-neglect. *Adultspan Journal, 14*(1), 11-23.

Macmillan, D., & Shaw, P. (1966). Senile breakdown in standards of personal and environmental cleanliness. *British Medical Journal, 2*(5521), 1032.

Mapp, S. C. (2014). *Human rights and social justice in a global perspective: An introduction to international social work.* Oxford University Press.

Martin, S. C., Wolters, P. L., Klaas, P. A., Perez, L., & Wood, L. V. (2004). Coping styles among families of children with HIV infection. *AIDS Care, 16*(3), 283-292.

Martinelli, F., Anttonen, A., & Mätzke, M. (Eds.). (2017). *Social services disrupted: Changes, challenges and policy implications for Europe in times of austerity.* Edward Elgar.

Martínez, N., Connelly, C. D., Pérez, A., & Calero, P. (2021). Self-care: A concept analysis. *International Journal of Nursing Sciences, 8*(4), 418-425.

Marulappa, N. et al. (2022). How to implement person-centred care and support for dementia in outpatient and home/community settings: Scoping review. *BMC Health Services Research, 22*(1), 541.

Mausbach, B. T., Roepke, S. K., Depp, C. A., Moore, R., Patters on, T. L., & Grant, I. (2011). Integration of the pleasant events and activity restriction models: Development and validation of a "PEAR" model of negative outcomes in Alzheimer's caregivers. *Behavior Therapy, 42*(1), 78-88.

McCormack, D. (2003). An examination of the self-care concept uncovers a new direction for healthcare reform. *Nursing Leadership (Toronto, Ont.), 16*(4), 48-62.

McLaughlin, S. J., Jette, A. M., & Connell, C. M. (2012). An examination of healthy aging across a conceptual continuum: Prevalence estimates, demographic patterns, and validity. *Journals of Gerontology Series A: Biomedical Sciences and Medical Sciences, 67*(7), 783-789.

McLennon, S. M., Bakas, T., Jessup, N. M., Habermann, B., & Weaver, M. T. (2014). Task difficulty and life changes among stroke family caregivers: relationship to depressive symptoms. *Archives of Physical Medicine and Rehabilitation, 95*(12), 2484-2490.

McNabney, M. K., Willging, P. R., Fried, L. P., & Durso, S. C. (2009). The "continuum of care" for older adults: Design and evaluation of an educational series. *Journal of the American Geriatrics Society, 57*(6), 1088-1095.

McPherson, J. (2015). Human rights practice in social work: A rights-based framework & two new measures (Doctoral dissertation, The Florida State University).

Mendias, E. P., Clark, M. C., & Guevara, E. B. (2001). Women's self-perception and self-care practice: implications for health care delivery. *Health Care for Women International, 22*(3), 299-312.

Merriam-webster(2024). Dictionary: Care. www.merriam-webster.com/

Michel, J. P., & Sadana, R. (2017). "Healthy aging" concepts and measures. *Journal of the American Medical Directors Association, 18*(6), 460-464.

Miller, A. M., & Iris, M. (2002). Health promotion attitudes and strategies in older adults. *Health Education & Behavior, 29*(2), 249-267.

Minnes, P., Graffi, S., Nolte, M. L., Carlson, P., & Harrick, L. (2000). Coping and stress in Canadian family caregivers of persons with traumatic brain injuries. *Brain Injury, 14*(8), 737-748.

Monin, J. K., Levy, B., Doyle, M., Schulz, R., & Kershaw, T. (2019). The impact of both spousal caregivers' and care recipients' health on relationship satisfaction in the Caregiver Health Effects Study. *Journal of Health Psychology, 24*(12), 1744-1755.

Morgan, H. M., Entwistle, V. A., Cribb, A., Christmas, S., Owens, J., Skea, Z. C., & Watt, I. S. (2017). We need to talk about purpose: A critical interpretive synthesis of health and social care professionals' approaches to self-management support for people with long-term conditions. *Health Expectations, 20*(2), 243-259.

Morris, V. (2014). *How to care for aging parents: A one-stop resource for all your medical, financial, housing, and emotional issues.* Workman Publishing.

Moss, P. (2003). *Getting beyond childcare: Reflections on recent policy and future possibilities.* Open University Press.

Moye, J., & Marson, D. C. (2007). Assessment of decision-making capacity in older adults: An emerging area of practice and research. *The Journals of Gerontology Series B: Psychological*

Sciences and Social Sciences, 62(1), P3–P11.

Murray, S. (2012). Preventive care and healthy ageing: A global perspective. Téléchargé au http://digitalresearch.eiu.com/healthyageing/report.

National Council on Aging(2015). Chronic disease self-management program workshop for people with chronic conditions, Better Choices, Better Health Workshop.

Nolan, M., Grant, G., & Keady, J. (1996). The Carers Act: Realising the potential. *British Journal of Community Health Nursing, 1*(6), 317–322.

Noonan, A. E., & Tennstedt, S. L. (1997). Meaning in caregiving and its contribution to caregiver well-being. *The Gerontologist, 37,* 785–794.

Nordhus, I. H. E., VandenBos, G. R., Berg, S. E., & Fromholt, P. E. (1998). *Clinical geropsychology* (pp. xvii–371). American Psychological Association.

Nussbaum, M. C. (2002). *Long-term care and social justice: A challenge to conventional ideas of the social contract.*

Odzakovic, E., Hyden, L.-C., Festin, K., & Kullberg, A. (2019). People diagnosed with dementia in Sweden: What type of home care services and housing are they granted? A cross-sectional study. *Scandinavian Journal of Public Health, 47,* 229–239.

Omisakin, F. D., & Ncama, B. P. (2011). Self, self-care and self-management concepts: Implications for self-management education. *Educational Research, 2*(12), 1733–1737.

Orem, D. E. (1985). *Nursing: Concepts of practice* (3rd ed.). McGraw-Hill Inc.

Orem, D. E. (1989). Self-care deficit theory of nursing. *Nursing theorists and their work.*

Orem, D. E. (2001). *Nursing: Concepts of practice* (6th ed.). Mosby.

Ory, M. G., Yee, J. L., Tennstedt, S. L., & Schulz, R. (2000). *The extent and impact of dementiacare: Unique challenges experienced by family caregivers.* Springer Publisher.

Parreñas, R. S. (2001). *Servants of globalizationwomen, migration and domestic work* (No. 331.4127 S2).

Pavlou, M. P., & Lachs, M. S. (2006). Could Self-Neglect in Older Adults Be a Geriatric Syndrome? *Journal of the American Geriatrics Society, 54*(5), 831–842.

Pearlin, L. I., Mullan, J. T., Semple, S. J., & Skaff, M. M. (1990). Caregiving and the stress process: An overview of concepts and their measures. *The Gerontologist, 30*(5), 583–594.

Phillips, J. (2007). *Care.* Polity Press.

Pratt, J. R. (2016). *Long-term care: Managing across the continuum* (4th ed.). Jones & Bartlett Publishers.

Punamäki, R. L., & Aschan, H. (1994). Self-care and mastery among primary health care patients. *Social Science & Medicine, 39*(5), 733–741.

Pysklywec, A., Plante, M., Auger, C., Mortenson, W. B., Eales, J., Routhier, F., & Demers, L.

(2020). The positive effects of caring for family carers of older adults: A scoping review. *International Journal of Care and Caring, 4*(3), 349-375.

Ranci, C., & Pavolini, E. (2015). Not all that glitters is gold: Long-term care reforms in the last two decades in Europe. *Journal of European Social Policy, 25*(3), 270-285.

Rawls, J. (1971). *A theory of justice.* Cambridge (Mass.).

Reichert, E. (2011). *Social work and human rights: A foundation for policy and practice.* Columbia University Press.

Reiner, M., Niermann, C., Jekauc, D., & Woll, A. (2013). Long-term health benefits of physical activity-a systematic review of longitudinal studies. *BMC Public Health, 13*(1), 1-9.

Ridings, J. (2008). *Using concept mapping to identify elder self-neglect program evaluation information for Metro Chicago.* ProQuest.

Riegel, B., Westland, H., Iovino, P., Barelds, I., Slot, J. B., Stawnychy, M. A., ... & Jaarsma, T. (2021). Characteristics of self-care interventions for patients with a chronic condition: A scoping review. *International Journal of Nursing Studies, 116,* 103713.

Riley, J. B. (2015). *Communication in nursing* (8th ed.). Elsevier Health Sciences.

Rnt, O. S. (1998). Self-care ability in a group of elderly Swedish people: A phenomenological study. *Journal of Advanced Nursing, 28*(4), 745-753.

Rodriguez-Blazquez, C., Forjaz, M. J., Prieto-Flores, M. E., Rojo-Perez, F., Fernandez-Mayoralas, G., & Martinez-Martin, P. (2012). Health status and well-being of older adults living in the community and in residential care settings: Are differences influenced by age? *Aging & Mental Health, 16*(7), 884-891.

Rogers, W. A., Ramadhani, W. A., & Harris, M. T. (2020). Defining Aging in Place: The Intersectionality of Space, Person, and Time. *Innovation in Aging, 4*(4), igaa036.

Rosalynn Carter Institute for Caregivers(2005). *Caring for You, Caring for Me* (CFYCFM) Program workbook.

Rosendahl, S. P., Söderman, M., & Mazaheri, M. (2016). Immigrants with dementia in Swedish residential care: An exploratory study of the experiences of their family members and Nursing staff. *BMC Geriatrics, 16,* 1-12.

Ruffing-Rahal, M. A. (1993). An ecological model of group well-being: Implications for health promotion with older women. *Health Care for Women International, 14*(5), 447-456.

Rummery, K., & Fine, M. (2012). Care: A critical review of theory, policy and practice. *Social Policy & Administration, 46*(3), 321-343.

Sabat, S. R., & Collins, M. (1999). Intact social, cognitive ability, and selfhood: A case study of Alzheimer's disease. *American Journal of Alzheimer's Disease,* 11-19.

Sabat, S. R., & Harré, R. (1992). The construction and deconstruction of self in Alzheimer's disease. *Ageing and Society, 12,* 443-461.

Sabo, K., & Chin, E. (2021). Self-care needs and practices for the older adult caregiver: An integrative review. *Geriatric Nursing, 42*(2), 570-581.

Saleebey, D. (2012). *The strengths perspective in social work practice.* Pearson Higher Ed.

Saunders, J. M. (1994). Self-caring in a family unit of an HIV-positive individual: A hermeneutical inquiry. *Clinical Nursing Research, 3*(4), 334-352.

Sander-Staudt, M. (2019). Care Ethics. Internet Encyclopedia of Philosophy. A Peer-Reviewed Academic Source.

Schulz, R., Beach, S. R., Czaja, S. J., Martire, L. M., & Monin, J. K. (2020). Family caregiving for older adults. *Annual Review of Psychology, 71*(1), 635-659.

Schulz, R., & Eden, J. (2016). *Families caring for an aging America* (p. 77). National Academies Press.

Schulz, R., & Sherwood, P. R. (2008). Physical and mental health effects of family caregiving. *Journal of Social Work Education, 44*(sup3), 105-113.

Schulz, R., & Tompkins, C. A. (2010). Informal caregivers in the United States: Prevalence, caregiver characteristics, and ability to provide care. In S. Olson (Ed.), *The role of human factors in home health care: Workshop summary* (p. 322). National Academies Press.

Shaw, C., McNamara, R., Abrams, K., Cannings-John, R. L., Hood, K., Longo, M., ... & Williams, K. (2009). Systematic review of respite care in the frail elderly. Health *Technology Assessment, 13*(20), 1-246.

Selfneglect.org(2022). Self-Neglect. https://selfneglect.org

Sengstock, M. C., Thibault, J. M., & Zaranek, R. (2000). Community dimensions of elderly self-neglect. *Journal of Elder Abuse & Neglect, 11*(2), 77-93.

Sevenhuijsen, S. (2003). *Citizenship and the ethics of care: Feminist considerations on justice, morality and politics.* Routledge.

Snowdon, J., & Halliday, G. (2009). How and when to intervene in cases of severe domestic squalor. *International Psychogeriatrics, 21*(06), 996-1002.

St. Andrew's Senior Solutions(2023). For caregivers: caregiver stages. www.standrewsseniorsolutions.com.

Statista(2024). Empowering people with data Insights and facts across 170 industries and 150+ countries.

Statistics Sweden(2023). *Population statistics.* Official Statistics of Sweden.

Steptoe, A., Gardner, B., & Wardle, J. (2010). The role of behaviour in health. In D. French, K. Vedhara, A. Kaptein, & J. Weinman (Eds.), *Health psychology* (pp. 13-32). BPS Blackwell.

Stockholms Stad(2024). Äldreomsorg(노인돌봄) 안내. 홈페이지(aldreomsorg.stockholm)

Sturman, E. D. (2005). The capacity to consent to treatment and research: A review of standardized assessment tools. *Clinical Psychology Review, 25*(7), 954-974.

Sundström, G. (2018). 스웨덴의 노인 돌봄 서비스와 지역사회의 역할[Aged care and the role of community in Sweden]. 국제사회보장리뷰. 7, 36-48.

Sweden Sverige(2023). Elderly care in Sweden.

Talley, R. C., & Travis, S. S. (Eds.). (2014). *Multidisciplinary coordinated caregiving: Research, practice, policy.* Springer.

Tarr, J. M., Kaul, K., Chopra, M., Kohner, E. M., & Chibber, R. (2013). Pathophysiology of diabetic retinopathy. *International Scholarly Research Network Ophthalmology, 2013*, 1-13.

Tatara, T., Kusmeskus, L., & Duckhorn, E. (1998). *National Elder Abuse Incidence Study.* National Center on Elder Abuse at American Public Human Services Association.

Teel, C. S., & Leenerts, M. H. (2005). Developing and testing a self-care intervention for older adults in caregiving roles. *Nursing Research, 54*(3), 193-201.

Thille, P., Ward, N., & Russell, G. (2014). Self-management support in primary care: enactments, disruptions, and conversational consequences. *Social Science & Medicine, 108*, 97-105.

Tronto, J. C. (1993). *Moral boundaries: A political argument for an ethic of care.* Routledge.

Tronto, J. C. (2013). *Caring democracy: Markets, equality, and justice.* NYU Press.

Triantafillou, J., Naiditch, M., Repkova, K., Stiehr, K., Carretero, S., Emilsson, T., ... & Vlantoni, D. (2010). *Informal care in the long-term care system European overview paper.*

Trydegård, G. B. (2003). Swedish care reforms in the 1990s. A first evaluation of their consequences for the elderly people. *Revue française des affaires sociales*, (4), 443-460.

Turner, A., Hochschild, A., Burnett, J., Zulfiqar, A., & Dyer, C. B. (2012). High prevalence of medication non-adherence in a sample of community-dwelling older adults with adult protective services-validated self-neglect. *Drugs & aging, 29*(9), 741-749.

United Nations(UN). The Vienna International Plan of Action on Aging Was Adopted by the World Assembly on Aging Held in Vienna, Austria from 26 July to 6 August 1982. United Nations.

UK Department of Health and Social Care(2018). Carers action plan 2018-2020: supporting carers today.

UK Social Care Institute for Excellence: SCIE(2018). Self-neglect at a glance.

UK GOV(2023). Benefits and financial support if you're caring for someone: Carer's Allowance. www.gov.uk/carers-allowance

U.S. Centers for Disease Control and Prevention(2021). Healthy Places Terminology. 홈페이지 https://www.cdc.gov/healthyplaces/terminology.htm

U.S. Centers for Medicare & Medicaid Services(2022). Medicare Coverage of Skilled Nursing Facility Care. Department of Health & Human Services.

U.S. Centers for Medicare & Medicaid Services(2024). Home-and Community-Based Services. Department of Health & Human Services.

U.S. Department of Health and Human Services(2019). LongTermCare.gov.

U.S. National Center on Elder Abuse(2018). *What is self-neglect and what are the signs?* Department of Health and Human Services.

US Senate Committee On Aging(2024). Home and Community Based Services (HCBS) Access Act.

Van Dis, K. (2023). Nursing Homes: A Comprehensive Guide. National Council on Aging.

Wang, H. H., Hsu, M. T., & Wang, R. H. (2001). Using a focus group study to explore perceptions of health-promoting self-care in community-dwelling older adults. *The Journal of Nursing Research: JNR, 9*(4), 95-104.

Watson, J. (1979). *Nursing the philosophy and science of caring little.* Brown.

Welsh Assembly Government(2007). Fullfilled Lives, Supportive Communites: AStrategy for Social Services in Wales over the next Decade, Cardiff, Welsh Assembly Government.

White, S. W. (2000). Elder abuse: critical care nurse role in detection. *Critical care Nursing Quarterly, 23*(2), 20-25.

Wiles, J. L., Leibing, A., Guberman, N., Reeve, J., & Allen, R. E. (2012). The meaning of "aging in place" to older people. *The gerontologist, 52*(3), 357-366.

Williams, F. (2001). Race/ethnicity, gender, and class in welfare states: A framework for comparative analysis. *Rethinking European Welfare: Transformations of European Social Policy,* 131-160.

Williams, F. (2018). Care: Intersections of scales, inequalities and crises. *Current Sociology, 66*(4), 547-561.

Williams, S. W., & Dilworth-Anderson, P. (2002). Systems of social support in families who care for dependent African American elders. *The Gerontologist, 42*(2), 224-236.

World Health Organization(2002). Ethical choices in long-term care: What does justice require? World Health Organization collection on long-term care.

World Health Organization(2015). World report on ageing and health. World Health Organization.

World Heath Organization(2019). World Health Organization Consolidated Guideline on Self-care Interventions for Health. Geneva: World Health Organization.

World Health Organization(2020a). Ageing: Healthy ageing and functional ability.

World Health Organization(2020b). Dementia.

World Heath Organization(2020c). Numbers at a glance. https://www.who.int/emergencies/

World Health Organization(2020d). UN Decade of Healthy Ageing 2021-2030.

Wronka, J. (2016). *Human rights and social justice: Social action and service for the helping and health professions.* Sage Publications.

Yeates, N. (2012). Global care chains: A state-of-the-art review and future directions in care transnationalization research. *Global Networks, 12*(2), 135-154.

Zarit, S. H. (2002). Caregiver's burden. In S. Andrieu & J. P. Aquino (Eds.), *Family and professional cares: Findings lead to action* (pp. 21-24). Paris: Foundation Mederic Alzheimer.

岡野明美, 上野昌江, & 大川聡子(2019). 認知症が疑われる高齢者に対する地域包括支援センター保健師のコーディネーションの実態. 日本地域看護学会誌, 22(1), 51-58.

大阪府(2021). 介護保険制度のご案内.

服部 真治(2023). 介護保険制度とは？仕組みや保険料をわかりやす.

三井住友信託銀行(2022). 膨らむ認知症高齢者の保有資産.

遠藤英俊(2022). 認知症と地域包括ケア". 国立長寿医療研究センター.

原勝則(2021). 日本の認知症 施策.

全国個室ユニット型施設推進協議会(2023). 動画は音声による説明付ですので自習に便利です。ご自由にご活用ください。

全社協(2012). 老人福祉法.

川崎市(2023). 介護保険課発行広報誌.

坂入郁子(2023). 地域包括支援センターとは｜役割・業務から高齢者介護の相談事例まで解説！.

厚生労働省(2006). 基本チェックリストの考え方について.

厚生労働省(2019). 개호보험제도에 대해서.

厚生労働省(2023). ユニットケアについて.

厚生労働省(2024). 共生社会の実現を推進するための認知症基本法について. 2023年10月06日更新.

찾아보기

저자 소개

이민홍(Lee, Min Hong)

동의대학교 사회복지학과 교수(minhongsw@gmail.com)

　노인복지 연구자의 첫 발걸음은 2002년 가을로 기억된다. 미국 유학 준비로 학업계획서를 작성하는 과정에서 석사학위논문을 지도해 주셨던 최재성 교수님(연세대 사회복지학과)께서 노인을 추천하셨다. 그 당시 일하던 서울연구원에서 노인복지실태와 정책 개발 연구에 참여했던 것도 작용한 것 같다. 미국 조지아대학교 사회복지대학에서 Nancy Kropf 교수님과 Stacey Kolomer 교수님을 통해 노년사회학과 노인복지실천을 배울 수 있었다. 휴먼서비스 조직과 전달체계는 Kristina Jaskyte 교수님의 조직혁신 연구 참여를 통해 현장과 연구를 함께 경험하였다. 특히 2005년 로잘린 카터 케어연구소에서 노인돌봄 연구자 연구비 지원프로그램에 선정되었다. 이 연구비로 가족돌봄 스트레스와 대처에 관한 데이터를 수집함으로써 미국노년학회 발표와 SSCI 학술지 게재를 통해 노인돌봄 연구자로 데뷔하게 된 것이다.

　연구분야는 가족돌봄(비공식 돌봄)에서 공식적 돌봄으로 지역돌봄(맞춤돌봄, 통합돌봄, 재가서비스 등)과 장기요양 관련 학술 및 정책연구로 확장되었다. 지역사회에서 가능하면 오랫동안 생활할 수 있도록 지원(Aging in Place)하는 돌봄서비스에 초점을 두고 있다. 시설거주노인이 급격하게 증가하면서 시설의 서비스 질 개선을 위한 개별화된 돌봄과 집과 같은 환경을 조성하는 참여실행연구를 수행했다. 지금은 인권을 노인복지실천현장에 적용하는 연구에 집중하고 있다. 한국 노인복지 실천현장에서 인권기반 사회복지실천이 활용될 수 있도록 인권강화 프로그램 개발 및 효과성 평가 연구를 수행하였다. 이어서 노인복지현장에서 권리기반 사례관리 서비스가 제공될 수 있도록 노인권리기반 사례관리 연구를 진행 중이다.

노년기 돌봄학 이해:
자기돌봄에서 요양병원까지
On Caring in Later Life: Self-Care to Nursing Home

2025년 2월 5일 1판 1쇄 인쇄
2025년 2월 15일 1판 1쇄 발행

지은이 • 이민홍
펴낸이 • 김진환
펴낸곳 • ㈜ **학지사**

　　　　　04031 서울특별시 마포구 양화로 15길 20 마인드월드빌딩
대표전화 • 02-330-5114　　팩스 • 02-324-2345
등록번호 • 제313-2006-000265호

홈페이지 • http://www.hakjisa.co.kr
인스타그램 • https://www.instagram.com/hakjisabook

ISBN 978-89-997-3301-7　93330

정가 24,000원

출판미디어기업 **학지사**

간호보건의학출판 **학지사메디컬** www.hakjisamd.co.kr
심리검사연구소 **인싸이트** www.inpsyt.co.kr
학술논문서비스 **뉴논문** www.newnonmun.com
교육연수원 **카운피아** www.counpia.com
대학교재전자책플랫폼 **캠퍼스북** www.campusbook.co.kr